PIERRE VÉSINIER
ANCIEN MEMBRE DE LA COMMUNE

Comment a péri la Commune

Deuxième édition

PARIS
NOUVELLE LIBRAIRIE PARISIENNE
ALBERT SAVINE, ÉDITEUR
12, Rue des Pyramides, 12

Tous droits réservés

COMMENT A PÉRI LA COMMUNE

A LA MÊME LIBRAIRIE

LOUIS BARRON

SOUS LE DRAPEAU ROUGE

(Envoi franco au reçu de 3 fr. 50, timbres ou mandat.)

Ce livre mérite d'être signalé comme le récit d'un témoin.
(Le Correspondant, 10 juillet 1889.)

De curieuses anecdotes, les unes peu connues, les autres pas du tout, donnent un attrait particulier à ce livre si personnel. Ce livre... note précieuse pour l'histoire de cette terrible et sombre époque.
(Intransigeant, 6 juin 1889.)

Très curieux, surtout dans la première partie, celle où l'auteur raconte *de visu* le ministère de la guerre pendant la Commune.
(Les Lettres et les Arts, décembre 1889.)

Ce communard-là est un homme de talent et de conscience, dont le rôle, dans cette tragique aventure, n'eut rien que d'honorable.
(Nouvelle Revue, 1er juin 1889.)

Secrétaire de la délégation de la guerre sous Cluseret et sous Rossel, mêlé par conséquent aux hommes de la Commune, il donne sur eux, sur leurs actes, en un style vif, des détails piquants.
(Polybiblion, juillet 1889.)

IMPRIMERIE DE SAINT-DENIS. — H. BOUILLANT, 20, RUE DE PARIS

PIERRE VÉSINIER

ANCIEN MEMBRE DE LA COMMUNE

COMMENT A PÉRI
LA COMMUNE

PARIS
NOUVELLE LIBRAIRIE PARISIENNE
ALBERT SAVINE, ÉDITEUR
12, RUE DES PYRAMIDES, 12

1892

Tous droits réservés.

PRÉFACE

La Révolution du 18 mars 1871 et la *Commune* de Paris, qui en a été la conséquence, n'ont pas seulement été vaincues par la force, elles n'ont pas succombé uniquement sous les coups de « la plus belle armée que la France ait jamais eue », comme l'a prétendu M. Thiers. Non! ce sont surtout l'incapacité et la trahison de la plupart des hommes que le hasard des événements avait mis à leur tête qui ont causé leur défaite.

C'est ce que nous nous proposons de prouver dans ce volume. Nous avons hésité longtemps à dévoiler publiquement la trahison de plusieurs des membres des principaux Comités de la *Commune* et de quelques-uns de ses généraux les plus populaires; lorsque nous nous en sommes aperçu, les preuves authentiques nous manquaient, et nous avons eu peur de nous tromper, tant nous redoutions de jeter involontairement, en croyant bien faire et dire la vérité, le discrédit et la déconsidération sur la *Commune* dont nous étions un des fondateurs et un des membres.

Plus tard les plus grands détails et les preuves les plus convaincantes furent fournis sur cette trahison :

1° Par le vice-amiral Saisset, dans la déposition qu'il a faite devant la Commission d'enquête parlementaire, qui a eu lieu au sujet des événements du 18 mars ;

2° Par madame veuve Veysset, épouse de l'agent principal du Gouvernement de Versailles dans cette trahison. Cette dame a publié, à Bruxelles, une très curieuse brochure qui en raconte tous les détails de la manière la plus claire, en en fournissant la preuve avec des documents authentiques et officiels portant les signatures de l'amiral Saisset, de M. Thiers, chef du pouvoir exécutif ; de M. Barthélemy Saint-Hilaire, son secrétaire général ; du général Le Flô, ministre de la guerre ; de M. Lambrech, ministre de l'intérieur ; de MM. Planat, Guttin, etc., etc., et d'un grand nombre d'autres personnages.

3° Par les citoyens Ranvier, Gérardin et Dupont, membres : les deux premiers du Comité de salut public et le second du Comité de sûreté générale, qui ont tous les trois publié des lettres dans lesquelles ils avouent la trahison du général Dombrowski et la leur, qui ont eu pour objet et pour résultat la livraison des portes de Saint-Cloud, d'Auteuil, de Passy, etc..., au gouvernement et à l'armée de Versailles, moyennant la promesse de la somme d'un million et demi (1,500,000 francs) ; nous devons dire cependant qu'afin de donner à leur trahison une apparence d'innocence et de bonne intention, ils ont prétendu n'avoir livré ces portes à l'ennemi que dans la louable intention de faire ses soldats prisonniers, mais comme Dombrowski a laissé ces derniers entrer dans Paris par les portes qu'il leur a livrées sans faire tirer sur eux un seul coup de fusil, il est certain que le prétexte donné par l'auteur et les complices de la trahison, n'avait rien de sérieux.

Après avoir pris connaissance de tous les documents dont nous venons de parler et consulté quelques membres de la *Commune*, des Comités de salut public et de sûreté générale à leur sujet, qui tous nous en confirmèrent l'exactitude, il ne nous était plus possible de douter de la culpabilité du général Dombrowski et de celle des membres des deux comités.

Lorsque nous avons voulu raconter les faits qui vont suivre, des difficultés et des circonstances indépendantes de notre volonté ne nous ont pas permis de mettre notre projet à exécution et nous avons été obligé, bien malgré nous, d'attendre jusqu'à aujourd'hui pour le faire.

Mais maintenant, il ne nous est pas permis de différer davantage le récit de ces trahisons, car il est absolument indispensable que toute la vérité soit connue, et que l'on sache quels sont les crimes, les fautes et les hommes qui ont perdu la Révolution du 18 mars et la *Commune*.

Il est surtout nécessaire que ces derniers ne puissent pas de nouveau réussir à tromper la confiance du peuple, qu'ils ont déjà si odieusement trahi, car ce danger est d'autant plus à redouter que nous sommes aujourd'hui à la veille des plus graves et des plus grands événements, et qu'il est plus que probable, que la fin du siècle ne s'écoulera pas sans qu'une nouvelle révolution n'ait éclaté. Il suffit pour en avoir la preuve, d'étudier avec soin les faits politiques et économiques de notre époque, et on reconnaîtra en effet facilement, que jamais le monde des travailleurs n'a été en proie à des crises aussi intenses, aussi aiguës et aussi douloureuses.

Les coalitions qui se produisent si souvent dans son sein, la grève générale qui est à l'étude, en voie de préparation et d'organisation parmi les masses ouvrières de tous les pays, et qui peut éclater d'un jour à l'autre, en sont des preuves convaincantes et flagrantes.

La condition d'existence des travailleurs va toujours en s'aggravant, elle devient chaque jour plus intolérable et ils ne pourront bientôt plus la supporter.

En effet, tous les faits économiques et les statistiques prouvent que l'exploitation, les souffrances, les misères et le dénûment des prolétaires augmentent tous les jours dans une proportion effrayante et en raison directe du progrès des arts, des sciences de l'industrie, du commerce de la richesse sociale et de la prospérité générale.

Plus la classe bourgeoise, exploitante et gouvernante est riche, plus la classe ouvrière est durement exploitée, pauvre et malheureuse.

Les prolétaires dans l'état social actuel, dénués de tout, ne sont pas même assurés un seul jour du pain du lendemain pour eux et pour leurs familles et, malgré leur continuel et dur labeur, ils sont sans cesse exposés à mourir de faim, et ils ne peuvent certainnement pas lutter pour la défense de leurs salaires contre leurs exploiteurs riches et puissants, qui non seulement possèdent des capitaux considérables, qui leur permettent de supporter le chômage, d'avoir raison des grèves, de forcer les ouvriers à accepter leurs conditions de salaire et de travail, mais encore qui ont le gouvernement dans leurs mains, la police, l'administration, la justice, l'armée, les finances et le budget de l'État, toutes les richesses et toutes les forces publiques, et qui s'en servent pour forcer la classe ouvrière à subir leurs conditions sous peine d'être mitraillée ou de mourir de faim.

Dans une pareille situation la lutte entre les capitalistes et les travailleurs ne peut être égale, ces derniers sont toujours certains de succomber.

Les travailleurs ne doivent donc pas se faire d'illusions, ils ne pourront jamais s'affranchir par les moyens légaux.

Seuls les accidents politiques ou les révolutions, qui se produisent souvent, forcément et logiquement dans un état social aussi mal organisé, aussi précaire, aussi anormal que le nôtre, en détruisant ou en neutralisant pour quelque temps les forces publiques, la police, l'armée, la magistrature, etc., fournissent aux prolétaires une occasion favorable pour s'affranchir du joug odieux qui pèse sur eux.

Ainsi pour ne prendre des exemples qu'à notre époque, le 28 juillet 1830, le 24 février 1848, le 4 septembre 1870, le 18 mars 1871, les prolétaires ont eu d'excellentes occasions pour s'affranchir, s'ils avaient eu le savoir, l'instruction et l'éducation nécessaires pour le faire.

Le dernier mouvement surtout, celui du *dix-huit mars*, était des plus favorables, car il avait mis entre les mains des travailleurs tous les éléments dont ils avaient besoin pour s'affranchir complètement.

La victoire du peuple à Montmartre, ce jour-là, le refus d'obéissance passive de l'armée, qui avait levé la crosse en l'air et refusé de tirer sur ses frères, les prolétaires de la garde nationale; la fuite du gouvernement à Versailles, etc., avaient en effet livré aux travailleurs tout Paris avec ses bâtiments de la Ville et de l'État, ses ministères, ses administrations, ses institutions d'échange et de crédit, ses banques, ses comptoirs, ses caisses publiques, ses immenses approvisionnements, ses marchandises, ses produits de toutes les espèces, ses vivres, ses munitions, ses armes, ses fusils, ses canons, tout son matériel de guerre, ses arsenaux, ses casernes, son enceinte fortifiée, ses forts, ses ateliers, ses fabriques, ses magasins, ses entrepôts, tout le matériel et les richesses de ses grandes compagnies : du gaz, des eaux, des chemins de fer, des omnibus, des voitures, etc... Il y avait alors à Paris, dans les rangs de la garde nationale fédérée, plus de 200,000 travailleurs, très bons ouvriers, profondément imprégnés des idées de réforme sociale et très disposés à employer leur intelligence, leurs forces, toutes les ressources et les armes dont ils disposaient, à l'émancipation complète du prolétariat et au triomphe de la Révolution.

Avec ces ressources considérables, ces forces immenses, concentrées dans une grande et forte place de guerre comme Paris, dont les ouvriers étaient les maîtres, il n'aurait pas été bien difficile de triompher du gouvernement de Versailles, de s'emparer de cette ville, de forcer l'Assemblée réactionnaire à se dissoudre, de faire rayonner et proclamer la *Commune* dans toute la France, et d'affranchir alors complètement le prolétariat.

Il aurait fallu pour cela commencer par occuper la Banque de France et les principaux établissements financiers de la capitale, par mettre les scellés sur leurs caisses et sur leurs valeurs, afin qu'ils ne puissent pas envoyer de l'argent au gouvernement de Versailles, lequel de l'aveu de M. Thiers, son chef, « n'avait pas le sou et était pauvre comme un rat d'église [1] ».

Le Comité central de la garde nationale et la *Commune* de Paris, s'ils avaient fait cela, auraient empêché M. Thiers, le chef du pouvoir exécutif, de former l'armée avec laquelle il a fait la guerre à la *Commune* de Paris et l'a détruite.

Il aurait aussi fallu aller occuper le Mont-Valérien dès le 19 mars, ce qui n'eut pas été bien difficile, car cette forteresse n'était alors gardée que par 26 chasseurs à pied, en état de révolte, qui devaient partir le lendemain pour les compagnies de discipline en Afrique, et qui avaient offert dès la veille de livrer au *Comité central de la garde nationale*, l'importante

---

[1] Voir la déposition de M. Thiers, devant la Commission d'enquête parlementaire faite au sujet des événements du 18 mars 1871.

position dont la garde leur avait été provisoirement confiée. Mais les hommes qui s'étaient alors chargés de diriger le mouvement révolutionnaire du *dix-huit mars*, avec la négligence et l'incapacité qui les caractérisaient, ne surent pas immédiatement profiter de cette offre si utile et si précieuse, et ce n'est que deux jours après qu'ils se sont enfin décidés à envoyer Lullier au Mont-Valérien, pour s'en emparer. Mais lorsque ce trop fameux personnage se présenta 12 heures trop tard devant ce fort, M. Thiers, sur les pressantes sollicitations du général Vinoy, l'avait fait réoccuper par une forte et solide garnison qui lui était toute dévouée et dont le chef refusa de livrer la place, où il venait d'arriver, à l'envoyé du Comité Central de la garde nationale.

Si les deux mesures dont nous venons de parler, d'une exécution si facile, — l'occupation de la Banque et du Mont-Valérien — eussent été prises et exécutées à temps, M. Thiers, sans argent, sans armée et privé en même temps de la grande forteresse, qui est à la fois la clef de Paris et de Versailles, aurait dû renoncer à continuer d'occuper la seconde de ces villes, à reconquérir la première et à détruire la *Commune de Paris*; cette dernière, victorieuse sans combat, unie aux autres Communes de France, — qui auraient bientôt suivi son exemple, — aurait alors pu travailler en paix et sécurité à l'émancipation complète du prolétariat, laquelle se serait accomplie progressivement, sans lutte violente et avec toutes les précautions, les ménagements et les mesures d'équité et de justice qu'une aussi grande transformation exige.

Les hommes du Comité central et de la *Commune*, ont eu là, comme on le voit, une occasion unique et bien favorable de résoudre le grand problème de l'affranchissement des prolétaires ; non seulement ils n'ont pas su en profiter mais encore par leur conduite incapable et coupable, ils ont fait verser des torrents de sang, massacrer 40,000 gardes nationaux défenseurs de la *Commune*, arrêter, emprisonner, déporter, envoyer au bagne ou en exil, 60,000 autres de ces malheureux, ils ont ainsi fait couvrir Paris de ruines et d'incendies, plonger 100,000 familles dans la misère et le désespoir, et perdre, peut-être pour toujours, la Cause qu'ils s'étaient chargés de faire triompher.

Parmi les hommes dont nous parlons, il en est quelques-uns, la minorité heureusement, qui ont causé cette épouvantable catastrophe, non seulement par ignorance et par incapacité, mais encore par trahison, et parmi ces derniers il y avait malheureusement des membres de la *Commune de Paris*, faisant partie des Comités de salut public, de sûreté générale, de la Commission exécutive, etc., des officiers supérieurs et des généraux de la *Commune*. Ces misérables ont vendu à l'ennemi, leurs compagnons de combat, la ville qu'ils étaient chargés de défendre et la Cause qu'ils avaient mission de faire triompher? par amour du lucre et dans l'espoir de pouvoir s'échapper sains et saufs au milieu du désordre final, avec les fortes sommes et les saufs-conduits qu'on leur avait promis, et d'aller vivre à l'étranger avec le prix du sang de leurs concitoyens. Nous raconterons comment, surtout dans la dernière semaine, les malfaiteurs dont nous parlons, se sont aussi livrés au pillage et au vol du mobilier des établissements, des monuments publics et des palais qu'ils étaient chargés de défendre, et nous les montrerons enfin incendiant les édifices qu'ils avaient pillés, pour effacer les traces de leurs vols.

Nous donnerons sur ces pillages les détails les plus complets et les plus véridiques, tels qu'ils nous ont été racontés, avec preuves à l'appui, par quelques défenseurs de la *Commune*, qui en ont été les témoins indignés, mais impuissants à les empêcher.

Nous publierons les lettres et les accusations révélatrices de ces derniers, et signées par eux, dans lesquelles ils ont donné la nomenclature de ces pillages, et de longues listes en forme de mémoires des objets volés, ainsi que le nombre de fourgons qui ont été chargés de ces dépouilles opimes, avec les adresses des nombreux logements où les pillards ont fait conduire leur butin.

Nous raconterons aussi quelques-unes des avantures plus qu'extraordinaires arrivées à plusieurs d'entre ces derniers et qui donneront une bien effrayante idée de ces individus; nous ne nous générons nullement pour les nommer en leur offrant de prouver en Cour d'assises les accusations que nous formulons contre eux.

Nous suivrons ensuite à l'étranger, ces vulgaires malfaiteurs, proscrits soi-disant politiques d'une nouvelle espèce, heureusement inconnue jusqu'alors. Nous les retrouverons réfugiés à Londres, à Bruxelles, à Genève, avec leurs malles et tous leurs colis remplis des produits de leurs pillages et de leurs vols. Nous les montrerons tels qu'ils étaient alors, étalant sans vergogne leur opulence criminelle, fruit de leur brigandage, et se livrant à la bonne chair et à l'orgie, pendant que leurs malheureux compagnons d'exil restés honnêtes, mouraient de misère et de faim sans qu'ils daignassent les aider.

Nous dirons aussi comment ils corrompaient et stipendiaient avec quelques bribes du produit de leurs vols, un ramassis de malheureux, aussi corrompus, mais moins habiles qu'eux, dont ils se faisaient des clients chargés de les défendre, et qu'ils avaient organisés en une bande bien connue, de laquelle Vermersch a dit très spirituellement : « Ils ne sont que trente-trois, c'est dommage, s'ils étaient quarante on chercherait parmi eux Ali-Baba. »

C'est donc, comme on le voit, l'histoire des trahisons, des pillages et des vols de ces misérables, que nous allons faire ici, à l'aide de documents sérieux, incontestables, dont quelques-uns sont authentiques et officiels ; avec des preuves nombreuses et irréfutables, et enfin avec les déclarations, les témoignages et les lettres des coupables eux-mêmes, qui ont eu le cynisme ou l'imprudente inconscience de raconter complaisamment et dans tous ses détails leur abominable trahison.

Puis nous suivrons ensuite ces malfaiteurs à Paris, à leur retour, après l'amnistie de 1880, et nous les verrons, avec l'audace qui les caractérise, briguer de nouveau les suffrages du peuple, en se couvrant adroitement d'un masque républicain-révolutionnaire-socialiste, et réussir par ce moyen à se faire élire conseillers municipaux et députés.

Nous commencerons nos récits par celui de la trahison du trop fameux général Lullier [1], ce capitaine bravache alcoolisé, commandant en chef de toutes les gardes nationales du Comité central, lequel de son propre aveu a trahi ce dernier et vendu la *Commune* à M. Thiers pour quelques misérables milliers de francs [2].

Nous continuerons notre œuvre par l'histoire de la trahison « *du Doyen-de-la-Commune, le Révérend-Père Beslay,* » qui s'est fait déléguer par cette dernière, à la Banque de France, afin de pouvoir mieux la trahir et la livrer à l'oligarchie financière, dont il était un des suppôts les plus dévoués.

Il a ainsi réussi à sauver la Banque et à perdre la *Commune*, et permis à la première d'envoyer plus de 257,630,000 francs au gouvernement de M. Thiers, pendant les mois de mars, d'avril et de mai 1871, afin que ce dernier puisse recruter et organiser l'armée nombreuse de 170,000 hommes, avec laquelle il a pu faire un second siège de Paris, reprendre cette Ville, grâce à la trahison, et égorger 40,000 de ses défenseurs.

Nous n'oublierons pas non plus les nombreux complots, connus sous la dénomination de « *Conspiration des Brassards Tricolores,* » organisés à Versailles par

---

[1] Au moment où nous allons mettre ces lignes sous presse, nous apprenons la mort de ce triste personnage.
[2] Voir le livre de Lullier, ayant pour titre *Mes Cachots*, dans lequel il raconte tout au long sa trahison.

M. Thiers et son gouvernement, afin d'essayer de s'emparer de Paris à l'aide de la trahison, et dont MM. Barthélemy Saint-Hilaire, Saisset, Le Flô, Tronson-Dumersan, Planat, les frères Guttin, MM. Charpentier, Corbin, Veysset, etc., étaient les principaux organisateurs.

Enfin nous raconterons la trahison de Dombrowski et de la majorité des membres des Comités de salut public et de sûreté générale, qui a eu pour conséquences la livraison des portes d'Auteuil, de Saint-Cloud, du Point-du-Jour, de Passy, etc..., à l'armée de Versailles, l'entrée de cette dernière dans Paris, le 21 mai 1871, et le massacre de 40,000 gardes nationaux fédérés, défenseurs de la *Commune* et la chute de cette dernière.

Puis nous terminerons notre œuvre par le récit des pillages et des vols accomplis par quelques bandits vulgaires, lesquels sous prétexte de politique ont profité des circonstances et de la guerre civile pour satisfaire leurs mauvaises passions.

Nous savons par expérience toutes les colères que nous allons soulever, en publiant ce livre, mais cela nous est parfaitement indifférent.

Le souvenir des 40,000 massacrés de la Semaine Sanglante, livrés par les traitres du Comité central et de la *Commune* à leurs égorgeurs de Versailles; celui des souffrances des 60,000 prisonniers, dont les traitres qui ont livré les portes de Saint-Cloud et du Point-du-Jour ont causé l'arrestation, et les horribles tortures qu'ils ont si longtemps endurées dans les prisons de Versailles, dans le camp de

Satory, sur les pontons, dans les maisons centrales, dans les lieux de déportation et dans les bagnes de la Nouvelle-Calédonie; celui des misères et des persécutions innombrables et atroces auxquelles les 100,000 familles de tous ces infortunés ont été en butte pendant plus de dix ans, sont là qui nous inspirent et qui nous donnent la conviction profonde, qu'il est juste, utile et profitable, que les auteurs de tous ces irréparables malheurs soient flétris comme ils le méritent, afin qu'ils ne puissent pas persévérer dans leur conduite criminelle et recommencer de nouveau à commettre d'autres trahisons et à provoquer d'autres massacres.

Il ne faut pas oublier non plus, que si ce sont les assassins de Versailles qui ont torturé et massacré les malheureux défenseurs de la *Commune*, ce sont les traîtres que nous signalons qui les ont vendus à leurs ennemis et livrés à leurs bourreaux, et qui sont la cause de leur arrestation, de leurs souffrances et de leurs supplices. Ce sont eux aussi qui, par leur infâme conduite, ont empêché l'émancipation des prolétaires en 1871, et qui sont causes que ces derniers sont encore plongés aujourd'hui dans la plus terrible servitude économique.

Nous avons l'espoir que dans l'avenir, quand une nouvelle révolution brisera quelques-uns des rouages de l'ordre social actuel ou empêchera leur fonctionnement, les prolétaires en profiteront pour s'affranchir complétement, en détruisant eux-mêmes toutes les institutions sociales actuelles, de manière à ce qu'elles en puissent jamais être rétablies, qu'ils feront eux-mêmes cette besogne et qu'ils ne confieront jamais ce soin à personne, car c'est à cette condition seulement qu'ils pourront s'affranchir. S'ils recommençaient les errements du passé, s'ils élisaient de nouveau des mandataires ou des réprésentants auxquels ils délégueraient tout ou partie de leur souveraineté, afin de continuer l'œuvre de la Révolution à leur place, ils pourraient être certains que, comme dans le passé, ces derniers n'auraient rien de plus pressé que de se servir des pouvoirs qu'ils leur auraient confiés, pour reconstituer l'ancien état de choses à leur profit et pour les replonger de nouveau dans la servitude.

Tandis qu'au contraire, s'ils se servaient des circonstances favorables et des occasions qui leur seront certainement offertes dans l'avenir, pour détruire le gouvernement et l'ordre social actuels, ils pourraient ensuite travailler librement à leur complet affranchissement, et arriveraient à s'administrer équitablement selon leurs besoins et leurs intérêts.

Telles sont les considérations qui nous ont inspiré en écrivant ce livre, que nous avons fait dans l'espoir de servir utilement la Cause de l'affranchissement complet des travailleurs, qui doit être le but de toutes les révolutions.

COMMENT A PÉRI LA COMMUNE

PREMIÈRE PARTIE

CHAPITRE PREMIER

TRAHISON DE M. CHARLES LULLIER
Commandant en chef de la garde nationale de la Seine, après le 18 mars.

M. Charles Lullier était un jeune lieutenant de vaisseau mis en retrait d'emploi pour indiscipline, peu après sa nomination, le 6 juin 1868.

Il était bien connu depuis longtemps pour son audace, sa violence, son manque de jugement, son esprit mal équilibré, son absence complète de sens moral et surtout par une véritable monomanie d'orgueil et une ambition démesurée qui touchait à la folie.

Très intempérant, il se livrait souvent à la boisson et lorsqu'il avait bu un verre de trop, il était fort querelleur, il avait souvent des disputes et des rixes avec ses camarades et même avec ses supérieurs ou avec la police, ce qui lui avait valu de nombreuses condamnations, et à la fin, avait amené sa mise en réforme et sa radiation des cadres de la marine pour indiscipline et fautes graves.

Comme il était très courageux, d'une force et d'une adresse extraordinaires dans tous les exercices du corps et surtout à l'escrime, il était redouté de tous ses camarades et passait pour être un duelliste des plus dangereux.

L'agression furieuse, du reste bien méritée, à laquelle il se livra, dans les derniers temps de l'Empire contre M. Paul de Cassagnac, est une preuve flagrante de la violence et de l'audace de M. Lullier.

Voici comment le journal le *Pays* raconte cette scène d'après M. de Cassagnac lui-même :

« Aujourd'hui 25, juillet 1868... Nous avons vu entrer dans nos bureaux une personne portant le grand uniforme de lieutenant de vaisseau.

« Cette personne sans être annoncée, s'avance vers M. Paul de Cassagnac et lui dit :

— « Vous êtes M. Paul de Cassagnac?
— « Oui, Monsieur, lui répondit ce dernier ».

« Alors sans autre explication, l'étranger levant la main lui donna un soufflet.

« Sur cet outrage, M. Paul de Cassagnac... s'est contenté de lui dire :

— « C'est bien, monsieur, expliquez-vous, pourquoi cet acte de violence ? »

« Ce monsieur, qui semblait dans un état de surexcitation extrême et qui tenait la main sur son sabre, a d'abord plusieurs fois refusé de s'expliquer, vociférant et se bornant à dire :

« C'est un duel au dernier sang que je vous propose et je vous laisse le choix des armes. »

« M. Paul de Cassagnac insistant lui dit :

— « Vous voyez avec quelle placidité je vous écoute, vous savez qui je suis, vous venez m'attaquer chez moi ; j'aurais le droit de vous tuer, je le peux, je suis armé ; mais je veux éviter l'ombre même d'une illégalité ; encore une fois, expliquez-vous ? »

« L'étranger a répondu avec vivacité :

— « Moi aussi je suis armé, j'ai vingt-un coups de revolver à tirer.

« Vous avez insulté Jules Favre, mon second père... Je lui dois tout... Je sors de déjeuner chez lui. Vous avez insulté les étudiants, ces nobles cœurs... Je ne souffrirai pas qu'on publie de pareils articles... J'ai fait le tour du monde... Il y a trois jours que je vous cherche... Je suis prévôt d'armes... J'ai eu sept duels... Je vous laisse le choix des armes... Je ne veux pas me battre à l'épée, parce que mes camarades de la marine savent que je vous tuerais... et le tout interrompu par des paroles désordonnées. »

M. Cassagnac a refusé de se battre avec son agresseur et l'a fait condamner à six mois de prison et 200 francs d'amende, c'était plus prudent.

Cette audacieuse et violente agression sous l'Empire, contre le rédacteur en chef du journal bonapartiste le plus accrédité, et les paroles qui l'ont accompagnée, prouvent d'une manière incontestable quelles étaient la violence et l'incohérence du caractère désordonné de Charles Lullier.

Eh bien, c'est à un pareil homme que le Comité central de la garde nationale a confié le commandement en chef de cette dernière, et le salut de la révolution du 18 mars.

Le caractère du premier peut donner la mesure exacte de l'intelligence, de la capacité et de la prudence du second.

Voici comment Charles Lullier raconte lui-même sa nomination à cette haute, délicate et importante fonction.

« Le 18 mars 1871, à 9 heures du matin, dit-il, en rentrant à son hôtel, Ch. Lullier[1] trouva un pli portant sur cachet estampillé en bleu, ces mots : « Comité central de la garde nationale » et contenant ces lignes :

[1] M. Charles Lullier parle de lui à la troisième personne.

« Paris, le 18 Mars 1871.

« Citoyen,

« La garde nationale compte sur vous. En raison de la gravité
« des circonstances, son *Comité central*, s'est déclaré en perma-
« nence et siège rue Onfroy, 11, il vous attend avec impatience.

« Pour le Comité central et par son ordre. Le secrétaire général,

« Signature (illisible). »

« Ce que le Comité central de la garde nationale pouvait vouloir à M. Ch. Lullier celui-ci ne pouvait l'ignorer.

« Le 15 mars, dans une assemblée générale des officiers de la
garde nationale, tenue au Vauxhall, ledit Comité lui avait offert
le commandement de ladite garde nationale.

« Ch. Lullier, n'étant pas suffisamment éclairé sur la situation
avait décliné cette offre dans des formes dilatoirement diploma-
tiques, sans toutefois se fermer la porte d'une manière définitive. »

M. Charles Lullier était, comme on le voit, malgré sa
violence, un homme avisé et qui dans cette circonstance
avait fait preuve de beaucoup de prudence diplomatique.
Il s'était réservé un rôle pour l'avenir.

« Comme il ne restait plus que quelques difficultés de troisième
ordre à résoudre, dit-il, avant un mois le traité de paix définitif
avec l'Allemagne pouvait être signé, et alors M. Thiers appuyé
sur la gauche républicaine, pouvait signifier à l'Assemblée élue
sur la question seule de la paix et de la guerre, que son mandat
avait pris terme, qu'il était nécessaire de procéder à de nouvelles
élections pour une Constituante. Versailles est une ville ouverte,
à portée de Paris, et s'il se trouvait dans cette capitale une force
imposante, mise à la disposition de M. Thiers et des libéraux, la
majorité serait obligée de céder. »

Or c'est dans l'espoir d'organiser cette force et de la
mettre à la disposition du chef du pouvoir exécutif et de la

gauche de l'Assemblée de Versailles, et de devenir ainsi, si non l'arbitre de la situation, tout au moins le protecteur indispensable et bien récompensé du gouvernement, que M. Lullier a accepté, comme il le dit lui-même :

« Ch. Lullier était disposé à accepter le commandement en chef de la garde nationale, à la réorganiser, à y établir l'esprit de discipline et à un moment donné, dont l'époque ne pourrait être bien éloignée, à appuyer M. Thiers et les libéraux avec 200,000 baïonnettes et 600 canons.

« Deux choses cependant le préoccupaient vivement. Quelles étaient les intentions du Comité central ? Il ne les connaissait pas. Quelles seraient ensuite les garanties de la durée de son pouvoir ? L'expérience de l'histoire de France depuis 80 ans, lui avait encore démontré que ce ne sont pas ceux qui font les révolutions qui en profitent, que le peuple brise vite ses idoles, que les popularités à Paris sont encore plus éphémères que les feuilles des arbres. Or Lullier ne se souciait pas de travailler pour d'autres et de remplacer *ex abrupto* une situation donnée dans laquelle il pourrait toujours se mouvoir à l'aise par l'inconnu [1]. »

Toute cette longue déclaration de M. Lullier prouve qu'il n'avait qu'une pensée, qu'une idée fixe lorsqu'il reçut le billet du Comité central; celle de se faire donner le commandement en chef de la garde nationale de la Seine, afin de la « discipliner » si c'était possible et de s'en servir, pour soutenir le gouvernement de M. Thiers et des libéraux de l'Assemblée de Versailles, afin de s'assurer ainsi une stable et haute position sociale, la fortune et les honneurs, car il ne se souciait pas, disait-il, de travailler pour les autres, il savait, « que le peuple brise vite ses idoles, que les popularités à Paris sont encore plus éphémères que les feuilles des arbres et que ce ne sont pas ceux qui font les révolutions qui en profitent. » Ce sont

---

[1] *Mes Cachots*, par Charles Lullier, p. 25.

toutes ces raisons, très sérieuses à ses yeux, qui l'ont engagé à essayer de devenir le soutien, le protecteur de M. Thiers et de son gouvernement, il pensait par ce moyen se créer une situation solide et très avantageuse, à l'abri de l'inconstance et du caprice des foules.

C'est pour cela que ce monsieur préméditait de trahir ceux qui allaient lui donner le commandement en chef de la garde nationale, en se faisant le soutien de M. Thiers et de son gouvernement, qui venaient de tenter un nouveau coup d'État contre les droits et les libertés des citoyens, en envoyant la veille, nuitamment, leurs soldats à Montmartre pour voler les canons de la garde nationale, afin de pouvoir la désarmer le lendemain, et qui leur avaient donné l'ordre de tirer sur le peuple, de tuer ainsi les femmes, les enfants, les vieillards et les hommes inoffensifs; mais heureusement que les soldats avaient refusé d'obéir à ces ordres barbares, qu'ils avaient levé la crosse en l'air et fraternisé avec les gardes nationaux.

Le forfait que M. Thiers avait tenté, venait à peine d'avoir eu lieu, que M. Lullier voulait prendre son auteur sous sa protection et le soutenir; il se préparait déjà à se mettre au service de l'homme d'État néfaste, qui voulait, comme il l'a dit lui-même devant la Commission d'enquête parlementaire, soumettre Paris par la puissance des feux [1], rétablir l'ordre en détruisant la révolution du 18 mars par la force, et rentrer dans Paris, comme Windischgraetz, de sinistre mémoire, était rentré dans Vienne, en 1848, au milieu du sang et des monceaux de cadavres de ses victimes [2].

Et c'était M. Lullier, le partisan, le défenseur de M. Thiers, de l'homme qui voulait imiter le bourreau de

---

[1] *Enquête parlementaire* sur le 18 mars, p. 17.
[2] Voir dans la même enquête la déposition de M. Thiers.

Vienne, que le Comité central avait choisi pour commander la garde nationale de Paris et auquel il voulait confier les destinées de la Révolution, ainsi qu'il l'a fait. Il faut convenir qu'il y avait dans cette manière d'agir de quoi effrayer les plus courageux amis de cette dernière et que l'on peut à peine croire aujourd'hui que le Comité central ait pu se rendre coupable d'une semblable folie ou d'un pareil crime.

Ce dernier ne peut pas invoquer son ignorance et dire qu'il ne connaissait pas le caractère et les opinions de M. Lullier, car ses membres avaient eu souvent occasion de voir, d'entendre et d'apprécier ce personnage, soit dans les réunions de la place de la Corderie, soit dans celles des délégués de la garde nationale, soit dans les meetings publics, etc., dans lesquels M. Lullier parlait beaucoup sans dissimuler ses pensées, ni cacher ses opinions. Ils savaient fort bien, car cela était de notoriété publique, que ce dernier était l'ami, le commensal, le fils adoptif ou naturel de M. Jules Favre, qu'il appelait « son second père », auquel, disait-il, « il devait tout [1]. »

Ils n'ignoraient pas non plus que cet ex-officier de marine, cassé de son grade pour inconduite, n'avait jamais eu la moindre idée socialiste, ni témoigné aucune sympathie pour la classe ouvrière, qu'il n'avait pris aucune part au grand mouvement qui entraînait alors les esprits à l'étude des questions sociales et qu'il n'avait pas non plus participé à la préparation de la Révolution du 18 mars.

Eh bien, malgré toutes ces raisons bien faites pour que le Comité central refusât les services de M. Lullier, c'est à cet homme, comme nous l'avons déjà fait remarquer, qu'il a confié le commandement de toutes les forces dont il dis-

---

[1] Voir le livre de M. Lullier, ayant pour titre : *Mes Cachots*, p. 35.

posait, auquel il a remis le soin de défendre et de faire triompher la révolution prolétarienne du 18 mars.

Un pareil choix était plus qu'une absurdité, c'était une chose tellement incompréhensible qu'on se demande encore maintenant jusqu'où pouvait aller l'incommensurable sottise des gens que le hasard des événements avait mis à la tête du mouvement révolutionnaire du 18 mars.

Nous allons voir comment le choix qu'ils avaient fait de M. Charles Lullier leur a bien réussi.

Dès le 18 mars, dans l'après-midi, lorsque M. Lullier fut investi de son pouvoir et qu'il eut fait occuper quelques positions abandonnées par les troupes du gouvernement de Versailles, il prit, dit-il, avec lui trois bataillons pour s'emparer du ministère des Affaires étrangères et se donner cette position avancée sur la rive gauche.

« Comme il débouchait du pont de la Concorde, un capitaine envoyé avec sa compagnie par Duval en patrouille sur la rive gauche, vint à lui et le prévint que M. Thiers et les ministres étaient en ce moment rassemblés au ministère des Affaires étrangères, qu'il n'avait pas une force suffisante sous la main pour cerner le ministère et s'en emparer.

« A cette nouvelle, Charles Lullier arrête net sa colonne et lui fit rebrousser chemin, puis, prenant cette compagnie pour escorte, il s'achemina vers l'Hôtel de Ville.

« *La capture de M. Thiers et des ministres, ajoute-t-il, ne rentrait d'aucune façon dans le plan de Lullier. Que les Communards aient crié ensuite à la trahison, voilà ce qui lui importe peu.* »

M. Lullier, comme on le voit, avoue franchement et cyniquement cette première trahison. Il déclare hautement qu'il se moque de ce que peuvent en penser les *Communards*, qui ont été assez sots pour avoir confiance en lui, et pour lui donner un commandement aussi important que le sien, et il avoue encore également que ce n'est pas dans leur intérêt qu'il agit; mais dans le sien et dans celui de son ambition, il exécute son plan duquel, comme il le dit, lui-même, *l'arrestation de M. Thiers et de son gouvernement ne faisait pas partie*, puisqu'il avait au contraire résolu de les protéger et de les défendre avec les 200,000 gardes nationaux qu'il avait sous ses ordres et, dès le 18 mars, il avait, comme on l'a vu, commencé à les protéger.

Le général Le Flô, ministre de la guerre, dans sa déposition, faite devant la Commission d'enquête parlementaire, au sujet des événements du 18 mars, a aussi prouvé d'une façon positive, que ce jour-là, M. Lullier pouvait parfaitement arrêter M. Thiers et tout son gouvernement, et que s'il l'eut fait, le pouvoir de l'Assemblée de Versailles était complètement détruit et ses dernières forces désorganisées.

Voici ce qu'a déclaré le général Le Flô à ce sujet :

« Vers trois heures, ce jour-là, a-t-il dit, il se produisit un incident qui inquiéta un moment le gouvernement et les représentants qui se trouvaient là, trois bataillons de la garde nationale, tambours et clairons en tête, passèrent devant l'Hôtel des Affaires étrangères. Nous étions défendus par un seul demi-bataillon de chasseurs à pied qui était en dehors de la grille et dans une situation assez compromettante, par conséquent. Les hommes étaient disposés en tirailleurs tout le long de cette grille. Le moment me parut critique, et je dis : « Je crois que nous sommes flambés, nous allons être enlevés. » En effet, les bataillons qui passaient n'avaient qu'à faire un demi-tour à droite et à pénétrer dans le palais et nous étions pris, tous, jusqu'au dernier. Je dis à M. Thiers : « Je crois qu'il est important que vous vous sauviez, il y a peut-être un escalier dérobé par lequel vous pouvez vous retirer et gagner la rue de l'Université et, de là, partir pour Versailles. Il est important que vous le fassiez, sans quoi le gouvernement va être absolument désorganisé. »

« M. Thiers suivit mon conseil. Mais les trois bataillons passèrent sans rien dire. Ils allèrent faire une manifestation à l'Hôtel de Ville et en revinrent une demi-heure après.

« *Un membre.* — C'étaient des bataillons du quartier du Gros-Caillou.

« *M. le général Le Flô.* — Oui, du Gros-Caillou, de la place d'Italie, du quartier du Maine, enfin de tout le quartier qui s'étend sur la rive gauche de la Seine, jusqu'au Point-du-Jour[1]. »

Ainsi la déposition du général Le Flô confirme la déclaration de M. Lullier et prouve que si ce dernier l'eût voulu, M. Thiers, le seul homme capable de reformer une armée pour reprendre Paris, ainsi que tout son gouvernement eussent été ses prisonniers, et alors la guerre entre Versailles et Paris eût été finie avant même d'avoir commencé; car l'Assemblée, déjà si impopulaire et si discréditée, qui siégeait dans la première de ces deux villes, n'eût plus eu ni armée, ni argent, ni gouvernement, elle aurait été complètement impuissante, forcée de se sauver, d'errer de ville en ville, et de se dissoudre dans la honte et sous le mépris public. Le Comité central de la garde nationale, maître de Paris et très populaire, aurait pu très facilement alors organiser la *Commune de Paris* à laquelle seraient venues s'adjoindre successivement toutes celles de la France, affranchies de la centralisation administrative et gouvernementale, et toutes ensemble, elles auraient formé une grande République libre et fédérative; alors le grand problème de l'affranchissement des travailleurs aurait pu être résolu.

La seule difficulté du moment aurait été le règlement

---

[1] *Enquête parlementaire* sur l'insurrection du 18 mars, déposition du général Le Flô, p. 80.

de l'indemnité de guerre à payer aux Allemands et l'évacuation de notre territoire par ces derniers.

On aurait fait payer la première par la féodalité financière et par les hauts fonctionnaires du gouvernement impérial, par les membres du Corps législatif et du Sénat qui avaient provoqué, approuvé et voté la guerre en 1870 et tous les plébiscites; une fois cette indemnité payée, il n'aurait pas été bien difficile d'obtenir l'évacuation du territoire par l'armée allemande.

Telle est l'œuvre humanitaire si féconde que M. Lullier a empêché d'accomplir par son odieuse trahison, la première et la plus funeste de toutes celles qui se sont succédées à cette triste époque.

Mais le Comité central de la garde nationale, comme l'a déclaré M. Jourde, était « fort embarrassé de son pouvoir », il ne savait que faire, il ne comprenait absolument rien à la situation et était bien loin de songer à la solution de la question sociale, et la capture de M. Thiers et de son gouvernement l'aurait probablement fort embarrassé; aussi il n'eut pas tout d'abord conscience du crime de M. Lullier et, dès le lendemain du jour où ce dernier s'était rendu coupable de son premier forfait irrémédiable, au lieu de le faire arrêter et punir sévèrement pour son abominable trahison, il le laissa tranquillement dans son poste omnipotent et, probablement pour l'encourager dans ses méfaits, il le félicita des mesures qu'il avait prises et lui remit un nouvel ordre « *qui le nommait à l'unanimité, général en chef de la garde nationale, avec pleins pouvoirs pour tout ce qui concernait les opérations militaires*[1], » et il le chargeait d'aller s'emparer du Mont-Valérien et de le faire occuper.

Mais malheureusement comme nous allons le voir,

---

[1] *Mes Cachots*, par Charles Lullier, p. 37.

M. Lullier a apporté beaucoup de lenteur, de négligence et de mauvais vouloir dans l'exécution de l'ordre qu'il avait reçu d'occuper le Mont-Valérien. Il a bien prétendu avoir envoyé le 19 mars, à quatre heures de l'après-midi, l'ordre à deux bataillons de 1,500 hommes; le 153ᵉ et le 155ᵉ, l'un de Belleville et l'autre des Batignolles, de marcher sur la forteresse du Mont-Valérien et de s'en emparer, et il a ajouté avoir délivré un bon de réquisition sur la mairie de Suresnes pour leur assurer des vivres, et il a dit aussi leur avoir expédié « un officier d'état-major pour reconnaitre la position, assurer le mouvement et aplanir les difficultés. » Il prétend encore : « Que dans la nuit du 19 au 20, ne voyant pas revenir l'officier envoyé en mission du côté du Mont-Valérien, il en expédia un second, et qu'au point du jour aucun détachement de la garde nationale n'avait encore paru aux abords de la forteresse... En même temps il apprit, dit-il encore, que les 153ᵉ et 155ᵉ bataillons se mettaient seulement en marche. Que le 19, à cinq heures du soir, ces bataillons avaient refusé à leurs commandants de marcher, n'ayant ni cartouches, ni vivres, ni solde, et ayant trouvé en outre qu'il était trop tard pour s'aventurer si loin. Leurs commandants ne purent obtenir d'eux que la promesse de partir le lendemain à quatre heures du matin et en réalité ils ne se mirent en marche qu'à six heures, et ils n'arrivèrent sur les glacis de la forteresse qu'à neuf heures et la sommèrent, et il ajoute :

« Or, depuis huit heures du matin, un régiment de ligne appartenant à l. brigade Daudel, envoyé de Versailles, occupait le fort. Il ava' avec lui des vivres pour quatre jours ; on dit au général en hef (Lullier) pour vingt-quatre jours. Le colonel Cholleton, ui commandait, déclara qu'il ne tirerait pas sur Paris ; ma que, dans aucun cas, il ne rendrait le fort. Devant ce refus fo nulé énergiquement, les gardes nationaux, fort mécontents, se retirèrent. Voilà comment la forteresse du Mont-Valérien resta aux mains des Versaillais.

« Arrivés une heure plus tôt, ajoute encore M. Lullier, la forteresse serait très probablement tombée aux mains de la garde nationale, car les chasseurs à pied étaient très démoralisés et prêts à passer à l'insurrection [1]. »

Voyons maintenant ce qu'il y a de vrai dans la déclaration de M. Lullier.

D'abord, ce ne sont pas deux officiers d'état-major, mais un simple sergent, que M. Lullier a expédié au Mont-Valérien « pour reconnaître la position et assurer le mouvement » des deux bataillons qu'il prétend avoir envoyés pour occuper cette forteresse, le 19 mars à cinq heures du soir.

Or, le registre-journal du Mont-Valérien et le rapport, que M. de La Rochethulon a fait au sujet de l'évacuation de cette forteresse, constatent que ce n'est que le 20 mars à six heures du matin que le sergent, le seul messager envoyé par M. Lullier au Mont-Valérien, s'est présenté et a annoncé l'envoi des deux bataillons en question, qui devaient venir pour l'occuper dans la journée du 20 mars ; c'est-à-dire quand la forteresse était déjà réoccupée depuis le matin à neuf heures et demie. Mais ce n'est qu'à huit heures du soir « qu'on annonça au poste de l'avancée du fort » non pas les deux bataillons, mais seulement « une députation d'officiers de la garde nationale parmi lesquels parait-il, était le général Lullier. Le commandant Cholleton les reçut au poste d'entrée.

« Ces messieurs déclarèrent qu'ils appartenaient à deux bataillons, l'un des Ternes, l'autre des Batignolles, et qu'ils précédaient leurs bataillons arrêtés à environ 1,000 mètres... [2]. »

[1] Voyez *Mes Cachots*, par M. Lullier, p. 39, 40 et 41.
[2] Voir le Rapport du commandant du Mont-Valérien, dans l'*Enquête* sur le 18 mars.

On sait déjà que le commandant refusa de leur remettre la forteresse et qu'ils s'en retournèrent fort mécontents.

Ainsi le récit de M. Lullier est un tissu de mensonges. Ce n'est pas le 19 mars mais le 20 qu'il a envoyé, non pas deux bataillons et deux officiers d'état-major au Mont-Valérien, mais un seul et simple sergent, qui y est arrivé ce jour-là à six heures du matin ; quant aux deux bataillons ils ne sont allés prudemment qu'à 1,000 mètres seulement en avant du fort le 20, à huit heures du soir, c'est-à-dire dix heures et demie après que ce dernier était réoccupé par le 119ᵉ de ligne, de l'artillerie et des sapeurs du génie de l'armée de Versailles, ainsi que le prouve le rapport du commandant du fort, qui constate que ce dernier a été réoccupé le 20, à neuf heures du matin. Il est donc prouvé d'une manière certaine que M. Lullier n'a envoyé des bataillons de gardes nationaux fédérés pour s'emparer du Mont-Valérien que plus de dix heures après sa réoccupation par les troupes du gouvernement de Versailles, quand l'envoi était parfaitement inutile et qu'il lui était de toute impossibilité de s'en emparer ; car cela eut été une folie ridicule que d'espérer prendre une forteresse comme le Mont-Valérien à coups de fusils ou à la baïonnette et sans canons, ainsi que M. Lullier en avait eu l'idée lorsqu'il a fait sa tentative infructueuse.

Mais quoiqu'il en soit, ce dernier, en sa qualité de « général en chef de la garde nationale, avec des pleins pouvoirs pour tout ce qui concernait les opérations militaires », était responsable de la non-occupation du Mont-Valérien par les gardes nationaux fédérés et des conséquences désastreuses que la réoccupation et la possession définitive de cette forteresse par les Versaillais ont eues pour la Révolution du 18 mars, dont elles ont causé la perte.

Dans cette circonstance décisive, M. Lullier n'a pas été seulement coupable de négligence ou d'incurie mais de mauvais vouloir et de trahison, car il savait parfaitement ce qu'il faisait, il n'ignorait pas l'importance du Mont-Valérien puisqu'il a dit lui-même : « Nul doute que si le Mont-Valérien était tombé entre les mains de l'*insurrection*, l'Assemblée ne se soit crue dans l'obligation de quitter Versailles [1] »; il savait aussi parfaitement, comme il l'a écrit dans son livre, que dans la journée du 19 et pendant la nuit suivante, ce fort n'était gardé que « par quelques chasseurs à pied » très démoralisés et prêts à passer à l'insurrection, et que s'il était arrivé une heure plus tôt[2] la forteresse serait très probablement tombée aux mains de la garde nationale [3] ». Ce n'est pas une heure mais dix heures plus tôt que M. Lullier aurait dû arriver pour pouvoir occuper le fort. Mais dans tous les cas il connaissait la situation critique du Mont-Valérien à cette époque, et s'il n'en a pas profité pour s'en emparer, c'est qu'il ne l'a pas voulu, il n'a pas péché par ignorance, c'est avec préméditation qu'il a attendu que la forteresse fut réoccupée par les troupes de Versailles pour se présenter devant elle. Sa conduite dans cette circonstance est donc encore une véritable trahison, absolument comme celle qu'il avait déjà tenue deux jours avant, quand il avait laissé échapper M. Thiers et son gouvernement du ministère des Affaires étrangères.

Il avait prémédité sa trahison dès le premier jour, lorsqu'il avait offert ses services au Comité central. Il voulait livrer Paris à M. Thiers, absolument comme le traître Bazaine avait livré Metz aux Allemands.

---

[1] *Mes Cachots*, p. 13.
[2] Ce n'est pas une heure, mais 10 heures et demie plus tôt qu'il aurait dû arriver au Mont-Valérien.
[3] *Mes Cachots*, p. 41.

Il a écrit dans son livre *Mes Cachots*, page 99, « qu'il s'était résolu à balayer la *Commune* et le Comité central, à prendre hardiment la dictature et à traiter ensuite avec Versailles... » Mais malgré toute sa bonne volonté, M. Lullier n'aurait pas réussi dans son abominable projet de trahison et le Mont-Valérien ne serait pas retombé entre les mains des troupes de Versailles, sans la négligence, l'insouciance, l'incapacité d'un autre chef militaire, membre du Comité central de la garde nationale, qui, dans cette circonstance décisive, s'est conduit tout aussi mal que son collègue Lullier.

Nous allons raconter ce fait déplorable qui se rattache directement à notre sujet et dont le coupable auteur, le général Eudes, est un des plus célèbres héros des trahisons et des pillages que nous racontons.

Comme nous avons été mêlé aux événements dont nous entretenons nos lecteurs, nous les prions de vouloir bien nous excuser de parler un peu de nous, car nous sommes forcé de le faire pour le besoin de notre récit.

Après avoir fait comme tant d'autres notre devoir de révolutionnaire, le 18 mars, nous avons été délégué le lendemain, dans la matinée, par un très grand nombre de gardes nationaux réunis sur la place de l'Hôtel-de-Ville, auprès du Comité central de la garde nationale pour lui demander :

1° De faire occuper militairement la Banque de France et tous les grands établissements financiers de la Capitale et surtout celui de M. Rothschild, etc...

2° D'envoyer quelques bataillons de la garde nationale s'emparer du Mont-Valérien, qui n'était gardé que par environ vingt ou vingt-cinq chasseurs à pied, à moitié révoltés, et qui avaient offert de livrer cette forteresse au Comité central à première réquisition.

3° De marcher ensuite sur Versailles avec des forces

imposantes, afin de s'emparer de cette ville, en chassant l'Assemblée rurale et royaliste et le gouvernement dont M. Thiers était le chef, qui étaient très impopulaires, et de proclamer la *Commune*, qui alors rayonnerait bientôt dans toute la France.

Aux premiers mots que nous leur avons dit au sujet de notre projet d'occupation de la Banque de France, ils se récrièrent très fort en nous répondant que si on l'exécutait, on ruinerait ce grand établissement de crédit; car ses billets n'auraient plus de valeur, etc., et qu'alors le Comité central ne pourrait pas se procurer l'argent dont il avait besoin pour payer la solde de la garde nationale; quant à l'occupation du Mont-Valérien, ils ne la considéraient pas comme absolument nécessaire pour le moment, car les soldats qui gardaient provisoirement cette forteresse étaient très bien disposés en faveur de la garde nationale fédérée, puisqu'ils avaient eux-mêmes, disaient-ils, invité son Comité central à l'occuper, ce qu'ils étaient dans l'intention de faire bientôt en donnant des ordres en conséquence à M. Lullier.

En ce qui concernait la marche sur le siège du gouvernement que nous réclamions, ils ne la croyaient pas très urgente; ils avaient, disaient-ils, besoin d'un certain temps pour s'y préparer, et rien ne les pressait pour l'exécuter; les rapports qu'ils recevaient au sujet de Versailles et des troupes qui l'occupaient étaient des meilleurs, tous étaient très favorables à la Révolution du 18 mars, et constataient que le gouvernement et l'Assemblée qui siégeaient dans cette ville étaient fort mal vus et n'avaient pas de partisans; les *Fédérés* n'auront donc qu'à s'y présenter pour être bien accueillis et acclamés; les soldats qu'on pourrait essayer de leur opposer lèveront la crosse en l'air comme à Montmartre et viendront se ranger sous le drapeau du Comité central.

Nous ne devions donc avoir aucune inquiétude au sujet de l'occupation du chef-lieu du département de Seine-et-Oise, qu'ils se chargeaient de faire opérer au moment propice.

Le Comité central, comme on le voit, était très optimiste, il était persuadé que le gouvernement et l'Assemblée de Versailles étaient complètement défaits, qu'ils n'avaient plus ni pouvoir ni autorité, et qu'ils seraient perdus, forcés de fuir et de se dissoudre le jour où il lui plairait d'envoyer contre eux les bataillons de la garde nationale fédérée.

Mais comme nous ne partagions pas cette manière de voir, et que nous savions parfaitement de quoi M. Thiers était capable, et que si on lui laissait le temps et les moyens nécessaires pour le faire, il réorganiserait bientôt une armée capable d'attaquer et de reprendre Paris, nous résolûmes de nous passer du concours du Comité central et de mettre notre projet à exécution sans lui.

En conséquence, nous redescendîmes sur la place de l'Hôtel-de-Ville et nous racontâmes aux gardes nationaux, qui nous avaient envoyé auprès du Comité, le résultat infructueux de notre démarche auprès de lui, en leur faisant part de notre intention de persister dans notre projet.

Les gardes nationaux fédérés, très mécontents des atermoiements du Comité, résolurent de nous aider à mettre ce dernier à exécution et, afin de nous fournir un centre d'action pour organiser notre entreprise et pour nous procurer les ressources dont nous avions besoin pour l'exécuter, il fut décidé que nous nous emparerions du ministère de l'Intérieur afin d'y établir notre quartier général.

Nous partîmes immédiatement avec une grande quantité de gardes nationaux pour exécuter ce projet, après avoir pris et fait occuper en route la direction générale des télégraphes, où nous installâmes le citoyen Combaz comme directeur, nous nous dirigeâmes en toute hâte vers le ministère de l'Intérieur; arrivé devant ses grilles qui étaient fermées, nous fîmes sommation aux gardes nationaux qui le gardaient de nous le céder. Après quelques pourparlers, ils consentirent à la condition que nous les laisserions sortir avec les honneurs de la guerre, ce que nous leur accordâmes.

Dès que nous fûmes les maîtres de ce ministère, nous nous empressâmes de prendre les mesures les plus urgentes et les plus indispensables pour exécuter notre projet.

Nous commençâmes par faire donner des vivres, des munitions et tout ce qu'il fallait aux gardes nationaux qui étaient venus avec nous occuper le ministère de l'Intérieur, et nous fîmes venir deux autres bataillons de fédérés afin de nous aider. Mais pendant que nous faisions ces préparatifs préliminaires, les citoyens Eudes et Grélier, membres du Comité central, étaient venus nous rejoindre au ministère de l'Intérieur, nous leur fîmes immédiatement part de notre projet; mais aux premiers mots que nous leur dîmes sur notre intention d'aller occuper la Banque de France et les autres établissements financiers de la capitale, ils se récrièrent très fort; nous répétèrent à peu près tout ce que nous avait déjà dit le Comité central, en ajoutant que jamais ce dernier ne consentirait à notre projet d'occupation de la Banque de France et qu'ils avaient l'ordre de s'y opposer. Voyant qu'il nous était de toute impossibilité de l'exécuter pour le moment, nous résolûmes de l'ajourner, sans cependant l'abandonner définitivement, et de commencer nos opérations par l'occupation du Mont-Valérien et la marche sur Versailles, persuadé que si nous réussissions à accomplir ces deux dernières mesures, l'occupation de la Banque ne rencontrerait plus de difficultés. Nous ne parlâmes donc plus de cette dernière à ces deux messieurs, nous contentant de leur demander leur concours ou au moins leur consentement pour aller au Mont-Valérien d'abord et ensuite à Versailles.

Les citoyens Eudes et Grélier nous répétèrent ce que nous avait déjà dit le Comité central, que cette forteresse serait à nous dès que nous le désirerions, qu'ils enverraient Lullier l'occuper. Mais nous leur fîmes observer qu'en attendant ainsi encore pour nous en emparer, nous laisserions le temps au gouvernement de Versailles d'y envoyer des troupes fidèles et, qu'après qu'il aurait fait cela, quand nous nous présenterions pour en prendre possession, il serait trop tard et que nous serions alors dans l'impossibilité de l'occuper.

Cette raison sembla exercer une certaine influence sur nos deux interlocuteurs, et ils finirent, sur nos pressantes instances, à consentir à faire avec nous le même soir une tentative d'occupation sur cette importante forteresse. Mais avant de partir, ils voulurent manger, et ils commandèrent à souper au ministère.

Ce repas ne tarda pas bien longtemps à être servi et nous nous mîmes à table avec les deux membres du Comité central, les trois commandants des bataillons et un jeune capitaine.

Pendant que nous mangions ce souper très convenable quoique modeste, nous expliquâmes à nos collègues quels étaient, selon nous, les importants avantages que l'occupation du Mont-Valérien nous procurerait, car nous le considérions comme étant à la fois la clef de Paris et de Versailles et nous étions persuadé que sans sa possession il serait impossible à M. Thiers de s'emparer de Paris; d'un autre côté, s'il était en notre pouvoir, Versailles serait intenable pour l'Assemblée nationale et son gouvernement qui seraient forcés d'abandonner cette ville, de se retirer à Fontainebleau ou autre part, de s'éloigner ainsi de Paris, d'élargir le cercle de nos communications, ce qui augmenterait beaucoup les difficultés de la situation de M. Thiers, nous permettrait de nous mettre plus facilement en rapport avec la France et d'organiser le mouvement communal en province.

Nos auditeurs nous écoutaient avec attention et semblaient nous approuver, et nous étions persuadé que nous avions réussi à leur faire partager nos idées sur notre projet ; aussi, quand à sept ou huit heures du soir le souper fut terminé, nous leur rappelâmes la promesse qu'ils nous avaient faite de partir avec nous pour le Mont-Valérien et nous les invitâmes à la tenir.

— « Il est encore bien de bonne heure, nous répondit Eudes, il est préférable que nous arrivions la nuit, car alors il nous sera plus facile de nous approcher du fort et de nous en emparer par surprise si cela devenait nécessaire et si les quelques hommes qui le gardent voulaient, tout en nous le cédant volontairement, sauver les apparences, ils pourraient facilement le faire en disant qu'ils ne nous avaient pas vu venir et que nous les avions pris à l'improviste.

— « Vous avez bien raison, nous avons le temps de partir, ajouta le citoyen Grêlier, et nous ferons bien avant de le faire de prendre le café. » Tous nos compagnons ayant approuvé cette proposition, le café fut demandé et servi.

Lorsqu'il fut bu, nous renouvelâmes notre demande de départ qui fut encore ajournée sous un autre prétexte ; enfin, comme nous insistions avec force et que nous exigions que l'expédition convenue eut lieu de suite, le citoyen Eudes nous répondit :

— « Citoyen Vésinier, il est inutile que nous nous dérangions ce soir pour aller occuper le Mont-Valérien, il sera à nous quand nous le voudrons et, en attendant, les soldats qui l'occupent ne tireront pas sur nous, ils nous l'ont promis. Il en sera devant cette forteresse et à Versailles comme à Montmartre, partout les troupes lèveront la crosse en l'air quand on leur commandera de faire feu sur nous. Ne nous fatiguons pas inutilement ainsi que les braves gardes nationaux, qui sont avec nous, pour aller courir la campagne la nuit; le Comité central doit avoir envoyé Lullier occuper le fort, qui lui sera rendu sans combat et, en attendant, ne nous en préoccupons pas plus longtemps et n'ayons aucune crainte de M. Thiers, de son gouvernement et de l'Assemblée de Versailles, dont personne ne veut plus, qui n'ont plus ni armée, ni argent; qui seront bientôt forcés de se retirer, d'abandonner Versailles et qui tomberont d'eux-mêmes, car ils sont finis, bien finis.

— « Vous vous trompez étrangement, répondimes-nous à M. Eudes, en croyant que M. Thiers et son gouvernement sont perdus et qu'ils tomberont tout seuls, le premier est un homme intelligent, adroit, actif, persistant, bon administrateur, qui a toujours eu un goût très prononcé pour les soldats et pour la guerre, il est un des plus grands admirateurs du premier Bonaparte, qu'il brûle d'imiter, il veut être le Napoléon de la bourgeoisie, reprendre Paris et ses fortifications qu'il a fait construire et dont il désire s'emparer, il a une haine profonde pour les prolétaires, pour la *vile multitude,* comme il les appelle, s'il réussit dans son entreprise, il les fera exterminer et les massacres de la rue Transnonain ne seront rien à côté de ceux qu'il prémédite et qu'il exécutera, et rappelez-vous qu'il fera tout cela, qu'il réalisera son plan et atteindra son but si vous lui en laissez le temps et les moyens; il saura bien se procurer de l'argent, trouver des soldats, les armer, les discipliner, il ira chercher en Allemagne, tous ceux qui y sont détenus prisonniers, il les achètera s'il le faut à M. de Bismarck qui les lui vendra volontiers, il en fera une nombreuse armée, il mettra à leur tête tous les lâches capitulards et les traîtres de Sedan et de Metz, tous les généraux ennemis et massacreurs du Peuple, les Vinoy, les Mac-Mahon, les Dubaraille, les Lacretelle, les Ladmirault, les Clinchant, etc..., tous les misérables bonapartistes qui n'ont pas su défendre la France contre l'étranger et qui brûlent du désir de prendre leur revanche sur la garde nationale fédérée de Paris, sur les braves qui réclamaient la *guerre à outrance*, qui leur ont fait honte de leur lâcheté et qui la leur ont tant reprochée. »

Voilà ce que nous avons répondu à M. Eudes et à ses compagnons, mais hélas! ce fut en vain, à l'époque dont nous parlons, l'aveuglement au sujet du gouvernement de M. Thiers était si grand, que tout le monde croyait fermement qu'il était tout à fait perdu, qu'il ne se relèverait jamais, qu'il ne parviendrait pas à former une armée solide et disciplinée, que la sienne refuserait de se battre contre la garde nationale de Paris et lèverait la crosse en l'air, comme elle avait déjà fait à Montmartre, et tout ce que nous pûmes dire fut parfaitement inutile, tous nos convives nous regardèrent en souriant avec un air d'une profonde incrédulité ironique, et ils ne voulurent pas nous croire.

Voyant qu'il nous était impossible de les convaincre, nous nous désespérions et, voulant au moins dégager notre responsabilité et ne pas être solidaire des malheurs, des désastres et des massacres que nous prévoyions et qui allaient infailliblement arriver, nous leur dîmes encore : — « Vous ne voulez pas occuper la Banque de France, vous emparer du Mont-Valérien, ni aller à Versailles, ni exécuter aucune des grandes mesures absolument indispensables pour assurer le succès définitif du mouvement du

18 mars, et le triomphe complet de la révolution sociale qui est en voie d'accomplissement et qui affranchira tous les travailleurs si vous le voulez. Eh bien, souvenez-vous que si vous ne faites pas ce que nous vous conseillons, M. Thiers, comme nous vous l'avons déjà dit, formera une armée disciplinée, avec laquelle il s'emparera de Paris, massacrera la population et fera couler dans les rues plus de tonneaux de sang qu'il n'y a de gouttes de vin dans vos verres » et en disant ces mots, nous leur montrâmes ces derniers qui venaient d'être remplis [1].

Nos collègues, de plus en plus incrédules, nous prirent sans doute pour un monomane, ils nous regardèrent avec une grande pitié, et Eudes nous dit alors en souriant ironiquement :

— « Vous êtes un prophète de malheur, citoyen Vésinier, vous voyez tout en noir, mais nous espérons que votre sinistre et terrible prophétie ne se réalisera pas. et prenant alors son verre, il trinqua avec tous ses collègues en leur disant :

— « A votre santé, citoyens, et au triomphe de la Révolution ! »

Nous n'avons eu ni la volonté, ni le courage de prendre part à ce toast et lorsque Eudes et ses amis nous engagèrent à le faire, nous nous levâmes navré de leur imprévoyance et de leur inconscience en leur disant ·

« Adieu, citoyens, puisque vous ne voulez pas exécuter ce soir les mesures absolument nécessaires pour le salut de la Révolution, je n'ai plus rien à faire ici et je vous quitte ne voulant pas être solidaire des malheurs et des

---

[1] Ces paroles placées entre guillemets sont textuelles, ainsi que celles d'Eudes, qui les suivent.

désastres qui arriveront plus tard par votre faute et dont vous serez responsables, car vous serez la cause du massacre de milliers de défenseurs de la Révolution, de la perte de cette dernière et de l'ajournement indéfini de l'affranchissement du prolétariat que vous aurez causés par votre inaction coupable. »

Et malgré les sollicitations de nos collègues, nous les quittâmes; mais à peine étions nous sorti de la salle que le citoyen Grêlier qui nous avait suivi, nous rappela en nous disant qu'il venait d'être nommé délégué au Ministère de l'Intérieur par le Comité central et il nous proposa de rester auprès de lui et d'être son secrétaire général.

Nous lui répondîmes que nous voulions bien accepter sa proposition, mais à la condition que nous ferions occuper cette nuit la Banque de France et toutes les autres institutions financières, que les scellés seraient apposés sur leurs caisses, sur leurs valeurs, sur leurs portefeuilles et sur tous leurs papiers, que leurs propriétaires, leurs directeurs, leurs gérants, etc., seraient provisoirement arrêtés et retenus dans une maison, une pension ou dans un hôtel confortable, où ils seraient bien traités, logés et nourris jusqu'à ce qu'une décision équitable soit prise à leur égard et au sujet de leurs établissements.

Nous réclamions cette urgente mesure, afin que personne ne puisse fournir de l'argent au gouvernement de Versailles pour recruter et organiser une armée capable de venir attaquer Paris, l'assiéger de nouveau et s'en emparer.

Le citoyen Grêlier nous répondit qu'il était impossible de faire ce que nous demandions, que le Comité central n'en voulait entendre parler à aucun prix, qu'il ne le permettrait jamais, et que si nous exécutions notre projet, le Comité nous ferait arrêter et fusiller, et que si lui, Grêlier, nous laissait faire, il serait lui-même arrêté et emprisonné.

— « Eh bien, s'il en est ainsi, allez vous coucher, absolument comme si nous ne vous avions rien dit, et pendant que vous dormirez nous exécuterons la mesure urgente et indispensable dont nous vous avons parlé, et demain, quand elle sera accomplie, vous la désavouerez; vous direz que nous l'avons exécutée sans vous prévenir et en votre absence, vous en rejetterez toute la responsabilité sur nous et nous dirons comme vous. La besogne sera accomplie, le Comité fera de nous ce qu'il voudra, cela nous sera bien égal, la Révolution sera en bonne voie et sauvée.

— « Cela est impossible, nous répondit Grêlier, on me rendrait responsable de ce que vous auriez fait, et il pourrait m'arriver malheur.

— « Eh bien, s'il en est ainsi, bonsoir, lui dîmes-nous, et nous nous dirigeâmes vers la porte de sortie du ministère. »

Mais, lorsque nous arrivâmes auprès de cette dernière, elle était fermée et le factionnaire qui la gardait nous dit que personne ne pouvait sortir sans un ordre écrit du ministre et comme nous insistions, il croisa la baïonnette sur nous en nous disant :

— « On ne passe pas ! »

Devant cette consigne, et la manière énergique dont elle fut exécutée, nous fûmes forcé de céder et de retourner dans le bureau du ministère, où nous avions siégé une grande partie de la journée; là, nous prîmes une feuille de papier officiel et nous écrivîmes dessus : — « Laissez sortir librement le porteur du présent ordre », et nous le signâmes de notre nom et posâmes le cachet à côté. Puis, retournant vers le factionnaire, exécuteur sévère de sa consigne, nous lui remîmes l'ordre de nous laisser sortir ; dès qu'il l'eut lu, il s'empressa de nous faire ouvrir la grille que nous franchîmes.

Voilà, dans toute son exactitude, comment nous avons quitté le ministère de l'Intérieur, que nous avions occupé le 19 mars 1871, dans l'intention de travailler au succès de la révolution accomplie la veille, d'éviter, si nous le pouvions, les affreux désastres, les massacres épouvantables que nous prévoyions et de mettre fin, si c'était possible, à la continuation de l'exploitation, des misères, des souffrances du prolétariat et d'empêcher la défaite et la chute de la *Commune*, à laquelle ont si puissamment contribué les hommes qui étaient à sa tête, et tout particulièrement M. Eudes, lequel par sa conduite, le 19 mars 1871, a inauguré la longue suite d'inepties, d'incapacités et de trahisons qui ont amené la défaite finale du mouvement révolutionnaire du 18 mars.

Nous allons prouver maintenant comme il était facile, le 19 mars, de s'emparer du Mont-Valérien, dont la prise aurait amené sans bataille l'occupation de Versailles le lendemain, la défaite complète, la fuite, la dissolution de l'Assemblée de Versailles et de son gouvernement, et nous ferons remarquer que M. Eudes et ses collègues du Comité central, en refusant de prendre les mesures qui leur étaient indiquées, et en empêchant ceux qui voulaient les appliquer de le faire, se sont rendus coupables d'une véritable trahison, qui a eu les conséquences les plus déplorables, puisqu'en se conduisant comme ils l'ont fait, ils ont perdu la cause qu'ils étaient chargés de défendre, ainsi que nous allons le prouver.

Pendant que nous étions au ministère de l'Intérieur et que nous engagions et suppliions M. Eudes et son collègue Grêlier d'aller occuper le Mont-Valérien, voici ce qui se passait au sujet de ce dernier :

Après la défaite que les troupes du gouvernement dont M. Thiers était le chef avaient éprouvée sur les buttes Montmartre, ce dernier avait eu une telle panique que, non seulement il s'était sauvé de Paris comme un lâche, avec ses troupes, mais qu'il avait donné encore l'ordre à celles de ces dernières qui occupaient la forteresse du Mont-Valérien et toutes celles de la rive gauche de les évacuer immédiatement.

« *M. Thiers* avant de partir, dit le général Vinoy, dans sa déposition devant la Commission d'enquête parlementaire, me donna l'ordre d'évacuer Paris et surtout de lui envoyer la brigade Daudel [1], qui occupait tous les forts du sud et même le Mont-Valérien et Courbevoie. Il jugeait important d'avoir à Versailles cette brigade qui était celle sur laquelle il pouvait le mieux compter.

« *M. le président de la Commission d'enquête.* — Ainsi on évacuait tous les forts ?

« *M. le général Vinoy.* — Oui, monsieur le Président, c'était la brigade Daudel qui les occupait, et M. Thiers voulait l'avoir à Versailles parce que je lui avais dit que c'était ce que j'avais de mieux, elle n'avait pas été en contact avec Paris.

« Je donnais donc l'ordre à la brigade Daudel de quitter les forts [2] ».

Nous devons dire ici, pour l'intérêt de ce récit, quelle était cette fameuse brigade Daudel, dont il est tant parlé, si estimée par le général Vinoy, si bien commandée et qui inspirait une si grande confiance à M. Thiers.

[1] Cette brigade était composée du 113e de ligne, commandé par le colonel Potier, qui occupait le Mont-Valérien, et du 114e de ligne, dont le colonel Boulanger était le chef, qui occupait les autres forts du Sud.
[2] Cette évacuation eut lieu dans la nuit du 18 au 19 mars; les deux régiments qui occupaient les forts étaient venus à Versailles pour occuper cette ville, la garder ainsi que l'Assemblée dite nationale, et le gouvernement.

Elle était composée de deux régiments, les 113ᵉ et 114ᵉ ; le premier de ces régiments était commandé par le colonel Potier, qui a fort peu fait parler de lui, et c'était le général Boulanger, alors colonel, qui commandait le second de ces régiments, ainsi qu'il l'a lui-même raconté dans la pétition qu'il a adressée à l'Assemblée nationale de Versailles et dans laquelle il dit :

« En lisant avant-hier, dans le *Courrier de France*, la déposition de M. le général Vinoy, dans l'enquête parlementaire, j'ai appris que ce général avait désigné à M. Thiers cette brigade comme ce qu'il y avait de plus solide dans l'armée. J'ignorais cette bonne recommandation de mon général en chef quand j'arrivais à Versailles ; plus heureux que tant d'autres, j'avais su conserver le meilleur esprit à mon régiment et son absolue confiance. Aussi je n'eus qu'un signe à faire, pour que tous mes subordonnés, officiers, sous-officiers et soldats, sans en excepter un seul, vinssent avec empressement et en toute liberté, apposer leurs signatures ou leurs croix au pied d'une adresse à l'*Assemblée nationale*, adresse protestant de l'énergique volonté du 114ᵉ de n'obéir qu'aux élus de la France et de leur obéir en tout et pour tout... »

Un peu plus loin, le colonel Boulanger raconte les fameux exploits par lesquels il s'est illustré en combattant les gardes nationaux fédérés, défenseurs de la *Commune*, et voici comment il s'exprime :

« Cependant, dit-il, les insurgés s'avançaient sur Versailles, et occupaient successivement Courbevoie et le Rond-Point des Bergères, Nanterre, Rueil et Bougival. Ils n'avaient devant eux qu'un régiment de gendarmes, le 2 avril au matin. Le 114ᵉ marcha à leur rencontre à Courbevoie, les accosta vigoureusement et les culbuta dans les journées du 2 et du 3.

« L'exemple était donné. Sans doute je ne fis que mon devoir en marchant à leur tête et mes braves compagnons d'armes ne firent que le leur en me suivant... »

Mais malgré la modestie et le désintéressement avec lesquels le colonel Boulanger cite ses hauts faits, il n'en a pas moins réclamé le prix devant la *Commission des grades*, qui avait diminué le sien d'un degré en le réduisant à celui de lieutenant-colonel :

« Il ne semble pas, dit-il, *que le régiment que M. Thiers avait choisi pour donner l'exemple au jour de l'hésitation et du danger, dût être précisément celui que l'on choisit au jour de la justice pour le priver de son colonel.*

« Y a-t-il donc parmi vous, messieurs, un seul homme dont la conscience ne se fut révoltée à l'idée de m'enlever mes épaulettes le 25 mars, jour du dépôt de l'adresse à l'Assemblée nationale ; les 2 et 3 avril, jours auxquels le 114ᵉ arrêtait les insurgés marchant sur Versailles et *sauvait la France en sauvant ses élus* ; le 11 mai, jour où je fus cité à l'ordre de l'armée pour l'enlèvement des barricades de Bourg-la-Reine ; le 18 mai, où je fus honoré d'une nouvelle citation [1] ; le 24 mai enfin, jour auquel fidèle au poste que m'indiquait mon grade, je traversai le premier la poterne de la barricade de la rue Rateau, sous une grêle de balles, dont une seule miraculeusement m'atteignit.

« Je sais bien que grâce à un avancement rapide, loyalement gagné et légalement acquis, j'avais le tort d'être le plus jeune colonel de l'armée, comme j'avais, en 1862, le tort d'être un des plus jeunes capitaines.

« Je ne me permettrai point de discuter devant vous cette doctrine de l'*École socialiste*, qui trouve bon de dévaliser le voisin sous prétexte qu'il lui en reste assez pour vivre. »

Voilà quel était la brigade Daudel et un de ses chefs les plus célèbres, qui occupaient depuis le 7 mars 1871 les forts du sud, dont M. Thiers avait su apprécier les mérites dès le 18 mars 1871, et qu'il avait appelés lui-même

---

[1] Voir la Pétition adressée par le colonel Boulanger à l'Assemblée de Versailles, en 1871.

auprès de lui à Versailles, afin de le défendre et d'en faire ses gardes du Corps.

Le colonel Boulanger et ses soldats du 114ᵉ étaient certes dignes sous tous les rapports de la haute et grande confiance que le chef de l'État avait mise en eux, car depuis cette époque ils se sont toujours distingués par l'ardeur qu'ils ont mise à combattre les défenseurs de la Commune, qu'ils ont exterminés à Neuilly, à Courbevoie, au Rond-Point des Bergères, à Bourg-la-Reine, à la Grange Ory, de sinistre mémoire, au Panthéon, où ils massacrèrent plus de 800 vieux gardes nationaux sédentaires, des femmes et un grand nombre de jeunes enfants, ainsi que le colonel Boulanger l'a lui-même raconté; ce qui lui a valu un avancement rapide, la plaque de commandeur de la Légion-d'honneur et plus tard le ministère de la Guerre.

Maintenant que nos lecteurs connaissent la fameuse brigade Daudel, pour laquelle M. Thiers avait une si grande sympathie, et quels services immenses elle lui a rendus avec le concours du brave colonel Boulanger, en massacrant les Parisiens-Fédérés, dans de si lamentables et de si néfastes circonstances, nous allons continuer la déposition du général Vinoy, relative à l'évacuation du Mont-Valérien, que nous avons interrompue, car elle nous prouvera que rien n'eût été plus facile que d'occuper cette forteresse le 19 mars, si M. Eudes et ses collègues du Comité central ne s'y étaient pas opposés :

Voici ce qu'a encore dit le général Vinoy, dans sa déposition :

« Maintenant voici ce qui s'est passé au Mont-Valérien, dont on a déjà parlé : Le général Daudel avait fait évacuer ses troupes à lui; mais il y avait au Mont-Valérien deux bataillons de chasseurs : le 21ᵐᵉ et le 23ᵐᵉ. Ces deux bataillons étaient mauvais, je les avais fait sortir de Paris par punition et ils devaient aller en Algérie.

« A mon arrivée à Versailles, j'appris que le Mont-Valérien était évacué par le général Daudel. J'écrivis alors à M. Thiers, et je lui expliquai qu'il était impossible d'abandonner cette forteresse, je lui dis que les deux bataillons qui s'y trouvaient devaient la quitter le lendemain, je lui demandai de la réoccuper.....

« Je suis ensuite allé letrouver, je lui répétai de vive voix ce que je lui avais écrit ; c'est qu'il était impossible que nous restassions à Versailles, sans la possession du Mont-Valérien.

« C'est le 19 que je me suis aperçu de cet abandon, j'allai trouver M. Thiers à une heure du matin, je lui fis annoncer ma présence, je lui fis dire que j'attendais sa réponse et que même je désirais le voir.

« M. Thiers me reçut au lit. Mme Thiers venait de lui lire ma lettre. J'eus une explication avec lui, il me dit : « — Mais quelles troupes mettrez-vous au Mont-Valérien? » Je lui répondis : « — Vous savez bien que je vous ai envoyé à Versailles le 119e de ligne pour nettoyer et approprier la ville, que vous m'avez dit être dans un état déplorable ; le 119e est bien commandé. C'est ce régiment qu'il faut envoyer au Mont-Valérien, et il faut que je l'y envoie tout de suite, parce que les deux bataillons de chasseurs doivent partir à sept heures du matin. »

« M. Thiers se décida à signer l'ordre que je demandais. J'allai trouver le colonel qui commandait le 119e et je lui dis : « — Où sont vos hommes ? — Ils sont éparpillés un peu partout. — Il faut m'en trouver au moins trois cents. »

« Je fus prendre un escadron de cavalerie, de l'artillerie. J'écrivis un mot au colonel qui commandait le Mont-Valérien et j'acheminai mes troupes vers la forteresse.

« *Un membre.* — A quel moment ?

« *M. le général Vinoy.* — Dans la nuit du dimanche au lundi [1], parce que les deux bataillons de chasseurs devaient partir à sept

---

[1] Du 19 au 20, dans la même nuit où nous voulions aller occuper le Mont-Valérien, ce que nous aurions certainement fait, sans l'opposition d'Eudes, qui nous en a empêché.

heures du matin. J'avais fait dire au commandant du fort de ne pas les laisser sortir avant qu'il aperçut la tête des troupes que j'envoyais.

« L'ordre fut exécuté ; le détachement arriva avant que les chasseurs ne fussent partis. »

Cette déposition du général Vinoy prouve certainement d'une manière incontestable, que le 19 mars 1871 et dans la nuit du 19 au 20, le Mont-Valérien était évacué par les troupes de la brigade Daudel, sur l'ordre de M. Thiers, donné la veille, et qu'il n'avait été occupé pendant toute la journée du 19, toute la nuit suivante, et la matinée du lendemain jusqu'à dix heures, que par les débris de deux bataillons indisciplinés de chasseurs à pieds qui n'attendaient que l'apparition des gardes nationaux fédérés pour leur céder la place. Il aurait donc été bien facile de s'emparer de cette forteresse, puisqu'il n'y avait qu'à se présenter devant les chasseurs qui la gardaient pour qu'ils la rendissent. Ainsi, si M. Eudes eut voulu nous écouter et nous laisser aller au Mont-Valérien le 19 mars ou la nuit suivante avec les bataillons de gardes nationaux que nous avions réunis et préparés dans ce but, il est certain que cette grande forteresse serait tombée entre les mains des gardes nationaux de Paris, défenseurs de la Révolution du 18 mars.

Mais si on veut encore avoir une preuve plus éclatante de cela, il faut lire l'extrait suivant du rapport de M. de la Rochethulon sur l'évacuation du Mont-Valérien :

« Après avoir envoyé au Mont-Valérien, le 7 mars, le 2me bataillon du 113e de ligne, on voulut y enfermer aussi, mais désarmés, les 21e et 23e bataillons de chasseurs... Mais telle était la désorganisation de ces troupes, qu'à leur arrivée, le 8 mars, 280 hommes du 21me et 315 du 23me bataillon, manquaient à l'appel. On peut juger de l'état dans lequel était la discipline avec de pareils éléments. Les poternes des forts furent brisées par les chasseurs qui n'écoutaient pas la voix de leurs chefs. Le danger que courut le Mont-Valérien fut grand lorsque dans la nuit du 18 au 19, le bataillon du 113ᵉ de ligne, seul armé, seule force effective, reçut l'ordre de se replier immédiament sur Versailles, laissant pour toute garnison les chasseurs sans armes et à *demi-révoltés*. »

Le registre-journal du Mont-Valérien explique la situation avec une concision saisissante :

« Le 18 mars, dit-il, dans la nuit, le colonel Potier, reçoit de son général de brigade, le général Daudel, l'ordre de se replier sur Versailles, avec les bataillons de son régiment. *Le général le prévient qu'il ne devra rester au Mont-Valérien que les chasseurs.* Le départ pour Versailles des troupes qui n'ont pas pactisé avec le désordre détermine cette regrettable mesure. La forteresse du Mont-Valérien se trouve ainsi abandonnée à la garde d'une troupe sans armes et indisciplinée.

« Le 19 *mars* 1871, le commandant du fort prescrit sous sa responsabilité aux chefs de bataillons Pallach et Bayard, commandant, des 21ᵉ et 23ᵉ bataillons de faire partir avec des feuilles de route tous les hommes de leurs bataillons en mesure d'être libérés. Puis il ordonne à ces chefs de corps de se disposer à partir : le premier pour Evreux, et l'autre pour Chartres, points où ils trouveront de nouveaux ordres de route. Des officiers sont dépêchés à Versailles au général en chef pour l'informer de ces mesures, elles obtiennent son approbation. La nuit est difficile à passer, un poste de 26 chasseurs choisis, veille à l'entrée du fort, *avec 20 fusils, les seules armes restées au fort.* Les poternes sont gardées chacune par un factionnaire; une ronde incessante surveille ces derniers; pas une des poternes n'est fermée à clef; toutes les serrures ont été brisées la veille. Dans la nuit du 19 au 20, le général Vinoy, fait savoir qu'un bataillon d'infanterie arrivera dans la matinée au fort et qu'il importe extrêmement qu'il ne puisse se rencontrer avec les chasseurs. (Registre-journal du Mont-Valérien). » Le général Vinoy dit ensuite :

« En présence de ces faits officiellement constatés par le registre-journal du Mont-Valérien. Il serait puéril de dire que cette forteresse n'a pas été évacuée. C'était bien pis ; non seulement les chasseurs désarmés ne pouvaient pas la défendre, mais il était à craindre, vu leur état d'indiscipline, qu'ils ne fissent cause commune avec les Fédérés, si ceux-ci se présentaient devant le Mont-Valérien pendant les vingt-quatre heures où il n'était plus occupé que par ces chasseurs.

« Un certain nombre de députés, déjà arrivés à Versailles se réunirent au Palais et voulurent faire des instances auprès du chef du pouvoir exécutif, afin d'obtenir de M. Thiers la réoccupation du Mont-Valérien. Plusieurs craignant qu'on n'ait pas sous la main un régiment sûr, le général Ducrot affirma que le 119ᵉ de ligne, présent à Versailles, marcherait résolument. Alors l'amiral Jauréguiberry, le général Martin des Pallières et M. Buffet furent délégués pour se rendre à la préfecture, où M. Thiers était installé.

« Ils trouvèrent le chef du pouvoir exécutif entouré de tous les généraux et chefs de corps de l'armée de Versailles, auxquels il distribuait des ordres. M. Buffet pris le premier la parole et demanda que tous les télégraphes fussent coupés, et les trains de chemins de fer interceptés à une certaine distance de la Capitale. En effet des officiers, des soldats et même des convois entiers de munition venaient à chaque instant s'engloutir dans l'émeute. M. Buffet ajouta que l'Assemblée désirait pendant ces jours difficiles qu'aucune dépense ne fut épargnée pour garantir le bien-être du soldat.

« Ensuite l'amiral Jauréguiberry et le général Martin des Pallières insistèrent pour la réoccupation des forts du sud et spécialement du Mont-Valérien, mais ils ne purent ébranler l'opinion très arrêtée du chef du pouvoir exécutif.

« M. Thiers a revendiqué l'honneur de la conception militaire, qui en face de la démoralisation générale fit abandonner Paris à l'émeute, pour y rentrer par la force à la tête de l'armée réorganisée. Il se souvenait d'avoir vainement conseillé la même tactique au roi Louis-Philippe en 1848.

« Je me rappelai, dit-il, l'exemple du maréchal Windischgraetz qui, après être sorti de Vienne, y était rentré victorieusement quelques jours après. »

« D'accord avec le général Vinoy, M. Thiers a déclaré qu'on se serait trop affaibli en voulant garder tous les forts pour lesquels il croyait qu'une garnison de huit mille hommes serait indispensable.

« Le général Martin des Pallières, prenant la parole insista de nouveau très vivement pour que les forts du sud et spécialement le Mont-Valérien fussent réoccupés. M. Thiers répondit qu'en raison de l'état moral de l'armée et de sa faiblesse numérique, il ne lui semblait pas possible d'occuper ces forts. Quant au Mont-Valérien, on s'exagérait généralement son importance dans l'attaque et la défense de Paris.

« Pendant le siège, M. Thiers avait été en parlementaire sur le pont de Sèvres et de là avait été témoin de l'insuffisance de ce fort au point de vue des opérations contre Paris.

« A minuit et demi MM. les délégués durent quitter le conseil de guerre. Avant de partir M. le général Martin des Pallières s'adressant au chef du pouvoir exécutif lui dit :

— « Vous vous repentirez toute votre vie de n'avoir pas fait réoccuper au moins le Mont-Valérien. »

« M. le chef du pouvoir exécutif, demeura ferme sur les raisons précédentes, et les envoyés de l'Assemblée quittèrent la préfecture sans avoir rien obtenu de précis sur les deux premières demandes et avec un résultat négatif sur la troisième. » (Voir la lettre du général Martin des Pallières annexée à ce rapport.)

« Le 20 mars à six heures du matin le 23ᵉ bataillon, et à neuf heures le 21ᵉ, évacuèrent la forteresse, où il ne resta que le poste d'entrée. Au même moment se présenta un sergent-major de la garde nationale annonçant que le Comité central a ordonné l'envoi au Mont-Valérien de deux bataillons des Ternes et des Batignolles qui doivent arriver le jour même.

« Le Colonel accueille froidement ce message.

« A neuf heures et demie une troupe lui est signalée. Il la voit venir avec une inexprimable anxiété. Est-ce la perte ? Est-ce le salut ? Il cherche avec sa lorgnette à reconnaître à travers le brouillard quelques signes distinctifs, lorsqu'une voix s'écrie distinctement à ses côtés :

« Pantalons rouges, mon colonel!

« C'était un premier bataillon du 119ᵉ de ligne venant de Versailles, commandé par le colonel Cholleton. Son attitude était résolue, le fort était sauvé.

« Le reste du régiment arriva peu après, puis l'artillerie, le génie, quelques chasseurs à cheval et pour quatre jours de vivres, car au fort il ne restait presque rien.

« Vers huit heures du soir on annonça au poste de l'avancée, une députation d'officiers de la garde nationale, parmi lesquels, paraît-il, était le citoyen Lullier. Le commandant du fort le colonel Cholleton, les reçut au poste d'entrée, afin d'empêcher toute inspection et tout contact avec la garnison, qui était alors de 1800 hommes.

« Ces messieurs, dit le journal militaire du fort, déclarèrent qu'ils appartenaient à deux bataillons, l'un de la garde nationale des Ternes, l'autre de celle des Batignolles; qu'ils précédaient leurs bataillons arrêtés à environ mille mètres du fort et qu'ils venaient communiquer au commandant l'ordre qu'ils avaient reçu du Comité de défense de venir occuper le fort.

« Le lieutenant-colonel commandant la place leur répondit qu'il n'a reçu aucun ordre à leur sujet, qu'il ne connaît pas le Comité de défense, dont ils lui parlent, qu'il ne recevra d'ordres que de ses chefs directs, et que, quant à la garde du fort, au sujet de laquelle les gardes nationaux paraissaient être soucieux, ils pouvaient se tranquilliser, le Mont-Valérien était à l'abri de toute attaque, de quelque côté qu'elle vienne.

« Les gardes nationaux se sont retirés en donnant à entendre que la manière dont ils ont été accueillis mécontenterait beaucoup.

« En effet, en prêtant attentivement l'oreille, il a été possible d'entendre après leur départ à travers l'obscurité quelques rumeurs venant de la direction qu'ils avaient suivie; mais ils n'osèrent pas tenter une attaque.

« Cette tentative infructueuse fut la seule que les *Communards* firent pour occuper le Mont-Valérien. Malgré leur échec, et l'on ne sait pourquoi, ils croyaient encore à la complicité de la forteresse, et le premier coup de canon qui leur barra le chemin au Rond-Point des Bergères dissipa leurs illusions d'une manière terrifiante.

« On sait quel fut le rôle du Mont-Valérien pendant la Commune, par son action et par ses observations. M. Thiers lui rendit hommage dans sa déposition devant la Commission d'enquête en disant :

— « Les officiers placés au Mont-Valérien et munis d'instruments qui leur permettaient de voir les mouvements des insurgés, nous rendirent d'immenses services. »

« Avec le 119ᵉ on avait envoyé une batterie d'artillerie, le lieutenant-colonel Delaval demanda et obtint qu'on lui rendît les artilleurs qui, pendant le siège, servaient sous ses ordres au Mont-Valérien. Ce furent donc les mêmes hommes qui, après avoir défendu le fort contre les Prussiens pendant le siège, firent, le 3 avril, feu contre les bataillons de Bergeret. La décharge ne fut pas très meurtrière, parce que plusieurs canons n'avaient pas de hausse, mais elle n'en suffit pas moins pour éparpiller les fédérés et pour produire l'effet moral qui peut-être décida du triomphe de la France sur la Commune [1]. »

Il résulte incontestablement des documents qui précèdent, que le fort du Mont-Valérien, qui est la clef de Paris et de Versailles, comme l'a dit le général Vinoy, sur l'ordre de M. Thiers, avait été abandonné sans défense par le bataillon du 113ᵉ de ligne qui le gardait, depuis le 18 mars à minuit jusqu'au 20 du même mois à neuf heures et demie du matin, c'est-à-dire pendant trente trois heures et demie, et que pendant ce long espace de temps, — près d'un jour et demi, — il n'était occupé que par les débris de deux bataillons de chasseurs à pied révoltés, qui n'avaient en tout que vingt fusils pour toutes armes et qui atten-

[1] Déposition du général Vinoy devant la Commission d'enquête parlementaire sur les événements du 18 mars.

daient avec impatience les gardes nationaux fédérés pour leur livrer cette forteresse.

Et afin qu'ils n'ignorassent pas leurs bonnes intentions à leur égard, ils les avaient fait prévenir, dans la matinée du 19 mars, de venir le plus tôt possible auprès d'eux et que dès leur arrivée ils leur livreraient le Mont-Valérien.

Il aurait donc été bien facile dans la journée et dans les circonstances dont nous parlons de s'emparer de ce fort important, et il est certain que si messieurs Eudes et Lullier l'eussent voulu, il eut certainement tombé dans leurs mains. Mais le second était trop incapable pour comprendre alors toute l'importance de cette forteresse, il était persuadé que la victoire du peuple le 18 mars était définitive et sans retour, et que le Gouvernement de Versailles était à jamais vaincu et perdu; quant au premier, M. Lullier, l'occupation du Mont-Valérien n'entrait pas plus dans son plan que la capture du Gouvernement de M. Thiers, il poursuivait froidement et méthodiquement son projet de trahison et il faisait pour lui tout ce qui était nécessaire. Après avoir laissé échapper M. Thiers le 18 mars, et avoir négligé d'aller occuper la forteresse dont nous parlons et permis aux troupes de Versailles de la réoccuper définitivement; deux jours plus tard, il avait encore facilité de tout son pouvoir le départ des troupes du Gouvernement régulier pour Versailles :

« Je laissai, dit-il, un secteur d'écoulement dont le sommet partait de la place Saint-Michel et dont la base s'étendait de la place de l'Observatoire à la porte de Vaugirard.

« Les troupes conservaient alors la latitude de s'écouler par plusieurs issues donnant directement sur Versailles[1]. »

M. Lullier laissait ainsi partir de Paris, avec toutes

---

[1] Voir le livre : *Mes Cachots*, p. 38, par M. Lullier.

leurs armes, leurs bagages et leurs canons, les soldats qu'il avait promis de capturer selon les ordres qu'il en avait reçus ; il laissait également s'en aller à Versailles les gendarmes, les gardiens de Paris avec leurs chevaux et leurs armes, et tous les policiers et les fonctionnaires du Gouvernement de M. Thiers, afin que ce dernier puisse les réorganiser complètement et former une nouvelle armée avec laquelle il reviendrait plus tard reprendre Paris.

Mais, non seulement M. Lullier donnait aux troupes de l'armée de Versailles toutes les facilités pour se retirer dans cette ville et s'y réorganiser ; mais encore il leur ordonnait lui-même de le faire. Voici comment il le raconte dans son livre *Mes Cachots* :

« A midi, le général en chef (M. Lullier) monta à cheval et se fit suivre d'un des bataillons de la réserve de l'Hôtel de Ville.

« Il se dirigea ensuite vers la mairie de Saint-Sulpice, dont il s'empara, puis vers le jardin du Luxembourg, dans lequel campaient le 69° de ligne et une demi-batterie d'artillerie, il fit un discours aux soldats en les engageant à passer de son côté, en leur promettant des grades, puis se tournant vers le commandant il ajouta :

« Pour vous, colonel, je vous donne vingt-quatre heures pour vider les lieux. Si demain à midi vous n'avez pas évacué ce jardin je serai dans l'obligation, à mon grand regret, de vous attaquer.

« Je dispose de plus de 200,000 hommes et de 600 pièces d'artillerie. La résistance est impossible. Il me serait pénible d'écraser de braves soldats de l'armée du Nord, mais la situation m'impose des devoirs inéluctables, auxquels je ne faillirai point. »

Malgré l'ordre formel et les menaces de M. Lullier, le Colonel n'évacua pas le Luxembourg et ne se retira pas à

Versailles par le fameux secteur d'écoulement, que le commandant de la garde nationale Lullier avait laissé à sa disposition, et « le lendemain à midi, dit le colonel Perrier dans sa déposition devant le 3ᵉ conseil de guerre, M. Lullier n'étant pas venu, je dis à mes hommes :

— « Dix minutes de grâce et nous partons ! »

« Les dix minutes expirées, je pris la tête de mon régiment et je me fis ouvrir les portes du Luxembourg, puis je partis avec tous mes hommes et mes canons.

« Le soir le commandant de la batterie était venu me trouver et m'avait supplié de ne pas l'abandonner. Depuis trois jours et trois nuits, ses hommes et lui n'avaient pas fermé l'œil, veillant sur les canons.

« J'avais été la veille trouver un de mes amis, M. Blandin, ancien sous-préfet de Péronne, je lui avais demandé d'aller au Comité central obtenir que nous emmenions nos canons. La démarche n'était ni sans difficulté, ni sans péril, mon ami la fit :

« Il trouva ces messieurs attablés, M. Lullier ne perdit pas l'occasion de faire un discours. Il déclara que nous n'enlèverions pas un seul de nos canons.

« Ce qui n'empêcha pas, comme je viens de le dire, que le lendemain je partis avec la batterie. »

M. Lullier était présent quand le colonel du 69ᵉ fit cette déposition ironique et catégorique devant le 3ᵉ conseil de guerre, il n'en contesta pas l'exactitude, il se contenta de dire :

« J'avais réfléchi dans la nuit, qu'avec 800 canons je pouvais bien me passer de la batterie qui était au Luxembourg [1]. »

Après avoir lu cette citation d'une partie de la déposi-

---

[1] Voir la déposition du colonel Perrier devant le 3ᵉ conseil de guerre siégeant à Versailles, en août 1871.

tion du colonel Perrier et la réponse que lui fit M. Lullier, on a la preuve flagrante que ce dernier laissait retirer à Versailles les soldats du Gouvernement de M. Thiers, avec armes, bagages, munitions et canons, afin qu'ils puissent aller faire partie de la nouvelle armée qui devait bientôt reprendre Paris, massacrer la garde nationale fédérée et détruire la Commune.

Ainsi M. Lullier, d'après ses propres aveux, consignés par lui dans son livre *Mes Cachots*, a laissé volontairement échapper le 18 mars 1871, M. Thiers et son Gouvernement, qu'il pouvait facilement faire prisonniers, au ministère des Affaires étrangères; il a ensuite négligé de se conformer à l'ordre qu'il avait reçu d'occuper le Mont-Valérien quand il n'était gardé que par 26 chasseurs à pied révoltés, qui avaient offert de le lui rendre; enfin, il a aussi volontairement et avec préméditation laissé partir pour Versailles, les soldats, les gendarmes, les gardiens de Paris, les agents de police, etc., afin qu'ils puissent se mettre au service de M. Thiers, pour l'aider à détruire le Comité central et la *Commune* et à massacrer leurs défenseurs.

A la suite de cette triple trahison, M. Lullier a été arrêté et enfermé à la Conciergerie, d'où il s'évada bientôt, après avoir écrit une lettre, pleine d'exagération, de menaces et de vantardises, dans laquelle il raconte ses prétendus exploits qui n'ont jamais existé que dans son imagination surexcitée et malade. Cette épître en forme de proclamation prouve bien à quel degré d'inconscience, d'absence de sens moral, l'ex-commandant en chef de la garde nationale en était arrivé; car elle nous fait voir, qu'après les trahisons dont il s'était rendu coupable, il n'en avait pas même conscience, il semblait ne pas en avoir conservé le moindre souvenir; il se considérait comme une innocente victime de l'ingratitude du Comité central, qu'il prétendait avoir porté au pouvoir à l'Hôtel de Ville le 18 mars, lequel pour le remercier lui avait arraché l'épée des mains et l'avait jeté en prison.

« Voilà s'écrie-t-il encore dans un accès de lyrisme, aussi exagéré qu'inconscient, la seule récompense laissée à mes travaux, à mes fatigues, à mes nuits passées sans sommeil, à l'excès de mon zèle...

« De ma poitrine gonflée s'échappe un seul cri :

« Peuple de Paris, j'en appelle à la conscience; j'en appelle à la justice ! »

Cette étrange protestation d'un traître qui en appelle à la *conscience*, à la *justice* de ses concitoyens, afin de se faire absoudre, si elle n'était pas la preuve de l'aberration mentale de son auteur serait certainement celle de son audace et de son cynisme.

Mais hélas! là ne se sont pas bornés les crimes de M. Lullier; il a parcouru successivement tous les degrés de l'infamie; il s'est grossièrement vendu argent comptant, comme le dernier, le plus méprisable, le plus misérable et le plus vil des traîtres, au Gouvernement de Versailles et il a même reçu, comme il l'a avoué, une partie du prix de sa trahison, deux mille francs d'arrhes. Il avait rêvé d'être le Monk et n'a été que le Judas de la révolution du dix-huit mars, avec cette différence que le traître qui avait vendu le Christ, est allé se pendre de désespoir et a cherché à se faire pardonner son crime en donnant les trente deniers, prix du sang du juste, pour racheter le champ de la veuve, tandis que M. Lullier, quand il eut vendu le Comité central et la *Commune* et qu'il eut reçu le prix de son forfait, est allé trouver une courtisane, la soi-disant marquise de M..., avec laquelle il a dépensé le maigre prix de sa trahison, comme on le verra plus loin; mais, nous devons avant raconter cette dernière, d'après le récit qu'il en a fait lui-même dans son livre *Mes Cachots*, dans lequel il a dit :

« Après s'être mis en relation avec le général Dubisson, qui commandait à la Villette, Ganier d'Abin, etc., et les principaux chefs de légion, Lullier reconnut que la plupart de ceux-ci, las de la *Commune*, étaient prêts à la balayer et à se replacer sous ses ordres... La grande difficulté consistait à pouvoir rallier les troupes; or, tout ce qui ne tenait pas étroitement à la *Commune* avait quitté peu à peu les rangs; les bataillons qui restaient sous les armes lui étaient tout dévoués, sauf cinq qui continuaient à donner toute leur confiance au Comité central. Il aurait donc fallu lever de nouveaux bataillons, ce qui aurait été possible avec de l'argent; or, M. Lullier n'en avait pas.

« C'est dans ces circonstances que deux envoyés de M. Thiers vinrent trouver M. Lullier. C'étaient M. Camus, ingénieur en chef des mines et un certain baron Duthil de la Tuque; le premier, homme franc, ouvert, lui parla sans détours du triste sort qui attendait Paris; le second était un brouillon, un intrigant à mine de furet. Ces messieurs parlèrent de mettre immédiatement une somme de 50,000 francs entre les mains de Ch. Lullier pour l'aider dans ses premières opérations, « l'argent étant le nerf de la guerre, » dit M. Camus. Lullier haussa les épaules et dit :

— « Gardez votre argent et retournez vers M. Thiers, si je balaye la *Commune* et si je prends la dictature, M. Thiers est-il en mesure d'affirmer qu'il pourra traiter avec moi sur les bases d'une amnistie générale?

« Quelques jours après, M. Camus, rapporta une réponse affirmative et proposa de nouveau de l'argent :

— « Prenez au moins dix mille francs, dit-il, en avançant une liasse de billets de la Banque de France, qu'il tira du tiroir de son secrétaire, il n'est pas possible que vous n'ayez pas besoin d'argent pour vos opérations. Ch. Lullier refusa avec hauteur, et voyant des billets vierges, il s'écria en parlant de la *Commune* :

— « Quels imbéciles, ils sont les maîtres de la Banque de France et les trois milliards qu'elle renferme sont restés à la disposition de Versailles. »

M. Lullier avait mille fois raison quand il disait cela, mais il avait fait preuve d'autant d'incapacité que ceux qu'il accusait, puisqu'il avait eu aussi la Banque à sa disposition après la révolution du 18 mars et qu'il l'avait, lui aussi, stupidement respectée, ainsi que M. Camus le lui fit observer en lui disant :

— « Mais vous avez eu aussi la Banque de France sous
« la main avant eux et vous n'y avez pas touché.

— « C'est vrai, répliqua Lullier, mais à cette époque les
« affaires pouvaient encore s'arranger, l'épée n'était pas
« tirée définitivement. »

Cette réponse de Lullier est une absurdité, car le 18 mars, jour de la fusillade des généraux Clément Thomas et Lecomte, l'épée était définitivement tirée; M. Thiers l'a suffisamment prouvé en refusant toujours d'entrer en pourparlers avec le Comité central, à moins qu'il ne lui livrât les fusilleurs de ces généraux, qu'il ne déposât les armes et qu'il ne se rendît à discrétion. Le chef du Pouvoir exécutif n'a jamais voulu, à aucun prix, entendre parler d'amnistie générale, et quand Lullier dit que M. Thiers la lui avait promise, il ment.

M. Lullier continue ensuite à faire l'aveu de sa trahison, en disant :

« Qu'il avait fondé ses espérances sur la zizanie toujours croissante du Comité central et de la *Commune*. Les secours offerts par Versailles ne pouvaient lui être d'aucune utilité, en raison de leur faiblesse; il eut fallu plusieurs millions pour lever des bataillons nouveaux ou corrompre ceux qui existaient et enlever l'obstacle de vive force.....

« Ch. Lullier attendait que le Comité central entreprît quelque chose contre la *Commune*, ou la menaçât au point de lui inspirer des craintes et que celle-ci licenciât ou fît arrêter le Comité. Il en fut question. Il comptait alors faire appel aux cinq bataillons qui tenaient pour le Comité central et y joindre plusieurs autres dont il s'était assuré des chefs; notamment le 25ᵉ de marche, caserné à la Jeune-France, aux ordres du général Dubisson, les précipiter sur la *Commune*, l'envoyer à Mazas rejoindre le Comité central, et prendre la dictature au nom du Salut Public. Les proclamations étaient imprimées, des afficheurs étaient tenus prêts; vingt-cinq chevaux étaient en réserve à la caserne de Reuilly pour ce coup de théâtre. Malheureusement l'événement se fit attendre et, le 21 mai au matin, les troupes entrèrent dans Paris de deux côtés à la fois : par le Point-du-Jour et par Issy ; elles ne rencontrèrent aucun obstacle ; les remparts étaient dégarnis, leurs défenseurs trop peu nombreux pour les défendre s'étaient repliés au centre de la ville qu'ils avaient couverte de barricades.

« Le dimanche 20 mai, veille de l'entrée des troupes à Paris, Ch. Lullier vit une dernière fois M. Camus, qui lui donna l'assurance que des ordres avaient été donnés au maréchal de Mac-Mahon et au préfet de police pour qu'on le laissât sortir de Paris, lui et les officiers de son état-major, et renouvela avec instance ses offres d'argent. Ch. Lullier accepta deux mille francs à titre de prêt personnel ; puis il se rendit à l'ambassade des États-Unis où il obtint un passeport, et de là chez une dame de ses amies, la marquise de M..., qui lui offrit l'hospitalité.

« Sur une plainte portée par le Gouvernement français, le colonel K..., premier secrétaire de l'ambassade des États-Unis, fut révoqué deux mois après pour avoir délivré ce passeport [1]. »

Cette histoire de la trahison de M. Lullier, racontée par lui-même, ne laisse aucun doute sur sa culpabilité.

Mais il est certain, pour ceux qui connaissent les besoins d'argent, l'ambition et l'orgueil de ce Monsieur, qu'il a dû être profondément désappointé, humilié et considérablement froissé de la modicité des sommes qui lui ont été

[1] Voir le livre de M. Lullier : *Mes Cachots*, p. 100, 101, 102 et 103.

offertes par les envoyés de M. Thiers, pour le prix de sa trahison, car il estimait certainement ses services à une somme considérable et il avait naturellement pensé qu'ils ne seraient pas trop payés par plusieurs millions ; ainsi qu'il l'a parfaitement expliqué, c'est là le véritable motif de la hauteur avec laquelle il a d'abord refusé la somme la plus forte qu'on lui avait offerte, et si plus tard il s'est contenté de deux misérables billets de mille francs qu'on lui a donnés par charité, c'est qu'il a été forcé par les circonstances de les accepter. Voici, en effet, ce qui était alors arrivé.

Pendant que MM. Camus et Duthil négociaient avec lui pour occuper le tapis, amuser la galerie et cacher le jeu du Gouvernement, d'autres agents de M. Thiers dressaient des trames plus sérieuses avec d'autres généraux et des membres de la *Commune*, beaucoup plus à même de livrer Paris à Versailles que M. Lullier, qui alors n'était plus rien ; lorsque le dimanche 21 mai et non pas le 20, — comme il l'a dit par erreur, — ce dernier apprit tout à coup que les troupes de Versailles étaient entrées dans Paris, cette nouvelle le jeta dans une grande perplexité, car il voyait tout à coup s'évanouir toutes les espérances qu'il avait fondées sur sa trahison ; M. Thiers n'ayant plus besoin de lui pour atteindre son but, il était certain que ce dernier ne lui paierait pas les sommes considérables qu'il pensait obtenir de lui, s'il avait réussi dans son projet, et d'autre part il se voyait en grand danger d'être fusillé sommairement, s'il tombait dans les mains de l'armée de Versailles déjà dans Paris ; car, il est certain que ses chefs n'oublieraient pas que M. Lullier était un ennemi de l'Empire et l'ex-commandant en chef de la garde nationale fédérée lorsque les généraux Lecomte et Clément Thomas avaient été fusillés, et qu'ils se souviendraient aussi de tous les actes insurrectionnels auxquels il avait pris part, depuis le 18 mars, et que s'il tombait entre leurs mains, il serait fusillé. Devant cette triste perspective, M. Lullier courut immédiatement chez son cher suborneur Camus, il lui exposa tous les dangers de sa position, et réclama son assistance pour le sauver du péril où il se trouvait, et pour lui fournir les moyens dont il avait besoin pour quitter Paris sain et sauf.

C'est alors que M. Camus lui donna l'assurance que des ordres avaient été donnés au maréchal Mac-Mahon et au Préfet de Police pour qu'on le laissât sortir sain et sauf de Paris, lui et les officiers de son état-major. En même temps, il lui remit 2,000 fr. pour son denier de Judas, et une recommandation pour le premier secrétaire de l'ambassadeur des États-Unis d'Amérique, M. Mac Kean, qui lui remit un passeport [1].

Ce monsieur Mac Kean a aussi joué le rôle d'agent provocateur de trahison, mais sans succès auprès du général Cluseret. Voici en quels termes ce dernier a raconté les tentatives de corruption qu'il a eu à subir de sa part:

« Celui qui m'a le plus poursuivi c'est Mac Kean, le secrétaire et l'ami de Washburne. Dieu! m'en a-t-il raconté de toutes les couleurs. Je le laissais aller, puis, l'interrompant tout à coup : —» C'est cela, ne vous gênez pas, mettez-vous à votre aise. C'est de la bonne petite trahison que vous me proposez-là. Ne le savez-vous pas?... »

« Dans ses conversations avec moi, son thème favori était l'intimidation. Il énumérait avec complaisance les ressources de l'ennemi, son succès certain et les horreurs qui suivraient. Il ne se trompait pas beaucoup sur ses appréciations. Naturellement sa conclusion était : « Il dépend de vous de faire cesser ces appréhensions. *Enlevez la Commune!* »

« Je répondais : — « Enlevez l'Assemblée et Thiers avec. C'est tout aussi facile, et ce sera plus moral. »

[1] Voir le livre de M. Lullier : *Mes Cachots*, p. 102 et 103.

« Le fait est que tous ces enleveurs de *Commune*, tous ces copistes du Deux-Décembre n'étaient pas sérieux [1]. »

Le général Cluseret a peut-être eu raison quand il parlait des balayeurs de la *Commune*, comme M. Lullier; mais il s'est trouvé malheureusement des conspirateurs et des traîtres qui étaient beaucoup trop sérieux, puisqu'ils ont réussi à livrer les portes de Paris à l'ennemi.

Malgré les importants services rendus par M. Lullier au Gouvernement de Versailles et malgré l'impunité qui lui avait été promise pour sa participation aux premiers actes de la révolution du 18 mars, tout a été oublié; aussi bien les services rendus que les engagements pris et les promesses faites, et quand les troupes de Versailles furent maîtresses de Paris, M. Thiers et ses ministres firent arrêter M. Lullier, et le traduisirent devant un Conseil de guerre avec d'autres accusés, anciens membres de la *Commune* et du Comité central.

Lorsque M. Lullier comparut devant ce tribunal militaire, il avoua hautement tous les faits qui lui étaient reprochés, en se faisant gloire de ses trahisons envers le Comité central et la *Commune*, espérant qu'elles lui seraient comptées par ses juges comme des circonstances atténuantes, et il poussa l'infamie jusqu'à accuser et à charger ses anciens collègues du 18 mars, qui l'avaient nommé commandant en chef de la Garde nationale et qu'il avait si indignement trahis.

« Ses paroles tombaient comme du plomb fondu sur ses co-accusés », dit le Commissaire du Gouvernement.

C'était un étrange et bien triste spectacle que de voir cet intrigant, ce condottiere politique, cet officier de marine mis à la réforme, poursuivi par M. Thiers et son Gouvernement avec lesquels il s'était volontairement

[1] Voir les *Mémoires* du général Cluseret, t. II, p. 115 et 116.

allié pour trahir ses anciens camarades du Comité central, qui lui avaient prodigué leurs faveurs, qui avaient eu confiance en lui et qu'il denonçait pour aider à les faire condamner, dans l'espoir de se faire pardonner et de sauver sa vie.

« Je suis aujourd'hui ce que j'étais hier, dit-il, je voulais, je le répète, balayer le Comité central et la *Commune*; je les ai attaqués dans les réunions et dans les journaux et jusque dans les cafés, où je me suis livré à des voies de fait contre ceux qui se disaient leurs partisans. Seul, livré à mes propres ressources, j'ai préparé un mouvement contre eux, et lorsque j'étais dans ces dispositions, un agent de Versailles est venu à moi.

« J'accepte votre appui, lui ai-je dit, et du jour où vous m'aurez remis les sommes promises j'agirai, car alors je n'aurai plus de prétexte[1]. »

Cette déclaration si explicite faite en public devant le 3ᵉ conseil de guerre avec tant de cynisme, ne laisse absolument aucun doute sur la trahison de M. Lullier; car d'après lui, c'est parce qu'on ne lui a pas remis les sommes promises qu'il n'a « pas agi ».

Mais cette affirmation si positive de son crime ne lui suffisait pas complètement paraît-il; ni à son défenseur non plus; car lorsque ce dernier prit la parole en faveur de son client, il déclara au conseil de guerre « que celui-ci était plein de respect pour le Gouvernement établi, qu'il l'avait bien prouvé; car il eut pu s'emparer de tous les ministres réunis au ministère des Affaires étrangères et il ne l'avait pas fait; en arrivant à l'Hôtel de Ville, il avait laissé partir un régiment, qu'il aurait pu faire massacrer; il a fait mettre en liberté le général Chanzy enfin; victime

---

[1] Voir les débats du procès Lullier devant le 3ᵉ conseil de guerre de Versailles, dans tous les journaux de 1871.

de la *Commune* à laquelle il a eu le courage de résister, il était prêt à *balayer ce pouvoir odieux*, et à donner la main à Versailles, etc. »

Pendant tout le temps que le défenseur d'office de M. Lullier faisait ce plaidoyer constatant ses nombreuses trahisons en en réclamant le bénéfice pour son client, celui-ci faisait des signes d'adhésion et approuvait ainsi tout ce qui était dit en son nom.

Dans l'acte d'accusation dont le commissaire du Gouvernement a donné lecture devant le 3e conseil de guerre, il est aussi fait mention d'une manière très positive et très explicite de la trahison de M. Lullier.

Comme les faits relatés dans cette pièce officielle rédigée contre M. Lullier, sont conformes à ses déclarations faites devant le 3e conseil de guerre, et qu'il les a plus tard encore confirmés dans son livre *Mes Cachots*, nous pouvons les considérer comme vrais, et comme ils sont une preuve de plus de la trahison de M. Lullier, il est impossible après en avoir pris connaissance de douter de cette dernière.

« Furieux contre le Comité central et la *Commune*, d'avoir été prévenu par ceux qu'il voulait envoyer à Mazas, dit le rapporteur devant le conseil de guerre, il leur fait une opposition continuelle par ses écrits et ses discours, dans la presse et dans les réunions publiques et se fait arrêter par eux au club Saint-Eustache. Il est de nouveau enfermé à Mazas, d'où il s'évade encore quelques jours après.

« Dès ce moment, l'ancien général de la garde nationale rebelle, se mit en rapport avec Versailles par l'entremise de M. Camus, ingénieur des ponts et chaussées, et par celle de M. le baron Duthil de la Tuque, qui conviennent d'organiser avec lui une contre-révolution. Pendant cette autre période de son existence à Paris, Lullier s'occupe activement de son projet, espérant faire oublier sa participation dans l'insurrection du 18 mars, et mettant pour condition de sa trahison qu'on le laissera partir, lui et ses compagnons Ganier d'Abin et Dubisson, sans les inquiéter. Deux mille francs ont été donnés par M. Camus pour solder les frais de la conspiration, et Lullier, chef du mouvement, devait présenter, après son exécution, un compte approximativement évalué à trente mille francs par M. Camus.

« Le chef du complot devait faire arrêter les membres de la *Commune* et du Comité central, les envoyer à Mazas et renvoyer les otages à Versailles.

« Le plan a échoué, d'après M. Lullier, parce que le prétexte attendu pour agir ne s'est pas présenté; d'après M. Camus, parce que ce dernier a été arrêté par les insurgés. Il s'en suit que les conventions n'ont plus de raison d'être.

« Si vers la fin de la *Commune*, ajoute l'acte d'accusation, M. Lullier a essayé de servir l'autorité légitime, sa rancune contre les hommes qui n'avaient pas voulu de sa dictature, et des motifs de sûreté personnelle l'ont seuls guidé ».

Ces révélations faites sur les renseignements fournis par les complices de Charles Lullier, MM. Camus et Duthil, donnent des détails trop exacts et trop conformes à ceux fournis par M. Lullier lui-même, pour qu'on puisse les récuser ou les révoquer en doute.

Nous n'insisterons donc pas davantage sur la trahison de M. Lullier, nous voulons seulement répondre à l'étrange et ridicule prétention qu'il a élevée « d'être resté pur comme homme et comme citoyen » après avoir accompli son odieux forfait envers le Comité central et la *Commune*.

Car voici ce que cet inconscient personnage a osé écrire dans son livre *Mes Cachots*, après l'aveu qu'il a fait de toutes ses trahisons :

« Que les hommes, les partisans de la *Commune*, dit-il, accusent de trahison les généraux de la *Commune*, qui s'étaient vers la fin rangés sous mes ordres, les officiers qui étaient sous ma bannière, cela à la rigueur se comprend, mais qu'ils viennent m'attaquer, moi, qui n'était ni fonctionnaire public, ni l'homme militaire de la *Commune*, qui avait été emprisonné par elle, qui était en hostilité ouverte contre elle, je le leur défends. Ils ne peuvent rien dire qui puisse porter atteinte à la délicatesse de mes sentiments, à la loyauté de mes intentions, à la fidélité de mes principes.

« Et ces principes, on les a dénaturés à dessein. Il importe de remettre les choses à leur place, de restituer à mon caractère ce qui lui revient..... [1]. »

Ici M. Lullier fait une emphatique et fort peu modeste exposition de ses prétendus principes politiques, qui sont dit-il, « ceux de Washington, de Benjamin Constant, etc. » Puis il termine en disant « qu'il tient seulement à constater, qu'au milieu des partis, il est resté pur; pur comme homme, pur comme citoyen, pur comme chef du peuple; qu'aujourd'hui il n'a plus à ambitionner d'autre honneur, et cet honneur les débats le lui ont laissé, et quoi qu'il arrive sa conscience est tranquille, et si sa tête doit servir de sanction à la condamnation de ses principes, il la livre. Soldat, il saura quand il faudra mourir[2]! »

Nous avons cité tout au long ce morceau ampoulé de la littérature boursouflée du trop célèbre Lullier, pour prouver jusqu'à quel degré d'orgueil, d'inconscience et de cynisme, cet étrange personnage en était arrivé.

Il parle « d'officiers, de généraux rangés sous ses ordres, sous sa bannière, etc., » absolument comme un paladin du temps des croisades, un Tancrède ou un Godefroy de Bouillon, lui l'associé de traîtres, d'avanturiers de bas étage, comme Ganier d'Abin ou de soldats mercenaires, comme le soi-disant général Dubisson, qui s'était tour à

---

[1] Voir le livre de M. Lullier : *Mes Cachots*, p. 126 et 127.
[2] *Idem.*

tour vendu au pape, au roi de Naples, à celui de Dahomey, à la reine d'Angleterre, au Comité central, à la *Commune* qu'il a trahie, à M. Thiers, etc...

Mais les vantardises grotesques, les accès d'orgueil insensés de Lullier ne sont rien à côté de l'inconscience de ce criminel dépourvu de tout sens moral et de tout bon sens, de ce fou d'orgueil et de vanité déplacés ; ainsi après avoir accepté les fonctions si importantes et si élevées de commandant en chef de la garde nationale des mains du Comité central de cette dernière et lui avoir juré fidélité et obéissance, en lui disant le 18 mars : « qu'il était son homme, que le lendemain, à la même heure, il serait le maître, non seulement de l'Hôtel de Ville, mais de Paris ou qu'il serait mort ! » il prétend qu'il n'avait jamais été à son service, ni son « homme militaire, ni son fonctionnaire public. » Mais alors s'il en est ainsi était-il donc après le 18 mars lorsqu'il faisait toutes ces promesses et commandait la garde nationale ?

Toutes ces vantardises insensées et tout cet étalage de beaux sentiments et de délicatesse, n'avaient pas plus de valeur, dans la bouche de M. Lullier, que l'affectation qu'il mettait à professer de prétendus principes politiques dont il se souciait fort peu et pour la sanction desquels « il saura mourir quand il le faudra, » disait-il.

Il savait bien que M. Thiers, qu'il avait sauvé d'une arrestation le 18 mars, n'avait pas oublié ce service et qu'il ne le laisserait pas exécuter.

Ferré, Bourgeois, Cerisier, Rossel, Ducamp, etc., furent exécutés impitoyablement, parce qu'ils n'étaient pas des traîtres ; mais M. Lullier, qui en était un, avait droit à l'indulgence du Gouvernement, qui lui tint compte de son infamie en lui faisant grâce de la vie.

Mais la commission des grâces, qui le considérait comme un homme dangereux n'avait abaissé sa peine que d'un degré, en la commuant en celle des travaux forcés à perpétuité, et M. Lullier trouvait, avec raison, que c'était bien mal le récompenser pour les services si importants qu'il avait rendus au parti réactionnaire, et surtout à M. Thiers et à son Gouvernement, que de l'envoyer mourir au bagne; aussi dès qu'il eût connaissance de la décision qui avait été prise à son égard, il s'empressa d'écrire à son obligé M. Thiers pour se plaindre, et protester contre la rigoureuse décision prise envers lui.

« Monsieur le président, lui dit-il, je pense qu'il est inutile de déclarer que je repousse de toutes mes forces la prétendue faveur de cette *Commission d'assassins*, qui prend le nom de *Commission des grâces*...

« Je n'ai commis aucun crime, aucun délit de droit commun... Mon cas est un cas purement politique, si aujourd'hui on fait rentrer la politique dans le droit commun, qu'on y prenne garde, la pente est glissante, demain on pourra bien y faire rentrer la guerre.

« Souvenez-vous de la réponse juste et tant admirée des historiens, du chef de pirates siciliens à Alexandre, et aussi de la façon brutale et odieuse avec laquelle on a engagé la dernière guerre.

« Le roi Guillaume n'aurait-il pas été dans son droit de traiter comme des brigands ceux qui, sans raison, sans précaution, sous un prétexte futile ou ridicule, sont venus tout à coup se ruer sur ses paisibles populations ? Et cependant il ne l'a pas fait ; il n'a point déféré ses 300,000 prisonniers français à des conseils de guerre pour leur appliquer le droit commun. »

Et il termine sa supplique par une menace :

« J'attends donc de pied ferme vos sicaires, et s'ils se présentent pour me traîner au bagne, je me ruerai sur eux, tête baissée. Je le ferai sans scrupule aucun; je tomberai non comme l'agneau, mais comme le lion ; je m'ensevelirai sous un monceau de cadavres. Dès ce jour, dès cette heure, je défie ciel et terre [1]. »

Nous croyons que M. Thiers n'eut pas peur des menaces de son prisonnier et qu'il les estimât à leur juste valeur, comme venant d'un fou, auquel il avait de trop grandes obligations pour le laisser se livrer à quelque acte de désespoir.

Trois jours après qu'il eut écrit cette lettre, M. Lullier raconte qu'un de ses amis vint le prévenir que M. Thiers avait déclaré qu'il ne donnerait pas suite à la décision de la Commission des grâces.

« Le lendemain, M. Ch. Lullier, ainsi qu'il le dit encore lui-même, reçut la visite de M. Cochin, député, préfet de Seine-et-Oise, ami particulier de M. Thiers. Il venait de la part du président, lui annoncer officieusement cette nouvelle. Il ajouta : — « On vous fera une captivité bien douce », et se montra d'une affabilité charmante envers le prisonnier...

« Le même jour, un gardien vint lui remettre mystérieusement un bouquet de pensées et disparut sans vouloir dire par qui elles lui avaient été remises.

« Ch. Lullier, toutefois, ne pouvait s'y tromper, après avoir baisé ces fleurs, il en détacha une, en passa la tige dans une coupure faite en tête d'une feuille de papier à lettre, et écrivit au-dessous :

« Elle croît sous le regard des anges :
« Voix du passé, de l'avenir,
« Elle est la fleur de l'espérance,
« Elle est la fleur du souvenir.

« Puis à la première occasion, il expédia sous enveloppe cette double pensée, sans crainte de se tromper d'adresse.

« Il ne sentait plus les murs de sa prison. Une lettre en avait franchi le seuil, un rayon d'amour avait pénétré à travers ses grilles [2]. »

Puis pris d'un de ces accès d'orgueil inconscient qui le caractérisaient, ce traître, qui avait vendu les infortunés

[1] *Mes Cachots*, p. 177, par Ch. Lullier.
[2] *Mes Cachots*, p. 180 et 181.

qui avaient eu confiance en lui, qui avait voulu les livrer à leurs ennemis sans pitié, et qui a contribué pour beaucoup à les faire massacrer par milliers et par milliers, oubliant son crime, ses forfaits, les malheurs, les désastres, dont il a été un des provocateurs les plus actifs, se donne comme un martyr de ses croyances politiques, et il ose écrire ce qui suit :

« Tertullien apostrophant les premiers chrétiens, martyrs de leur foi, s'écrie avec un accent sublime : « Cette prison... ne l'appelez plus un cachot, mais une solitude. Quand l'âme est dans le ciel, le corps ne sent point la pesanteur des chaînes, elle emporte avec soi tout l'homme. »

Ch. Lullier, écrit-il encore, « *était aussi un martyr de sa foi, un martyr de la cause sainte de la liberté*, et la puissance de l'amour n'est pas moins grande que celle de la foi, de douces illusions vinrent le réconforter, réchauffer ses jours, bercer ses nuits.

« La lecture des journaux, quelques études d'art et d'histoire militaire relatives à la dernière guerre occupèrent le prisonnier jusqu'à la fin du mois de janvier. Vers le 25, il reçut la visite de l'excellent M. Cochin. Il venait demander au prisonnier s'il y avait un lieu de détention qui lui plairait plutôt qu'un autre : il parla d'Avignon, des îles Sainte-Marguerite et de Clairvaux.

« Ch. Lullier répondit qu'il n'avait pas de préférence. prison pour prison, cela lui était parfaitement indifférent.

— « Nous ne sommes pas encore fixés, ajouta M. Cochin ; les deux premières villes sont un peu trop rapprochées de... de... l'endroit où voulait vous envoyer la Commission si peu gracieuse, qui s'appelle cependant la Commission des grâces... A Clairvaux vous serez plus près de Paris, plus à portée de recevoir les visites de vos amis.

— « Va pour Clairvaux, dit Ch. Lullier. »

M. Cochin, prit ensuite congé de Ch. Lullier, après lui avoir recommandé la patience pour quelque temps encore, et l'avoir assuré qu'on allait donner des ordres pour qu'on lui préparât à Clairvaux un logement et un *modus vivendi* convenables.

« Avant de franchir le seuil, il serra avec effusion la main du prisonnier, et dit :

— « Écrivez-nous quelquefois ; donnez-nous de vos nouvelles de temps à autre. Si vous saviez ce que M. Thiers a dit de vous, vous ne douteriez point qu'il ne les reçoive avec autant de plaisir que moi [1]. »

Voilà comment était traité le traître Lullier qui avait vendu ses compagnons par amour du lucre et par ambition pendant que des milliers de malheureux, honnêtes et dévoués défenseurs de la *Commune*, qui avaient combattu pour la défense des principes de la justice et du droit expiraient de misère, de mauvais traitements, sous les coups et dans les tortures, dans les bagnes, sur les pontons et dans les geôles du gouvernement de M. Thiers.

Mais, le 24 mai 1873, M. Thiers est tombé du pouvoir, et il a été remplacé par le maréchal de Mac-Mahon, le vaincu incapable et coupable de Sedan, un bonapartiste, qui n'avait aucune raison personnelle pour avoir des égards pour M. Lullier, qu'il considérait comme un ennemi de l'Empire ; aussi, il laissa à son égard la justice militaire des conseils de guerre suivre son cours, et après son avènement au pouvoir, le protégé de M. Thiers, fut traité comme les autres condamnés et envoyé au bagne de la Nouvelle-Calédonie ; mais une fois arrivé à destination les faveurs de l'administration lui furent de nouveau accordées. Le Gouvernement de l'*Ordre moral* ne pouvait complètement oublier les services importants que M. Lullier avait rendus à l'*Ordre matériel*, en trahissant la révolution du 18 mars 1871 ; et les autorités de la Nouvelle-Calédonie pensèrent avec raison que le Judas, qui avait trahi le Comité central et la *Commune*, pourrait

---

[1] *Mes Cachots*, p. 181 et 182.

encore rendre d'autres services, et nous allons voir qu'elles ne s'étaient pas trompées dans leurs prévisions, et comment les forfaits dont M. Lullier s'est rendu coupable à Paris et en Nouvelle-Calédonie ont été publiquement et contradictoirement prouvés en sa présence et en celle de son défenseur, dans une réunion publique de plus d'un millier de personnes, qui fut tenue à l'Elysée-Montmartre après l'amnistie de 1880 lorsque les transportés de la *Commune* en Nouvelle-Calédonie furent de retour, nous allons citer ici une partie des débats de ces grandes assises populaires dont nous avons conservé la sténographie que nous publions. La réunion dont nous parlons était présidée par le citoyen Tony Révillon, député, et M. Lullier, présent, comparaissait volontairement, assisté d'un de ses amis en qualité de défenseur.

Plusieurs citoyens, anciens transportés en Nouvelle-Calédonie, ont été entendus comme témoins; le plus important de tous a été le citoyen Humbert, ancien compagnon de chaîne, de misères et de souffrances de M. Lullier, au bagne de l'île de Nou, à la Nouvelle-Calédonie, qui a déposé sous serment des faits dont il a été le témoin ou dont il a eu les preuves.

Le citoyen Humbert a d'abord formellement accusé Ch. Lullier, présent, d'avoir rendu des services à l'administration du bagne de la Nouvelle-Calédonie; d'avoir dénoncé par écrit au directeur de ce dernier un projet d'évasion de plusieurs forçats politiques dont lui et M. Lullier faisaient partie.

« Lorsque M. Lullier fut arrivé au bagne de la Nouvelle-Calédonie, a dit le citoyen Humbert, les faveurs de l'administration le suivirent. On a envoyé des ordres particuliers pour lui. Par faveur spéciale il a été dispensé du travail; on lui a laissé ses habits, il n'a pas été forcé de revêtir la livrée du bagne. Le Gouvernement a envoyé de Paris l'ordre de lui donner une double cellule. On lui en a fait construire une ; il avait ainsi deux larges pièces, dont l'une lui servait de salle de bains ; car il a été autorisé à en prendre et cela en vertu d'ordres officiels. M. Lullier ne peut le nier, je les ai vus.

« Tous les condamnés étaient torturés au bagne de la Nouvelle-Calédonie, tous étaient soumis à de terribles règlements, excepté M. Lullier, auquel tout était permis. Si un condamné ordinaire élevait la voix, faisait un geste, on lui brûlait la cervelle, on le condamnait à mort, ou on lui donnait cinquante coups de cordes dont il mourait huit jours après. Eh bien, M. Lullier a pu frapper impunément un surveillant, lui casser un barreau sur la tête, il est encore vivant et il n'a pas même été puni.

« Lullier a aussi voulu s'évader, on sait ce qui est arrivé à Allemane et à Trinquet, à quels affreux supplices, à quelles épouvantables tortures on les a soumis et dont ils portent encore les marques ; eh bien, ajoute Humbert en s'adressant à Lullier :

— « Montrez donc vos cicatrices ?

— « Si un gardien avait osé me frapper, dit Lullier, je lui aurais brûlé la cervelle.

Le citoyen Humbert. — « S'il en est ainsi, si vous avez tant de susceptibilité, pourquoi n'avez-vous donc pas brûlé la cervelle à M. Camus, quand il est venu vous proposer une infamie, une abominable trahison ; pourquoi, au contraire, avez-vous été assez misérable pour accepter de l'argent, le denier de Judas, de la main de cet infâme suborneur, espion de Versailles ? »

« A ces mots Lullier se lève pâle de rage et semblable à une bête féroce, il fait des menaces et adresse des insultes à Humbert. Ce dernier le toise avec mépris en lui disant :

— « M. Lullier c'est en vain que vous m'outragez, vous vous êtes placé vous-même dans une position si basse, si abjecte, qu'il est impossible à un homme d'honneur de vous rendre raison par les armes, il est défendu à celui-ci d'avoir rien de commun avec un misérable de votre espèce. »

« Quand Humbert lui fit cette réponse, Lullier grinçant des dents, pâle de rage, les poings crispés, mesurait son accusateur du regard comme s'il eut voulu s'élancer sur lui pour le dévorer. Mais voyant l'impossibilité de le faire, car on lui en eut certainement empêché, il renonça à son projet et retomba affaissé sur sa chaise.

« Humbert se contenta de hausser les épaules et continua sa déposition accusatrice.

« Mais, ajouta-t-il, M. Lullier ne s'est pas contenté d'être un traître à Paris, après le 18 mars, il a encore continué son rôle infâme en Nouvelle-Calédonie, il a dénoncé ses compagnons de captivité à leurs bourreaux, au risque de les faire mourir sous les coups dans d'horribles tortures.

« Voici un fait qui le prouve :

« Gaston Dacosta et moi avions préparé une tentative d'évasion, il me proposa de mettre Lullier dans la confidence, croyant que les connaissances maritimes de ce dernier pourraient nous être utiles ; je déconseillai Dacosta de faire aucune communication à Lullier. — « On peut se servir d'un forçat, lui dis-je, mais non d'un traître. »

« Malgré moi et à mon insu, Dacosta fit sa confidence à Lullier. Ce dernier lui dit qu'il pourrait fournir trois mille francs pour faciliter l'évasion, si on pouvait faire parvenir une lettre à son homme d'affaires, dont il donna le nom. Dacosta expédia cette lettre par l'intermédiaire d'une femme ; mais les fonds qui devaient être fournis, non pas par M. Lullier, comme il l'avait prétendu, mais par moi, n'ont pas été envoyés. Mais quatre mois après M. Lullier accusa le citoyen Dacosta de les avoir reçus et de les avoir gardés pour lui, et il poussa l'infamie jusqu'à dénoncer Dacosta au directeur de la Nouvelle-Calédonie, en l'accusant d'avoir comploté une évasion. Or, cette dénonciation abominable, qui était en même temps une infâme trahison, pouvait avoir pour Dacosta et ses collègues du complot d'évasion les conséquences les plus redoutables, elle pouvait les faire mettre aux fers, jeter au cachot, soumettre aux plus terribles tortures et mourir sous les coups, car tous les complots et les tentatives d'évasion sont punis au bagne de la façon la plus terrible et par les peines les plus cruelles. Mais peu importait au féroce et traître dénonciateur, Lullier, si ses collègues du bagne Calédonien

4

mouraient dans les plus affreux supplices; le misérable qui avait trahi et vendu le Comité central et la *Commune* au réactionnaire et sanglant Gouvernement de Versailles pour deux milliers de francs, pouvait bien pour trois mille francs, qu'il réclamait, dénoncer et exposer à une mort certaine dans les tortures ses collègues de déportation. Le directeur du bagne lui-même, à la vue de la terrible dénonciation de Lullier fut indigné et écœuré; il la montra à Dacosta en lui disant :

— « Tenez, voici ce que Lullier m'écrit, je pourrais vous faire mourir sous les coups, vous et vos complices; estimez-vous heureux de la résolution que j'ai prise de considérer Lullier comme un fou. Je ne tiendrai donc pas compte de sa dénonciation, mais prenez garde à vous pour l'avenir. »

« Lullier ne peut nier sa lâche et infâme dénonciation, ajoute Humbert, il l'a avouée ici, devant vous en déclarant qu'il avait eu tort de la faire. Ce misérable achetait les faveurs des maîtres en servant leurs basses vengeances, en se faisant le pourvoyeur du bourreau, il n'était pas seulement un traître, mais encore un vulgaire mouchard au service des geôliers et des argousins du bagne.

« A ces mots, Lullier, pâle de rage, se lève de nouveau furieux et menaçant, en s'écriant :

— « Vous en avez menti! »

« Humbert lui répond avec calme :

— « Je me suis déjà expliqué au sujet de vos injures, qui sont aussi déplacées que vos menaces. »

« Lullier frémissant de colère se rassied les poings crispés, menaçant toujours son accusateur du geste et du regard.

« La parole a été ensuite donnée à M. Anthelme, défenseur de Lullier, ainsi qu'à ce dernier, et les nombreux auditeurs, qui assistaient aux débats, les ont écoutés avec le plus grand calme en laissant toute latitude et toute liberté à la défense.

« Le citoyen Lissagaray a ensuite résumé les débats.

« Le citoyen Tony Révillon, président, a soumis à l'assemblée successivement les deux questions suivantes formant le texte du verdict sur lequel elle allait avoir à se prononcer et ainsi conçu :

« 1º M. Lullier s'est-il rendu coupable de trahison envers le

Comité central, la *Commune* et la Révolution à Paris après le 18 mars ?

« 2° M. Lullier s'est-il rendu coupable du même crime en Nouvelle-Calédonie en dénonçant lâchement et traîtreusement ses compagnons de déportation aux autorités du bagne de l'île de Nou ? »

L'assemblée ainsi consultée sur chacune de ces questions séparément a répondu oui, à l'unanimité, à mains levées. Aux contre-épreuves pas une seule main ne s'est levée en faveur de M. Lullier.

En conséquence de ces votes le président Tony Révillon a déclaré au nom de l'assemblée que M. Charles Lullier était un TRAITRE ET UN DÉNONCIATEUR.

Nous espérons avoir prouvé d'une manière irréfutable toutes les trahisons dont M. Lullier s'est rendu coupable en 1871, à Paris, envers le Comité central et la *Commune*, et ensuite celle non moins horrible qu'il a commise plus tard en Nouvelle-Calédonie, en dénonçant ses infortunés compagnons de chaîne aux autorités et aux gardes chiourmes du bagne de l'île de Nou.

Nous allons dévoiler maintenant d'autres traîtres dont les crimes, quoique moins apparents, moins cyniques que ceux de M. Lullier, ont été encore plus nuisibles.

CHAPITRE II

TRAHISONS DE M. JOURDE
le grand Financier
ET DE M. BESLAY
doyen de la Commune.

Malgré la trahison de M. Lullier, que nous avons racontée et le refus de M. Eudes d'aller occuper le Mont-Valérien, dans la nuit du 19 au 20 mars 1871, il restait encore au Comité central un moyen bien simple et infaillible de vaincre le gouvernement sans combat; c'était de le prendre par la famine, car dans la précipitation qu'il avait mise à abandonner la capitale, le 18 mars 1871, il avait même négligé d'emporter l'argent des caisses publiques et des ministères; et il avait laissé à la discrétion de la révolution victorieuse, toutes les ressources financières de la capitale, dont les milliards enfermés dans les caves de la Banque de France étaient une des principales, et si une nouvelle trahison ne lui eut pas permis de réparer la faute qu'il avait commise, le gouvernement dont M. Thiers était le chef était perdu.

Mais il s'est malheureusement trouvé parmi les membres du Comité central et de la *Commune* des hommes qui ont trahi la Cause qu'ils étaient chargés de défendre, en permettant à la Banque de France de fournir à M. Thiers et à son gouvernement les centaines de millions dont ils avaient besoin pour recruter et organiser une nouvelle armée, avec laquelle ils ont pu reprendre Paris et écraser la *Commune*.

Dans son empressement à évacuer la capitale, le gouvernement avait en effet laissé 4,638,112 francs au ministère des finances; 1,700,000 francs dans la caisse de l'Hôtel de Ville, plusieurs centaines de mille francs à l'Assistance publique, à la Caisse des dépôts et consignations, etc..., ainsi que le prouvent les procès-verbaux constatant l'ouverture de ces caisses, qui ont été dressés le 21 mars 1871, et signés par les citoyens Jourde, Varlin et plusieurs témoins.

Tous les capitaux entassés dans les caisses des Crédits Foncier, Mobilier, Immobilier, Lyonnais, dans les Caisses d'épargne, dans celles des Chemins de fer, des Compagnies d'assurances, des Omnibus, du Gaz, des Pompes funèbres, des Eaux, des Douanes, des Octrois, des Banquiers, des Rothschild, des Fould, des Péreire, des Baring, etc..., étaient aussi restés dans Paris, sans compter ceux de la Banque de France lesquels à eux seuls s'élevaient à plus de trois milliards, comme nous l'avons dit.

Ainsi c'était à Paris qu'étaient concentrés tous les trésors de l'État, des administrations, des grandes compagnies, de la haute finance, des banques, etc..., en un mot la plus grande partie de la fortune mobilière de la France, et comme cette grande ville était tombée entre les mains du Comité central de la garde nationale, le 18 mars; ce dernier était le maître absolu de tous ces immenses et incalculables trésors, qu'il pouvait s'il l'eut voulu ou s'il l'eut su mettre au service de la Révolution et les employer à son triomphe.

4.

Quant à la province, elle était complètement épuisée et drainée de ses capitaux monnayés depuis la guerre avec l'Allemagne. Les départements occupés par l'étranger avaient été dépouillés, ravagés et ruinés par ce dernier, et ceux qui n'avaient pas été envahis par les armées allemandes, avaient lourdement été imposés, par le gouvernement de la Défense nationale de Tours et de Bordeaux, à la tête duquel était le dictateur Gambetta. Partout en province les Caisses publiques étaient vides, ainsi que celles des succursales de la Banque de France, dont les fonds avaient été envoyés à Paris, lors de nos premiers revers, afin de les soustraire à nos ennemis.

Le gouvernement de Versailles ne pouvait donc alors se procurer en province aucune ressource sérieuse; il était dans le plus grand embarras, sans ressources aucunes, « plus pauvre qu'un rat d'église, » pour nous servir des propres expressions de M. Thiers.

Voici les révélations faites à ce sujet, par M. Maxime Ducamp, l'académicien historiographe semi-officiel du gouvernement de Versailles, l'un des écrivains qui ont le plus insulté et calomnié la *Commune*, à laquelle il a consacré quatre gros volumes remplis d'odieux outrages, au milieu desquels on trouve cependant quelques renseignements curieux et sérieux sur le gouvernement de Versailles, qui lui a fourni tous les matériaux et toutes les pièces officielles nécessaires pour écrire son épais pamphlet.

« Le lundi, 20 mars 1871, dans la matinée, dit M. Maxime Du Camp, M. Rouland, gouverneur de la Banque de France, reçut une dépêche de M. Thiers, qui le mandait à Versailles, pour affaire urgente. M. Rouland se dit que l'affaire la plus urgente était d'attendre et de rester à Paris, afin de voir ce que l'insurrection allait devenir. Malgré l'insistance de M. de la Roserie, conseiller à la Cour des Comptes, qui fut jadis attaché au cabinet de

M. Rouland lorsqu'il était ministre de l'instruction publique, et qui lui est resté profondément dévoué, M. Rouland se décida à ne point répondre à l'appel que M. Thiers lui adressait...

« Dès les premières heures du mardi, 23 mars, M. Rouland avait reçu une nouvelle dépêche de M. Thiers, impérative cette fois, ce n'était pas une invitation, mais un ordre. Le gouverneur se décida à se rendre à Versailles, il quitta la Banque ; il ne devait y rentrer que le 25 mai, à la suite de l'armée française, après avoir traversé Paris écroulé, dans les flammes.

« Accompagné de M. Tachereau, administrateur de la Bibliothèque nationale, précédé de M. de la Rozerie, que l'on avait bourré de billets de banque, réclamés par le gouvernement régulier [1], il gagna le chemin de fer de l'Est et sans encombre, il parvint à son but. Il croyait bien pouvoir rentrer le soir à Paris, mais il avait compté sans les insistances qui l'accueillirent. M. Thiers fut très absolu.

— « Je vous tiens, je vous garde, lui dit-il, parce que j'ai besoin de vous, parce que j'ai besoin d'argent. « *Nous sommes gueux comme des rats d'église.* » Nous avons fouillé dans toutes les poches et nous n'avons pu réunir que 10 millions ; or au bas mot il m'en faut 200 ; installez-vous ici... arrangez-vous comme vous voudrez ; mais *donnez-moi de l'argent et encore de l'argent, sans cela tout est perdu.* »

« M. Rouland voulut résister, mais quoi qu'il eut été Procureur général, il avait affaire à un avocat dont la voix fit taire la sienne.

— « Que ferez-vous à Paris, reprit M. Thiers : qu'y pourrez-vous faire ? Rien, sinon nous créer des embarras. Vous serez arrêté, et en votre lieu et place les gens de l'insurrection qui sont mieux armés que moi, nommeront un gouverneur de la Banque de France. Nous aurons beau ne pas le reconnaitre, il sera le maître, le maître de la Caisse, des dépôts, des comptes courants, et fera la ruine générale. Ne retournez pas à Paris, je vous le demande, au besoin je l'exige, et vous nous aurez aidé à débrouiller une situation qui fait perdre la tête à tout le monde. »

---

[1] C'était le premier envoi de fonds que la banque de France faisait au gouvernement de Versailles.

« M. Thiers avait raison, M. Rouland le comprit et il resta. Il nstalla vaille que vaille, ses services à Versailles, réunissant autour de lui, M. Mallet, M. de Rothschild et quelques autres régents, leur demandant conseil, s'associant aux efforts du gouvernement et *mettant la France en situation de reconquérir sa capitale...*

« Il travailla sans repos à faciliter la tâche entreprise.

« Il fallait repatrier nos soldats prisonniers en Allemagne, les armer, les habiller, les nourrir ; il fallait aller chercher dans nos ports militaires de l'artillerie de gros calibre qui devait battre les murailles de l'insurrection ; il fallait, etc...

« Pour mener à bonne fin toutes ces opérations, qui convergeaient au même but, l'argent était nécessaire, et le gouvernement ruiné par la guerre, rejeté hors de Paris, où il avait oublié sa bourse, n'en avait pas.

« A qui en demander ?

« *A la Banque de France*, à l'inépuisable Banque, dont fort heureusement on avait le gouverneur sous la main. M. Rouland ne s'épargna pas et *pendant que la Commune harcelait la Banque de France pour lui soutirer quelques billets de mille francs, la Banque de France donnait des millions au gouvernement de la légalité* ».

Cet aveu est précieux et est une preuve de l'aveuglement, de l'ignorance ou de la trahison des hommes du Comité central et de la *Commune*, qui ont laissé faire la Banque de France et qui lui ont ainsi permis de fournir à leur ennemi les millions dont il avait besoin pour recruter et organiser l'armée qui devait bientôt leur faire une guerre acharnée et les détruire.

« Les troupes affluaient, continue l'auteur que nous citons, elles prenaient corps, s'organisaient et la paye ne leur faisait pas défaut.

« Lorsque M. Thiers avait besoin d'argent, il prévenait M. Rouland, et celui-ci envoyait à qui de droit une dépêche et l'argent arrivait. Pendant la *Commune*, 257,630,000 *francs furent ainsi versés par la Banque au trésor, qui les employa à* L'ŒUVRE DE DÉLIVRANCE [1].

Qui pourra après cette déclaration si explicite, si positive et si claire, douter encore que c'est la Banque de France qui a fourni l'argent nécessaire au gouvernement de Versailles pour reprendre Paris, écraser, massacrer les défenseurs de la *Commune* et noyer cette dernière dans leur sang. Car c'était là « l'œuvre de délivrance », dont parle M. Du Camp dans son langage académique.

Mais quel nom doit-on donner à ceux qui étaient chargés de la défense de Paris et qui laissaient s'accomplir « cette œuvre de délivrance? » Etaient-ils simplement des incapables, ou bien étaient-ils des traîtres?

Tout cela a été fait sous les yeux du Comité central et de la *Commune*, avec l'assentiment, l'aide et le concours de M. Beslay, délégué à la Banque, le trop illustre et vénérable doyen de la *Commune*, ainsi qu'il se qualifiait lui-même; avec l'approbation de M. Jourde, le Turgot de la Commune et son délégué aux Finances, et avec la connivence tacite de l'infortuné Varlin, membre du Comité central, de la Commission exécutive et de celle des finances.

Tous les autres membres de ces deux dernières Commissions ne pouvaient certainement pas ignorer tous ces envois criminels de l'argent de la Banque de France à Versailles; dans tous les cas c'était leur devoir impérieux de surveiller rigoureusement cette Banque ou mieux encore de l'occuper, de mettre les scellés sur ses caisses, pour qu'elle ne puisse plus envoyer un centime au gouvernement de Versailles.

Il est certain que la plupart des membres des Comités exécutifs et des finances, n'ignoraient pas les trahisons

[1] Maxime Du Camp. *Les Convulsions de Paris*, t. III, p. 213.

de la Banque de France dont ils avaient eu la preuve dès le 23 mars, lorsqu'ils avaient découvert un de ses envois d'argent et fait des remontrances à ce sujet, malgré cela, ils ont laissé ces manœuvres criminelles se continuer comme on le verra bientôt, pendant deux mois, jusqu'au 23 mai, et ils ont permis d'expédier ainsi clandestinement, 257,630,000 francs de Paris à Versailles, lesquels ont servi à former l'armée, avec laquelle M. Thiers a repris Paris et détruit la *Commune*.

Nous prouverons plus loin que tous les individus qui ont occupé les plus hautes fonctions de la *Commune* et dont nous avons parlé n'ont pas péché par ignorance, et qu'ils savaient parfaitement, que c'était avec les millions de la Banque de France que le gouvernement de Versailles était pourvu de l'argent, dont il avait besoin pour réorganiser son armée.

En attendant, voici la situation de la Banque de France au 18 mars 1871, d'après la déposition de M. de Ploeuc, devant la Commission d'enquête parlementaire, qui prouvera que ce ne sont pas les ressources financières qui eussent fait défaut à cette époque, si on eût pris possession de la Banque, car il y avait dans cette dernière :

1° En caisse en numéraire.	77,000,000 fr. [1].
2° En caisse en billets de banque. . .	166,000,000
3° Le portefeuille ordinaire	468,000,000
A reporter. . .	711,000,000 fr.

[1] D'après M. Du Camp, qui tenait ses informations du gouvernement de Versailles, le chiffre de l'encaisse en numéraire s'élevait à 520 millions. M. de Ploeuc a, dans la commission d'enquête, déclaré lui-même que le montant de cet encaisse et celui des lingots était dissimulé sur les livres de la Banque. M. Beslay avait dit à Cluseret qu'il y avait en caisse 350 millions dont on pouvait disposer pour payer le premier terme de l'indemnité de guerre due aux Allemands. Le total du bilan fourni par M. de Ploeuc était donc au-dessous du véritable.

Report...	711,000,000 fr.
4° Le portefeuille des prorogés....	431,000,000
5° Les valeurs déposées en garanties d'avances........	120,000,000
6° Les lingots........	11,000,000
7° Bijoux en dépôt.......	7,000,000
8° Les titres en dépôt.......	900,000,000
9° Il y avait aussi des billets de banque qui n'étaient pas encore émis, mais auxquels il ne manquait que la griffe du caissier principal, pour une valeur de....	900,000,000
Ce qui faisait un total général de...	3,080,000,000 fr.[1]

Voilà quelles étaient les immenses ressources financières renfermées dans les caves de la Banque de France.

Après la Révolution du 18 mars, cet énorme capital social, produit des labeurs, des générations passées, accumulé dans les mains de quelques membres de la féodalité capitaliste, industrielle et commerciale, à l'aide du monopole et des privilèges était, comme on l'a vu, à la disposition des hommes qui se trouvaient alors à la tête de la Révolution du 18 mars; il dépendait d'eux de s'en emparer au nom de la collectivité et d'en user dans l'intérêt de la classe ouvrière, pour l'émancipation complète des prolétaires et pour l'extinction de la misère et du paupérisme.

Il n'y avait que 480 employés de la Banque, organisés militairement, pour garder cet immense trésor, cette toison d'or à la conquête de laquelle le prolétariat parisien était convié.

Le Comité central et la *Commune*, avec leurs deux cent mille gardes nationaux fédérés et leurs deux mille canons n'ont pas osé s'en emparer. Ils ont respecté bête-

---

[1] *Enquête parlementaire* sur le 18 mars, t. II, p. 489, déposition de M. Ploeuc.

ment et criminellement cet immense capital volé à nos ancêtres, à nos pères par l'oligarchie capitaliste; ils n'ont pas su faire de ces immenses richesses un instrument d'émancipation, de délivrance et de liberté.

Les délégués du Comité central : Jourde, Varlin et Billoray, sont allés la première fois, le 20 mars, humblement mendier quelques bribes de ce trésor pour payer les trente sous par jour, qui étaient dûs aux gardes nationaux vainqueurs et qui mouraient de faim depuis leur victoire, avec leurs pauvres femmes et leurs petits enfants, qui réclamaient du pain en pleurant; et, pendant qu'ils étaient réduits à cette triste position, leurs délégués aux Finances avaient plus de 4,731,000 francs dans les caisses du Ministère des Finances auxquelles M. Jourde n'avait pas osé toucher et sur lesquelles il avait fait apposer les scellés [1].

On ne peut s'expliquer ce respect stupide de Jourde devant les caisses de l'État, quand on sait que deux mois plus tard, quand on l'a arrêté, on l'a trouvé porteur des billets de la Banque de France, qu'il avait cousus et cachés dans les doublures de son gilet pour les voler.

Mais, quoiqu'il en soit, quand MM. Jourde, Varlin et Billoray sont allés comme nous l'avons dit auprès du puissant seigneur et maître Rouland, directeur de la Banque, ce dernier les a reçus avec la morgue et l'insolence qui caractérisent les membres de la haute aristocratie financière; mais, ne se sentant pas en force pour faire jeter à la porte les manants qui venaient l'importuner, il crut prudent de faire une concession, afin « d'éviter une collision armée [2] », qui aurait pu avoir des conséquences

---

[1] Voir l'état de la situation de la Caisse au 18 mars, signé par le caissier principal Durand.
[2] Tous les passages que nous mettons entre guillemets sont textuellement extraits de documents officiels ou authentiques.

funestes « pour la Banque, qui ne pouvait pas comme les autres administrations, se transporter à Versailles. » Il fit donc remettre en conséquence un million aux délégués, « qui firent entrevoir la nécessité d'un second million », afin de pouvoir donner des acomptes suffisants pour faire patienter les malheureux gardes nationaux qui n'avaient pas reçu de solde depuis le 18 mars. Mais le mardi 21, les délégués du Comité central ne reçurent rien, ce n'est que le mercredi 22, qu'ils touchèrent un second acompte de 300,000 francs et on leur promit encore 350,000 francs pour le lendemain.

Quand le 23 mars, à dix heures du matin, le Comité central envoya prendre la somme promise, par ses deux délégués Jourde et Varlin, ces derniers durent attendre ; « ils prirent peur et se retirèrent en entendant les murmures et les menaces du personnel armé de la Banque, qui se trouvait dans les cours », dit M. le marquis de Ploeuc, sous-gouverneur de la Banque de France, dans sa déposition devant la Commission d'enquête parlementaire, faite sur les événements du 18 mars.

Ainsi, dès le 23 mars, cinq jours après la victoire populaire de Montmartre, non seulement les administrateurs de la Banque de France recevaient les délégués du Comité central avec insolence en les faisant attendre dans les cours comme des mendiants, mais encore ils les faisaient insulter et menacer par leurs valets armés, et les délégués étaient obligés de se sauver devant les outrages et les menaces de violence dont ils étaient l'objet, et au lieu de revenir en force, de châtier les insolents qui les avaient insultés, de les désarmer, de les arrêter et d'occuper la Banque, ainsi que c'était leur droit et leur devoir, les délégués Jourde et Varlin se sont contentés d'écrire une lettre comminatoire à M. le Sous-Gouverneur de la Banque, dans laquelle ils faisaient des récriminations oiseuses et des menaces vaines, qu'ils ne savaient pas mettre à exécution et terminaient en disant :

« ... Nous avons fait notre devoir, et si notre attitude conciliante a été prise pour de la crainte, nous prouverons que l'on s'est trompé. Puisse la Banque revenir sur les décisions funestes qu'elle pourrait avoir prises.

« Nous ne nous représenterons plus devant elle ; si la Banque est disposée à verser le complément du million demandé, soit 700,000 francs, elle le fera parvenir au ministère des Finances avant midi. A partir de cette heure, toutes les mesures nécessaires et les plus énergiques seront prises.

« JOURDE et VARLIN. »

Les menaces des deux délégués du Comité central ne produisirent que très peu d'effet sur le sous-gouverneur de la Banque.

« Les hostilités étaient bien déclarées, dit-il, il ne s'agissait plus que d'éviter, si possible était, toute collision, ou de la soutenir si nous ne pouvions faire autrement.

« J'envoyai le contrôleur de la Banque prévenir les délégués aux finances qu'il ne fallait pas compter pour midi sur la somme demandée, que le Conseil de régence serait réuni à une heure, que c'était la seule autorité qui pût me couvrir de toutes remises de fonds que j'aurai à faire.

« Je dépêchai le caissier principal aux premier et deuxième arrondissements et à l'amiral Saisset pour demander si nous pouvions engager la lutte, c'est-à-dire si nous serions secourus.

« L'amiral Saisset n'était pas arrivé de Versailles et on ne put le trouver. L'adjoint du premier arrondissement, M. Méline, m'envoya dire d'éviter la lutte, d'user de conciliation.

« Au deuxième arrondissement, M. Quevauvilliers, commandant d'un bataillon, me fit dire de son côté que si la Banque était attaquée elle serait défendue.

« Je réunis le Conseil de régence pour délibérer sur la demande comminatoire du Comité central, il fut décidé qu'on ne changerait rien aux engagements pris, qu'on ne tiendrait aucun compte de la lettre comminatoire, qu'on pouvait venir prendre les 350,000 francs et non 700,000 francs et qu'on ne les porterait pas au ministère des Finances.

« Escortés d'un ou deux bataillons qui s'arrêtèrent aux abords de la Banque, deux envoyés des délégués, dont l'un s'appelait Meillet, vinrent vers quatre heures recevoir les 350,000 francs promis.

« Le même jour je fis un paiement de 200,000 francs à un agent du Trésor envoyé de Versailles. Ce paiement fut connu du Comité central, qui me fit notifier que tout paiement pour le compte de Versailles serait considéré comme un crime de haute trahison.

« J'en donnai connaissance au gouvernement à Versailles. Les observations que je fis à ce sujet ne furent sans doute pas suffisamment écoutées, car il fut délivré sur moi des mandats du Trésor jusqu'au 1er avril, et je fus obligé de donner ordre que l'entrée de la Banque ne fut plus permise à aucun agent du Trésor ».

M. le président de la Commission d'enquête, devant lequel M. de Ploeuc a fait la déclaration qui précède, ayant demandé à ce dernier si c'était à l'amiral Saisset qu'il avait donné cet argent, M. le Sous-Gouverneur de la Banque lui a répondu :

— « Non, c'est à deux agents qui partaient pour Versailles.
. . . . »

« Je fis demander une entrevue à M. l'amiral Saisset. Il me reçut à la mairie du deuxième arrondissement vers une heure du matin, dans une réunion très nombreuse. J'y reconnus M. Tirard et M. Schœlcher. Il s'agissait de bien déterminer sur quoi je pouvais compter...

« L'amiral Saisset me répondit qu'il me défendrait ; mais en me reconduisant, il me fit comprendre qu'il n'était pas en mesure de le faire. C'était le 24 mars.

« Le lendemain 25 mars, je fis rechercher l'amiral Saisset, je lui avais envoyé des fonds par son aide-de-camp (100,000 francs); on ne le trouva plus ; il était parti vraisemblablement dans l'après-midi.

« Les bataillons qui avaient couvert la Banque, de la gare Saint-Lazare à la rue Saint-Honoré, se dispersèrent. La Banque était livrée ; il ne restait plus personne dehors sur qui elle put compter [1]. »

Il résulte des passages que nous avons cités et de la déposition de M. de Ploeuc devant la Commission d'enquête parlementaire que, dès le 23 mars, la Banque de France fournissait de l'argent au gouvernement de Versailles; nous avons vu par exemple qu'elle avait remis 200,000 francs à un officier du Trésor; mais ce n'était pas tout encore, M. Maxime Du Camp nous apprend aussi que la Banque de France subventionnait dans Paris la révolte contre le Comité central, « elle donnait à cet effet 50,000 francs à M. Tirard, maire du 2ᵉ arrondissement ; 20,000 francs à un adjoint du 7ᵉ arrondissement ; 400,000 francs au Comité du 2ᵉ arrondissement et 100,000 francs à l'amiral Saisset; en outre, elle acquittait les mandats que Versailles tirait sur elle; du 20 au 30 mars, elle a envoyé plus de 15 millions de francs au gouvernement régulier par des trésoriers payeurs, par des inspecteurs des finances qui risquaient au moins leur liberté et qui eurent le bonheur de déjouer la surveillance très active que Raoul Rigault avait organisée autour de la Banque.

« Le but qu'elle poursuivait par des moyens qui, en première apparence pouvait sembler contradictoires, était le même, endormir le cerbère de la révolte en lui jetant le gâteau de miel, fortifier le parti de l'ordre en subvenant à ses besoins », dit M. Du Camp.

[1] *Enquête parlementaire* sur le 18 mars, t. II, p. 489, déposition de M. de Ploeuc.

Malgré la complicité flagrante de la Banque avec le gouvernement de Versailles, malgré les nombreux envois d'argent qu'elle lui faisait pour l'aider à organiser l'armée avec laquelle il allait bientôt faire la guerre au Comité central et à la *Commune*, et quoique la Banque de France, restée dans Paris, fût abandonnée de tous, dès le 25 mars, et réduite à ses propres forces, composées seulement de 480 hommes n'ayant que 10,000 cartouches, le Comité central n'osa pas faire arrêter M. de Ploeuc, pour le crime de connivence avec l'ennemi et de haute trahison, ni faire occuper la Banque et mettre les scellés sur ses caisses, pour lui empêcher de fournir de l'argent à son ennemi.

Le Comité central, dans son aveuglement criminel, a donné ce spectacle étrange d'une révolution victorieuse, bien armée, pourvue de tout, ayant à sa discrétion un capital de 3 milliards environ, enfermé dans les caisses d'une banque nationale, et fournissant elle-même à son ennemi mal armé, sans ressource, n'ayant pas le sou, des centaines de millions pour qu'il puisse s'organiser et s'armer pour venir l'égorger.

L'histoire n'offre pas d'exemple d'une pareille stupidité.

Mais afin que l'on ne puisse pas douter de la culpabilité des principaux meneurs de cette horrible machination, nous allons les montrer à l'œuvre, ourdissant leur complot de longue main avec une hypocrite préméditation et le conduisant ainsi à bonne fin, jusqu'au jour du triomphe de l'ordre, où 40,000 cadavres de gardes nationaux fédérés gisaient dans les rues et les places de Paris en flammes, ruisselant de sang et couvert de ruines.

Nous allons puiser nos preuves dans les dépositions officielles des acteurs de ce drame épouvantable, dans celles des ennemis de la Révolution du 18 mars, et dans les déclarations et les aveux des criminels qui l'ont vendue et trahie. Nous espérons qu'en présence de pareils documents et de semblables faits historiques, revêtus pour la plupart d'un caractère d'authenticité le doute ne sera pas possible.

Le 29 mars, le lendemain de la proclamation de la *Commune*, dit encore M. de Ploeuc dans sa déposition devant la Commission d'enquête parlementaire, fut le jour où j'entrai en rapport avec M. Beslay, le *doyen de la Commune*...

« En entrant dans mon cabinet il me dit :

— « Citoyen, les officiers payeurs des bataillons fédérés sont au ministère des Finances devant des caisses placées sous scellés, il faut satisfaire aux nécessités de la solde, et la situation des esprits est telle, que la Banque va être pillée, je le crains bien, malgré tout ce que j'ai pu dire.

— « Eh bien, monsieur Beslay, vous avez traversé les cours, vous y avez vu des hommes armés, et quand je vous dis froidement que nous nous défendrons si nous sommes attaqués, c'est que je puis compter sur le dévouement de ceux que vous venez de voir.

— « Mais enfin, pour éviter l'effusion du sang, si la *Commune* nommait un gouverneur ?

— « Un gouverneur, non ! Je ne l'accepterai jamais ; je suis le gouverneur de la Banque, j'y ai seul autorité et la force seule peut m'en déposséder. Si vous me parliez d'un *commissaire délégué*, comme il en existe près des sociétés anonymes, et que ce *délégué fut vous* et que vous borniez votre mandat à connaître de mes rapports avec Versailles et de mes rapports avec la ville de Paris, que vous appelez la *Commune*, tout à votre aise, nous pourrions nous entendre ; quant à me demander d'aller au delà, à me demander, par exemple, un seul compte courant, vous ne l'obtiendrez jamais. Le secret du compte courant, c'est le devoir professionnel de la Banque.

— « Mais voyons, M. Beslay (et je crois que c'est là que j'ai eu une heureuse inspiration), le rôle que je vous offre est assez beau, a assez de grandeur. Aidez-moi à sauver ceci, c'est la fortune de la France. »

« Ma situation était désespérée, si je ne réussissais pas, la Banque, tout au moins, était aux mains de la COMMUNE ; mais je vis au silence de mon interlocuteur que j'avais fait vibrer la corde de l'honneur.

« J'ajouterai, parce que je crains de m'attribuer tout le mérite de ce succès, que je crois avoir été au-devant des secrètes pensées de Beslay. Il est vraisemblable que si je l'avais mal accueilli, si je l'avais renvoyé purement et simplement d'où il venait, les choses eussent tourné différemment. La Commune, après la prise de possession de la Banque et le sang versé, eut nécessairement nommé Beslay gouverneur, elle aurait nommé deux sous-gouverneurs, puisqu'avec moi tout le gouvernement de la Banque disparaissait, et il est certain que les Comités, connaissant les richesses renfermées dans la Banque, vous auriez eu à enregistrer un désastre sans précédent.

« Bref, il se retira. Le même jour plusieurs compagnies d'assurances étaient occupées. Plus que jamais j'avais à craindre ; j'envoyai prévenir Versailles et, le ministre des Finances écrivit au gouverneur de la Banque, qui était à Versailles, une lettre qui approuvait d'avance ce que nous ferions à Paris. Le lendemain, 30 mars, la Poste qui est dans notre voisinage fut occupée par les fédérés, je ne pouvais plus douter que le Comité central ne voulut tout occuper et plus encore la Banque, qu'aucun autre établissement.

« Vers le soir, MM. Duvillier, régent de la Banque et de Mentque, secrétaire du Conseil général, se trouvaient dans mon cabinet, quand M. Beslay se fit annoncer. Il était porteur d'un mandat de délégué de la Commune, dont voici à peu près le texte :

« La Commune de Paris nomme le citoyen Beslay (Charles), en qualité de son délégué à la Banque de France.

« *Signé, les délégués du Comité exécutif,*
« LEFRANÇAIS, TRIDON, FÉLIX PYAT. »

— « Vous devez vous douter, citoyen, du motif qui m'amène, je suis délégué de la *Commune*, dit Beslay. »

« Je lui rappelai alors notre conversation de l'avant-veille, et je lui déclarai qu'il ne pouvait être délégué à la Banque que dans les conditions que je lui avais déterminées d'avance, c'est-à-dire avec la faculté de connaître mes rapports avec le gouvernement de Versailles et avec la *Commune de Paris*, mais rien de plus.

— « Mais, vous ne voyez donc pas, citoyen, que nous sommes la force ? »

« Je dus lui répondre que, pour moi, la force n'avait qu'une mince valeur, que j'étais beaucoup mieux que cela, puisque j'étais le droit, et que je maintenais absolument mon programme.

« *Ce n'était chez mon interlocuteur qu'une bouffée d'orgueil qui ne changeait rien à ses intentions...*

« J'installai Beslay dans un cabinet en face du mien, afin de le conserver autant que possible près de moi. *A partir de ce jour, il nous a, comme j'aurai l'occasion de le montrer, aidé dans la mesure de son autorité, et je déclare que sans le secours qu'il nous a apporté, la Banque de France n'existerait plus*[1]. »

Après la lecture de cette déposition de M. de Plœuc, personne certainement ne peut plus douter que M. Beslay, le doyen de la *Commune* et M. de Plœuc, le sous-gouverneur de la Banque, s'étaient parfaitement entendus aux premiers mots qu'ils avaient échangés pour jouer, trahir, perdre la *Commune* et sauver la Banque de France, un des plus puissants instruments, des plus grands engins d'exploitation, de spoliation mis à la disposition de la féodalité capitaliste, pour s'approprier une part considérable de la fortune publique et du produit net du travail de la nation à l'aide de la spéculation, de l'agio, des jeux de bourse, des conversions, des emprunts, du trafic sur

---

[1] *Commission d'Enquête parlementaire* sur le 18 mars, t. II, 492, déposition de M. de Plœuc.

les métaux précieux, de l'émission des billets de banque, de l'escompte des effets de commerce, des prêts sur dépôt de titres ou de valeurs, etc., etc...

Quand le fin matois breton de Ploeuc avait dit à son digne compère le vieux renard Beslay, breton comme lui, aidez-moi à sauver ceci, c'est la fortune de la France, en lui montrant les coffres de la Banque, nous ne croyons pas que ces deux financiers retors aient pu se regarder sans rire. Car ils savaient parfaitement tous les deux que les énormes capitaux accumulés, concentrés, agglomérés dans les caves de la Banque, sont le produit du travail de la nation, que cette prétendue fortune de la France n'est que la fortune de la féodalité capitaliste faite aux dépens des travailleurs, des prolétaires, des petits commerçants, des petits industriels, qui sont la proie de la pieuvre de la haute banque, de l'oligarchie financière, qui les ronge et les dévore.

Le vieux millionnaire Beslay était comme son compère de Ploeuc un fort actionnaire de la Banque, et en travaillant à la sauver, il agissait dans son intérêt et dans celui de sa caste, il sauvait ses actions, ses rentes et ses dividendes et ceux de tous les actionnaires. Ce que M. de Ploeuc « avait fait vibrer en lui, ce n'était pas la corde de l'honneur, » mais celle de la trahison, de l'intérêt personnel et du lucre.

Qu'est-ce que « l'honneur » peut bien avoir de commun avec le pacte infâme que ces deux financiers retors venaient de sceller? puisqu'en sauvant la Banque de France, le premier usage qu'ils allaient faire des millions enfermés dans ses coffres allait être d'en envoyer plus de 257 à M. Thiers et à son gouvernement pour détruire la *Commune*.

En racontant avec complaisance le chef-d'œuvre d'habile et criminelle tartufferie qu'il a accompli en enrôlant le vieux père Beslay dans les rangs des défenseurs de la Banque, M. de Ploeuc fait montre d'une grande modestie et de beaucoup de franchise et de vérité en disant, qu'il craint de s'attribuer tout le mérite du succès de sa noble entreprise et « qu'il croit avoir été seulement au devant des secrètes pensées de M. Beslay. » On voit qu'ils se connaissaient bien et que ces deux vieux roués étaient dignes de s'entendre.

Quant à nous, nous nous sommes toujours demandé ce que le vieux bourgeois, conservateur, catholique et millionnaire, Beslay, était venu faire à la *Commune* prolétarienne, athée, socialiste et révolutionnaire, si ce n'était pour la trahir ?

Aussi, comme nous l'avons raconté dès la première entrevue qu'il eut avec M. de Ploeuc, il fit un pacte tacite dans ce but avec ce dernier, et, comme on le verra, il l'a scrupuleusement tenu jusqu'au bout.

Ainsi M. Beslay, qui était chargé de « connaître des rapports de Versailles avec la Banque », en sa qualité de délégué à cette dernière, a commencé par laisser aller librement dans cette ville, le sous-gouverneur de Ploeuc, afin qu'il puisse s'entendre secrètement avec le gouvernement de M. Thiers et avec M. Rouland, gouverneur de la Banque, pour comploter tous ensemble et ourdir l'affreuse trahison qui devait amener la perte de la Commune.

« La situation se tendait de plus en plus, dit M. de Ploeuc, je crus devoir aller le 2 avril à Versailles, dont je ne recevais que les avis les moins justifiés...

« Les émissaires que j'avais envoyés à Versailles m'avaient rapporté que l'action militaire devait s'engager au jour le plus prochain, et je venais demander au chef du pouvoir exécutif que les premières troupes qui entreraient dans Paris vinssent à mon aide, parce que je ne me défendrai qu'à la condition d'être secouru.

« Pendant que j'étais dans le cabinet du Président de la République, j'entendis les premiers coups de canon, et je le quittai promptement pour revenir à mon poste, ayant hélas ! constaté qu'on avait ignoré à Versailles la situation vraie de la Banque de France. On la croyait presque vide de valeurs ».

Que faisait donc le fameux gouvernement de M. Thiers pendant qu'il était à Paris, puisqu'il ignorait qu'il y avait plus de trois milliards à la Banque de France? Et ce qu'il y a de plus extraordinaire, c'est que M. Rouland, gouverneur de cette Banque l'ignorait comme lui. M. Thiers qui avait un si grand besoin d'argent pour payer le premier terme de l'indemnité de guerre aux Allemands, pour solder les troupes étrangères qui occupaient encore notre territoire, pour réparer les désastres de la guerre et pour réorganiser notre armée, avait eu là, à Paris, lorsqu'il était dans cette ville, un capital énorme, qui pouvait lui être de la plus grande utilité dans l'accomplissement de sa tâche difficile, et il en ignorait l'existence, à ce que dit M. de Ploeuc, il croyait que les caisses de la Banque de France étaient « presque vides de valeurs ».

Hélas oui ! il en était ainsi, aussitôt la paix signée, M. Thiers et son gouvernement, ainsi que toute la classe égoïste qu'ils représentaient, ne s'étaient préoccupés que d'une chose : faire supporter et payer par les travailleurs prolétaires tous les frais de la guerre, sans toucher, sans se servir du capital social accumulé dans les mains de la classe bourgeoise, aux dépens de ces derniers. C'est pour cela que le gouvernement de Versailles et son chef ne s'étaient pas informés de la valeur du capital de la Banque de France, auquel ils ne voulaient pas avoir recours, et que toute leur attention s'était portée sur les meilleurs moyens à employer pour faire supporter à la classe ouvrière, aux prolétaires, tous les frais de la guerre, et, comme parmi ces derniers, il y en avait à Paris deux ou trois cent mille qui étaient enrôlés dans les rangs de la garde nationale fédérée, bien organisés, bien armés et qui possédaient un très grand nombre de canons. M. Thiers et son gouvernement, dès leur installation dans la capitale, n'avaient pensé qu'à une chose : désarmer et dissoudre la garde nationale de Paris, et surtout lui prendre ses canons, afin de pouvoir ensuite exploiter le peuple à merci et *indiscrétion*, pour lui faire payer tous les frais de la guerre, à l'aide de l'impôt sur les matières premières, sur les produits du travail, sur les objets de consommation et surtout sur ceux de première nécessité.

Par l'emploi de ces moyens, les prolétaires paieraient tout. Du reste, à la fin, l'impôt est toujours payé par ceux qui ne possèdent rien, les propriétaires, les fabricants les capitalistes, les négociants, tous ceux qui possèdent quelque chose se rattrapent sur ceux qui vivent de leur travail journalier, qui ne peuvent attendre pour manger et qui sont obligés de subir leur loi, d'accepter leurs conditions, sous peine de mourir de faim avec leurs familles.

C'est pour cela que le gouvernement de Versailles et son chef avaient négligé de se préoccuper des valeurs renfermées dans la Banque de France et avaient tenté, le 18 mars, de reprendre les canons de la garde nationale à Montmartre, afin de désarmer et de dissoudre cette dernière, de maintenir le prolétariat dans son servage économique et de lui faire payer tous les impôts et les frais de la guerre.

Et M. Beslay, le fameux délégué de la *Commune* à la *Banque*, « pour connaître des rapports de cette dernière avec Versailles », laissait son sous-gouverneur, M. de Ploeuc, aller à Versailles les 2 et 3 avril, jours de l'ouverture des hostilités entre le gouvernement de M. Thiers et la *Commune;* pendant lesquels les infortunés Flourens et Duval étaient si impitoyablement massacrés par les féroces Desmarest et Vinoy, ces bourreaux au service du gouvernement de Versailles. Ainsi, pendant que les deux héroïques défenseurs de la *Commune*, dont nous venons de parler, et des milliers de leurs malheureux compagnons tombaient d'une façon si lamentable sous les coups des pandours versaillais, M. de Ploeuc pouvait, grâce à la complicité de M. Beslay et d'autres fonctionnaires de la *Commune*, aller à Versailles pour s'entendre avec M. Thiers, chef du Pouvoir exécutif, afin de préparer avec lui l'entrée des troupes de Versailles dans Paris, d'organiser le massacre des défenseurs de la *Commune* et l'anéantissement de cette dernière. M. le sous-gouverneur de la Banque a avoué tout cela dans sa déposition officielle, et il a ajouté qu'il avait déjà envoyé des émissaires à Versailles, qui le tenaient au courant des incidents du complot qu'il avait organisé contre la *Commune*, de connivence avec son délégué à la Banque, M. Beslay, et il avait poussé, dit-il, ses précautions jusqu'à prévoir l'entrée des troupes de Versailles dans Paris, et à recommander à M. Thiers de lui envoyer les premières qui franchiraient les portes de la capitale.

Tous ces faits : l'entente, les négociations, le complot avec l'ennemi, etc., constituent certainement le crime de haute trahison, dont le sous-gouverneur de la Banque, en résidence à Paris, se rendit coupable, et qu'il n'aurait pas pu commettre impunément sans l'assentiment et la complicité de M. Beslay, puisque ce dernier était placé auprès de lui en qualité de délégué, spécialement, pour surveiller ses agissements et « connaître tous ses rapports avec le gouvernement de Versailles. »

M. Beslay était donc le complice de M. de Ploeuc; en le laissant ainsi aller à Versailles, il trahissait donc la Commune au profit du gouvernement de M. Thiers.

Nous ne sommes pas le seul membre de la *Commune de Paris* qui ait émis cette opinion sur la Banque de France et sur la coupable conduite de M. Beslay et de plusieurs de ses collègues. Le général Cluseret, délégué par la *Commune* à la guerre, était du même avis que nous sur ce sujet. Voici ce qu'il en a dit dans le tome II de ses *Mémoires*, en faisant allusion à l'entrevue qu'il a eue avec le baron allemand de Holstein et relative au paiement du premier terme de l'indemnité de guerre.

« Je ne lui parlai pas de la Banque, dit-il, qui fournissait les millions par centaines à Versailles, sous le nez de Jourde et de Beslay, qui laissaient faire, on aurait pu leur donner l'ordre de payer et assurer l'exécution de l'ordre. Le crédit de la *Commune* de Paris et ses ordres valaient bien ceux de Versailles, au moins dans Paris.

« Quelle étrange politique financière que celle de la Commission des finances de la *Commune*[1]. Le peuple fait une révolution sociale et non politique, contre les capitalistes et non contre les personnes. Et la première chose que font les mandataires du peuple est de respecter le coffre-fort des capitalistes dans la personne de la Banque de France qui, protégée par la *Commune*, approvisionne Versailles, paie ses troupes, en un mot assassine le peuple, pendant que celui-ci monte la garde autour d'elle.

« Là était justement la différence entre la Révolution de 93 et celle de 1871. La première, faite contre la Caste, c'est-à-dire les personnes, devait fatalement conclure à la suppression des personnes. La seconde, dirigée contre les capitalistes, devait atteindre le capital. Là était sa logique et son succès. Au lieu de cela, dévoyée par les Jacobins et par eux ramenée aux errements de 93, elle conclut à la suppression des personnes, et massacre les otages, manque de logique et par suite de succès.

« Beslay, tout joyeux, se frottait les mains en pensant qu'il avait découvert 40 millions à la Banque. Jourde, était tout fier

---

[1] La première commission des finances était composée des citoyens Clément Victor, Varlin, Jourde, Beslay et Régère.

d'obtenir 1 million et Varlin 500,000 francs par jour. Ni les uns, ni les autres ne faisaient attention au milliard qui fonctionnait pour Versailles [1]. »

Plus loin, à la page 205, du même volume de ses *Mémoires*, le général dit encore :

« Si le prolétariat eût été plus instruit et plus capable, il n'aurait pas monté la garde autour de la Banque pour empêcher qu'elle ne fût troublée dans sa mission de soudoyer l'armée de Versailles.

« S'il avait eu la moindre idée financière et la connaissance la plus rudimentaire du principe des armées permanentes, dit-il encore, il aurait de suite saisi la Banque, sachant que du moment où l'armée de Versailles ne recevrait plus régulièrement sa solde, elle se débanderait. Pas d'argent pas de Suisses. Or, tout soldat est Suisse en matière de solde.

« Cette faute capitale fut encore le fait d'un bourgeois déclassé par la faillite, de Beslay père, qui fut le mauvais génie de la *Commune*.

« Ce fut lui qui inventa le respect de la Banque, basé sur la solde de la garde nationale. Rompu à la logomachie financière, ce failli démontra à Jourde, à Varlin et à Lefrançais, que si on touchait à la Banque, ses billets deviendraient des assignats. Et il ajoutait pontificalement :

— « Comment payerez-vous la garde nationale avec cela ?

« Et l'encaisse métallique, m'écriai-je ?

« Oh ! 40 millions au plus répondait-il.

« Mensonge effronté ! le 24 février 1848, c'était moi qui occupait la Banque, et voulant me rendre compte *de visu*, de l'étendue de ma responsabilité, je vérifiai le fameux cylindre. Il y avait plus de 200 millions [2]. En vain je sermonnais mon ami Varlin et lui

---

[1] *Mémoires* du général Cluseret, t. II. p. 10.
[2] Le 18 mars 1871 il y avait plus de 3 milliards à la Banque, dont au moins 500 millions en monnaie, en lingots d'or et d'argent et en objets précieux, bijoux, diamants, argenterie, etc., etc., ainsi que le prouvent le bilan de la Banque à ce jour et la dépo-

représentais qu'il était dupe d'un traître; que, n'y eut-il que 40 millions, encore valait-il mieux les garder que de les laisser servir à payer les hommes qui nous attaquaient; que les billets ne seraient nullement dépréciés pour être séquestrés, et que quant à la solde de la garde nationale, elle était assurée, puisque c'était sur la triple garantie de Jourde, de Beslay et de lui, Varlin, que je venais d'offrir 350 millions comptant à Bismarck sur la première échéance du tribut de guerre; qu'enfin, tout cela fut-il vrai, il était monstrueux de donner au prolétariat l'exemple navrant de socialistes montant la garde autour de l'établissement de crédit du capital contre le travail, c'est-à-dire de l'assassinat du travailleur par son exploiteur séculaire.

« Varlin me quittait convaincu pour retomber dans les sophismes de Beslay, soutenu par Lefrançais et Jourde, dont il ne savait se séparer.

« Le plus coupable après Beslay fut Lefrançais, qui ne pouvait prétexter d'ignorance et dont Beslay paya la complicité en faisant éditer plus tard, à ses frais, son histoire de la *Commune*.

« Néanmoins, j'allais passer outre, trancher la question de mon autorité privée quand je fus arrêté. J'ai de fortes raisons de croire que cette détermination de ma part ne fut pas étrangère à mon arrestation.

« Veut-on maintenant connaître l'opinion d'un des premiers financiers de l'Europe sur cette question? ajoute le général Cluseret :

« Étant à Genève et causant avec le chef de la célèbre maison Lombard et Odier, je lui demandai : — « Quel aurait été selon vous l'effet financier de l'occupation militaire de la Banque? »

Voici sa réponse :

— « Si vous aviez eu l'intention de vous emparer de la Banque pour la détruire, ce n'est pas au commerce français que vous eussiez fait tort, mais à celui de l'Europe. En vous en emparant, dans le seul but de l'empêcher de fonctionner contre vous, eussiez-vous changé tout le personnel et interrompu son action

---

sition de M. de Ploeuc, devant la Commission d'enquête parlementaire.

momentanément, vous n'altériez en rien sa situation, ni la valeur de ses billets. »

« Certes je suis bien loin d'être un financier et si ma cervelle a un lobe réfractaire à toute assimilation, c'est bien celui de la finance ; mais le simple bon sens me disait ce que le financier genevois m'a confirmé.

« Je m'arrête sur ce fait, un des plus désastreux pour la *Commune* et qui a fourni l'exemple le plus saisissant des tristes conséquences de l'ignorance pour le prolétariat.

« Incapable de juger par lui-même le prolétaire honnête et dévoué, dont Varlin fut la personnification la plus pure, irréprochable, honnête et dévoué jusqu'à la mort, s'abandonne par modestie aux mains d'aigrefins bourgeois, comme Beslay.

« Aussi, qu'en est-il résulté ? Varlin fusillé, et Beslay simplement exilé *pro temporé*. Toute la philosophie de la *Commune* est là[1]. »

Tout ce que le général Cluseret dit est parfaitement vrai, cependant, nous ferons remarquer que l'infortuné Varlin, qui a payé si cher et d'une façon si lamentable la confiance qu'il avait dans les conseils de M. Beslay et la faute énorme qu'il a commise en les écoutant et en les suivant, n'était pas un ignorant en matière de *Banque*, il connaissait parfaitement quels étaient les énormes privilèges et le monstrueux monopole dont la Banque de France jouissait ; il avait souvent, avant le 18 mars, discuté dans les réunions publiques et privées et au Comité de la Corderie, cette grande question de la Banque de France, et toujours il s'était prononcé ainsi que tous les socialistes révolutionnaires, pour l'abolition de son monopole et de ses privilèges, et nous n'aurions jamais cru alors qu'il serait plus tard un de leurs sauveurs.

Aussi, le 19 mars, quand nous sommes allés au Comité central réclamer l'occupation immédiate de la Banque de

[1] *Mémoires* du général Cluseret, t. II, p. 206, 207, 208 et 209.

France, notre surprise a été bien grande en voyant Varlin s'y opposer, et quand plus tard, pendant la *Commune*, nous avons encore vu Varlin faire la même chose, notre étonnement indigné n'a fait que grandir.

Nous étions réellement stupéfait lorsque nous insistions pour que l'on occupât la Banque de France, afin qu'elle ne puisse pas fournir de l'argent à nos ennemis, d'entendre le même Varlin nous interrompre en nous disant :

— « Taisez-vous, malheureux ! que nous proposez-vous là, vous voulez donc *ruiner le crédit de la Commune?* Si on faisait cela, les billets de banque n'auraient plus de valeur, avec quoi payerions-nous la garde nationale? »

Quand lui et ses collègues nous faisaient cette réponse, ridicule et stupide, nous ne pouvions leur dissimuler notre étonnement et notre indignation et nous leur répondions en haussant les épaules :

— « Nous payerons la garde nationale avec l'encaisse de la Banque. Quant au crédit de la *Commune,* il est joli, vous pouvez vous en vanter :

« Vous allez de temps en temps mendier quelques centaines de mille francs à la Banque, qui vous en fait l'aumône avec parcimonie et de mauvaise grâce, pendant qu'elle fournit à M. Thiers les subsides énormes qui doivent se monter à des centaines de millions, et dont il a besoin pour organiser son armée.

« C'est pour sauvegarder stupidement la valeur de quelques malheureux billets de cent francs, qu'on vous donne par charité, que vous sacrifiez les intérêts les plus précieux de la *Commune* et que vous la conduisez à sa perte, tandis que vous pourriez assurer son triomphe en occupant la Banque, en la mettant ainsi dans l'impossibilité d'envoyer un centime au gouvernement de Versailles, et vous trouveriez dans ses caisses plus d'un demi-milliard en monnaie, en lingots et en matières précieuses. Vous auriez ainsi plus d'argent qu'il ne vous en faudrait pour solder la garde nationale et faire face à toutes vos dépenses pour plus d'un an, et vaincre Versailles, alors sans le sou, et bientôt sans armée et sans fonctionnaires. »

Tout ce que nous disions était vrai, mais inutile. C'était en vain que nous rappelions à Varlin son langage et ses opinions d'autrefois sur la Banque et sur la féodalité capitaliste, qu'il avait juré de détruire pour émanciper les prolétaires. Il restait sourd à nos objurgations et nous répétait toujours son éternel refrain :

— « Ce que vous demandez est impossible. Taisez-vous, malheureux ! Vous allez ruiner le crédit de la *Commune !* »

Depuis, il a bien cruellement expié la faute qu'il a commise en ne faisant pas occuper la Banque et en écoutant les conseils des traîtres Beslay, Jourde, Lefrançais, et C¹ᵉ.

D'après tout ce qui précède, la trahison de M. Beslay, délégué de la *Commune* à la Banque, est flagrante, ainsi que celle de M. de Ploeuc, et s'il y a deux traîtres qui auraient bien mérité d'être arrêtés et de partager le sort de Chaudey, de Clément Thomas, de Lecomte, etc., c'étaient certainement MM. de Ploeuc et Beslay, qui complotaient le renversement de la *Commune* et le massacre de ses défenseurs, et qui fournissaient l'argent nécessaire à leurs ennemis pour l'accomplissement de ce crime. Mais la *Commune*, tous ses comités, tous ses fonctionnaires et ses chefs militaires étaient à la fois aveugles et sourds ; ils ne voyaient et n'entendaient rien ou ne voulaient rien voir et rien entendre ; ils laissaient s'ourdir autour d'eux tous les complots et s'accomplir toutes les trahisons sans s'en préoccuper, sans les empêcher, sans faire punir les coupables. Cette conduite inouïe, insensée, est incompréhensible ; on aurait cru que tous ces gens-là couraient volontairement à leur perte.

Nous avons déjà dit que la Banque de France était gardée par environ 480 de ses employés, organisés militairement en trois compagnies placées sous les ordres du commandant Bernard. Le Comité central avait eu le tort grave de ne pas exiger dès le premier jour le licenciement et le désarmement de ce petit bataillon spécial d'employés de la Banque ; mais un peu plus tard, au mois d'avril, la *Commune* rendit un décret ordonnant la dissolution de toutes les compagnies et de tous les corps spéciaux, et l'incorporation de leurs hommes dans les bataillons réguliers de la garde nationale.

« Comme il n'existait à cette époque, dit M. de Ploeuc, en dehors des cadres, que le bataillon de la Banque de France, je ne doutais pas que ce décret n'eut pour objet d'en préparer sa dispersion.

« Mais les archives de la Banque possédaient un décret de 1792, qui assignait aux employés des grandes administrations, leurs bureaux comme postes de combat quand la patrie était en danger. Ce décret a été mon talisman contre la dissolution de notre bataillon essayé de mille façons.

« La date vénérée, que j'avais à opposer à ceux qui s'adressaient à moi pour cet objet, faisait courber les têtes et nous gagnions quelques heures, après lesquelles emportés par les événements, on ne pensait plus à nous[1]. »

Du reste, le citoyen Beslay était toujours là chaque fois que la Banque avait quelque difficulté à surmonter, et il tenait scrupuleusement la promesse qu'il avait faite de sauver la Banque, qui fournissait au gouvernement de Versailles, l'argent nécessaire pour détruire la *Commune*,

[1] Voir l'*Enquête parlementaire* sur les événements du 18 mars, t. II, p. 490, déposition de M. de Ploeuc.

et il ne manqua pas la bonne occasion qui lui était offerte de placer sous la haute protection du décret de 1792, le bataillon des employés de la Banque, et ce dernier ne fut pas dissous et il put ainsi continuer à braver l'arrêté de la *Commune*,

Mais M. Beslay ne se bornait pas à empêcher l'exécution des décrets de la *Commune*, il poussait le dévouement envers le sous-gouverneur de la Banque jusqu'à se faire son espion auprès de ses collègues de la *Commune*, à trahir leurs secrets et à les révéler à leurs ennemis.

Ainsi, ayant appris qu'un mandat d'arrêt avait été lancé contre M. de Ploeuc, il s'empressa d'en prévenir ce dernier afin qu'il puisse en éviter l'effet.

« Le 6 avril, dit le sous-gouverneur de la Banque, je fus averti par Beslay, qu'à la requête de Raoul Rigault, j'allais être arrêté. Beslay me priait instamment de pourvoir à la sûreté de ma personne, en me disant très naïvement que, quoique membre de la *Commune*, il n'était pas sûr de me faire mettre en liberté, si une fois j'étais pris. C'était le lendemain ou le surlendemain de la loi des otages et de l'arrestation de l'archevêque de Paris.

« A dater de ce jour, je cessai d'habiter la Banque et je n'y suis plus revenu que par intermittence, de façon a déjouer autant que possible les tentatives qui pouvaient être faites contre ma personne.

« Le Conseil de régence ne pouvait plus désormais se réunir à la Banque, nous choisîmes pour lieu de nos réunions le domicile de M. Davillier jusqu'au jour où nous fûmes avertis (toujours par M. Beslay) que les Comités avaient décidé l'arrestation des régents. Chacun des membres du Conseil de régence pourvut à sa sécurité personnelle, mais le Conseil continua à se réunir comme par le passé. »

Comment pouvons-nous qualifier la conduite de M. Beslay, délégué de la *Commune* à la *Banque*, lequel profite de sa position officielle, qui lui permet de connaître toutes les décisions de ses collègues et tous les secrets des comités et qui, au mépris de la plus vulgaire honnêteté les divulgue à leurs ennemis, leur fournit ainsi le moyen d'échapper aux décisions prises contre eux et leur permet de continuer à conspirer?

Si cela n'est pas une trahison des mieux établie, nous ne savons pas comment le nommer.

Ainsi M. Beslay a trahi la *Commune* en s'alliant avec M. de Ploeuc contre elle et en permettant à ce dernier d'envoyer au gouvernement de Versailles tout l'argent dont il avait besoin, plus de 257,630,000 francs, pour faire la guerre à la *Commune* et la détruire.

CHAPITRE III

LA TRAHISON DE BESLAY PROUVÉE PAR L'AFFAIRE DES DIAMANTS DE LA COURONNE

M. Beslay s'est encore allié avec M. de Ploeuc et d'autres employés supérieurs de la Banque de France pour les aider à cacher les diamants de la Couronne et à les soustraire aux réclamations de la *Commune*.

Voici comment ce nouveau méfait du doyen de la *Commune* a été raconté par M. le Sous-Gouverneur de la Banque.

« Le 13 avril, dit M. de Plœuc, dans sa déposition devant la Commission d'enquête[1], fut un jour de très grand péril; les délégués trouvèrent au ministère des Finances un procès-verbal dans lequel M. Rouland était intervenu comme gouverneur, et d'où l'on pouvait conclure que les diamants de la Couronne étaient à la Banque de France.

« En conséquence, la *Commune* avait donné ordre à ses délégués d'exiger la remise des diamants; mais de tenter de les obtenir par la voie amiable avant d'employer la force.

[1] Voir le *Rapport* de cette Commission, déposition de Ploeuc t. II, p. 493.

« Les registres des dépôts ne portaient aucune mention des diamants de la Couronne. La *Commune* pouvait croire à une dissimulation de notre part et ordonner une perquisition qui eut été désastreuse...

« J'affirmais que les diamants n'étaient pas à la Banque, *à tout risque.*

« Nous fîmes demander par M. Beslay un laissez-passer à Raoul Rigault et nous envoyâmes à Versailles pour demander des éclaircissements au gouverneur de la Banque. Ses réponses nous permirent d'affirmer de nouveau que les diamants que réclamait la *Commune* n'avaient jamais été déposés à la Banque..... »

Comme cette déposition de M. de Plœuc sur cet important sujet est fort peu explicative, nous avons cherché d'autres détails dans un des volumes que M. du Camp a publié contre la *Commune*, à l'aide des documents qui lui ont été fournis par le gouvernement de Versailles, et nous avons trouvé dans le récit de l'historien semi-officiel la preuve que dans cette affaire des diamants de la Couronne, M. Beslay a encore aidé de tout son pouvoir les autorités de la Banque à tromper la *Commune*.

« Le 13 avril, dit M. Du Camp, M. Mignot, caissier principal, ayant charge des objets précieux, vit entrer dans son cabinet Jourde, Varlin et Amouroux, accompagnés de Charles Beslay, qui paraissait fort animé :

— « Nous venons réclamer la remise des diamants de la Couronne, dirent-ils.

— « Nous ne les avons pas, répondit M. Mignot ; nous ne les avons jamais eus... »

« Les délégués déclarèrent ensuite qu'ils voulaient visiter eux-mêmes tout de suite les dépôts de diamants faits par les particuliers, car ils étaient certains d'y découvrir les diamants de la Couronne. C'était exiger de M. Mignot qu'il livrât le secret de la Banque. Le dépôt des pierreries était caché et muré ; il refusa.

« Il ne pouvait agir sans ordres ; les délégués furieux se retirèrent.

— « Soit, dirent-ils, vous entendrez parler de nous !... »

. . . .

On était fort inquiet. On l'eut été bien plus encore, si l'on avait su ce qui se passait. Jourde, Varlin, Amouroux, Beslay, s'étaient rendus à l'Hôtel de Ville, près de la Commission exécutive [1]. Amouroux avait demandé que des forces suffisantes fussent dirigées sur la Banque et qu'elle fut occupée militairement, que des recherches y fussent opérées, jusqu'à ce qu'on eut mis la main sur les diamants de la Couronne...

« Varlin approuvait, Jourde ne disait mot ; Beslay prit la parole et fut écouté. Il affirma qu'il n'y avait pas à douter des fonctionnaires de la Banque. »

On sait que ceux-ci trahissaient la *Commune* en envoyant journellement et secrètement de l'argent au gouvernement de Versailles, ce qui n'était certainement pas une garantie de loyauté, mais cela était indifférent à M. Beslay, qui le savait et qui ajoutait ensuite : « qu'il ne pouvait admettre qu'on eut voulu le tromper ». Toutes les preuves sont contre la Banque, disait-il encore ; il le reconnaît, et cependant il se peut que tout ceci ne soit qu'un malentendu. Avant d'user envers elle des moyens de rigueur qu'on sera toujours à même d'employer, il

---

[1] Cette Commission était composée des citoyens : Eudes, Tridon, Vaillant, Lefrançais, Duval, Pyat et Bergeret. — Duval était mort assassiné par Vinoy, le 3 avril. — Duval, Bergeret et Eudes avaient été remplacés à la Commission exécutive, le 2 avril, par Delescluse, Cournet et Vermorel. — Le 10 avril, le citoyen Avrial avait remplacé Lefrançais. Cette Commission a fonctionné jusqu'au 21 avril ; ce jour-là une nouvelle Commission composée des citoyens : Cluseret, Jourde, Viard, Paschal-Grousset, Vaillant, Protot, Cournet, Frankel et Rigault, a fonctionné jusqu'au 1er mai, elle a alors été remplacée par le premier comité de Salut Public, composée des citoyens A. Arnaud, Léo Meillet, Félix Pyat, Ranvier et C. Gerardin.

demande à être autorisé à faire *seul* une démarche courtoise auprès de M. de Plœuc, et il se fait fort d'obtenir à l'amiable la remise des diamants de la Couronne ; mais, comme il ne veut pas qu'on lui oppose de nouvelles dénégations, et qu'il est indispensable pour lui de parler preuves en mains, il prie la Commission exécutive de lui confier les procès-verbaux constatant le dépôt des diamants. Si la Banque persiste dans son refus, la *Commune* avisera.

« La motion de Charles Beslay fut adoptée, une lettre fut rédigée d'un commun accord. »

Voici la copie de cette lettre très curieuse pour ne rien dire de plus :

« 13 avril.

« COMMISSION EXÉCUTIVE :

« Citoyens délégués aux finances,

« La Commission exécutive, après avoir entendu le citoyen Beslay, estime qu'avant d'user à l'égard de la Banque de France d'aucun moyen de rigueur, il convient qu'une démarche soit faite par ledit citoyen Beslay, afin d'obtenir amiablement la remise des diamants de la Couronne, « *sauf en cas d'insultes* » à employer la force.

« Le citoyen Beslay promet d'apporter une solution définitive à quatre heures de relevée...

« La Commission vous prie de ne voir dans cette invitation que le désir de ménager les rapports de la *Commune* et d'un établissement financier *qui nous a été et qui nous sera encore utile.* »

« Signé : Ch. DELESCLUZE, G. TRIDON. »

Il a dû en coûter beaucoup au citoyen Tridon, révolutionnaire hébertiste intelligent, de signer une lettre aussi plate et aussi naïve, car les seuls services que la Banque ait jamais rendus à la *Commune*, c'est de la trahir en fournissant 257,630,000 fr. à ses ennemis, pour les aider à l'égorger.

Le doyen de la *Commune*, Ch. Beslay, se rendit en conséquence seul auprès de M. de Plœuc, qui lui assura que les diamants de la Couronne n'étaient pas à la Banque, il écouta toutes les explications que ce dernier lui donna, et « la bonne foi du sous-gouverneur lui parut évidente », comme toujours ; cependant, malgré la bonne opinion qu'il avait de lui, il l'interrompit en lui disant :

— « Tout cela serait fort bien si je n'avais en poche la preuve que les diamants de la Couronne sont ici : j'admets que vous l'ignoriez, mais je suis certain que le dépôt a été fait et je vais vous le démontrer. »

« Alors à la stupéfaction de M. de Plœuc, il lui présenta deux procès-verbaux en original (*sic*)[1], l'un daté du mercredi 10 août 1870, constatant que les diamants de la Couronne ont été déposés « dans la resserre principale à deux clés de la Caisse centrale du Trésor public ». Le second, dans lequel (*sic*)[2] Charles Beslay, articulant lentement et appuyant sur chaque mot, lut : « D'une décision prise aujourd'hui, 30 août 1870, par le Conseil
« des ministres, réunis au Palais des Tuileries sous la présidence
« de l'impératrice, il résulte que pour parer aux éventualités de
« la guerre, il convient de transférer le colis ci-dessus indiqué à
« la Banque de France, qui prendra pour la sûreté et la conserva-
« tion de ce dépôt, les soins et les précautions qu'elle prend pour
« la sûreté et la conservation de son encaisse. En exécution de
« cette décision, nous, maréchal Vaillant, ministre de la Maison de
« l'Empereur, assisté du trésorier de la cassette de Sa Majesté et
« d'un des joailliers de la Couronne, avons retiré de la resserre du
« Trésor public, pour en faire la remise au gouverneur de la
« Banque, la caisse dont la description précède et nous avons
« reconnu que les cachets apposés sont intacts.

---

[1] Nous conservons les fautes de français, car quoique académicien, M. Du Camp en fait très souvent.
[2] Même observation.

« Nous, ministre des Finances, assisté du caissier payeur
« central du Trésor public et du contrôleur central, avons reconnu
« également l'intégrité des cachets. Et nous, Rouland, sénateur,
« gouverneur de la Banque de France, ayant reçu ladite caisse
« garnie des cachets ci-dessus indiqués et, recevant ce dépôt
« nous avons déclaré et déclarons que nous prendrons pour sa
« conservation et sa sûreté, les soins et les précautions que nous
« prenons pour les valeurs de la Banque, entendant d'ailleurs ne
« répondre en aucune façon des événements de force majeure tels
« que cas de guerre. »

« Charles Beslay s'arrêta. — « Est-ce clair ? dit-il. » Puis
mettant le doigt sur chaque signature et les montrant au marquis
de Plœuc : — « Voyez, dit-il, le ministre de la Maison de l'Empereur, Vaillant. — « Le trésorier de sa cassette, Ch. Thélin. —
« Le joaillier de la Couronne, Alfred Bapst. — « Le ministre des
Finances, Magne. — « Le caissier central, A. Tourneur. — « Le
gouverneur de la Banque de France, Rouland. — « Rouland, c'est
sa signature, vous la reconnaissez ? S'il a reçu les diamants de
la Couronne au nom de la Banque, c'est à la Banque que sont les
diamants de la Couronne, ce procès-verbal en est la preuve
absolue ; qu'avez-vous à répondre ?

— « Rien, dit M. de Plœuc, sinon que les diamants de la Couronne ne sont pas ici : je vous l'affirme sur l'honneur[1]. »

Il est clair que ce monsieur niait l'évidence. Qu'est-ce
que son affirmation sur l'honneur pouvait bien valoir ?
Est-ce que le sous-gouverneur de la Banque pouvait être
un homme d'honneur, lui qui envoyait secrètement des
centaines de millions au gouvernement de Versailles,
après les engagements formels qu'il avait pris avec
M. Beslay de ne pas le faire et de lui faire connaître tous
« ses rapports avec Versailles ? » Puis après avoir ainsi nié
l'évidence, en présence des preuves authentiques et officielles placées devant lui, M. de Plœuc continua sa co-

---

[1] Voir les *Convulsions de Paris*, t. III, p. 194, par M. Du Camp.

médie de dénégation. Voici comment M. Maxime Du Camp la retrace :

« On fit, dit-il, appeler les chefs de services, on leur donna lecture de ce document qui semblait ne laisser aucun doute sur la réalité du dépôt ; chacun se contenta de déclarer que les diamants n'étaient pas à la Banque[1]. »

Ils répétaient naturellement ce qu'ils avaient entendu dire à leur chef, M. le marquis de Plœuc, sous-gouverneur de la Banque.

« On était fort embarrassé, dit encore M. Du Camp, l'historiographe officieux du gouvernement de Versailles. Il y avait là un problème dont la solution échappait. M. Marsaud prit le procès-verbal, le relut attentivement ; il fit remarquer qu'il était spécifié que la Banque prendrait pour ce dépôt le soin qu'elle prend pour la conservation de son encaisse. Plus loin, le gouverneur déclare qu'il prendra les mêmes précautions que pour les valeurs de la Banque.

— « Eh bien ? dit Beslay.

— « Eh bien, répondit M. Marsaud, avec son fin sourire, l'encaisse et les valeurs de la Banque ont été emportées loin de Paris à la fin d'août et dans les premiers jours de septembre ; il est fort probable que les diamants de la Couronne ont suivi la même route, le gouverneur se sera directement arrangé avec les ministres et nous n'en avons rien su. »

Tout ce que M. Marsaud affirme là, comme des faits prouvés, ne sont que de pures suppositions de sa part ; car, il n'offre aucune preuve du prétendu transport des trésors de la Banque de France et des diamants de la Couronne loin de Paris, que nous ne contestons pas ; mais dans ce cas il n'en sont pas moins restés sous la garde et entre les mains de la Banque avec ses autres valeurs. Quand au prétendu arrangement survenu ultérieurement entre les

---

[1] *Convulsions de Paris*, t. III, p. 194.

ministres et M. Rouland, il n'est certainement qu'une pure et gratuite hypothèse que rien ne justifie, et le dépôt desdits diamants de la Couronne entre les mains du gouverneur de la Banque est un fait prouvé par un procès-verbal authentique, revêtu des cachets de l'État et des signatures des ministres et des plus hauts fonctionnaires du gouvernement. Il n'est pas admissible que M. Rouland, gouverneur de la Banque, qui avait donné un reçu de ces diamants dans des conditions aussi solennelles, et avec des formalités aussi sérieuses et aussi nombreuses, se soit dessaisi de ces pierreries, d'une aussi grande valeur, (trente ou quarante millions), sans se faire rendre son reçu ou se faire donner une décharge ou tout au moins un récépissé par le représentant du gouvernement auquel il aurait rendu les diamants; mais M. Rouland n'en a jamais produit, jamais même invoqué, et pour une bonne raison, c'est qu'il n'en avait pas, car les diamants étaient restés entre ses mains et sous sa responsabilité à la Banque de France, soit à Paris, soit autre part, et puisque les registres de cette dernière ne constataient pas leur présence dans les mains de la Banque, il y avait irrégularité criminelle dans les écritures, et la Commune avait parfaitement le droit d'exiger la remise des diamants dissimulés, retenus clandestinement et frauduleusement, ou la production d'une décharge régulière constatant qu'ils avaient été retirés de la Banque, et comme elle n'obtenait alors ni l'une ni l'autre de ces deux satisfactions, il était certain que la Banque était coupable, et c'était un devoir impérieux pour la Commune de poursuivre cette affaire jusqu'au bout, jusqu'à ce qu'elle eut découvert le trésor qu'elle cherchait et pour cela elle devait occuper la Banque, vérifier ses correspondances, ses livres, ses caisses, ses resserres, ses cachettes et ses caves, afin de rechercher les diamants qui lui avaient été confiés, qu'elle dissimulait et cachait frauduleusement, et la Commune devait s'assurer en outre, si la Banque ne commettait pas d'autres soustractions de valeurs, et si ses livres ne contenaient pas d'autres coupables irrégularités et ses correspondances des preuves d'envois criminels d'argent au gouvernement de Versailles et d'une conspiration contre la *Commune*.

M. de Plœuc et tout le haut personnel de la Banque, qui n'ignoraient rien de tout cela, étaient très effrayés de la réclamation qui leur était faite, des perquisitions et de l'occupation dont ils étaient menacés ; leur protecteur, le doyen de la *Commune*, partageait leur anxiété et leurs craintes.

« M. Charles Beslay ne demandait qu'à gagner du temps, dit M. Du Camp, une exécution de vive force contre la Banque, lui répugnait singulièrement. Il déclara, — « qu'il ne pouvait douter « de la sincérité de ses contradicteurs, qu'il s'en sentait ébranlé. »

M. de Plœuc profita de cette déclaration, pour se tirer de l'embarras et du danger dans lesquels il était.

— « Il y a, dit-il, raconte encore M. Du Camp, un moyen bien simple de savoir la vérité ; car il est évident que nous l'ignorons, que M. Rouland seul la connaît. Faites-nous donner un laissez-passer au nom de M. Lisa, l'un de nos inspecteurs, il se rendra à Versailles, verra M. Rouland et demain nous saurons à quoi nous en tenir.

— « Mais, dit Beslay, j'ai promis à la Commission exécutive de lui rapporter une réponse avant quatre heures.

— « Vous la prierez d'attendre, répond M. de Plœuc, un jour de plus ou de moins c'est peu de chose en pareille circonstance. »

Le compère Beslay se leva en disant :

— « Vous avez raison, je ne puis du reste me figurer que vous vouliez me tromper, je vais chez Raoul Rigault. »

« Une heure après M. Lisa avait son laissez-passer et pouvait partir pour Versailles.

« Le lendemain, M. Lisa était revenu, rapportant une longue lettre de M. Rouland qui contenait toutes les explications désirables. Ces explications, M. de Ploeuc venait déjà de les recevoir par le contrôleur, M. Chazal, qui avait été chargé lui-même d'effectuer le transport des diamants et qui, absent de la Banque au moment de la réclamation des délégués et de l'altercation avec Charles Beslay, n'avait pu confirmer plus tôt au sous-gouverneur le secret dont il était le dépositaire. La lettre de M. Rouland confirmait les faits dont le marquis de Ploeuc venait d'avoir connaissance.

« Dans la dernière quinzaine d'août, raconte encore M. Du Camp, au moment même où la Banque préparait l'évacuation de son encaisse métallique, espèces et lingots, M. Rouland avait été mandé près du ministre d'Etat, qui lui avait proposé de recevoir en dépôt les diamants de la Couronne. M. Rouland avait refusé.

« Ce n'est pas au moment, dit-il, où je cherche à transporter hors de Paris mes valeurs monétaires que je puis me charger d'un dépôt qui, par sa seule importance, appellerait sur la Banque, une attention qu'il est prudent d'éviter.

« Le maréchal Vaillant avait alors offert à M. Rouland, de mettre à sa disposition en lieu sûr, un local où il pourrait transférer et abriter ses richesses métalliques, à la condition qu'à ce dépôt il ajouterait celui des diamants de la Couronne et que tout serait surveillé par des garçons de recette placés sous les ordres d'un inspecteur de la Banque. Ce traité avait été conclu; les diamants reçus en charge par le gouverneur étaient partis le 30 août, dans les wagons qui emportaient plusieurs millions appartenant à la Banque. Les diamants et les millions n'avaient pas été déplacés, ils étaient encore à l'arsenal de Brest, où, ajoutait M. Rouland en terminant sa lettre, la *Commune* avait tout loisir de les envoyer chercher.

« Ces explications furent transmises à Charles Beslay qui s'en montra satisfait. La Commune fut moins contente et estima que les membres du gouvernement de Versailles étaient des voleurs[1]. »

---

[1] Voir, les *Convulsions de Paris*, p. 188 à 196, t. III.

Les citations qui précèdent contiennent beaucoup de faits vrais et quelques-uns qui sont complètement faux.

D'abord, il n'est pas vrai que M. Rouland ait refusé de recevoir le dépôt des diamants de la Couronne le 30 août 1870; en second lieu, il est tout aussi contraire à la vérité de dire que ces diamants n'étaient pas à la Banque de France, à Paris, mais à l'arsenal de Brest, en avril 1871, lorsque les délégués de la *Commune* les réclamaient.

Nous allons rétablir les faits dans toute leur exactitude et faire justice des assertions fausses de MM. Du Camp, de Ploeuc et des autres employés de la Banque au sujet de ces diamants.

D'abord, il est prouvé d'une manière incontestable à l'aide des procès-verbaux authentiques et officiels, que nous avons cités, revêtus des signatures et des sceaux des plus hauts fonctionnaires de l'Empire et de ceux de M. Rouland, directeur de la Banque, que le 30 août 1870, ce dernier avait reçu et accepté en dépôt les diamants de la Couronne; c'est là un fait avéré qu'il ne serait pas sérieux de nier.

Mais ce qui est vrai aussi, et ce que M. Du Camp aurait dû dire, s'il n'avait pas été forcé de mentir pour le besoin de sa cause et de sa thèse, et pour affirmer et soutenir comme M. de Ploeuc et tous les employés de la Banque, que les diamants de la Couronne n'étaient pas dans les caves de cette dernière, en avril 1871, c'est que, quand M. Rouland en avait accepté le dépôt, les nouvelles de nos premiers revers et de la marche des armées allemandes sur Paris arrivèrent, jetèrent partout le trouble et l'épouvante, et que le gouvernement et la Banque de France cherchèrent à soustraire les richesses enfermées dans les caves de cette dernière au danger qu'elles couraient si les armées ennemies parvenaient à s'emparer de Paris, et qu'il fut alors décidé que pour les soustraire à ces derniers, elles seraient envoyées au loin et que l'arsenal de Brest, ayant été proposé comme un lieu sûr et une cachette offrant de grandes sécurités, fut accepté, et que les diamants de la Couronne y furent envoyés avec les trésors de la Banque sous la rubrique : « matériel de guerre, armes, munitions etc., » et placés sous la surveillance de ses garçons de recettes, mis eux-mêmes sous les ordres d'un inspecteur de la Banque. C'est-à-dire que le gouvernement fournissait le lieu de refuge où ces valeurs immenses ont été soigneusement cachées, mais qu'elles restèrent toujours sous la surveillance, la garde et la responsabilité de la Banque de France, à laquelle elles appartenaient en grande partie; les diamants de la Couronne leur furent simplement adjoints dans les circonstances et aux conditions que nous venons d'indiquer; mais la Banque en resta la gardienne responsable, ainsi que le constatent l'acte de dépôt signé du ministre d'État et des hauts dignitaires de l'Empire, dont nous avons parlé, et le récépissé de M. Rouland; ce que M. Du Camp a lui même reconnu, quand il a dit que ce sont les agents de la Banque qui avaient été chargés de la garde de ces trésors.

Mais ce qu'aurait encore dû dire M. Du Camp, c'est qu'aussitôt que les préliminaires de la paix avaient été signés, après la capitulation du 22 janvier 1871, tous les trésors de la Banque de France, y compris les diamants de la Couronne, cachés à l'arsenal de Brest, avaient repris le chemin de Paris et avaient été replacés dans les caves de la Banque de France[1] et que, les derniers y étaient encore

---

[1] Et une preuve de cela, c'est que le 18 mars, quand la révolution a triomphé, il y avait plus de 3 milliards de valeur à la Banque de France et il est certain que les diamants de la Couronne avaient été ramenés dans les caves de la Banque à Paris, avec tous les autres trésors, puisqu'ils étaient placés en dépôt chez cette dernière qui en avait donné un reçu et en était responsable.

le 13 avril 1871, quand la *Commune* les réclamait, malgré l'affirmation contraire de M. de Plœuc et de tous les employés de la Banque et celle de M. Rouland, gouverneur de cette dernière, lequel d'après M. Du Camp, affirmait dans la lettre qu'il avait remise à M. Lisa, contrôleur de la Banque, que les diamants de la Couronne n'étaient pas à la Banque à Paris, à l'époque dont nous parlons, et qu'ils étaient encore cachés alors « dans l'arsenal de Brest, où les membres de la *Commune* » avaient tout le loisir de « les envoyer chercher. »

Ces dernières déclarations sont aussi peu véridiques et aussi peu sérieuses que la première, car il est certain que si ces sommes et ces valeurs considérables, avaient encore été cachées dans l'arsenal de Brest, après le 18 mars, M. Thiers se serait empressé de puiser dans ce trésor ainsi placé en province sous sa dépendance, tout l'argent dont il avait un si grand besoin alors pour organiser l'armée avec laquelle il se préparait à reprendre Paris et à détruire la *Commune*.

Mais, ainsi que nous l'avons dit, il y avait longtemps que toutes ces richesses étaient revenues dans la capitale, car après l'armistice de janvier 1871, tous les trésors transportés en province avaient été ramenés dans Paris, pour faire face aux dépenses si urgentes et si nombreuses du gouvernement, qui avait dû payer aux allemands 200 millions de francs de contributions de guerre pour la rançon de Paris, sans compter les sommes énormes s'élevant à 500 millions à payer pour le premier terme de l'indemnité de guerre, celles à solder aux armées allemandes pour les frais d'occupation, celles non moins considérables que nécessitaient la réparation de nos désastres et le ravitaillement de la capitale, car c'est dans les caves de la Banque que l'on a puisé les avances nécessaires pour faire face à toutes ces dépenses,

C'est M. Du Camp, lui-même, qui nous a raconté tout cela dans les livres qu'il a publiés contre la *Commune*. Voici ce qu'il a encore dit textuellement à ce propos et qui prouve bien que tous les trésors de la Banque, d'abord envoyés à Brest, étaient revenus à Paris avant le 18 mars.

« On avait besoin de métal dans notre grande ville, dit M. Du Camp, car il était urgent de faire disparaître de la circulation tous ces minces billets de un ou deux francs, frappés par des établissements de crédit particulier et qui avaient servi de monnaie absidionale, mais auxquels notre richesse ne nous a pas accoutumés. Les sacs d'or sortaient donc de leur cachette et rentraient dans les caves de la rue de la Vrillière, les lingots étaient prêts à être transportés à l'hôtel des Monnaies, aux balanciers duquel il fallait donner du travail [1] ».

M. Du Camp, nous explique ensuite, quels étaient les directeurs et les employés de la Banque, puis il ajoute :

« C'était là le personnel. Quelle fortune allait-il avoir à défendre? »

Cette dernière était le capital enfermé à cette époque, 18 mars 1871, dans les caves de la Banque de France, et qu'il estime à 2,980,000,000 de francs.

Cet avoir de la Banque de France au 18 mars 1871, donné par M. Maxime Du Camp, se rapproche beaucoup de celui que M. de Ploeuc a déclaré et dont il a donné le compte détaillé dans sa déposition devant la Commission d'enquête parlementaire sur les événements du 18 mars.

Cependant, il est bien probable que les capitaux con-

[1] Voir les *Convulsions de Paris*, par Maxime Du Camp, t. II, p. 115 et 118.

tenus dans les caisses et dans les caves de la Banque étaient encore plus considérables que ceux accusés par ces deux messieurs, car M. Du Camp nous a dit qu'il avait fallu cinq cents « colliers » pour transporter les 24,855 caisses contenant cette fortune énorme qui pesait 1,258,260 kilogrammes, et qui représentait 520 millions en métal seulement.

Or, dans le bilan de la Banque, tel qu'il a été fourni par MM. de Ploeuc et Du Camp, le métal comprenait : 77 millions en monnaie ou espèces sonnantes, 11 millions en lingots, 7 millions en bijoux et 120 millions d'autres valeurs métalliques, dont le total ne s'élèverait ainsi qu'à 215 millions, tandis que M. Du Camp déclare que ce total métallique était de 520 millions [1]. D'où il résulte que M. de Ploeuc aurait dissimulé dans son bilan 305 millions de matières métalliques. Ce qui nous fait supposer que cette dissimulation a réellement eu lieu, c'est que M. de Ploeuc, sous-gouverneur de la Banque a dit lui-même, dans sa déposition devant la Commmission d'enquête :

« Nous avions des lingots pour d'assez fortes sommes, mais nous n'en avions conservé dans nos écritures apparentes que pour 11 millions de francs. » Cette déclaration prouve que la Banque tenait des écritures apparentes fausses, à l'aide desquelles elle dissimulait en moins son encaisse métallique afin de tromper la *Commune*, si elle était parvenue à s'emparer de ses livres. Ainsi, il est plus que prouvé, par les aveux mêmes de MM. de Ploeuc et Du Camp, que la Banque de France avait en sa possession, dans ses caves, un capital de plus de 3 milliards et que par conséquent, elle avait ramené à Paris, du 22 janvier au 18 mars 1871, dans ces dernières, tout le

---

[1] Voir les *Convulsions de Paris*, t. III, p. 113, par M. Du Camp.

montant des valeurs qu'elle avait fait transporter à Brest, à la fin d'août et au commencement de septembre 1870, et parmi lesquelles il y avait certainement les diamants de la Couronne, placés sous sa responsabilité.

Maintenant, quelle foi pourra-t-on avoir dans les déclarations de M. Du Camp, quand on saura qu'après avoir donné lui-même le bilan de la Banque de France, après le 18 mars, et pendant la *Commune*, et après avoir reconnu qu'il y avait alors dans les caves de la Banque pour deux milliards neuf cent quatre-vingt millions de valeurs, il ose déclarer, comme il l'a fait à la page 113 de son troisième volume de ses *Convulsions de Paris*, « qu'il n'y avait plus rien aux mauvais jours de la *Commune*, dans les caisses de la Banque que l'on voulait visiter. »

Et enfin, quand il a affirmé tout ce qui précède, si contradictoire, il vient ensuite raconter, à la page 243 du même volume, avec de grands détails, l'ensablement des valeurs « en sacs d'or contenant 10,000 francs, en sacs d'argent de 1,000 francs, en liasses de billets de banque, représentant un million, en billets à ordre, en enveloppes contenant les titres de toutes provenances et de tous les pays, etc.. ; que les garçons de recettes, habits bas et manches retroussées, sur les escaliers, dans les couloirs, dans les serres et dans les bureaux, faisant la chaîne, se repassaient « de main en main » pour les déposer dans les caves et les ensabler.

« Cette opération commença le 20 mai, à une heure après midi. D'abord par l'or, l'argent et les billets de banque. Cela dura trois heures. De quatre à six heures, on transporta les effets de commerce en portefeuilles et de six heures à minuit, on descendit les titres déposés du haut de la Banque jusqu'au fond des sous-sols ». Ainsi, il a fallu onze heures de travail aux 500 employés de la Banque pour déposer tous ses trésors dans ses caves, et

M. Du Camp a constaté tout cela après avoir déclaré, cent trente pages avant dans le même volume, comme nous l'avons déjà dit, qu'à l'époque dont il parle, il n'y avait « plus rien dans les caisses de la Banque. » Nous avons insisté sur ces détails fournis par M. Du Camp pour montrer le peu de valeur de ses dires, de ses assertions et de ses affirmations, qui ne sont qu'un tissu de contradictions et de mensonges faits à plaisir.

M. Rouland, gouverneur de la Banque, est tout aussi véridique et tout aussi sérieux que l'académicien Du Camp, quand il invite les membres de la Commune d'aller à Brest vérifier les prétendus trésors enfermés dans l'arsenal et qui n'y étaient plus depuis longtemps, ce qu'il savait mieux que personne, puisque c'était lui qui avait donné l'ordre de les réintégrer dans les resserres de la Banque de France à Paris.

C'était sans doute par ironie, et pour faire de l'esprit fort peu de saison et de circonstance, qu'il avait invité les délégués de la *Commune* à aller à Brest s'assurer de la présence des diamants de la Couronne dans l'arsenal de cette ville ; car s'ils y fussent allés ils auraient été arrêtés et fusillés par les féroces amis de M. Rouland, bien moins débonnaires que les membres de la *Commune* qui accordaient beaucoup trop facilement des sauf-conduits aux gens de la Banque de France qui les trahissaient.

Ainsi on voit que tout ce qu'ont dit et écrit MM. Rouland, Du Camp, de Ploeuc et Beslay, au sujet de l'affaire des diamants de la Couronne pendant la Commune, n'est qu'un ramassis de mensonges, d'inventions fausses et de faits controuvés destinés à faire croire que ces joyaux n'ont jamais été déposés à la Banque de France, à Paris, tandis qu'il y avait une pièce authentique, officielle, irréfutable, certaine, constatant leur dépôt dans cet établissement et signée par M. Rouland lui-même qui nie celui-ci.

Mais s'il est besoin encore, après tout cela, d'une autre preuve encore plus concluante, plus éclatante, s'il est possible, nous allons la produire.

M. de Plœuc, sous-gouverneur de la Banque, après avoir nié effrontément « à tout hasard », comme il l'a dit, la présence des diamants de la Couronne, dans les resserres de la Banque, à Paris, a déclaré, dans son témoignage fait sous serment devant le 3e Conseil de guerre de Versailles, dans sa séance du 12 août 1871, « que ces diamants avaient été déposés à la Banque de France et qu'ils s'y trouvaient encore sous la *Commune*, lorsque cette dernière les réclamait, les 13 et 14 avril 1871 [1] ».

Ainsi, ce n'est qu'à l'aide d'une nouvelle trahison que M. Beslay, d'accord avec MM. de Plœuc, Rouland et d'autres hauts fonctionnaires de la Banque, est parvenu à cacher la présence des diamants de la Couronne dans cette dernière et à les soustraire aux réclamations de la *Commune*.

Nous allons maintenant donner un rapide aperçu de la brillante attitude, devant la Banque de France, d'un autre membre de la *Commune*, M. Camélinat, délégué à la Monnaie.

Vers la fin du mois d'avril, dans un des moments les plus critiques de la lutte entre Paris et Versailles, quand les défenseurs du fort d'Issy avaient été obligés d'abandonner une première fois cette forteresse, M. Camélinat s'était mis dans la tête l'idée malencontreuse de battre monnaie, quand il eut été bien plus utile de battre le gouvernement de Versailles en lui coupant les vivres et en empêchant la Banque de France de lui envoyer de l'argent,

---

[1] Voir la déposition de M. Alexandre Marie, marquis de Plœuc, devant le 3e conseil de guerre, siégeant à Versailles, dans son audience du 12 août 1871.

il eût suffi pour cela d'occuper cette dernière, alors au lieu de fabriquer de la monnaie inutile, pour quelques centaines de mille francs, M. Camélinat en eut trouvé à la Banque pour plusieurs centaines de millions.

Mais ce monsieur ressentait un pressant besoin d'avoir l'air de faire quelque chose à la Monnaie et de dérouiller ses balanciers, si c'était possible, et dans ce but il s'adjoignit, à la date du 5 mai, quand la *Commune* était déjà dans une situation bien critique, plusieurs de ses camarades, à la recherche d'une position sociale, et qui avaient naturellement pensé que la *Commune* avait été créée et mise au monde pour leur en fournir une ; en conséquence, il avait fait nommer : M. Perrachon, commissaire des Monnaies ; M. Fournier, contrôleur au Change ; M. Férent, chef du Laboratoire des Essais ; Desmarais, essayeur ; Lampérière, contrôleur au Monnayage ; M. Barre, graveur général ; M. Garnier, contrôleur aux coins et poinçons ; M. Murat, délégué à la fabrication. Le décret qui nommait ces messieurs à leurs importantes et inutiles fonctions était signé par Billoray, le membre du Comité de Salut public qui a volé la caisse de ce dernier, un traître qui voulait vendre la *Commune* à Versailles ; puis, par MM. Jourde et Lefrançais, deux complices du père Beslay, membres des Commissions des Finances et Exécutive, qui laissaient envoyer l'argent de la Banque de France à Versailles et qui trahissaient ainsi la Commune.

Tous les individus placés par eux à la Monnaie dans de bonnes petites sinécures, étaient des amis qu'ils casaient par complaisance. Le sieur Murat, délégué à la fabrication, était l'ancien adjoint au maire du 10e arrondissement, l'ami intime des renégats ouvriers Tolain, Fribourg, Limousin, avec lesquels il avait intrigué et tripoté dans toutes les délégations ouvrières, depuis celle de l'Exposition de Londres, subventionnée par Napoléon III et Jérôme Napoléon, son cousin, jusqu'à celles des congrès de l'*Internationale*, etc... Le sieur Murat, après avoir combattu de toutes ses forces le Comité central, a protesté contre les élections faites pour nommer les membres de la *Commune*, le 26 mars 1871, et s'y est opposé avec acharnement avec les maires les plus réactionnaires, et ce même Murat, aussitôt la *Commune* nommée, vint lui mendier une sinécure. Il s'est joint à son ami Camélinat pour réclamer à la Banque quelques lingots, sous prétexte d'organiser le travail, d'aider à la reprise des affaires et de faire preuve de souveraineté en exerçant le prétendu droit Régalien. M. de Plœuc refusait de leur confier les lingots qu'ils demandaient, il prétendait que le *droit régalien* n'appartenait qu'au Souverain, qu'à l'État, et que la *Commune*, n'étant qu'une administration municipale, ne pouvait user de ce droit. Cette discussion bizantine dura trois semaines environ.

« M. Camélinat, délégué à la Monnaie, insistait surtout sur la nécessité de favoriser la reprise du travail. » C'était là aussi une prétention purement fantaisiste, surtout quand il s'agissait de faire du travail inutile au milieu de la guerre civile, du siège et du bombardement. Mais M. Camélinat tenait beaucoup à son droit « *régalien* » et à battre monnaie.

Enfin, il finit par obtenir ses lingots, mais la Banque ne lui accorda qu'un délai de quatre jours, entre la livraison des lingots et la restitution de leur valeur en monnaie frappée.

« Ce délai de quatre jours était insuffisant, je ne l'ignorais pas, dit M. de Plœuc, je le reconnus avec M. Camélinat, on accorde ordinairement dix jours.

« En résumé, dit encore M. de Plœuc, nous livrâmes successivement nos lingots, mais par fraction de 200,000 francs. Leurs engagements ont été tenus, ils ont restitué les pièces fabriquées dans le délai convenu ».

Ajoutons encore, pour prouver l'inutilité de cette fabrication de monnaie, que les pièces qui avaient été frappées non à l'effigie de la *Commune* de 1871, mais avec les coins de la République de 1848, ont été envoyées à la fonte pour être détruites aussitôt après la chute de la *Commune*. Voilà à quoi a abouti l'intelligent et utile travail d'écureuil de M. Camélinat, qui n'a pas même su faire frapper une seule médaille à l'effigie de la *Commune*. On comprendra quel essor puissant il a dû donner au commerce.

Sur tout et toujours à cette malheureuse époque, on ne rencontre chez les meneurs qu'incapacité, légéreté et vanité. On doit s'estimer heureux quand la lâcheté et la trahison ne viennent pas s'ajouter aux autres vices et aux crimes.

Si les membres de la Commission des Finances et de la Commission exécutive eussent eu conscience de la situation dangereuse dans laquelle leur incurie, leurs complaisances et leur manière de faire envers la Banque de France plaçaient la *Commune*, ils en auraient au plus tôt fini avec la première; ils l'auraient fait occuper militairement par la garde nationale et lui auraient ainsi ôté la possibilité de continuer à fournir des subsides au gouvernement de Versailles.

Mais au lieu d'adopter cette politique, la seule digne, la seule logique, sérieuse et utile à la *Commune*, ses délégués à la Banque préféraient continuer avec elle leur manière de faire désastreuse, afin de lui arracher les quelques millions dont ils avaient besoin pour payer la solde de la garde nationale et pour vivoter au jour le jour en attendant l'affreuse débâcle finale. Ils étaient ainsi arrivés jusqu'au 3 mai et avaient déjà reçu de la Banque une somme de 9,250,000 francs, et cette dernière faisait alors de grandes difficultés pour leur faire d'autres versements. Voici ce que raconte à ce propos M. de Ploeuc dans sa déposition devant la Commission d'enquête parlementaire :

« La ville de Paris par une heureuse fortune pour nous, au 18 mars, avait laissé un solde créditeur d'environ 9,400,000 fr. C'est à ce solde que chaque jour, quand nous étions trop pressés, quand nous lisions dans les yeux de nos interlocuteurs, que la résistance n'était pas possible, nous prenions les sommes livrées. Mais ce compte s'épuisait et il ne convenait ni à moi, ni aux censeurs restés à Paris d'aller au delà et de donner qui ne nous appartenait pas, sans une autorisation du gouvernement. Cela fut vers la fin d'avril l'objet de négociations avec Versailles, qui à la fin nous donnèrent satisfaction.

« Nous avions donc un blanc-seing, mais comme pour le solde de la ville, c'est pied à pied que nous continuâmes de défendre notre situation, et nous n'avons livré du jour où nous sommes arrivés (fin avril) au jour de notre délivrance que 7,290,000 fr. »

Ainsi, comme nous l'avions déjà fait observer, lorsque M. Jourde avait obtenu la première fois 350,000 francs de M. de Ploeuc, ce dernier n'avait consenti à les lui remettre que parce que le délégué aux finances de la *Commune* lui avait demandé cette somme au nom de la ville de Paris, à laquelle la Banque devait alors environ 9,400,000 francs, et chaque fois que la Banque avait bien voulu lui remettre une nouvelle somme, c'était toujours sur ce que la Banque devait à la ville qu'elle était imputée.

Ainsi la Banque qui soulevait de si nombreuses objections, qui faisait de si grandes difficultés pour remettre cet argent, ne faisait après tout que rembourser ou payer à la *Commune*, agissant au nom et au lieu et place de la ville de Paris, les sommes qu'elle restait devoir à cette dernière et, dès que cette dette fut ainsi acquittée, la Banque ne voulut pas faire d'autres avances sans y être autorisée par le gouvernement de Versailles et quand ce dernier lui eut accordé le pouvoir qu'elle avait réclamé pour faire d'autres avances, elle ne donna pendant tout le dernier mois de la *Commune* qu'une somme de 7,290,000 fr.

M. de Ploeuc avait certainement rempli ses fonctions de sous-gouverneur de la Banque, en véritable cerbère vigilant et avare du Trésor, dont la garde lui était confiée, et il avait fait preuve dans ses difficiles et périlleuses fonctions d'autant d'habileté, de courage et de persévérance, que les délégués de la *Commune* avaient déployé d'incapacité, d'imprévoyance et d'immoralité. Eh bien, malgré cela, malgré les services immenses que la Banque avait alors rendus au gouvernement de M. Thiers, ce dernier, avec la parcimonie et l'ingratitude qui étaient ses principales qualités, a refusé de rembourser les derniers 7,290,000 fr. remis par elle à la *Commune* avec son autorisation.

C'est ainsi que M. Thiers avait l'habitude de récompenser les services qu'on lui rendait, et cependant la Banque de France, si avare envers la *Commune*, avait été bien prodigue de ses faveurs envers le petit potentat de Versailles, auquel elle avait fourni 257,630,000 fr. dans deux mois. Il y eut pourtant à la *Commune* quelques hommes, et Raoul Rigault était de ce nombre, qui pensèrent que l'heure était à la fin venue de mettre un terme aux agissements de la Banque, il y avait aussi longtemps que c'était notre avis, et nous avions déjà, dès le 19 mars, comme nous l'avons raconté, fait une démarche auprès du Comité central de la garde nationale, pour obtenir qu'il fasse occuper la Banque, mais nous avions échoué; nous

nous étions ensuite adressé à Raoul Rigault et à Duval qui occupaient alors la Préfecture de police ; mais ils nous avaient répondu « que la chose était impossible, que le Comité central n'était pas assez révolutionnaire pour cela », et que si nous voulions tenter cette aventure sans lui, il nous en empêcherait, nous ferait arrêter et condamner par une cour martiale comme coupable de haute trahison. Nous regrettons beaucoup que l'incendie de notre domicile, par les bombes de Versailles, ait détruit la lettre que Duval et Rigault nous avaient écrite au sujet de la proposition que nous leur avions faite dès le 19 mars, d'occuper la Banque, car cette lettre aurait pu servir à justifier nos assertions et à prouver que si nous avions été écouté, jamais la Banque de France n'aurait pu fournir au gouvernement de Versailles les 257,630,000 fr. à l'aide desquels il a pu recruter l'armée avec laquelle il a repris Paris, massacré 40,000 gardes nationaux fédérés et détruit la *Commune*.

Mais, quoiqu'il en soit, Rigault, qui avait toujours été comme nous d'avis qu'il fallait occuper la Banque, et qui voulait en finir avec tous ses agissements contre révolutionnaires et ses trahisons, essaya de s'en emparer. Voici comment M. de Ploeuc raconte la chose :

« Le 12 mai au matin, la Banque était investie par un bataillon de fédérés les vengeurs de la République et un détachement de Garibaldiens. J'eus à peine le temps de me mettre à l'abri, une minute avant que l'investissement fut complet.

« J'envoyai chercher Beslay, mais avant qu'il fut arrivé un commissaire de police appelé Lemoussu, voulut pénétrer dans les cours, demandant à faire une perquisition parce qu'il y avait, disait-il, des dépôts d'armes à la Banque. Beslay arriva, et je dois lui rendre la justice qu'il mérite, il usa très énergiquement de son autorité pour s'opposer à toute perquisition, et il parvint à faire retirer les soldats. »

Cette fois encore ce fut M. Beslay qui sauva la Banque, en la préservant de l'occupation des gardes nationaux de la *Commune* et qui lui permit de pouvoir continuer à trahir cette dernière.

Après cette tentative infructueuse, M. Beslay donna pour rire sa démission de délégué à la Banque, mais la *Commune* eut la faiblesse de la refuser par égard pour les cheveux blancs de ce vieux Tartuffe, au lieu de l'accepter et d'en profiter pour mettre un terme à ses trahisons, et pour le remplacer par un homme énergique et honnête, qui aurait enfin mis un terme aux dangers que la Banque faisait courir à la *Commune* en fournissant de l'argent à ses ennemis pour qu'ils puissent la détruire.

Lorsque M. de Ploeuc sut que son protecteur et complice Beslay avait resigné son mandat à la Banque, il s'empressa de lui faire renoncer à son projet et il n'eut pas beaucoup de peine pour cela.

« Quand je connus, dit-il, la démission de M. Beslay, le dimanche, 14 mai, je me rendis chez lui pour le prier de ne pas insister sur elle, *lui déclarant que j'avais absolument besoin de lui, et que sans lui j'étais absolument réduit à l'impuissance.*

« Il ne la maintint pas et continua à m'*assister*[1]. »

On voit que dans toutes les circonstances, dans toutes les occasions, M. Beslay a toujours joué le même rôle de défenseur de la Banque de France, contre les intérêts de la *Commune*.

Le 19 mai 1871, deux jours seulement avant l'entrée des troupes de Versailles dans Paris, Jourde réclama un nouveau million à la Banque, il écrivit pour l'obtenir la curieuse lettre suivante, à son compère Beslay, dans la-

---

[1] *Enquête parlementaire* sur le 18 mars, t. II, p. 436, déposition de M. de Ploeuc.

quelle il le prévenait, très adroitement et dans un style convenu, figuré à double sens, des grands dangers qui menaçaient leur cher établissement financier, qu'ils avaient résolu de sauver à tout prix.

« Cher et honoré citoyen Beslay, dit-il, mon caissier Durand [1] vous expliquera quelle importance j'attache à une ouverture d'un million de plus pour demain.

« Coûte que coûte, il faut que demain avant midi j'obtienne au moins 500,000 francs nous règlerons avec la Banque la différence que cela produira.

« *Si je succombais, vous savez ce qui en résulterait?* Dévoué à notre *grande cause socialiste et communaliste*, je puis *en étant soutenu*, éviter des écarts et des violences que notre situation explique et que je ne reproche pas à nos collègues. Mais *au nom du salut de la Révolution*, il faut que je sois absolument secondé, je sais combien vous m'honorez de votre précieuse estime, aidez-moi je vous prie à la mériter.

« Respectueux et fraternel salut,

« JOURDE. »

Cette lettre de M. Jourde est un véritable chef-d'œuvre de tartufferie et de machiavélisme. Il prévient adroitement et sans se compromettre son cher et honoré compère et complice Beslay, que la *Commune* exige de la Banque encore un million, et au moins 500,000 francs pour le lendemain, « s'il succombait », c'est-à-dire s'il n'obtenait pas son million, « son cher et honoré citoyen Beslay sait ce qu'il en résulterait ».

La Banque serait occupée par la *Commune*, et les trois milliards qu'elle renfermait tomberaient en son pouvoir, le gouvernement de Versailles ne recevrait plus d'argent, tous les efforts faits par MM. de Ploeuc, Beslay, Jourde

[1] Ce caissier, Durand, comme on le verra plus loin, était un agent au service du gouvernement de Versailles.

et compagnie pour conserver le capital de la Banque dans les mains des capitalistes, des usuriers, qui le détiennent, seraient perdus ; tous les dangers auxquels ils se sont exposés en trahissant la *Commune* n'auraient servi à rien. « Mais dévoué » comme il l'était à ce qu'il appelait « leur grande cause socialiste et communaliste, » ce qui signifiait, pour son complice Beslay celle de la *Banque*, il pourra « étant soutenu, éviter des écarts et des violences qu'il ne reproche pas à ses collègues » parce que cela l'aurait compromis et aurait perdu sa chère Banque.

« Mais au nom du salut » de cette dernière, qu'il appelle « la Révolution », pour bien cacher son jeu, il faut qu'il soit absolument secondé » ; c'est-à-dire qu'on lui donne son million ou tout au moins un acompte de 500,000 fr. A ce prix il se fait fort de sauver les 3 milliards de la féodalité capitaliste et de mener à bonne fin sa trahison ourdie contre la *Commune;* car les troupes de Versailles font chaque jour des progrès, leurs batteries de brèche sont prêtes, dans deux ou trois jours l'assaut pourra être donné, Paris sera pris, la Banque sera sauvée avec ses trois milliards et la *Commune* sera perdue. « Il sait combien le cher Beslay, l'honore de sa précieuse estime, il le prie de l'aider à la mériter » en lui faisant obtenir l'argent qu'il réclame pour empêcher l'occupation de la Banque qui perdrait tout et ferait avorter sa trahison.

M. Beslay a parfaitement compris tout ce pathos amphibologique et il l'explique en bon français à son compère de Ploeuc, ce dernier se décide encore à faire un nouveau sacrifice pour sauver la Banque :

« Nous donnâmes 500,000 francs, dit-il. Les termes de la lettre indiquaient bien que la Banque était menacée. »

Le lendemain, 20 mai, dans la soirée, Jourde redoutant encore une action violente contre la Banque, la fit de nouveau prévenir afin qu'elle prît les mesures nécessaires pour l'éviter; il lui envoya son secrétaire général Durand avec la lettre suivante qu'il lui avait adressée :

« Il est indispensable que la Banque nous avance une somme de 300,000 francs sur le million que du reste j'avais demandé au citoyen Beslay.

« Faites donc le nécessaire auprès de la Banque pour lui faire comprendre *quel intérêt il y a à obtenir cette somme.*

« SANS CELA !!!

« JOURDE »

« Le Conseil de régence agissant comme contraint par la force autorisa », dit M. de Ploeuc.

« L'imminence des entreprises hostiles engagea la Banque à faire descendre dans les caves tout ce qui n'était pas nécessaire au service de quatre ou cinq jours et à tout ensabler.

« Nous avions pris ainsi toutes les précautions et la Banque eut été démolie par le feu ou par les canons que l'obstacle n'en eut été que plus considérable [1] ».

Cette mesure importante et décisive avait été prise juste au bon moment, car les troupes de Versailles entrèrent dans Paris, dès le lendemain, 21 mai 1871.

Mais les réquisitions n'étaient pas finies.

« Le lundi, dit M. de Ploeuc, au milieu de la nuit, le Comité de Salut Public, me fit demander 700,000 francs, j'en donnai 200,000, mais le soir je reçus la réclamation du complément, avec une lettre me menaçant de l'occupation immédiate par la garde nationale.

« Je payai les 700,000 francs.

« Le mardi, 23, une nouvelle réquisition de 500,000 francs me fut faite au nom du Comité de Salut Public, qui menaçait d'oc-

---

[1] *Enquête parlementaire* sur le 18 mars, t. II, p. 496, déposition de M. de Ploeuc.

cuper immédiatement la Banque, et en effet devant les portes stationnaient des compagnies précédant des forces considérables massées aux Halles centrales.

« Je fis appeler Beslay, que j'avais prié de venir le dimanche à la Banque pour y rester avec moi, et il parvint encore à éloigner ces troupes; mais il me fallut consentir à cette dernière réquisition.

« Dans la nuit du 23 au 24 mai, un certain ébranlement dans les forces insurgées du quartier se faisait remarquer. Il y avait moins de monde à la barricade de la rue Coquillère; et celle de la rue Croix-des-Petits-Champs, avait été évacuée, ainsi que la caserne de la rue de la Banque.

« A sept heures et demie, et pour la première fois depuis soixante-sept jours, nous vîmes les soldats français. Un premier bataillon passa près de nous sans presque s'arrêter, il avait une autre destination que notre quartier. Un second bataillon survint bientôt et j'appris que la brigade du général l'Hérillier était à peu de distance.

« Je fis relever le drapeau que, sur l'ordre de la *Commune*, j'avais abaissé, mais sans le remplacer par le drapeau rouge, je fis ouvrir les portes. La Banque de France était sauvée! A huit heures moins un quart le général l'Hérillier entrait à la Banque et y établissait son quartier général ».

La longue et abominable trahison de MM. Beslay, Jourde et compagnie avait donc parfaitement réussi, il ne peut plus y avoir aucun doute à son sujet, après les preuves nombreuses que nous en avons données et surtout après les déclarations de M. de Ploeuc et les aveux de son complice Beslay, aussi nous ne chercherons pas à en fournir d'autres; nous nous contenterons de rappeler quel fut son résultat pour la Banque et pour la Commune. Grâce à elle la Banque de France a pu fournir au gouvernement de Versailles l'énorme somme de 257,630,000 fr., en deux mois, du 23 mars au 23 mai, avec laquelle il a pu former une nombreuse armée, massacrer quarante mille défenseurs de la *Commune*, détruire cette dernière, et sauver la Banque avec tous les immenses trésors, qu'elle avait alors dans ses caves et qui se montaient à plus de trois milliards, et l'habile sous-gouverneur de cette dernière a fait tout cela en la mettant à découvert seulement de 7,293,383 fr. 33 centimes qu'il avait avancés à la *Commune*.

On peut dire qu'il a accompli un véritable tour de force, et qu'il a fait preuve d'autant d'intelligence et de courage que les membres du Comité central et de la *Commune* ont étalé d'ignorance, d'incapacité, d'inconscience, pour ne rien dire de plus.

On reste étonné devant l'importance du résultat obtenu par M. de Ploeuc et la faiblesse des sacrifices qu'il a faits pour réussir dans l'accomplissement d'une tâche aussi difficile car il a su préserver la Banque, dont il avait la garde, d'une occupation par les gardes nationaux fédérés, laquelle aurait certainement eu pour conséquence l'abolition de ses privilèges et de son monopole et sa transformation en une banque populaire et nationale ; ces changements auraient produit tout une révolution dans l'organisation du crédit et de l'échange, et probablement tout une transformation économique de notre organisme social.

Ainsi la trahison de MM. Beslay, Jourde et compagnie a eu un immense, terrible et surtout des plus désastreux résultat. Elle a fait étouffer dans le sang du prolétariat parisien une grande révolution sociale en bonne voie d'accomplissement, et qui possédait tous les éléments et toutes les forces nécessaires pour la faire triompher, et elle a prolongé peut-être encore pour longtemps le règne de l'oligarchie capitaliste, et de la féodalité financière, industrielle et commerciale, qui tiennent aujourd'hui le prolétariat dans un état d'exploitation, de servage, de misère, de souffrance et de dégénérescence presque aussi dur et aussi funeste que l'esclavage antique et le servage du moyen-âge.

Nous allons, maintenant, achever le portrait du doyen de la *Commune*, l'honorable Beslay, comme l'appellent ses complices, en le peignant tel qu'il était, lorsque son crime accompli et triomphant, il n'avait plus rien à cacher, et qu'il s'est montré dans toute son horrible nudité.

Nous emprunterons les traits principaux de notre tableau à l'historiographe officieux, M. Maxime Du Camp, auquel les complices de la trahison de M. Beslay ont fait leurs confidences et qui a eu sous les yeux des documents fort curieux que la Banque de France lui a communiqués sur ce néfaste personnage.

« Ce fût le lundi 22 mai, dans la matinée, que la Banque apprit le mouvement de l'armée de Versailles, dit M. Du Camp, il avait fallu dix-sept heures pour pousser dans Paris les 135,000 hommes avec lesquels on allait livrer la bataille suprême.

« M. de Plœuc mû par un pressentiment confus d'une action militaire prochaine avait quitté la maison où, depuis le commencement d'avril, il avait trouvé un asile pour la nuit et était venu coucher rue de la Vrillière, afin d'être là, si le péril devenait trop menaçant.

« Charles Beslay était accouru dès les premières heures, et M. de Plœuc, tout en ayant l'air de plaisanter, lui dit sérieusement :

— « Vous êtes mon prisonnier, je vais vous faire préparer un appartement ; vous ne nous quitterez plus, car la bataille est engagée. Vous m'aiderez à sauver la Banque. »

« Et lui serrant la main, il avait ajouté :

— « A charge de revanche. »

« Charles Beslay avait accepté, et M. de Plœuc l'avait installé dans son propre logement.

« Le délégué à la Banque avait, *dans une mesure considérable, porté secours à la Banque, il l'avait protégée de son mieux, très efficacement, dans un jour de grand péril*; la Banque fut reconnaissante, elle se ferma sur lui, le cacha, lui donna l'hospitalité que tous les employés soupçonnèrent, que personne ne trahit. Dans le seul intérêt de sa sécurité, on ne lui permettait pas de sortir, mais on le laissait aller et venir à sa guise dans toutes les parties de la vaste maison.

« Il était calme, *il se frottait les mains et disait :*
« JE N'AI JAMAIS ÉTÉ AUSSI HEUREUX ! »

Ce cri parti du cœur peint tout entier le doyen de la *Commune*, en cinq ou six mots.

Cet abominable Tartuffe, après avoir aussi indignement et aussi odieusement trahi la *Commune*, se félicitait, se réjouissait de la manière habile dont il avait accompli son crime en trompant ceux qui avaient eu confiance en lui, qu'il avait endoctrinés, poussés au combat et lâchement abandonnés au dernier moment, quand l'heure de la défaite avait sonné.

Ce traître affreux était heureux et content d'avoir si bien accompli jusqu'au bout son œuvre de Judas. Il était tout joyeux en pensant que, grâce à lui, la Banque était sauvée et la *Commune* noyée dans son sang, étouffée sous les monceaux de cadavres de ses défenseurs, impitoyablement fusillés par l'armée impériale de Versailles, couvrant la capitale de fer et de feu, écrasant ses défenseurs sous une grêle de balles et d'obus, arrêtant tous ceux qui échappaient à leurs décharges de mitraille, les poussant, la baïonnette dans les reins et le revolver sur la tempe, comme un troupeau de bétail humain, dans leurs horribles abattoirs d'hommes, de femmes et d'enfants, où ces derniers étaient fauchés comme de l'herbe par les chassepots et les mitrailleuses, et expiraient bientôt dans le sang et le carnage, sous les balles et sous la mitraille, par dix, vingt, trente et quarante mille.

Pendant qu'on fusillait ces malheureux à la caserne Lobau, au Panthéon, au Luxembourg, à l'École militaire, à la Roquette, à Mazas, à l'abattoir de la rue des Fourneaux, dans le cimetière de Montparnasse, dans celui du Père-Lachaise, partout, et quand leurs cadavres encombraient les places, les rues, les carrefours, les squares, les cimetières, les tranchées ; quand le sang coulait comme de l'eau dans les ruisseaux, s'engouffrait dans les égoûts, et traçait un rouge sillon dans les eaux de la Seine, du pont d'Arcole au pont National ; pendant que Paris brûlait, que les maisons s'effondraient sous une pluie de feu, une grêle d'obus ; quand les terrifiantes explosions des Tuileries, de l'Hôtel de Ville, du Luxembourg, etc., ébranlaient la terre et le ciel ; pendant qu'une muraille de flammes, longue de plusieurs lieues, coupait Paris en deux, et que d'immenses langues de feu léchaient les nuages, que des tourbillons de fumée voilaient le soleil, éteignaient les astres, retombaient en une lugubre et funèbre neige noire, qui changeait le jour en nuit et couvrait le sol sanglant d'une couche épaisse, sombre et gluante ; pendant que Varlin, l'apôtre résigné, le Christ des prolétaires, gravissait son calvaire de Montmartre, où il était massacré après avoir bu toutes les ciguës, sucé tous les fiels, essuyé toutes les ignominies, subi tous les outrages, enduré toutes les tortures et souffert un long et raffiné martyre.

Tandis que Delescluze, le héros stoïque, monté sur une barricade, tombait sous les balles des soudards de Versailles, et expirait comme Caton d'Utique, ne voulant pas survivre à la *Commune* qu'on égorgeait et à la République qu'il croyait morte.

Quand Millière gravissait les marches du Panthéon, sur lesquelles, il allait s'immortaliser par sa mort sublime dans le plus atroce des supplices, faisant preuve du plus grand courage, refusant de s'agenouiller devant ses bourreaux, qui lui brisaient les jambes à coup de crosses avant de le fusiller, et lorsqu'il mourait héroïquement en criant : Vive l'humanité !

Quand Tony Moilin, l'apôtre modeste et doux, tombait sous les balles des prétoriens, en s'écriant : « Je meurs pour la République universelle et pour la fraternité entre tous les peuples ! »

Pendant que tous ces héroïques martyrs étaient immolés, pendant que leurs sacrifices sublimes s'accomplissaient, que ces grands exemples étaient donnés, le traître Beslay, un des principaux auteurs des tortures et des supplices de ces grandes et nobles victimes, s'écriait :

« Je n'ai jamais été si heureux ! »

Mais ce n'est pas tout encore, ce scélérat abominable, cet atroce Judas satisfait et éhonté, les pieds dans le sang et ses cheveux blancs maculés des éclats de cervelles de ses anciens disciples et collègues devenus ses victimes, les désavouait et les insultait.

Il oubliait qu'il les avait lui-même poussés à faire la guerre aux gouvernements de l'Empire et de Versailles, après leur avoir prêché depuis plus de vingt ans les idées de révolte et de réformes sociales pour lesquelles ils mouraient. Puis, non content de son œuvre atroce il calomniait, outrageait ses victimes à la dernière heure quand elles tombaient sous les coups des bourreaux inexorables auxquels il les avait livrées.

Dans une lettre qu'il a publiée peu de temps après la chute de la *Commune*, il a dit : « qu'il regarde comme un devoir de mettre en pleine lumière la part qu'il s'est vu forcé de prendre aux événements de la *Commune*... et il déclare bien haut qu'il n'accepte, ni de près, ni de loin, aucune solidarité avec les hommes qui ont brûlé Paris et fusillé les otages. »

Pour lui, les hommes qui avaient fusillé les prétendus otages, c'étaient tous les membres de la *Commune* et non la faction des blanquistes, les Gois, les Granger, les Place, les Breuillé, les Eudes, les Vaillant, etc., qui les derniers jours avaient profité de la juste exaspération des masses en présence des horribles massacres, des tueries affreuses, des boucheries terribles accomplies par les assassins de Versailles, pour donner un libre cours à leurs instincts sauvages, à leurs passions violentes, à leurs mœurs féroces et à leur amour du sang, et pour se livrer à d'atroces représailles, sur les prisonniers qui étaient dans leurs mains, et qui n'avaient d'otages que le nom, car ils n'avaient jamais été reconnus et déclarés tels, par aucun jury d'accusation institué à cet effet. Ces exécutions de prétendus otages ne peuvent et ne doivent pas être imputées à la *Commune*, en dehors de laquelle elles ont été faites, sans qu'elle le sache, par les misérables que nous venons de nommer. Elles n'ont servi qu'à discréditer la *Commune*, qu'à pallier les immenses massacres accomplis par les bourreaux versaillais et qu'à fournir à ces derniers un prétexte pour continuer leurs affreuses condamnations et leurs horribles exécutions pendant plusieurs années. Qui pourra jamais faire connaître tous les milliers de victimes qui ont été sacrifiées en holocauste, tous les torrents de sang qui ont coulé sur la tombe des prétendus otages ; chacun d'eux a coûté la vie à quatre ou cinq cents gardes nationaux fédérés. Mais tout cela importait peu à M. Beslay, qui se félicitait et jouissait de son crime, en jetant l'anathème à ses collègues.

Ainsi lorsque 40,000 défenseurs de la *Commune* gisaient déjà dans la tombe, quand 40,000 ou 50,000 autres étaient prisonniers dans les geôles du gouvernement de Versailles, et au camp de Satory, quand ses collègues, membres comme lui, de la *Commune* de Paris, et d'autres malheureux, ses disciples, défenseurs de cette dernière, dont il se disait le doyen, étaient traduits devant les conseils de guerre, condamnés à mort et fusillés sur le plateau de Satory, M. Beslay les désavouait, répudiait leurs actes, les accusait d'avoir brûlé Paris et fusillé les otages, il ne témoignait aucun sentiment de regret ou de douleur pour les 40,000 massacrés de la *Semaine sanglante*, aucune commisération pour les malheureux prisonniers qui gémissaient dans les fers, pourrissaient dans les camps, sur les pontons et expiraient dans les tortures, il n'avait aucune indignation pour les nombreuses condamnations à mort et les exécutions qui avaient lieu chaque jour ; il n'éprouvait non plus aucun chagrin, aucune peine, aucune pitié, en pensant aux 100,000 familles des massacrés, des transportés, des prisonniers et des proscrits, plongées dans la douleur et dans le désespoir à la suite de toutes ces exécutions, de ces arrestations, et de l'épouvantable catastrophe causée par la défaite et la chute de la *Commune* auxquelles il avait pourtant si puissamment contribué par son affreuse trahison.

Non, tout cela le laissait parfaitement « calme » et satisfait il continuait à se « frotter les mains » en disant :

« La *Commune* est tombée au milieu d'un cataclysme dont tout le monde condamne les épouvantements...

« Mais en traversant la *Commune*, j'ai la conscience d'avoir fait mon devoir et, sur ce point, on peut le voir par un article du journal le *Bien Public*, le témoignage de Paris me rend justice.

« En restant à la *Commune*, ma ligne de conduite n'en a pas moins été inflexible et conforme aux principes qui ont été la loi de toute ma vie.

« Je n'ai pu, je le déplore plus que personne, convertir la *Commune* à mes idées, mais elle a du moins respecté le mandat qu'elle m'avait confié et que j'ai défendu avec toute l'énergie qu'on pouvait attendre de moi. Trois fois les bataillons de la garde nationale ont voulu franchir le seuil de la Banque, trois fois, bien que souffrant bien cruellement d'une maladie aiguë, je les ai fait battre en retraite.

« Je crois avoir contribué dans la limite de mon influence à préserver mon pays d'un désastre. M. de Plœuc, sous-gouverneur de la Banque de France, l'a reconnu formellement lui-même dans une lettre publiée partout. Les réactionnaires sans cœur et sans entrailles peuvent seuls encore me lancer leur venin, le souvenir que j'invoque me console à l'avance, de toute leur ingratitude ».

Puis après ces déclarations fort consolantes pour lui et qui prouvent que la conscience de ce traître n'était nullement troublée par le remord, M. Beslay annonce : « qu'il reprend, avec plus de courage que jamais, l'étude des problèmes sociaux, dont il poursuit depuis longtemps la solution. Bientôt peut-être il sera en mesure de publier un certain nombre de solutions pratiques des questions les plus ardues du socialisme, et ces études confirmeront une fois de plus les données qu'il a esquissées et qu'il résume pour terminer dans les quelques mots qui suivent :

« Oui la question du capital et du travail est aujourd'hui la question mère en Europe. Oui, au lieu de fuir le problème, nous devons aller au-devant de lui, mais en procédant par évolution et non par révolution ».

M. Beslay nous avait déjà appris dans le fameux discours qu'il avait prononcé à la séance d'ouverture de la *Commune*, du 1er avril 1871 : « qu'il faisait tenir sa politique tout entière en deux mots : *Paix et travail !* Tant il est vrai, dit-il, que la paix et le travail lui ont toujours apparu comme les deux bouts de la boussole qui doit gouverner le monde ».

Nous avons vu M. Beslay à l'œuvre et comment il pratiquait la politique de « *paix et de travail* » lorsqu'il était délégué à la Banque et qu'il fomentait, subventionnait et préparait la guerre civile, en aidant son digne compère de Ploeuc à envoyer au gouvernement de Versailles des centaines de millions pour organiser l'armée qui fit bientôt triompher dans Paris la politique de paix et de travail de M. Beslay, en fusillant 40,000 travailleurs pendant la Semaine Sanglante, en en arrêtant et en en déportant un pareil nombre.

C'était là une singulière façon de résoudre la question « du capital et du travail » et « de procéder par *évolution* et non par *révolution* ».

Qu'on juge la valeur des promesses que le doyen de la Commune nous a faites pour l'avenir, par ses œuvres passées et l'on verra quels beaux résultats nous devons espérer des solutions pratiques des problèmes sociaux qu'il nous a promises.

Comme nous l'avons déjà dit, la Banque, en reconnaissance des services qu'il lui avait rendus en trahissant la *Commune*, lui avait accordé asile et protection chez elle ; il y resta enfermé jusqu'à la fin de juin. M. Thiers n'ignorait pas le refuge où il se cachait, mais il savait aussi quel rôle utile pour lui il avait rempli à la Banque et que sans son concours efficace, cette dernière aurait été perdue. M. Thiers lui prouva sa reconnaissance en lui faisant savoir qu'il ne serait jamais inquiété pour sa participation à la *Commune*, et comme il témoigna à M. de Ploeuc le désir d'aller habiter la Suisse, ce dernier en informa le chef du gouvernement, en le priant de lui envoyer des passe-ports pour lui et deux personnes non désignées, qui devaient être le fameux doyen de la Commune et M. son fils, rédacteur en chef du *Français*, un royaliste de la plus belle eau, soigneusement élevé dans les saines doctrines, et qui devait accompagner l'auteur de ses jours, afin de lui prouver toute sa reconnaissance, pour le service important qu'il avait rendu à la cause de l'ordre en trahissant la *Commune* et en sauvant la Banque.

M. de Plœuc, non moins reconnaissant, voulut aussi accompagner jusque dans sa nouvelle retraite celui qu'il appelait amicalement son prisonnier.

M. Barthélemy Saint-Hilaire, secrétaire de la Présidence, avait envoyé de la part du chef du Pouvoir Exécutif les passe-ports demandés, et les trois voyageurs firent leurs préparatifs de départ.

« En quittant la Banque, où il ne devait jamais reparaître, dit M. Du Camp, le père Beslay fut ému ; il avait été touché de l'hospitalité qui l'avait accueilli et gardé. Lorsqu'il dit adieu aux chefs des services, il avait des larmes dans les yeux... Grâce à quelques précautions, les trois voyageurs arrivèrent en Suisse sans encombre. Beslay, malgré qu'il en eut, ne dissimula pas qu'il était satisfait d'avoir franchi la frontière. M. de Plœuc le conduisit lui-même jusqu'à l'asile qu'il avait choisi, acquittant ainsi la dette de reconnaissance que la Banque avait contractée envers le délégué de la *Commune*.

« Le procès de Beslay fut instruit selon les formes de la jurisprudence des conseils de guerre, et il se passa à ce propos un fait qui n'a peut-être pas de précédent. Quoique Beslay fut absent, les dépositions de tous les témoins furent tellement unanimes en sa faveur, qu'il fut l'objet d'une ordonnance de non-lieu. Il eut pu rentrer en France, il préféra rester à Neuchâtel où il s'était établi et où il essaya de nouvelles combinaisons financières [1].... »

D'après tout ce qui précède on ne peut plus douter des

---

[1] *Les Convulsions de Paris*, t. III, p. 292. Il avait fondé une banque avec l'argent de quelques Suisses, trop confiants, à laquelle il prêtait de l'argent à quelques-uns de ses anciens complices de trahison. Cette banque ne tarda pas à faire de mauvaises affaires et ses commanditaires perdirent leur argent.

immenses services que M. Beslay a rendu à la Banque de France, puisque tout le monde le proclame, depuis les simples employés de la Banque, jusqu'au gouverneur, jusqu'à M. Thiers, chef du Pouvoir Exécutif, qui lui a envoyé un passe-port pour qu'il puisse aller habiter la Suisse, et enfin jusqu'au juge instructeur du Conseil de guerre, qui a rendu un arrêt de non-lieu en sa faveur et qui a refusé de le poursuivre.

CHAPITRE IV

LE GRAND COMPTABLE M. JOURDE
Délégué aux Finances.

Il nous reste encore pour terminer le récit de la trahison accomplie à la Banque de France, à finir de raconter la participation importante de M. Jourde, à ce crime, ce qui ne nous sera pas bien difficile, car ce dernier a rappelé et revendiqué lui-même, devant le conseil de guerre qui l'a jugé, les services qu'il a rendus au gouvernement de Versailles en en réclamant le bénéfice.

Dès le 2 mars 1871, François Jourde était mêlé au mouvement politique qui agitait alors Paris ; il était secrétaire du Comité de la garde nationale du cinquième arrondissement, dont le citoyen Jourdan était président, et Dacosta vice-président.

Le 16 mars, il fut nommé membre du Comité central de la garde nationale, qui le délégua le 19, avec Varlin, au ministère des finances.

« J'acceptai ces fonctions, dit Jourde, dans la séance du 14 août 1871, du 3ᵉ Conseil de guerre séant à Versailles, dans lesquelles je prétends avoir joué le rôle d'un administrateur et *rendu de grands services...*

« Je n'ai pas cru aider à une insurrection en payant les troupes de la garde nationale afin d'éviter le pillage des maisons particulières.

« M. *Gaveau*, commissaire du gouvernement. — En définitive, quand la *Commune* a commis des actes qui ne vous convenaient pas, vous auriez dû vous retirer.

« *Jourde*. — C'est pour cela que j'ai donné ma démission le 3 mai.

« M. *Gaveau*. — Vous avez eu deux mois pour réfléchir sur les actes de la *Commune*.

« *Jourde*. — J'ai cru qu'en restant, je pourrai rendre *plus de services qu'en m'en allant tranquillement chez moi*».

Ainsi dès le début de son interrogatoire devant le Conseil de guerre, M. Jourde déclare qu'il désavoue le mouvement du 18 mars ; il dit qu'il est resté à la *Commune* pour rendre des services au gouvernement de Versailles, et il a cru qu'en agissant ainsi il serait beaucoup plus utile qu'en restant chez lui. Voilà comment il raconte avoir accompli sa mission de délégué aux Finances, que le Comité central et la *Commune* lui avaient confiée.

Et, afin d'ajouter la calomnie à sa trahison, il dit encore : « qu'il a payé les troupes de la garde nationale, afin d'éviter le pillage des maisons particulières ».

Il fait ainsi croire que les gardes nationaux parisiens étaient des voleurs et des pillards.

C'est ainsi que l'honnête M. Jourde remplissait son mandat, et remerciait les gardes nationaux qui l'avaient honoré de leurs suffrages et de leur confiance.

Après avoir ainsi trahi et calomnié ces derniers, il faisait encore passer ses collègues du Comité central pour des imbéciles et des incapables. Voici ce qu'il disait d'eux :

« Le 18 mars, dit-il, fut un coup de foudre pour la plupart des membres du Comité, qui ignoraient absolument le rôle qu'ils avaient à jouer.

« J'ai cru, dit-il encore, devoir accepter la délégation des finances. Le 19 mars j'arrivai à l'Hôtel de Ville au milieu du désordre, on faisait des réquisitions de vin et de charcuterie. J'en fus peiné et je proposai d'organiser un pouvoir provisoire, car je croyais à une révolution, je m'y étais laissé prendre... pendant quelques heures seulement.

« Je demandai au Comité qu'on rétablît l'ordre dans Paris. Je m'installai au ministère des finances, et je dois faire ici une observation qui indique tout le système que j'ai à présenter, c'est-à-dire que j'y ai rempli des fonctions administratives et non politiques. J'ai cru que j'avais à m'acquitter d'un devoir. Je m'en suis acquitté de mon mieux, pour ne laisser au gouvernement qui me succéderait, que des traces honorables de mon court passage aux affaires (Rumeurs d'ans l'auditoire). »

Il y avait réellement de quoi soulever des murmures, en entendant M. Jourde venir parler « des souvenirs honorables de son court passage *aux affaires*». Ce monsieur croit sans doute que l'honorabilité consiste à solliciter ou à accepter un mandat pour le trahir, et il se prend pour un grand ministre parce qu'il a distribué aux gardes nationaux, en les laissant gaspiller comme on le verra plus loin, les quelques millions que la Banque s'est laissé soutirer pour sauver son encaisse montant à plus de trois milliards. Mais on ne sera pas étonné de ces prétentions aussi vaniteuses que ridicules, quand on saura que ce même Jourde, lorsqu'il était délégué aux finances, disait à M. de Ploeuc qui en a témoigné : *« Je ferai mieux que mes prédécesseurs »*.

Hélas oui, il a fait beaucoup mieux que Turgot, Necker, Lafitte, Casimir Perrier, Villèle, Humann, etc., il a trahi ceux qui l'avaient nommé et le dernier jour, il a volé le reliquat de sa caisse en le cachant dans la doublure de son gilet, comme nous le prouverons bientôt.

Mais M. Jourde trouve tout cela bien naturel, il ne se

préoccupe pas outre mesure des rumeurs qu'il soulève, et il continue l'exposé de ses bonnes intentions et de ses louables actions.

« Je ferai tous mes efforts, dit-il encore, pour mettre le tribunal à même de juger mes actes. Je sais qu'il est difficile de concevoir exactement la position dans laquelle je me suis trouvé; mais j'espère qu'un jour viendra où justice me sera rendue...

« On saura qu'à un moment où la *Commune* était exploitée partout, je n'ai voulu qu'aucune maison de banque à l'exception de la Banque de France, dans les conditions que je vais indiquer, qu'aucune société de crédit, qu'aucune maison particulière ne fussent inquiétées ou réquisitionnées; qu'à un moment donné (voir le bilan par moi déposé le 3 mai avec ma démission), je n'ai réquisitionné que 8,000 francs, ayant à faire face à 26 millions de dépenses, que sous *mon administration*, le drapeau tricolore n'a jamais été remplacé à la Banque par le drapeau rouge; que la Banque où je n'avais trouvé en entrant que quatre employés a été réorganisée et les a tous conservés; tant que j'étais là, il y avait 500 employés formés en bataillons; qu'en un mot j'ai fait tout pour n'avoir recours, malgré l'urgence et l'énormité des besoins, qu'à des ressources normales, autant qu'elles pouvaient l'être, étant donné que le gouvernement de la *Commune* était irrégulier.

« Quel a été mon premier acte au Trésor ? Cela a été de rappeler aux employés que, pour éviter toute responsabilité personnelle, ils devaient mettre les scellés sur les caisses, ce qu'ils n'avaient point fait, et ce qu'ils firent sur mon indication, et c'est pour cela qu'aujourd'hui on m'accuse d'avoir brisé ces scellés, accusation d'autant plus pénible pour moi, qu'elle touche à ma délicatesse; et voilà comment ce que j'ai fait par un sentiment d'honneur tourne aujourd'hui contre moi.

« Qu'on songe à la crise terrible où je me trouvais être étreint lorsque j'acceptai la délégation des Finances. Il fallait payer la solde de la garde nationale, dont le non paiement pouvait avoir les plus déplorables conséquences.

« C'est alors que je m'adressai à la Banque de France.

« J'expliquai à M. Rouland qu'il était nécessaire de donner quelque argent, pendant deux ou trois jours, pour payer la garde nationale ; il me fit donner un million et me dit :

— « Il faut que vous mettiez pour ma sauvegarde que cette somme est réquisitionnée. »

« Je signai dans ces termes le reçu de ces valeurs réquisitionnées, sans songer que cette signature serait retournée contre moi.

« Et quand je songe à tout ce que j'ai fait pour défendre les intérêts de la Banque, je ne comprends pas les violences dont on m'accuse.

« La Banque n'avait pas conscience de sa situation.

« Je savais, moi, qu'il fallait à tout prix sauver avec son encaisse, son portefeuille, la fortune de la France.

« Je suppliai qu'on me rendît la tâche facile. Je donne ma parole d'honneur ou plutôt, non, je n'en ai pas le droit avant d'être jugé. J'affirme. Tous ces sentiments je les ai exprimés dans une lettre que j'ai adressée à mon collègue, l'honorable M. Beslay »...

Jourde donne alors lecture de sa lettre du 19 mai 1871 dans laquelle il dit : « Si je succombais, vous savez ce qui en résulterait, etc., » que nous avons déjà citée et par laquelle il demandait un million à la Banque.

Quand on lit tout ce qui précède et tout ce que Jourde a dit devant le Conseil de guerre pour sa défense et que l'on examine sa conduite, si on ne savait pas qu'il a été le délégué du Comité central et de la *Commune* aux Finances, on le prendrait pour un agent au service du gouvernement de Versailles, qui venait rendre compte de sa conduite, et qui expliquait tous les efforts qu'il avait faits pour s'acquitter de sa mission et pour servir le gouvernement légal en sauvant les Finances et la Banque, et on ne croirait jamais qu'il était le délégué d'une révolution sociale de prolétaires qui l'avaient chargé de réquisitionner ces établissements financiers et de les surveiller afin qu'ils ne fournissent pas d'argent à l'ennemi.

« Je n'ai pas cessé de m'interposer, dit-il, pour empêcher les violences contre la Banque; le 22 mai on voulait envoyer deux bataillons et de l'artillerie contre la Banque, je m'y opposai encore et je m'y rendis moi-même. Je trouvai M. Mignot qui me fit ajouter sur l'ordre de me remettre 500,000 francs, ces mots :

« Si on ne remet pas cette somme, la Banque sera envahie ».

« Je n'ai pas hésité à donner cette déclaration.

« J'ai tâché de rendre des services, je crois en avoir rendus, et j'espère qu'on le reconnaîtra plus tard.

« On a menacé souvent la Banque, mais en me faisant remettre 16 millions, j'ai sauvé plusieurs milliards...

« En définitive, j'ai défendu la Banque jusqu'à la dernière heure.

« L'on a favorisé le départ de Beslay, délégué à la Banque, et de M. Theisz, délégué à l'administration des postes, parce qu'ils ont sauvé ces deux établissements; mais tous les deux relevaient de la délégation des finances; si la Banque et les Postes ont été sauvées, croyez-bien que je n'y ai pas nui et que je mérite les mêmes immunités que mes deux subordonnés [1]. »

Ainsi dans toutes les circonstances, Jourde s'est fait le défenseur de la Banque ; c'est lui-même qui le déclare, et il réclame la récompense de ses services, il a droit, dit-il, « aux mêmes immunités que Beslay et que Theisz, deux sauveurs, traîtres comme lui, et auxquels le gouvernement de Versailles a remis des passeports, afin qu'ils puissent aussi se sauver à leur tour, et dont il a été le bon complice », comme M. Du Camp, l'historiographe semi-officiel du gouvernement de Versailles se plaît à le reconnaître.

Le brave, l'honnête Trinquet, collègue et co-accusé de

[1] Voir les interrogatoires de Jourde devant le 3ᵉ conseil de guerre siégeant à Versailles, du 7 au 31 août 1871.

Jourde devant le 3ᵉ Conseil de guerre fut tellement indigné de la conduite du délégué aux *finances* et du cynisme avec lequel il se vantait d'avoir trahi le Comité central, la *Commune* et tous ses compagnons, et de l'audace éhontée dont il faisait preuve en venant réclamer le prix de sa trahison, qu'il ne put retenir son indignation et s'écria, quand le président l'interrogea en lui disant qu'il était accusé d'attentat contre le gouvernement :

— « Oui! envoyé à la *Commune* par mes concitoyens, j'en ai accepté les périls, j'ai payé de ma personne, ma capote a été trouée d'une balle et je regrette de ne pas avoir été tué sur une barricade ; car je n'assisterais pas aujourd'hui au spectacle honteux de gens qui déclinent la responsabilité de leurs actes. Comme défenseur et membre de la *Commune* je me déclare responsable ; mais je repousse toute solidarité avec les incendiaires. » La courageuse réponse de Trinquet provoquée par la conduite infâme et l'attitude indigne de Jourde, a valu au premier une condamnation aux travaux forcés à perpétuité.

Mais non seulement M. Jourde s'était ouvertement vanté de son abominable conduite envers le Comité central et la *Commune*, dont il était membre et qu'il avait si impudemment et si adroitement trahis, mais encore il avait choisi pour le défendre devant le conseil de guerre et pour soutenir la même thèse que lui, un avocat réactionnaire de la nuance la plus foncée ; un ami ardent du gouvernement de Versailles, membre de la société des Gourdins-réunis et un des acteurs de la manifestation de la place Vendôme, dont le fameux amiral Saisset était le chef et l'organisateur.

Cet honorable avocat, Mᵉ Caraby, a lui-même raconté sa brillante équipée devant le Conseil de guerre, afin de le rendre favorable à son honnête client, aussi comme lui un serviteur et un *défenseur de l'Ordre*.

« Le 22 mars, a-t-il dit devant le 3ᵉ Conseil de guerre chargé de juger son honorable client, il y eut une tentative à la place Vendôme, vous savez comment elle fut accueillie. J'étais de ceux-là. Après ce début Mᵉ Caraby explique comment lui, *un homme d'ordre*, a pu devenir le défenseur d'un membre de la *Commune* et comment il a été touché par l'honnêteté de Jourde et les larmes de sa mère.

Jourde selon lui a été « une *véritable providence* » pour le parti de l'ordre et le gouvernement de Versailles.

Sans lui le mal causé par la *Commune* aurait été dix fois plus grand.

« 120 millions de dépôts sont respectés grâce à lui. La Bourse un moment fermée est ouverte; on propose de remettre gratuitement les objets engagés au Mont-de-Piété. Jourde s'y oppose, il déclare que cette mesure est une attaque à la propriété.

« La Banque de France a été préservée. Par qui? Par Beslay, de Ploeuc et avec eux par Jourde. La Banque pouvait être considérée comme absolument perdue sans ressource. Qui l'a sauvée si non eux? Et voyons comment? D'abord M. de Ploeuc, qui a eu le courage moral de reconnaître l'appui de Beslay et qui, je vais le démontrer, a trouvé un secours non moins grand dans Jourde[1]. »

Après avoir démontré sans peine que c'était Jourde qui avait réussi à endormir l'ours populaire, auquel il donnait en pâture comme un narcotique quelques millions que lui remettait son compère de Ploeuc par l'intermédiaire de son complice Beslay, M. Caraby ajoute :

« Jourde a été membre de la *Commune*, pour cela il mérite une expiation... il l'a eue en subissant deux mois de prévention... Il

[1] Voir dans le procès des membres de la *Commune* devant le 3ᵉ conseil de guerre de Versailles, la défense de Jourde par Mᵉ Caraby.

a été ministre des finances et il a bien fait de rester à son poste, sans lui qui pourrait dire les malheurs qui auraient accablé notre pays.

« Theisz et Beslay sont en sûreté à l'étranger, et cela parce que le gouvernement l'a bien voulu; pourquoi poursuit-on Jourde qui comme Beslay a sauvé la Banque? On se demande comment de ces deux hommes, qui ont préservé le crédit et la richesse nationale d'incalculables désastres, l'un est libre et l'autre prisonnier et accusé[1]? »

Lorsque M⁰ Caraby eut terminé la défense de Jourde le président demanda à ce dernier s'il avait quelque chose à ajouter?

Jourde répondit : « Je tiens à mon honneur plus qu'à ma vie et cet honneur, j'attends de votre justice qu'elle me le rende ».

Nous allons voir maintenant ce que valait l'honneur de M. Jourde, auquel celui-ci avait l'air de tant tenir.

Lors de sa comparution devant le 3ᵉ Conseil de guerre, le commissaire du gouvernement lui a adressé la question suivante :

— « Vous avez déclaré n'avoir pu sauver les pièces de votre comptabilité et *vous avez enlevé des billets de banque*. Elles n'auraient pas tenu sous votre gilet plus de place que ces derniers, qui y étaient cachés?

— *Jourde*, répondit : « J'ai enlevé les pièces de ma comptabilité dans ma serviette et je les ai portées à l'Hôtel de Ville, où elles ont été brûlées, ainsi que je l'ai déjà dit. »

Oui, mais ce que ne dit pas, l'honnête, probe et vertueux Jourde, c'est pourquoi il avait cousu des billets de banque dans la doublure de son gilet. Mais nous allons le dire pour lui en racontant son arrestation, qui eut lieu

[1] Procès des membres de la *Commune* devant le 3ᵉ conseil de guerre de Versailles, en août 1871.

rue Grenelle Saint-Germain, le 30 mai 1871, à une heure et demie du matin, en compagnie d'un nommé Dubois, son secrétaire, son complice et son ami.

« Jourde fut alors trouvé possesseur d'une somme de 8,070 fr. en billets de banque, dit l'acte d'accusation. Dubois[1] était également porteur d'une somme de 1,700 francs, et lorsque ce dernier comparut devant le commissaire de police, on saisit sur lui une nouvelle somme de 1,400 francs. Ces trois sommes forment un total de 11,170 francs, qui représente le reste connu des sommes immenses se comptant par millions que la *Commune* a absorbées.

« L'argent trouvé sur Jourde se décompose ainsi : 695 francs entre ses mains et 7,375 francs en billets de banque cachés dans la doublure de son gilet.

« Relativement à la possession de cet argent caché sur lui Jourde dit :

— « *Je n'ai pris que sept ou huit mille francs qui appartiennent à l'État*[2]. » Cette déclaration est un aveu complet du vol de cette somme.

M. Jourde a ajouté ensuite que la somme de 8,070 fr. dont il était porteur lors de son arrestation, et qui était cachée dans la doublure de son gilet « était le reliquat de 40,100 francs provenant des *finances* qu'il avait dû distribuer au dernier moment, aux divers membres du Comité de Salut Public, sur leur insistance, en présence du péril imminent auquel, il s'agissait de tâcher de se soustraire. »
M. Ossude est venu déposer et a dit :

— « Je tiens à rectifier un fait relatif à l'arrestation de M. Jourde. Il ne m'a pas remis spontanément l'argent qu'il avait, mais seulement sur ma demande.

[1] C'était un des secrétaires de Jourde.
[2] Voir l'acte d'accusation contre Jourde et ses réponses devant le 3e conseil de guerre de Versailles.

« J'ajouterai qu'il me dit que son intention était de passer en Amérique ».

— « Ce qui implique d'une manière bien évidente, dit le commissaire du gouvernement, que quand Jourde cachait dans son gilet l'argent qu'on y a trouvé, soit 8,070 francs, il avait la résolution bien arrêtée et calculée de détourner cette somme qu'il avoue appartenir à l'État ».

Ainsi il résulte, de l'aveu même de Jourde, qu'il n'avait que 7 ou 8,000 francs qui appartenaient à l'État. C'est peu, certainement pour un ministre et pour un financier, mais c'est suffisant pour constituer un vol bien caractérisé.

Et, d'après la déposition de M. Ossude, il résulte que M. Jourde avait pris cette somme de 7 ou 8,000 francs pour aller en Amérique. Ou en bon français, il est prouvé que ce monsieur avait volé 7 ou 8,000 francs à l'État avec préméditation, afin de s'en servir pour aller en Amérique. Ce fait constitue un vol de confiance, avec préméditation, incontestable et publiquement avoué. C'est paraît-il un très beau titre pour établir la haute probité, la moralité excellente, l'intégrité irréprochable et l'honnêteté à toute épreuve du délégué de la *Commune* aux Finances, aux yeux de tous les honnêtes gens amis et défenseurs de l'ordre et du gouvernement de Versailles, depuis M. l'académicien pamphlétaire Du Camp, qui a fait le plus grand éloge de M. Jourde, jusqu'à son cher ami Beslay, qui lui rend hommage, ainsi que tous les membres de la minorité de la *Commune* qui lui décernent le prix de vertu et qui le proclament « grand financier! »

Tout en faisant toutes réserves sur la vertu et les qualités financières transcendantes de M. Jourde, il nous suffira, pour le moment, de constater que de son aveu même, sa moralité négative est dûment établie et prouvée, par un vol de 7 ou 8,000 francs, commis avec préméditation.

Mais poursuivons cette étude de la probité du célèbre financier de la *Commune*, « qui ne devait laisser au gouvernement qui lui succéderait que des traces honorables de son court passage aux affaires », selon ses propres expressions.

Dans l'interrogatoire qu'il a subi devant le commissaire-rapporteur du conseil de guerre, Jourde a déclaré qu'il a dépensé au total, jusqu'au 27 mai inclusivement. 47,000,000

Il a trouvé en caisse au ministère des Finances, le 19 mars.	4,000,000 [1]	
Touché à la Banque.	20,000,000	
Des recettes diverses des octrois, des douanes, domaines, tabacs, enregistrement, timbres, monnaie, etc., au total.	21,000,000	47,000,000
Et des chemins de fer.	2,000,000	
Balance.		00,000,000

D'après les données de M. Jourde, le grand comptable de la *Commune*, ses dépenses et ses recettes se balancent très exactement.

Mais malheureusement, pour l'illustre Turgot de la *Commune*, l'inexorable marquis de Ploeuc, plus raide que la justice et plus exact que Barème, est venu déclarer, avec pièces à l'appui, que l'ensemble des diverses sommes remises par la Banque de France entre les mains de

[1] M. Jourde a touché, au Ministère des Finances, 4,723,259 fr. 75 Voir le compte signé par son caissier Durand, qui a été officiellement publié. C'est donc la somme de 723,259 fr. 71 que M. Jourde oublie de mentionner. Nous ne signalons cette erreur que pour mémoire. M. Jourde en a bien commis d'autres plus monstrueuses.

Jourde ou de ses agents munis de son autorisation ou de reçus en son nom, ne s'élève qu'à 16,691,000 francs, tandis que Jourde la porte à 20,000,000 de francs, ce qui fait une différence de 3,309,000 francs que M. Jourde aurait reçue de moins ; de telle sorte que ses recettes qu'il portait :

A	47,000,000 fr.
Doivent être diminuées de.	3,309,000
Ainsi, en réalité, il n'aurait reçu que. . .	43,691,000 fr.

Avec lesquels il a eu le talent de payer 47,000,000 de francs, et il aurait en outre réussi à cacher 7,375 francs en billets de banque dans les doublures de son gilet, à dissimuler 3,100 francs dans les poches et les bottes de son secrétaire Dubois, et à avoir encore 695 francs de monnaie de poche, sur lesquels il n'y avait, dit-il, que 120 francs à lui. C'est là une bien grande habileté de comptable et qui tient du merveilleux ; seul le grand financier Jourde était capable de faire preuve d'un aussi prodigieux talent de comptable et d'accomplir un pareil miracle.

M. le commissaire-rapporteur, qui manquait de foi, n'a pas voulu croire à ce dernier, qui dépasse, et de beaucoup, celui de la multiplication des pains, et le grand financier de la *Commune* n'a pas pu passer à ses yeux pour un prophète, il a cru qu'il avait puisé à d'autres sources plus profanes, pour se procurer les 3,309,000 fr. qui lui manquaient pour parfaire le solde de ses dépenses, et il l'a même accusé d'avoir reçu de l'argent de l'étranger, des ennemis de la France, ou de l'*Internationale* ; à moins qu'il ne se soit procuré, dit-il, la somme qui lui manquait par « la transformation en monnaie des matières d'or et d'argent provenant des vases sacrés des églises de Paris et des objets précieux enlevés aux Tuileries et dans les autres établissements de l'État ou des particuliers [1]. » Toutes ces suppositions, selon nous, n'avaient rien de sérieux, et Jourde, qui le savait parfaitement, en profita adroitement pour demander une enquête sur sa gestion de délégué aux finances, il savait bien qu'on ne trouverait pas de preuves contre lui, le ministère des Finances ayant été brûlé ainsi que l'Hôtel de Ville où il avait, dit-il, déposé les pièces de sa comptabilité. M. Jourde dans ses déclarations relatives à sa gestion financière craignait surtout que l'on arrivât à l'accuser d'avoir touché plus d'argent qu'il n'en avait dépensé et qu'on ne lui demandât de tenir compte du restant ou d'expliquer son emploi ; c'est pour cela qu'il a exagéré le chiffre de ses recettes à la Banque pour équilibrer son budget. Il savait bien que si on découvrait qu'il y avait une erreur dans ses comptes on ne pourrait pas lui faire un crime d'avoir dit qu'il avait payé plus d'argent qu'il n'en avait reçu et que, dans ce cas, il ne pouvait pas être soupçonné de vol ; tandis que s'il avait fait le contraire en déclarant avoir reçu plus d'argent qu'il n'en avait dépensé on l'aurait certainement accusé d'avoir gardé pour lui ou volé la différence. Cette tactique ne manquait pas d'une certaine habileté et pouvait lui être très utile, pour se tirer d'affaire. Mais, malgré cela, il est dans tous les cas certain que les comptes du grand comptable Jourde, « qui voulait faire mieux que ses prédécesseurs », comme il le disait avec vanité à M. de Ploeuc, n'étaient pas justes et que s'il pratiquait bien la soustraction, il ne savait pas faire une addition. Pour lui, 16,691,000 francs égalaient

[1] Cette dernière, hypothèse est parfaitement gratuite, l'honnête Camélinat avait précieusement étiqueté, inventorié et conservé toutes les valeurs en métaux précieux envoyées à la monnaie et ... les a toutes retrouvées après son départ.

20 millions, et ce devait être une grande déception pour son amour-propre de financier-comptable que la constatation publique d'un pareil résultat.

Mais hélas! cette erreur d'addition n'était pas la seule défectuosité des comptes fantaisistes de l'éminent délégué aux finances.

M. de Ploeuc a fourni un compte très détaillé de l'argent de la Banque, qu'il a remis à M. Jourde ou à ses représentants duquel il résulte que, du 19 mai jusqu'au 23 du même mois inclusivement ou pendant les cinq derniers jours de sa gestion aux Finances, M. Jourde a reçu 2,640,000 francs, ce qui fait plus de 500,000 francs par jour; or à cette époque, dans les derniers jours de la lutte, le nombre des gardes nationaux qui se battaient pour la *Commune* était considérablement diminué, nous en savons quelque chose puisque nous en faisions partie ; le 23 mai un très grand nombre d'entre eux avaient déjà été massacrés et faits prisonniers, et des quantités encore beaucoup plus grandes de ces défenseurs de la *Commune* étaient rentrées chez elles et s'étaient cachées, et il avait commencé à en être ainsi depuis le 21 mai, jour de l'entrée des troupes de Versailles dans Paris; ce n'est pas exagérer que dire qu'il ne restait pas au maximum, pendant la dernière semaine de la *Commune*, 40,000 hommes derrière les barricades, c'est Jourde lui-même, qui a fixé ce chiffre dans son interrogatoire. Or, comme à l'époque dont nous parlons, on faisait la paye derrière les barricades, il ne fallait pas plus de 80,000 francs par jour pour payer ces combattants, en les taxant à 2 francs, et pour les cinq jours 400,000 francs.

Or, Jourde a reçu . . . . 2,640,000 fr.
En en diminuant. . . . . 400,000 fr.

Il lui resterait encore . . . 2,240,000 fr.

M. Jourde serait bien aimable s'il nous disait ce qu'il a fait de cette énorme somme? Mais comme nous savons qu'il ne répondra pas à cette question par trop indiscrète, nous ferons un peu plus loin la réponse pour lui.

Comme nous l'avons dit, nous étions derrière les barricades de la *Commune* jusqu'au dernier jour et nous avons eu l'honneur de voir le Turgot de la *Commune* le 26 mai, rue Haxo, et de recevoir quelques confidences de lui au sujet de sa caisse, qui pourront, en les lui rappelant, jeter quelque jour sur sa comptabilité.

Citons d'abord une partie de l'interrogatoire que lui a fait subir M. Ossude, lors de son arrestation, le 30 mai, dans lequel il a déclaré :

« Que le 22 mai, il était resté au ministère des Finances, jusqu'à trois heures, cherchant à éteindre l'incendie allumé par les obus..., puis qu'il fût à l'Hôtel de Ville. Le mercredi et le jeudi (24 et 25 mai), il alla à la mairie du onzième arrondissement, puis il se réfugia à Belleville, ajoute-t-il. »

— « Pour la question des finances, a déclaré M. Ossude dans sa déposition devant le 3ᵉ conseil de guerre, faite en présence de Jourde, je lui ai demandé avec quelle somme il était parti? Il me répondit être parti, le 22, avec cinq cents et quelques mille francs, du ministère des Finances. Je lui dis que c'était peu, il me fit observer qu'en dernier lieu il y avait à peine 35,000 ou 40,000 hommes à payer. »

Eh bien, le vendredi 26 mai 1871, nous étions, comme nous l'avons dit, à l'ancien secteur de la rue Haxo, au n° 145, dont le comité de salut public nous avait confié la défense, quand M. Jourde y est arrivé, nous allons citer textuellement la conversation que nous avons eue alors avec lui et que nous copions sur une note datant de 1871, que nous avons conservée :

« Jourde nous demanda si nous avions besoin d'argent, en nous en offrant. Il nous dit qu'il en avait encore beaucoup en caisse. Il tira de sa poche une liasse contenant cinquante billets de mille francs, en nous disant :

— « Voilà 50,000 francs qui viennent de m'être apportés par un directeur d'octroi, qui a risqué sa vie pour venir ici avec cette somme [1] ; vous voyez combien on est encore à l'heure qu'il est dévoué à la *Commune*. »

« Nous remerciâmes Jourde de ses offres d'argent et nous lui dîmes que nous n'en avions pas besoin.

« Il nous demanda ensuite si nous connaissions une maison sûre de l'autre côté de l'enceinte fortifiée, dans laquelle on pourrait déposer en toute sûreté la caisse de la *Commune*, contenant encore 15 ou 1,800,000 francs.

« Nous lui répondîmes que nous n'en connaissions pas et que nous pensions qu'il n'avait pas le droit de disposer de cette somme, ni de la cacher. Qu'elle devait être employée à payer la solde des combattants, à pourvoir à leurs besoins, à leur sûreté et à leur fuite si cette dernière devenait nécessaire.

« Jourde nous demanda ensuite s'il pouvait faire apporter la caisse près de nous, rue Haxo, n° 145, et si elle y serait en sûreté ?

— « Oui, vous pouvez la faire transporter ici, lui répondîmes-nous, en lui montrant la chambre voisine dans laquelle Oudet, blessé, était étendu sur un sofa, mettez-la là et soyez certain que personne ne la touchera. »

« Un peu plus tard, en effet, on apporta un coffre fermé à clef et quelques papiers qui furent déposés au lieu que nous avions indiqué. »

Oudet a vu comme nous ces objets, il s'en souvient encore parfaitement aujourd'hui.

[1] Cet homme dévoué avait été arrêté par les gardes nationaux, très soupçonneux les derniers jours, et comme ils avaient découvert sur lui les 50,000 francs dont il était porteur, ils voulaient le fusiller comme voleur ; heureusement pour lui qu'il put justifier de sa qualité et se faire reconnaître, sans cela il était perdu.

Nous n'avons pas examiné de près la caisse dont nous parlons, ni vu son contenu. Nous n'avions ni le temps, ni la volonté de nous occuper de ces choses-là, soupçonnant un peu ce qui est arrivé, nous ne voulions nous mêler en rien aux affaires d'argent, qui ne pouvaient être que très compromettantes.

Voilà dans toute son exactitude et dans toute sa vérité, la conversation que nous avons eue le 26 mai, rue Haxo, avec M. Jourde au sujet de la caisse de la *Commune*.

On voit que ce que nous a dit M. Jourde au sujet du montant de l'argent qu'il avait en caisse quand il est venu près de nous, rue Haxo, ne concorde guère avec la déclaration qu'il a faite sur le même sujet à M. Ossude, lorsqu'il a été arrêté et interrogé par ce dernier ; puisqu'il lui a déclaré qu'il avait quitté le ministère des Finances, le 22 mai, avec une somme de 500,000 francs seulement, et qu'au dernier moment, « il n'avait plus que 40,100 francs, qu'il avait distribués aux divers membres du comité de salut public et de la *Commune*, sur leur demande, afin de leur fournir le moyen d'échapper au danger imminent qui les menaçait.

Comment, s'il n'avait eu que 500,000 francs le 22 mai, quand il a quitté le ministère des Finances, aurait-il pu faire la paye à la garde nationale pendant quatre jours, jusqu'au 26, et arriver ce jour-là auprès de nous, rue Haxo, avec un million et demi dans sa caisse, ainsi qu'il nous l'a déclaré ?

Il est vrai qu'il a reçu encore 500,000 francs de la dernière réquisition faite à la Banque, le lendemain 23, dont il n'a pas parlé : mais, en les ajoutant aux 500,000 francs qu'il avait disait-il encore en caisse la veille, cela ne ferait qu'un million, avec lequel il aurait fait pendant quatre jours la paye à 80,000 francs par jour environ, ce qui ferait 320,000 fr. ; en les déduisant de son million, il ne lui serait plus resté environ que 680,000 francs en caisse et non pas 1,500,000 francs, qu'il avait encore quand il est arrivé rue Haxo. Il n'est pas probable qu'il ait reçu beaucoup d'argent provenant des ressources journalières de la Ville de Paris; des octrois, du timbre, de l'enregistrement, des tabacs, etc.; car depuis l'entrée des troupes de Versailles dans Paris, le cercle dans lequel s'exerçait le pouvoir de la *Commune* allait tous les jours en diminuant, et les 24, 25 et 26 mai il se trouvait bien rétréci; du reste pendant l'horrible bataille de la Semaine Sanglante, il est certain qu'on s'occupait fort peu de faire payer et de recouvrer les contributions. Ainsi, il est prouvé que M. Jourde devait avoir en caisse, le 22 mai, quand il a quitté pour la dernière fois le ministère des Finances, plus de 500,000 francs, puisqu'il est arrivé près de nous, le 26 mai, rue Haxo, au n° 145, ayant encore en caisse 1,500,000 francs, comment se fait-il qu'il ne lui soit plus resté le lendemain que 40,100 francs, comme il l'a dit devant le conseil de guerre, en ajoutant qu'il les avait distribués aux membres de la *Commune* et des Comités présents en ne gardant pour lui que 7 ou 8,000 francs?

Qu'a-t-il donc fait de la différence qui était d'environ quatorze cent soixante mille francs (1,460,000 fr.)? A quel usage l'a-t-il donc employée? Nous mettons au défi M. Jourde de répondre à cette question. Mais il est certain que les 1,500,000 francs que M. Jourde avait encore le 26 mai, quand il est venu près de nous, rue Haxo, au n° 145, ont disparu; qu'ils ont été pillés, volés par M. Jourde et probablement par quelques-uns de ses complices. Dans tous les cas, il nous a déclaré avoir cette somme en sa possession le 26 mai, et il nous a montré la caisse la contenant. Encore une fois, qu'est-elle devenue? Il en était responsable comme délégué de la *Commune* aux finances. S'il ne peut en justifier l'emploi, c'est qu'il l'a volée.

Nous le demandons, quelle confiance peut-on avoir dans la probité et la comptabilité d'un pareil délégué au ministère des Finances, lequel coud une partie du reliquat de sa caisse dans la doublure de son gilet et qui cache le reste dans les bottes de son secrétaire, dans l'intention de les voler?

C'est le 30 mai, que ces deux dignes et honnêtes financiers, M. Jourde et son secrétaire, ont été arrêtés non pas les mains dans le sac, mais le sac vide dans les mains et son contenu dans leurs doublures et dans leurs bottes, et ils avaient quitté la rue Haxo depuis le 27 mai; ils ont donc eu trois jours pour cacher et mettre en sûreté le contenu de leur caisse, et ils en ont certainement profité pour le faire, en gardant sur eux seulement l'argent dont ils avaient besoin pour se sauver.

Il leur a été d'autant plus facile de mettre en lieu sûr la plus grande partie de l'énorme somme qui leur restait encore, qu'ils ont parcouru pendant ces trois jours une grande partie de Paris, depuis la porte de Romainville, d'où ils sont partis, jusqu'à la rue du Bac où ils ont été arrêtés.

Dans tous les cas, M. Jourde est responsable de sa caisse qui est restée toute la journée du 26 mai, dans la chambre à côté de la nôtre, dans la maison de la rue Haxo, portant le nº 145; elle était placée sur une table et elle y était encore le soir, à la tombée de la nuit, quand nous sommes sorti pour aller surveiller les barricades et nous assurer que nous ne serions pas tournés et surpris pendant la nuit par les troupes de l'armée de Versailles, qui s'avançaient de chaque côté de nous, le long des fortifications, de manière à opérer leur jonction à la porte de Romainville, aux environs de laquelle combattaient les derniers défenseurs de la *Commune*, afin de les entourer complètement dans un cercle de fer et de feu, de se rabattre ensuite sur eux, et de les massacrer jusqu'au dernier.

Nous avons vu ce jour-là, à l'ancien secteur, rue Haxo, n° 145, un grand nombre de nos collègues, membres de la *Commune*, ainsi que plusieurs citoyens et officiers bien connus. Parmi lesquels il y avait Eudes, Gambon, Antoine Arnaud, Ranvier, membres du comité de Salut Public; Arnold, Alix, J. B. Clément, Vallès, Viard, membres de la *Commune*, Hippolyte Parent, le successeur du citoyen Delescluze à la guerre, Gois, Granger, Brunereau et un grand nombre d'autres dont les noms et le souvenir nous échappent.

Le lendemain matin 27 mai, de très bonne heure, lorsque nous sommes rentré au secteur après avoir passé la nuit derrière les barricades, celui-ci était presque vide ; nous avons cependant encore rencontré Hippolyte Parent et quelques autres, parmi lesquels Alix et Brunereau, mais la caisse de la *Commune* et Jourde avaient disparu. Oudet, blessé était resté seul étendu sur le sofa, en proie à un violent accès de fièvre, il avait le délire et ne put nous fournir aucun renseignement sur nos compagnons de lutte. Jules Vallès et sa femme qui étaient là, la veille, auprès de la caisse, avaient aussi disparu.

Nous étions bien étonnés de ne plus avoir rencontré nos collègues ; mais nous avons naturellement pensé qu'ils étaient allés combattre derrière les barricades ; quant à Jourde et à sa caisse, nous ne les avons jamais revus, depuis ce jour-là ; mais le délégué aux finances est comme nous l'avons dit responsable de cette dernière, c'est à lui de dire ce qu'il en a fait, et s'il ne peut justifier l'emploi des 1,500,000 francs qu'elle contenait encore la veille, c'est qu'il les a volés.

Il est presque certain qu'il n'était pas seul pour accomplir ce larcin, et qu'il a donné une part de cet argent à ceux de ses anciens collègues de la *Commune* qui étaient alors près de lui; mais la déclaration qu'il a faite à ce sujet n'est pas exacte, car il lui restait encore environ 1,500,000 francs, et non pas seulement 40,100 francs comme il l'a dit, et ce qu'il nous reste encore à raconter au sujet des dernières journées passées rue Haxo, et de ce que nous avons vu à notre arrivée à Londres, confirmera cette hypothèse.

Nous allons donc achever notre récit des événements accomplis rue Haxo et relatifs à M. Jourde et à sa caisse.

Dans la matinée du 27 mai 1871 à huit ou neuf heures, nous nous assurâmes encore, avec le colonel Hippolyte Parent, que les dernières barricades des défenseurs de la *Commune* résistaient toujours, depuis la porte de Bagnolet, jusqu'à celle des Prés Saint-Gervais; et comme nous étions très fatigués, et que nous avions un grand besoin de prendre quelque chose pour nous soutenir et nous rafraîchir, nous allâmes au restaurant des Lacs Saint-Fargeau, où nous pûmes obtenir, non sans difficultés, du pain, du fromage et un litre de vin; entourés, comme nous l'étions de tous les côtés, par l'armée de Versailles et par celle de ses bons amis les Allemands nous commencions à manquer de vivres et à être pris par la famine. Lorsque nous eûmes mangé notre maigre déjeuner le colonel Parent nous dit :

— « Payez donc, Vésinier, car je n'ai pas le sou et je vais aller à la recherche de la caisse et de Jourde, pour toucher ma solde, dont je puis avoir grand besoin à la dernière heure pour m'échapper si je ne suis pas tué. »

Nous payâmes environ un franc cinquante centimes pour le déjeuner du dernier délégué de la Commune à la guerre et le nôtre. Le lecteur voudra bien nous pardonner ce petit détail et cette digression utiles à notre sujet: nous allons revenir bientôt à Jourde et à sa caisse.

Quand nous eûmes soldé le prix de notre modeste repas, le colonel Hippolyte Parent, nous dit encore :

— « Venez, donc avec moi, citoyen Vésinier, vous vous ferez aussi payer ce qui vous est dû pour vos appointements de membre de la *Commune*.

— « Merci, j'ai encore 200 francs dans ma poche, que je me suis fait remettre par un journal dont je suis rédacteur et j'en ai bien assez pour mes frais de route si je ne suis pas tué et si je puis m'échapper.

— « Eh bien, si vous ne voulez pas passer à la caisse, venez avec moi m'aider à faire enterrer les cadavres.

— « Comment? que dites-vous, de quels cadavres parlez-vous?

— « Mais, parbleu de ceux des malheureux qu'on a massacrés hier; vous les connaissez aussi bien que moi?

— « Mais non, je vous le jure, je n'ai pas entendu parler de massacre, ni de cadavres.

— « Cela est bien extraordinaire; mais dans tous les cas, vous avez dû entendre les coups de fusils?

— « Ah oui! je me rappelle, j'ai en effet entendu des coups de fusils, hier; j'ai envoyé demander ce qui avait motivé la fusillade dont j'avais entendu le bruit et on est venu me dire de ne pas m'en inquiéter, qu'elle n'avait rien de grave, qu'elle était due à des gardes nationaux qui s'amusaient à tirer en l'air. Je donnai alors l'ordre de faire cesser ces coups de feux insolites et je ne m'en préoccupai plus.

— « Ce que vous me dites là me semble bien extraordinaire, nous répondit Parent, mais je vous crois, dans tous les cas il serait à souhaiter que la fusillade dont nous parlons eut eu lieu dans les circonstances qu'on vous a expliquées; mais malheureusement il n'en a pas été ainsi, on a massacré hier cinquante-quatre malheureux gendarmes, gardiens de Paris, quelques prêtres et quatre mouchards.

— « Comment, que me racontez-vous là; mais c'est horrible!

— « Ah! je le crois bien, et si vous aviez comme moi assisté à cet affreux spectacle vous en auriez été bien indigné.

— « Quoi, vous avez vu massacrer une cinquantaine d'hommes, devant vous, et vous ne vous y êtes pas opposé, vous le délégué de la *Commune* à la guerre, le successeur de Delescluze; mais vous avez donc voulu nous déshonorer; s'il en est ainsi ne m'adressez plus jamais la parole, vous êtes un... »

Parent me coupa la parole et ne me laissa pas achever.

— « Citoyen Vésinier, me dit-il, j'ai fait mon devoir, je me suis jeté au-devant des individus furieux, qui accusaient les prisonniers d'avoir massacré leurs compagnons, et qui ne voulaient rien entendre, ils m'ont enlevé, jeté dehors, au milieu de la rue en me disant f... nous la paix ou on t'en f... autant.

« Il m'a été impossible d'empêcher ce massacre. Tous les fédérés et surtout les anciens soldats qui avaient échappé à la mort dans l'intérieur de Paris, et qui avaient vu massacrer un si grand nombre de leurs camarades étaient dans un tel état d'exaspération, qu'il était impossible de leur faire entendre raison, et parfaitement inutile de l'essayer. — « Venez avec moi nous ferons cacher ces cadavres, ajouta Parent, car si les troupes de Versailles les découvrent, elles massacreront tous les habitants du quartier. »

Nous refusâmes d'accompagner Parent, ne voulant rien avoir de commun avec cette tuerie. Il est donc allé sans nous, faire enfouir les cadavres et réclamer de l'argent à Jourde, et nous ne l'avons pas revu à Paris; mais quand il est arrivé à Londres quelque temps après, lui, qui n'avait pas soixante-quinze centimes pour payer la moitié du prix de notre déjeuner le 26 mai, était alors cousu d'or et de billets de banque. Il avait probablement retrouvé Jourde et sa caisse et rempli ses poches. Il était sans doute un de ceux à qui Jourde a distribué au dernier moment ainsi qu'il l'a dit : « une partie de l'argent qu'il avait encore en caisse, comme l'a aussi raconté M. Du Camp en disant : « Jourde avait sans doute présidé à la dernière distribution d'argent, qui fut faite le samedi 27 mai au matin, dans une petite maison, portant le n° 145 de la rue Haxo, entre quelques chefs de la révolte, encore présents mais prêts à fuir [1] ».

[1] *Les Convulsions de Paris*, par Maxime Du Camp, tome III, p. 263.

Nous ignorons quels sont les membres de la Commune ou du Comité de Salut Public, auxquels Jourde a dû faire cette distribution au dernier moment, « sur leur insistance en présence du péril imminent auquel il s'agissait de tâcher de se soustraire, ainsi qu'il l'a lui-même déclaré. »

Mais ce que nous savons, c'est que des individus comme l'ancien fabricant de sicatif Viard, « zébré de banqueroute, » comme l'a dit spirituellement Vermersch, Parent le successeur de Delescluze à la guerre, Eudes, le trop célèbre général et d'autres encore qui n'avaient pas le sou avant la Commune et même lorsque les troupes de Versailles sont entrées dans Paris, le 21 mai 1871, quinze jours ou trois semaines plus tard, lorsqu'ils sont arrivés à Londres, après la distribution des sommes que M. Jourde avait faite rue Haxo, étaient cousus d'or et avaient les poches bourrées de billets de banque, ainsi que nous le raconterons à la fin de ce volume, dans la partie relative aux vols et aux pillages pendant la *Commune*.

Nous n'en dirons pas davantage pour le moment au sujet des vols accomplis par l'intègre, probe et honnête grand financier Jourde.

Nous avons déjà prouvé que son honnêteté politique est à la hauteur de sa moralité privée, pour achever de le peindre nous allons citer l'opinion du citoyen Vermersch, le plus intelligent des écrivains de la *Commune*, qui, lui aussi, croyait que ce fameux grand financier était non seulement un voleur, mais encore un traître et un mouchard.

« J'ai appelé Jourde MOUCHARD! a dit Vermersch.

« Je ne retire pas le mot. Je le maintiens plus que jamais... »

Mais si comme le dit M. Du Camp, c'est au n° 145 de la rue Haxo, que cette distribution a eu lieu, elle a été faite avant notre retour, car, quand nous sommes arrivé dans la matinée, la caisse et Jourde n'y étaient plus.

Le citoyen Vermersch cite à l'appui de son accusation, si énergiquement formulée contre Jourde, les déclarations de ce dernier devant le 3ᵉ conseil de guerre de Versailles, que nous avons déjà reproduites, et il ajoute :

« Il résulte donc des pièces qu'on vient de lire, que Jourde, de son propre aveu, n'est entré dans la *Commune* de Paris que dans le but de *la trahir*, de la priver de ses moyens d'action et de la faire tomber le plus vite qu'il lui serait possible dans les mains de ses ennemis...

« Que loin de dissimuler son odieuse conduite pendant l'insurrection ; il fait au contraire étalage de sa honte et de son infamie... Il feint d'être touché d'un mouvement populaire pour le faire dévier, dut s'en suivre le massacre de toute une population...

« Quand un homme a accepté, — plus qu'accepté ! sollicité ! — le mandat révolutionnaire ; qu'il sait le moyen de vaincre, et qu'il ne le donne pas au parti qui l'a nommé ; quand loin de le donner, il le dissimule de tous ses efforts ; quand il est instruit et a parfaitement conscience, grâce à son éducation, de tous les résultats que doit amener sa conduite ; quand un homme fait cela, je commence par déclarer qu'il est un infâme gredin.

« Quand ensuite cet homme vient proclamer à haute et intelligible voix qu'il n'a sollicité la confiance du parti qu'il représente que pour servir l'adversaire de ce parti, qu'il ment effrontément, renie tous ses actes, revendique toutes les infamies, mérite la fameuse apostrophe de Trinquet, lui disant : « qu'il « aimerait mieux être mort sous les balles des Versaillais que « d'assister au spectacle écœurant de toutes ses palinodies ; » quand un homme a fait tout cela, je dis que cet homme est assurément un misérable, un agent de Versailles !

« Mais, quand je passe en revue tous ces faits, et que je me rappelle l'étroite amitié de Jourde avec son secrétaire général Durand et un de ses principaux officiers payeurs, sur la personnalité duquel j'appelle le témoignage du citoyen Dardelle, colonel gouverneur des Tuileries ; alors que tout le monde sait que Durand est un pur et simple espion ; alors que le citoyen Dardelle n'a aussi peu caché sa pensée sur le second ami de Jourde auquel je fais allusion que sur son secrétaire ; je n'hésite plus, et je dis : — « Cet homme, Jourde, n'est pas seulement le dernier des lâches ; ce n'est pas seulement un misérable, qui par timidité nerveuse, a fait, peut-être à son insu, les affaires de l'ennemi, cet homme est encore un mouchard et le pire des mouchards!

« Telle a été mon opinion, telle elle est encore et telle elle sera[1]. »

L'opinion de Vermersch, sur Jourde, sera certainement celle de l'histoire impartiale.

[1] Le *Qui-Vive* du 23 novembre 1871, journal français, publié à Londres par le citoyen Vermersch.

CHAPITRE V

DOMBROWSKI ET LA DÉPOSITION DE L'AMIRAL SAISSET

Maintenant que nous avons raconté à l'aide de quelle dangereuse trahison M. Thiers était parvenu à se procurer à la Banque de France, la somme énorme de 257,630,000 francs dont il avait eu besoin pour organiser sa nombreuse armée, il nous reste encore à faire l'historique de la dernière et de la plus odieuse des trahisons qui ont eu lieu pendant la *Commune*, de celle qui a abouti à la livraison de plusieurs portes de Paris au gouvernement de Versailles, à l'entrée des troupes de ce dernier dans la capitale le 21 mai 1871 ; au massacre de la Semaine Sanglante, et enfin à la chute de la *Commune*.

Longtemps avant l'entrée des troupes de Versailles dans Paris, des bruits nombreux de trahison circulaient parmi les membres de la *Commune*, et le Comité de Salut Public les signalait hautement dès le 12 mai, dans sa proclamation adressée au peuple de Paris, dans laquelle il disait :

« Citoyens,

« *La trahison s'était glissée dans nos rangs.*

« *Désespérant de vaincre Paris par les armes, la réaction avait tenté de désorganiser ses forces par la corruption. Son or jeté à pleines mains avait trouvé jusque parmi nous des consciences à acheter.*

« L'abandon du fort d'Issy, annoncé dans une affiche impie, par le misérable qui l'a livré, n'était que le premier acte du drame ; une insurrection monarchique à l'intérieur, coïncidant avec *la livraison d'une de nos portes*, devait la suivre et nous plonger au fond de l'abîme.

« Mais cette fois encore la victoire est restée au droit.

« Tous les fils de la trame ténébreuse dans laquelle la révolution devait se trouver prise sont à l'heure présente entre nos mains.

« La plupart des complices sont arrêtés :

« Si leur crime est effroyable, leur châtiment sera exemplaire.

« La cour martiale siège en permanence. Justice sera faite, etc. »

On voit par cet extrait de la proclamation du Comité de Salut Public que nous citons, que ce dernier avait découvert une trahison dans les rangs de la *Commune* ayant pour objet la livraison d'une porte de Paris, qui devait être suivie d'une insurrection royaliste et de la destruction de la *Commune*. Mais elle avait pu heureusement être déjouée, comme le dit le Comité de Salut Public, et tous les fils de cette trame ténébreuse « avaient été saisis ; la plupart des coupables étaient arrêtés » et ils allaient être châtiés d'une façon exemplaire.

Le colonel Rossel, le signataire de « l'affiche impie », annonçant l'abandon du fort d'Issy, avait été mis en effet, en état d'arrestation et confié à la garde du citoyen Gérardin, membre du Comité de Salut Public ; mais le gardien s'était sauvé avec son prisonnier, et depuis ils n'ont pas pu être découverts. Des mandats d'arrêts avaient bien été lancés contre les autres principaux complices de cette trahison, mais son organisateur en chef Veysset était parvenu à s'échapper et à se réfugier à Saint-Denis, d'où il continuait ses machinations, sa femme avait été arrêtée à sa place dans la nuit du 11 au 12 mai, ainsi qu'un des principaux conspirateurs, l'un des frères Guttin ; mais tous les deux avaient réussi à échapper à la fameuse cour martiale ; madame Veysset en faisant remettre 3,000 francs à Cournet, délégué à la police, et le frère Guttin par un autre procédé, ainsi qu'on le verra plus loin dans la brochure de madame Veysset, et les menaces du Comité de Salut Public sont restées lettre morte ; aucun coupable n'a été châtié, aucune justice n'a été faite. On s'expliquera cela, quand on saura, que ceux-là même qui étaient chargés de faire punir les conspirateurs trahissaient.

Dans une seconde proclamation datée du 22 mai, le lendemain de l'entrée des troupes de Versailles dans Paris, le Comité de Salut Public dit encore :

« La porte de Saint-Cloud, assiégée de quatre côtés à la fois par les feux de la forteresse du Mont-Valérien, de la butte Montmartre, des Moulineaux, et du fort d'Issy que *la trahison a livré*, a été forcée par les Versaillais, qui se sont répandus sur une partie du territoire parisien.

« Ce revers loin de vous abattre, doit être un stimulant énergique. Le peuple, qui détrône les rois, qui détruit les Bastilles, le peuple de 89 et de 93, le peuple de la Révolution ne peut perdre en un jour le fruit de l'émancipation du 18 mars.

« Parisiens, la lutte engagée ne saurait être désertée par personne ; car c'est la lutte de l'avenir contre le passé, de la liberté contre le despotisme, de l'égalité contre le monopole, de la fraternité contre la servitude, de la solidarité des peuples contre l'égoïsme des oppresseurs.

« *Aux armes!*

« Donc *aux armes!* que Paris se hérisse de barricades, et que derrière ces remparts improvisés, il jette encore à ses ennemis son cri de guerre, cri d'orgueil, cri de défi, mais aussi cri de victoire, car Paris avec ses barricades est inexpugnable.

« Que les rues soient toutes dépavées, d'abord parce que les projectiles ennemis tombant sur la terre sont moins dangereux ; ensuite parce que ces pavés, nouveaux moyens de défenses, devront être accumulés de distance en distance sur les balcons des étages supérieurs des maisons.

« Que le Paris révolutionnaire, le Paris des grands jours fasse son devoir ; la *Commune* et le Comité de Salut Public feront le leur.

« Le Comité de Salut Public : Antoine Arnaud, Eudes, F. Gambon, G. Ranvier.

« Hôtel de Ville, le 2 prairial, an 79 ».

Comme on le voit le Comité de Salut Public fait encore allusion à la trahison qui selon lui a livré le fort d'Issy, mais il ne dit pas que la porte de Saint-Cloud ait été livrée par trahison, au contraire il déclare qu'assiégée de quatre côtés à la fois, elle a été forcée par les Versaillais.

Nous insistons sur ce fait parce qu'il est d'une grande importance, le Comité de Salut Public, qui devait être bien renseigné semble ignorer que c'est la trahison qui a introduit les troupes de Versailles dans Paris, le 21 mai, où s'il le savait il ne le disait pas, il assurait au contraire, que la porte de Saint-Cloud « avait été forcée par les Versaillais ». On saura plus tard pourquoi le Comité de Salut Public tenait ce langage. Ce dernier peut paraître d'autant plus extraordinaire que le Bulletin du journal officiel de la *Commune* du 23 mai, dit :

« L'ennemi s'est introduit dans nos murs plutôt par la trahison que par la force. »

Le journal le *Paris libre* ajoute encore :

« Le peuple surpris un instant par la *trahison*, s'est retrouvé ; les défenseurs du droit se sont comptés et c'est en jurant de vaincre ou de mourir pour la République qu'ils sont descendus en masse aux barricades ».

Ainsi, on le voit des bruits nombreux de trahison couraient depuis plusieurs jours dans Paris, et étaient répercutés par les organes les plus autorisés de la *Commune*, et les Comités de Salut Public et de Sûreté générale connaissaient le complot, lorsqu'enfin on apprenait que l'armée de Versailles était dans Paris; mais comme le Comité de Salut Public, n'avait pas attribué à la trahison, la cause de l'envahissement de la Ville, on se préoccupa fort peu de ces bruits, qui s'éteignirent bientôt, couverts par ceux de la lutte sanglante qui s'est ensuite engagée entre les troupes de Versailles et les défenseurs de la *Commune*. Puis la défaite finale de ces derniers, les flots de sang et les monceaux de cadavres qui couvrirent alors les rues de la capitale, cachèrent pendant un certain temps, la cause véritable de l'envahissement de cette dernière par l'armée du gouvernement de Versailles.

Mais depuis, le temps, ce grand révélateur, nous a appris à l'aide de quels moyens honteux, inavouables et de quelle abominable trahison, l'armée du maréchal Mac-Mahon était parvenue à franchir les portes de Paris. Ce sont les preuves irréfutables, incontestables de cette affreuse machination que nous allons placer sous les yeux de nos lecteurs.

Mais disons avant quel était Dombrowski, le général alors le plus populaire de la *Commune* et qui allait en être le Judas.

. Parmi les chefs militaires les plus remarquables de la *Commune*, il y avait un officier polonais, plein de bravoure et d'intelligence, nommé Jaroslas Dombrowski, qui commandait précisément la partie de l'enceinte fortifiée de Paris, située à l'ouest, et comprise entre le bastion 65, près du bord de la Seine, et le bastion 40, près de la porte de Saint-Ouen, dans laquelle se trouvent placées les portes du Point-du-Jour, de Saint-Cloud, d'Auteuil et de

Passy, etc., par lesquelles sont entrées, sans rencontrer la moindre résistance, les troupes de Versailles, dans l'après-midi du 21 mai 1871.

Dombrowski était un petit homme maigre, âgé de trente-six ou trente-huit ans, aux cheveux châtains, ayant une petite barbiche de même nuance et des minces moustaches en crocs ; ses yeux étaient vifs, sa figure, fortement empreinte du type camelouk, était énergique, et son allure décidée ; toute sa personne dénotait un bon soldat et un homme d'action. Cluseret a dit de lui :

« Dans ma longue pratique des hommes dont le métier est d'être énergiques, j'en ai peu rencontrés d'aussi braves que lui.

« Dans une de ses proclamations, fait encore observer Cluseret, la Commission exécutive de la *Commune* dit : « que Dombrowski
« a été élu chef principal de la dernière insurrection polonaise
« et qu'il a tenu tête à l'armée russe pendant plusieurs mois.

« Qu'il a été général sous les ordres de Garibaldi.

« Qu'il a également fait la guerre du Caucase, où il défendait,
« comme ici, l'indépendance d'une nation menacée par un ennemi
« implacable, etc... »

« Cette proclamation est un tissu d'erreurs :

« Dombrowski ne fut pas mis à la tête de l'insurrection polonaise.

« Il ne fut pas général de Garibaldi, ni ne prit part à la guerre.

« Il faisait partie des cadres de l'armée de Mirolowski, qui aurait pris part à la guerre si la paix ne l'avait terminée...

« Quant à la guerre du Caucase, c'est dans les rangs de l'armée russe, et non ailleurs, qu'il y prit part. »

Ces observations du général Cluseret sont très vraies et sont confirmées par un grand nombre des biographes de Dombrowski.

Voici ce que l'un d'eux a dit de lui :

« Jaroslas Dombrowski, d'après les bruits les plus accrédités, est né en Volhynie en 1835, c'est l'aîné de trois frères. Il entra au corps des cadets de Saint-Pétersbourg, passa à l'école de l'état-major, s'y lia avec le général Trépoff, et sortit le premier de l'école.

« En 1862, il était chef d'état-major et suivait le prince Constantin, qui vint à Varsovie. L'année suivante, à la suite de l'insurrection, il parlementa avec le gouvernement provisoire polonais, afin d'entraîner dans l'insurrection le parti libéral russe, dans lequel il avait une grande influence. Ces relations furent découvertes. Dombrowski fut condamné à mort et sa peine commuée en un exil perpétuel en Sibérie.

« Avant de partir, il obtint l'autorisation d'épouser Mlle Swidzinska, du duché de Posen. Devenue sa femme, elle le suivit dans son voyage et parvint à le faire évader à Nijni-Novgorod.

« Dombrowski se cacha quelque temps à Saint-Pétersbourg, parvint à passer en Prusse et de là en Suisse. Il arriva en France en 1865...

« En 1866, il alla en Bohême, il suivit les péripéties de la guerre austro-prussienne et consigna ses renseignements et ses observations dans un ouvrage intitulé : *La Guerre de Prusse en 1866*, ouvrage écrit en polonais, traduit en français et très remarqué des spécialistes.

« Dombrowski s'occupa ensuite d'achat d'armes pour la Pologne et fut alors impliqué dans un obscur procès pour faux billets de banque. Le tribunal, qui n'avait jamais eu la moindre preuve de sa culpabilité, l'acquitta [1]. »

Pendant le siège de Paris, Dombrowski ayant critiqué le fameux plan Trochu ou plutôt l'inaction et la conduite coupable de ce général, fut arrêté et emprisonné arbitrai-

---

[1] *Biographies des Membres de la Commune*, par Paul Délion, dont nous ne garantissons pas la véracité, car elles ne sont en général qu'un tissu de mensonges, de calomnies, d'injures grossières à l'adresse des vaincus. Son auteur est un *lâche* insulteur des prisonniers et des proscrits, qui ne pouvaient ni lui répondre ni le châtier.

rement, ainsi que cela se pratiquait alors sur une si vaste échelle, surtout envers les malheureux étrangers que l'on accusait si facilement d'être des espions prussiens.

Mais ces accusations étaient souvent de grossières calomnies, et la preuve que Dombrowski ne méritait pas celle que des misérables ont cherché à faire peser sur lui, c'est que l'honorable et intègre général Garibaldi a envoyé d'Autun, pendant la guerre, à M. Gambetta, la dépêche suivante :

« Citoyen, j'ai besoin de Jaroslas Dombrowski, rue Vavin, 45, Paris. Si vous pouvez me l'envoyer par ballon, je vous en serais très reconnaissant.

« Votre dévoué : GARIBALDI. »

Mais, malgré cette dépêche pressante, les hommes de la *Défense nationale* gardèrent leur proie sous les verrous de la Conciergerie. La mise en liberté du général Dombrowski ne faisait pas partie du plan Trochu.

Lors de l'arrestation de son époux, Mme Dombrowski avait écrit la lettre suivante dans les journaux pour protester contre la mesure inique et les calomnies odieuses dont son mari était la victime :

« 15 janvier 1871.

« Je suis la femme de l'accusé Dombrowski, et son honneur m'est plus cher que sa vie. L'unique désir du prétendu espion Jaroslas Dombrowski était de combattre pour la liberté de la France; sous le drapeau du général Garibaldi, quoique toutes ses offres de service au gouvernement de la Défense nationale eussent déjà été formellement refusées.

« Qu'a-t-on trouvé en faisant une perquisition à son domicile, le lendemain de son arrestation ? Des cadres de la légion garibaldienne et un petit ouvrage de critique au point de vue purement militaire, mais malheureusement intitulé : *Le général Trochu comme organisateur et comme général en chef*.

« Si on avait voulu seulement mettre de côté un homme qui déplaisait par ses critiques, je ne me plaindrais pas de son arrestation. Mais, ce dont j'ai le droit de me plaindre, c'est des moyens qu'on a employés pour arriver à ce but.

« Être un républicain, aimer la liberté, travailler pour elle, cela ne saurait être des crimes sous la République. Mais alors on ne devrait pas vouloir faire passer mon mari pour un voleur et pour un espion ?

« Citoyenne Pélagie Dombrowski,
« 15, rue Vavin. »

La révolution du 18 mars mit le patriote polonais en liberté, et le 6 avril suivant, le général Cluseret le nommait commandant de la place de Paris, en remplacement de Bergeret, mis en état d'arrestation.

« Mais cette situation convenant peu aux aptitudes de Dombrowski, dit Cluseret, il s'en affranchit vite, pour se consacrer tout entier à la défense de Neuilly, et là il accomplit des merveilles. Avec 1,335 hommes, maximum de l'effectif que je lui confiai, — ayant reconnu que plus il avait d'hommes, moins il savait s'en servir, — il tint en échec tout le premier corps d'armée du général Ladmirault qui, de l'aveu même de Mac-Mahon, constaté dans son rapport officiel, renouvelait tous les quatre jours la division envoyée pour le combattre à Neuilly. Or, une division, c'est en moyenne 10,000 hommes. Pauvre armée française et pauvres généraux ! Si nous avions eu cette machine dans nos mains comme nous eussions balayé les Prussiens, mais après avoir balayé les généraux français !

« Au bout de quelques jours, tranquille sur Neuilly, je n'y fis plus attention, je savais qu'il ne serait jamais pris. »

Dombrowski a en effet, comme le dit Cluseret, défendu Neuilly et toutes les positions qui lui étaient confiées, avec autant de courage que d'habileté, tant que la chose fut possible avec chance de succès : mais, depuis l'arrestation de Cluseret, et surtout depuis la perte du fort d'Issy, il se découragea, il comprit que la partie était perdue, qu'un peu plus tôt ou un peu plus tard il succomberait et, comme il combattait beaucoup plus en soldat qu'en homme politique et qu'en partisan dévoué de la République et de la *Commune*, son enthousiasme et son entrain des premiers jours l'abandonnèrent ; n'ayant plus foi dans le succès de la cause qu'il défendait, il songea au moyen de se tirer d'une manière avantageuse de la position dangereuse dans laquelle il se trouvait, et chercha à sauver sa vie et sa liberté, et à se créer des ressources pour l'avenir.

Le gouvernement de Versailles qui avait de nombreux espions auprès des officiers supérieurs de la *Commune* et de ses principaux fonctionnaires, ainsi que nous l'avons expliqué, était parfaitement renseigné sur chacun d'eux et au courant des dispositions dans lesquelles se trouvait le général Dombrowski, qu'il faisait surveiller et sonder, depuis longtemps, ainsi que son entourage par ses plus fins limiers.

Parmi les nombreux négociateurs de trahison au service de Versailles, il y avait un certain Georges Veysset, Périgourdin retors et mielleux, âgé de cinquante-neuf ans, grand, sec, glabre, de mine un peu sombre, se disant propriétaire, se prévalant d'un extérieur honnête et d'une prétendue magistrature municipale, qu'il aurait, disait-il, exercée dans son village ; il était besogneux jusqu'à l'aventure et courait depuis dix ans après tous les moyens les plus hasardeux de faire fortune. Sous l'Empire il se lança dans une foule d'entreprises plus ou moins frauduleuses, en compagnie d'autres chercheurs de millions qui, presque tous, ont fini sur les bancs de la police correctionnelle ou de la Cour d'assises ; Veysset plus habile, sinon plus moral qu'eux, était parvenu à éviter toute condamnation, mais il n'avait pas fait fortune.

La guerre de 1870 fut pour lui, comme pour tant d'autres, une nouvelle et bonne occasion pour spéculer sur le malheur de la Patrie et la misère publique et tenter de gagner de l'argent; il fit de nouveau des rêves dorés, il poursuivit tour à tour des projets de fournitures de fusils, de souliers, de ravitaillement, etc.

Chargé pendant le siège d'une partie de l'approvisionnement de Paris, il avait entretenu de fréquentes relations avec les membres du *Gouvernement de la Défense nationale*, qui ne laissaient jamais échapper une occasion d'employer les anciens suppôts de l'Empire de préférence aux républicains.

Aussi, après l'armistice et la conclusion de la paix, les bons rapports existants entre les membres du cabinet de M. Thiers et Veysset avaient continué de plus belle.

Lorsqu'après le 18 mars, la guerre eut éclaté de nouveau, non pas cette fois avec l'étranger, mais entre Versailles et Paris, M. Veysset espéra immédiatement que cette nouvelle calamité sociale pouvait être une très bonne affaire pour lui, et il chercha aussitôt à exploiter cette mine que le hasard des événements mettait à sa disposition.

Il alla donc offrir de nouveau ses services à ses anciens patrons, alors membres pour la plupart du gouvernement de M. Thiers, mais il ne pouvait leur être d'aucune utilité pour le moment, car ce qui leur manquait surtout c'étaient des soldats et, malheureusement pour l'entreprenant Veysset, il ne pouvait en recruter nulle part, il n'y en avait plus en France en dehors de la faible armée démoralisée de Versailles, tous les autres soldats étaient alors prisonniers en Allemagne ; seul, M. de Bismarck pouvait donc être le sergent-recruteur, le pourvoyeur, le marchand d'hommes de M. Thiers et de son gouvernement. Mais M. Veysset avait l'imagination fertile et l'esprit inventif; il chercha donc par quel moyen il pourrait aider le gouvernement de Versailles à reprendre Paris, et il ne tarda pas à comprendre qu'il y avait deux moyens de s'emparer de cette ville : la force et la trahison, et comme le premier moyen était en dehors de sa compétence il se décida à employer le second.

Il pensa qu'acheter des consciences, négocier la trahison serait pour lui une chose beaucoup plus lucrative, plus facile, moins dangereuse et moins pénible que de se faire soldat, que de se battre contre la *Commune* et même que de fournir des souliers, des habillements, des vivres, des munitions et des armes à ses ennemis, comme il en avait déjà procurés au gouvernement de Versailles. En conséquence, il se mit immédiatement et ardemment à l'œuvre, inspiré et stimulé par l'amour du gain, l'espoir de récolter d'énormes bénéfices et de faire une fortune considérable dans fort peu de temps.

Il avait fait pendant le siège de Paris par les Allemands, la rencontre d'un autre personnage qui cherchait, lui aussi, à pêcher les millions en eau trouble et même dans le sang de ses concitoyens si cela était nécessaire, cet industriel politique-véreux était un député du tiers-parti et du parti de Thiers, nommé Planat, marchand d'eau-de-vie de Cognac, un gascon dans le mauvais sens du mot. Ces deux hommes aussi besogneux et intrigants l'un que l'autre étaient faits pour s'entendre ; ils s'associèrent et se mirent à « travailler » ensemble, à leur œuvre de corruption et d'embauchage pour la trahison. D'autres encore les aidèrent, et nous en parlerons plus loin à mesure qu'ils interviendront dans la funeste conjuration que nous racontons.

Veysset à la suite des nombreux rapports qu'il avait eus

avec les membres du gouvernement de la *Défense nationale* avait fait aussi la connaissance de l'amiral Saisset, et un jour qu'il était allé à Versailles, dans l'intention d'entretenir M. Thiers au sujet d'un projet relatif au ravitaillement des départements qui avaient été occupés et ravagés par les Allemands, il avait eu par hasard l'occasion de renouveler ses anciennes relations avec l'amiral ; voici dans quelles circonstances. Nous donnons ici la parole à ce dernier, et nous citons une partie de sa déposition devant la *Commission d'enquête parlementaire*, relative aux événements du 18 Mars, et à la trahison de Dombrowski :

« A la suite de tous ces événements, dit l'amiral Saisset, j'ai connu un certain nombre d'officiers polonais, entre autres un brave garçon que j'ai fait décorer pendant le siège. Il est d'une bravoure extraordinaire et a eu des affaires superbes. Vous pouvez l'avoir vu quelquefois à Versailles. Il m'avait souvent parlé de Dombrowski comme d'un homme très capable et m'avait dit souvent : — « Rappelez-vous qu'il deviendra dictateur à Paris. »

« Un jour, dans l'avenue des Réservoirs, nous causions ensemble lorsque nous fûmes rencontrés par un pauvre diable, qui a été fusillé depuis ; il s'appelait Veysset, c'était un associé de la maison Cail et Tessier. Je l'avais rencontré auparavant. Il était venu proposer au gouvernement une affaire de 300,000,000 (trois cent millions), relative au ravitaillement et à l'ensemencement des départements envahis. Nous mangions dans le même restaurant. Il ne savait comment se présenter devant M. Thiers. Je lui fournis les moyens d'arriver jusqu'à lui, de soumettre son projet au gouvernement. Heureusement ou malheureusement le conseil des ministres le repoussa. Mais certaines relations en étaient résultées entre M. Veysset et moi, de sorte qu'il était venu suivre cette même affaire auprès de M. Lambrecht qui, à ce qu'il paraît, dans le conseil y avait fait opposition. Il me dit, un jour que j'étais avec Prinski (c'est sans doute le Polonais courageux dont l'amiral venait de parler et qui lui avait prédit que Dombrowski deviendrait dictateur), qu'il venait de causer avec M. Lambrecht, qu'il était désolé que sa proposition fut rejetée, et la conversation que j'avais avec Prinski l'ayant frappé, il se mit en tête de se mêler aux événements de Paris et de tâcher de combattre à sa manière les révolutionnaires. Il me dit :

— « Je vais aller à Paris, j'irai voir ce Dombrowski. Je causerai avec lui, je verrai si on peut l'acheter. »

« Il alla à Paris, il fut d'abord mis en rapport avec le chirurgien-major d'un bataillon de fédérés qui s'appelait Bridault. M. Bridault le mit en relation avec M. Cournet, alors délégué à la Préfecture de Police. C'était le fils d'un ancien officier de marine, nommé Frédéric Cournet, officier démissionnaire qui a été tué en duel à Londres.

« Veysset, par l'intermédiaire de Bridault, lui fit des ouvertures.

« Cournet lui dit : — « Je veux bien, je ferai ce que l'on voudra, j'accepterai de l'argent, mais il m'en faut beaucoup. »

« Veysset lui donna 3,000 francs, et Cournet[1] le mit en relation avec Inger (M. Saisset appelle Inger, *Hutzinger* dont il s'agit ici), premier aide-de-camp de Dombrowski, celui-ci lui dit :

— « Voyez Cluseret, je vous mettrai en rapport avec lui. »

« Veysset alla voir Cluseret et il lui fit carrément ses ouvertures. Il lui dit :

— « Si vous voulez faciliter l'entrée de Paris aux troupes de Versailles, on vous donnera ce que vous demanderez. »

« Cluseret répondit : — « Je suis trop bien payé par Bismarck et par les autres pour que vous puissiez m'acheter. Vous n'y arriverez pas, c'est inutile. »

---

[1] La première fois que nous avons lu la déposition de l'amiral Saisset accusant Cournet de s'être vendu aux conspirateurs et aux traîtres du gouvernement de Versailles, et d'avoir reçu 3,000 francs de Veysset, nous n'en avons pas cru un mot, tant nous avions confiance en Cournet, ce n'est que bien plus tard, quand nous avons eu connaissance de l'enquête faite à Genève et à Londres sur Cournet, et quand nous avons lu la brochure de M** Veysset, contenant le récit de la trahison de Dombrowski, que nous avons été fixé sur la moralité de Cournet, et que nous avons compris que l'amiral Saisset pourrait bien malheureusement avoir dit la vérité et avoir raison, ainsi qu'on le verra plus loin.

« Veysset m'a toujours affirmé, ajoute l'amiral Saisset, que Cluseret avait repoussé les ouvertures directes ou indirectes qu'il avait pu lui faire.

« Ces pourparlers durèrent un jour ou deux. Voyant qu'il ne pouvait rien faire avec Cluseret, Veysset se décida à s'adresser à Dombrowski. Celui-ci rejeta d'abord ses propositions. Les négociations se prolongèrent pendant deux semaines. Presque chaque jour, Veysset venait à Versailles je l'avais mis en relations avec Barthélemy Saint-Hilaire.

« Enfin on arriva aux conclusions suivantes : Tel est toutefois le récit exact et détaillé des déclarations de l'infortuné Veysset, fait observer l'amiral Saisset.

« Dombrowski ouvrira cinq portes à l'armée de Versailles. La porte du Point-du-Jour, celle d'Auteuil, celle de l'Impératrice, enfin toutes celles qui sont dans son commandement. Il enverra son premier aide-de-camp s'entendre avec le maréchal Mac-Mahon. Il demandait trois jours pour faire successivement retirer les troupes et placer des gens à lui aux points par où entrera l'armée française. De telle heure à telle heure on ne tirera pas.

« Les conditions furent les suivantes : M. de Rothschild donnerait un chèque d'un million de francs payable à Dombrowski, avec contre-lettre si l'affaire n'était pas faite, et en outre trois millions seraient remis à des agents désignés par l'*Internationale russe*.

« Pour garantie de l'exécution de ces conditions, l'amiral Saisset devait se rendre de sa personne à l'état-major de Dombrowski pendant que le premier aide-de-camp de ce dernier serait auprès du maréchal Mac-Mahon ».

Un membre de la Commission de l'Enquête que nous citons, dit en interrompant l'amiral : — « homme pour homme? »

L'amiral Saisset répondit : — « Oui, homme pour homme! » et il ajouta encore : — « Dombrowski était de très bonne foi, et je suis convaincu qu'il croyait tout à fait à l'exécution de ce projet; car, il fit successivement retirer la majeure partie de ses troupes, et, vous avez pu voir que quand on s'est présenté, comme par hasard, à une des portes, celle où est venu l'ingénieur Ducatel, il n'y avait plus personne depuis quarante huit heures.

« Et si Veysset n'avait pas été fusillé, comme je l'ai raconté tout à l'heure, je crois qu'il vous dirait comme moi que ce retrait des troupes fédérées a eu lieu en exécution de la première partie de la convention faite avec Dombrowski. »

Un membre. — « Est-ce qu'il avait envoyé son aide-de-camp à Versailles? »

L'amiral Saisset. — « Non, naturellement son premier aide-de-camp ne voulait pas se rendre à Versailles sans un sauf-conduit. »

M. le président. — « Amiral, voulez-vous que ceci soit sténographié? »

M. l'amiral Saisset. — « Je n'ai aucune raison de m'y opposer M. le président.

« L'aide-de-camp demandait donc un sauf-conduit, auprès du maréchal Mac-Mahon, ajoute l'amiral, mais M. Barthélemy Saint-Hilaire le refuse constamment en donnant pour raison qu'on pouvait en abuser.

« Du reste il m'a toujours répété à satiété qu'il ne considérait pas tout cela comme sérieux[1]. Je vais vous faire voir tout à l'heure que c'était fort sérieux.

« L'aide-de-camp de Dombrowski ne s'est pas rendu auprès du maréchal Mac-Mahon; il n'a pas été informé des mesures que prenait son général; mais Dombrowski les exécutait. De mon côté quand j'ai été trouver Barthélemy Saint-Hilaire, je lui ai dit : — « Je suis prêt à me rendre à Paris, et à rendre ce dernier service à mon pays après la mort de mon pauvre enfant. » Barthélemy de Saint-Hilaire m'a répondu que M. Thiers n'y consentirait jamais.

« Il m'a répété alors encore une fois : — « Vous avez tort amiral de croire à toutes ces choses-là; n'y songez plus. »

[1] M. Barthélemy Saint-Hilaire disait qu'il ne considérerait pas cela comme sérieux, parce que ni lui, ni M. Thiers n'ont jamais eu l'intention de tenir les conditions qu'ils avaient faites avec Dombrowski, par l'intermédiaire de Veysset, ils voulaient comme ils l'ont fait profiter de sa trahison, de l'abandon des portes, pour entrer si c'était possible, sans donner les traites et les saufs-conduits. Mais l'amiral Saisset comme Dombrowski croyaient que c'était sérieux et que les conditions seraient tenues; c'est pour cela que l'amiral s'offrait comme otage.

« Ainsi voici le premier point : — « Pas de sauf-conduit.

« L'amiral Saisset ne se rendit pas comme otage, et cependant les positions se dégarnissaient, Dombrowski avait demandé trois jours; il y avait déjà un jour et demi que le mouvement s'effectuait. Veysset avait été averti par Bridault de ne pas se rendre à Paris où il y avait danger pour lui. Il s'était mis à Saint-Denis au milieu des Prussiens. Inger[1] est venu l'y trouver c'est la veuve de Veysset qui me l'a raconté, et il lui a dit : — « Vous n'avez rien à craindre, le moment est venu de tenir votre promesse pour que la famille de Dombrowski et la mienne puissent partir pour la Belgique. » Le pauvre Veysset donna 20,000 fr. 5,000 francs de sa poche et 15,000 francs qui furent prélevés sur la caisse de la maison Cail et Teissier; c'est le caissier qui fit cette avance.

« Malheureusement après avoir donné ces 20,000 francs Veysset commit la faute d'accompagner l'aide-de-camp de Dombrowski jusqu'au delà des avant-postes prussiens. Il n'avait pas fait cinquante mètres de l'autre côté de ces avant-postes, qu'il fut pris par des fédérés embusqués, mené dans Paris et conduit au pied de la statue de Henri IV, où il a été fusillé, puis jeté dans la Seine en présence de diverses personnes qui en ont déposé.

« Ainsi sauf-conduit refusé, moi n'allant pas à Paris comme otage et 20,000 francs donnés, pour le remboursement desquels M. Thiers a bien voulu, par un acte de générosité en faveur de la pauvre veuve, ordonner que 15,000 francs pris sur les fonds secrets fussent remis au caissier qui les avait avancés. Voilà mon pauvre Veysset qui paie son dévouement de sa vie.

« Maintenant, quant à Dombrowski, vous savez, qu'il a été tué. Par qui l'a-t-il été? Selon l'opinion de plusieurs personnes, par ceux auxquels il avait promis une portion de l'argent qu'on devait lui donner.

« C'est conforme à l'usage; ils ont cru qu'il avait reçu des acomptes. — Bref, il n'a rien reçu, il n'y a eu que des promesses. »

---

[1] Comme nous l'avons déjà dit, M. Saisset nomme Hutzinger, Inger, d'autres l'appellent Enger.

A la fin de sa déposition l'amiral Saisset ajoute encore ceci :

« Il (Inger ou Hutzinger, lieutenant de Dombrowski) est venu à Versailles chercher un sauf-conduit. » Un jour Barthélemy Saint-Hilaire me dit :
« Il faut que je le voie, faites lui dire par Veysset de venir à Versailles. » Nous étions à nous promener sur la terrasse, M. Veysset et moi ; celui-ci me dit :
— « Il a promis de venir, attendons-le, il sera ici à cinq heures. »
— « En effet, il arriva à l'heure dite. Il venait chercher son sauf-conduit. Je lui dis : — « Si vous voulez prendre la peine d'attendre, je vais prévenir Barthélemy Saint-Hilaire ». Je courus prévenir ce dernier à la Préfecture ; je lui dis : « Je viens demander pour Inger un sauf-conduit ; mais je ne crois pas que ce soit ce que vous lui réservez [1] ».

La déposition de l'amiral s'arrête là et elle n'ajoute plus rien sur ce sujet ; elle ne dit pas ce que M. Barthélemy Saint-Hilaire réservait à l'aide-de-camp de Dombrowski, elle constate seulement comme on le voit qu'on ne voulait pas lui donner de sauf-conduit et qu'on lui réservait autre chose ; probablement qu'on avait eu l'intention de l'arrêter.

Cette longue déposition de l'amiral Saisset, comme nos lecteurs l'ont sans doute remarqué, contient certains passages bien extraordinaires, et que nous avions tout d'abord hésité à reproduire, tant ils nous paraissaient peu véridiques ; cependant plus tard, en les comparant avec la brochure publiée sur le même sujet par Mme veuve Veysset, et à d'autres documents du même genre, qui les confirmaient, nous avons bien été forcé de nous rendre à l'évidence, et de comprendre que, quelque extraordinaires et invraisemblables que ces passages nous aient paru au premier abord, ils étaient malheureusement vrais.

[1] *Commission d'enquête parlementaire* sur le 18 mars, déposition de l'amiral Saisset, tome Iᵉʳ, pages 315, 317 et 318.

Ainsi, nous nous étions d'abord refusé à croire aux accusations formulées par l'amiral Saisset contre Bridault et Cournet, nous étions loin de nous douter de quoi ces deux personnages plus que véreux étaient capables. Nous ignorions de quelle manière ils vivaient lorsqu'ils étaient proscrits à Londres, nous ne savions pas que le premier n'a jamais travaillé pour gagner sa vie et celle de sa nombreuse famille, et qu'il s'était fait *bookmacker* et menait une existence d'interlope et inavouable ; nous n'avions non plus pu croire Cournet capable de s'être laissé corrompre pour de l'argent et acheter à beaux deniers comptant. Cependant ce qui nous avait surpris, c'est qu'ils n'avaient rien répondu à l'accusation formulée contre eux d'une manière si positive par l'amiral Saisset, qui les avait inculpés d'avoir les premiers trahi la *Commune*, en servant d'intermédiaires entre Veysset, l'agent versaillais, Hutzinger et Dombrowski, pour ourdir un complot qui a abouti à la livraison des portes. En effet, ainsi qu'on le verra plus loin, lorsque Ranvier, Gérardin et Dupont qui n'étaient pas en cause, ont répondu et cherché à disculper Dombrowski, les sieurs Bridault et Cournet, directement accusés de trahison, ont gardé un silence prudent.

Mais depuis nous avons été parfaitement renseigné sur la moralité de M. Cournet par l'enquête faite à Genève et à Londres à son sujet par des proscrits bien connus, tels que La Cécilia, Cluseret, Levrault, etc., et de laquelle il résulte qu'il était loin d'avoir une bonne moralité, ainsi qu'on va en juger. Il y a dans les documents de cette enquête une lettre du général La Cécilia dans laquelle ce dernier recommande à un de ses amis de Genève « de se méfier de Cournet comme *d'un exploiteur* », et La Cécilia ajoute que Cournet au lieu de chercher à « gagner honorablement son pain, ne s'est servi de la bienveillance qu'on lui témoignait *que pour emprunter à droite et à gauche de l'argent qu'il savait ne devoir jamais rendre, signer des billets qu'il savait ne pouvoir payer et qui ont été protestés, et que pour avoir recours à toutes sortes d'expédients pour se procurer les moyens de mener joyeuse vie sans travailler.*

Levrault a aussi raconté « une multitude de *turpitudes* », dont Cournet s'est rendu coupable et que Cluseret résume ainsi dans son enquête :

« 1° Cournet avait fait faillite à Londres sous un nom supposé, celui de Reid et C°.

« 2° Il se serait approprié des fonds provenant de souscriptions faites tant en France qu'en Angleterre.

« 3° Il aurait escroqué 250 francs à un autre proscrit qui les lui avait avancés, et que Cournet ne lui a jamais rendus quoiqu'il ait reçu 1,000 francs, montant d'une souscription faite pour lui à l'Assemblée de Versailles, etc., etc... »

D'un autre côté Mme Veysset nous apprend dans sa brochure que lorsqu'elle était prisonnière à la Préfecture de police elle acheta à beaux deniers comptants les faveurs et la protection du citoyen Cournet, le 17 mai 1871. « Ce jour-là, dit-elle, le citoyen Cournet ayant reçu par l'intermédiaire d'un tiers une somme de 3,000 francs, je fus transférée à Saint-Lazare et écrouée à la pistole avec les femmes des sergents de ville et des employés du gouvernement de Versailles. »

Après tous ces actes d'indélicatesse, ces escroqueries et le fait de corruption dont il s'est rendu coupable lorsqu'il était délégué à la Préfecture de police, on comprend que Cournet était bien capable de céder aux sollicitations de Veysset, de se vendre à lui et d'accepter son argent, en lui promettant son concours pour l'aider dans l'accomplissement de l'abominable trahison qu'il ourdissait contre la *Commune de Paris*. Cournet était en effet prêt « à faire tout ce que l'on voudrait et à accepter de l'argent en récompense de ses services. » Mais, comme il le disait, « il lui en fallait beaucoup. » La déposition de l'amiral Saisset prouve aussi une chose consolante, c'est qu'au milieu de tous ces Judas qui vendaient la *Commune*, il s'est trouvé un général, Cluseret, qui est resté incorruptible, qui a résisté à toutes les nombreuses tentatives de trahison dont il a été l'objet et « qui a toujours repoussé toutes les « ouvertures, directes ou indirectes » que Veysset lui avait faites, ainsi que l'affirme positivement l'amiral Saisset [1].

Il y a aussi une chose qui dévoile bien les secrètes intentions de M. Thiers et de ses confidents dans la déposition de l'amiral. Ce sont les paroles de M. Barthélemy Saint-Hilaire, par lesquelles il recommande à l'amiral de ne pas prendre trop au sérieux les conditions du pacte de trahison conclu avec Dombrowski par l'intermédiaire de Veysset, et surtout de ne pas se constituer prisonnier en qualité d'otage à l'état-major de Dombrowski, et, afin qu'il ne reste aucun doute au sujet de ses intentions, M. Saint-Hilaire ajoute encore : « Vous avez tort, amiral, de croire à toutes ces choses-là ; n'y songez plus ».

Ainsi il est bien certain que jamais ni M. Thiers, ni M. Barthélemy Saint-Hilaire n'avaient eu l'intention de tenir leurs engagements contractés avec Veysset, ils ne voulaient pas lui remettre les traites et les saufs-conduits ; c'est pour cela qu'ils les confièrent plus tard à M. Planat, en lui recommandant de se sauver avec au dernier moment quand les portes seraient livrées et occupées, ainsi qu'il l'a fait. C'est aussi dans la même intention que M. Thiers s'est opposé à ce que l'amiral Saisset se constituât prisonnier comme otage entre les mains de Dombrowski;

---

[1] Nous ne parlons pas de la ridicule déclaration de l'amiral Saisset, dans laquelle il dit que Cluseret était vendu aux Prussiens, cela est trop idiot pour qu'on s'y arrête.

M. Thiers n'avait qu'un but, qu'il a atteint : il voulait s'emparer des portes par surprise sans payer le prix convenu; et pour arriver à ses fins, il a profité de l'imprudence du traître Dombrowski, qui avait fait retirer les gardes nationaux fédérés et cesser le feu des artilleurs chargés de la défense de ces portes, pour les occuper et entrer dans Paris. C'est en effet ce qui a eu lieu, grâce à l'immoralité, à l'imprévoyance et à l'incapacité des Comités de salut public et de sûreté générale, qui ont encouragé Dombrowski dans son forfait et qui l'ont poussé et laissé tomber stupidement dans le piège grossier qui lui était tendu. La préméditation de M. Thiers, de ne pas tenir les conditions qu'il avait fait accepter à Dombrowski, explique parfaitement la déposition de l'amiral sans laquelle celle-ci serait incompréhensible.

Ainsi cette déposition est très sérieuse au fond et conforme à la vérité, malgré ce qu'elle a en apparence d'invraisemblable et d'extraordinaire. Environ un an après cette déposition importante une autre pièce, qui concorde parfaitement avec elle, vint la confirmer et lui donner une nouvelle autorité; nous voulons parler de la brochure très remarquable sur le même sujet, de Mme Forsans-Veysset, veuve de l'agent du gouvernement de Versailles, qui a été fusillé comme traître, le 24 mai sur le Pont-Neuf, au pied de la statue de Henri IV.

Cette dame était très compétente pour narrer les épisodes émouvants de cette trahison, puisqu'elle a elle-même, joué un rôle important dans cette dernière, à laquelle elle avait été initiée par son mari, et pour laquelle elle a été emprisonnée et a failli aussi être fusillée. La publication très remarquable, qu'elle a faite, et qui paraît être écrite avec beaucoup de sincérité, mérite à plus d'un titre de fixer l'attention du public et d'être prise en sérieuse considération. Elle fera l'objet du chapitre suivant.

CHAPITRE VI

LA TRAHISON DE DOMBROWSKI
PROUVÉE PAR LA PREMIÈRE PARTIE DE LA BROCHURE DE Mme VEUVE VEYSSET

La curieuse brochure de Mme veuve Veysset qui confirme complètement la déposition de l'amiral Saisset devant la Commission d'enquête parlementaire se divise en deux parties.

La première a pour titre :

« LA COMMUNE DE PARIS »

Elle contient le récit très détaillé et très intéressant de la trahison de Dombrowski.

La seconde partie est intitulée :

« LE GOUVERNEMENT DE M. THIERS »

Elle renferme un grand nombre de pièces et de documents officiels ou authentiques, confirmant tous les faits avancés dans la première partie du même opuscule, et prouvant au delà de toute évidence la conspiration et la trahison de Dombrowski.

Cette seconde partie a surtout pour objet les réclamations que Mme Veysset et les frères Guttin, ses complices, ont faites au gouvernement de Versailles, dont M. Thiers était le chef, et auquel ils demandaient le remboursement des sommes avancées et payées par eux à Dombrowski, à Hutzinger et à leurs complices pour les premiers frais de la conjuration, dont nous avons parlé.

On comprend que ces pièces dévoilant les négociations entamées et menées à bonne fin pour cet objet, avec Dombrowski, et constatant d'une manière certaine et officielle le montant des sommes payées à ce dernier et à ses complices pour les frais de cette entreprise criminelle sont des preuves accablantes, incontestables, irréfutables et authentiques de la trahison que nous signalons. Quand nous aurons ainsi démontré cette dernière nous compléterons notre preuve par les déclarations, les documents officiels, les lettres signées et publiées dans les journaux étrangers, par ses complices des *Comités de salut public et de sûreté générale*, qui ont eux-mêmes avoué leur crime et celui de leurs associés Dombrowski, Hutzinger, etc..., et si toutes ces preuves accumulées et accablantes ne suffisaient pas ; eh bien, nous citerons encore les aveux de quelques-uns des coupables, qui nous ont raconté, à Londres, les principaux épisodes de cette abominable trahison. Enfin nous apporterons aussi le témoignage du citoyen Félix Pyat qui a assisté à la comparution de Dombrowski devant le premier Comité de salut public, qui l'a interrogé quand il était accusé d'avoir eu des entrevues et des conciliabules avec des agents du gouvernement de Versailles, dans le but de leur vendre et de leur livrer plusieurs portes de Paris. Le citoyen Félix Pyat nous ayant assuré que Dombrowski vivement pressé par lui a fini par lui faire des aveux complets.

Voici d'abord comment Mme Veysset raconte dans la

première partie de sa brochure la trahison du général Dombrowski et de ses complices en faveur du gouvernement de Versailles[1] :

« Georges Veysset, dit-elle, très dévoué à la cause de l'ordre et autorisé par le gouvernement de Versailles, avait en faisant le sacrifice de sa vie, accepté la périlleuse mission de détacher de la *Commune*... Dombrowski et quelques autres chefs militaires.

« Nous nous proposons aujourd'hui, ajoute Mᵐᵉ Veysset, d'esquisser rapidement l'histoire de cette mission, que Veysset avait réclamée et qu'il a poursuivie.

« Mais avant d'entreprendre ce récit il est indispensable de faire connaître en quelques mots les circonstances qui l'amenèrent à solliciter cette dangereuse entreprise.

« Pendant le siège de Paris, M. Veysset, qui s'occupait activement de la question du ravitaillement, avait toujours entretenu de fréquentes relations avec le gouvernement de la *Défense Nationale.*

« Il fût même question pendant un certain temps de le faire partir en ballon pour poursuivre en province cette grave affaire que les circonstances rendaient tous les jours de plus en plus sérieuse. Le ballon avait déjà été acheté à M. Godard 2,500 francs, mais la marche des événements empêcha de donner suite à ce projet.

« Après l'armistice, Veysset suivit le gouvernement à Bordeaux. Il rencontra dans cette ville l'amiral Saisset, qu'il avait connu autrefois, il renoua avec lui des rapports que leurs deux natures, essentiellement françaises, transformèrent bientôt en une sorte d'intimité, toute de véné-

---

[1] Les citations qui suivent sont extraites de la brochure de Mᵐᵉ Veysset, publiée à Bruxelles, et fort rare aujourd'hui, sous le titre suivant : « 1871-1873. — GEORGES VEYSSET : *Un épisode de la Commune et du Gouvernement de M. Thiers*, par Mme FORSANS-VEYSSET. Bruxelles ».

ration de la part de Veysset et toute de confiance de la part de l'amiral.

« L'affaire qui avait amené Veysset à Bordeaux, et qui le conduisit ensuite à Versailles avec l'Assemblée nationale, concernait le ravitaillement des départements envahis, dont il briguait la concession. Mais ce projet ne l'absorbait pas au point de lui faire oublier les conséquences du 18 mars... Il en parlait souvent avec l'amiral et à la suite de ces entretiens, germa dans son esprit la pensée hardie de servir d'intermédiaire entre le gouvernement de Versailles et celui des chefs de la *Commune.*

« Il s'en ouvrit à l'amiral Saisset; celui-ci, après avoir examiné le projet, pesé le pour et le contre, reconnut avec lui la possibilité d'arriver par ce moyen à une solution prochaine; pour en faciliter l'accomplissement, il présenta M. Veysset à M. Barthélemy Saint-Hilaire et le mit ainsi en rapport direct avec le gouvernement de Versailles.

« Dans les premiers jours d'avril Veysset se mit à l'œuvre. Il associa aussitôt à ses projets M™ª de Forsans-Veysset et deux de ses amis, MM. Adrien en Alphonse Guttin, dont le courage et le dévouement à la cause de l'ordre lui étaient connus depuis longtemps.

« Le premier plan, présenté par M. Adrien Guttin et aussitôt adopté, consistait à se rendre maître des points les plus importants de la capitale et à opérer une forte diversion dans le milieu même de Paris. Les positions qui parurent alors les mieux disposées pour agir avec efficacité dans cette hypothèse, étaient l'État-major, situé place Vendôme; la préfecture de police et l'École militaire, où se trouvaient de grands approvisionnements.

« On arriva aussitôt aux moyens d'amener ce projet à bonne fin. Dès le premier jour, MM. Guttin frères avaient mis Veysset en rapport avec M. Cadart, commandant du 8ᵉ bataillon de marche de la garde nationale de Paris.

Celui-ci accepta immédiatement de seconder l'entreprise et promit son concours actif. M. Guttin versa l'argent nécessaire pour solder les gardes nationaux nécessiteux de son bataillon et les mettre ainsi à même de refuser les vivres et la solde alloués par la *Commune*.

« En outre, M. Adrien Guttin, qui avait été fonctionnaire et capitaine adjudant-major au 165ᵉ bataillon pendant le siège de Paris, avait renoué des rapports avec son ancien adjudant Charles Chervet, alors commandant en second de ce même bataillon [1].

« Cet officier entièrement dévoué à M. Ad. Guttin, lui promis de lui livrer en temps opportun la porte du Point-du-Jour et l'avancée où le 165ᵉ bataillon était de garde permanente; Chervet répondit de l'obéissance de ses hommes qui, pour la plupart, avaient fait partie de l'ancien bataillon et n'avaient conservé leur titre de garde dans le nouveau bataillon fédéré que pour toucher la paie, prudemment et habilement élevée par la *Commune*, de 50 pour 100.

« Ces premiers appuis assurés, il restait à se rendre maître des positions importantes que l'on convoitait. Le projet de M. Ad. Guttin, avait été déjà conçu à peu près dans le même sens, par M. Mahuyssier, attaché à l'État-major du général Clinchant. Mis en rapport avec M. Ad. Guttin et ses amis par l'intermédiaire de M. M***, un ami commun, cet officier ayant fait le relevé des forces de la place Vendôme, s'engageait à se rendre maître de cette position avec deux cents hommes résolus que M. Cadart mettrait à sa disposition au moment voulu. »

« Suivent ensuite deux plans pour s'emparer de l'École militaire et de l'Hôtel de Ville et pour faire prisonnier tous les membres de la *Commune* et les envoyer prison-

---

[1] Le commandant en premier se nommait Caillet.

niers « au fil de l'eau jusqu'à la porte de Sèvres, nous ne les transcrivons pas ici puisqu'ils furent abandonnés par leurs auteurs comme on le verra bientôt, et nous allons continuer en reproduisant la partie de la brochure de Mme Veysset se rapportant au plan beaucoup plus sérieux, puisqu'il a réussi, et qui avait pour objet d'amener Dombrowski et un grand nombre des défenseurs et des membres de la *Commune* à trahir cette dernière [1].

« Sur ces entrefaites Veysset, qui pendant ces négociations, s'était rendu à Versailles pour rendre compte de sa mission et prendre de nouvelles instructions, annonçait à ses amis que le gouvernement renonçait au projet de se procurer les moyens d'opérer une puissante diversion au sein même de Paris, et que ce qu'il fallait poursuivre dorénavant c'était d'abord l'achat de deux autres portes; la porte du Point-du-Jour se trouvant dans une position très défavorable à l'entrée des troupes versaillaises [2]; ensuite si cela était praticable on devait détacher Dombrowski de la *Commune*. On n'ignorait pas alors à Versailles que les talents militaires incontestables de ce général et le côté généreux de son caractère l'avaient rendu suspect aux « *purs* » de la Révolution, que lui Dombrowski était indigné..., qu'enfin il suffirait de faire naître une occasion pour l'engager à abandonner une cause qu'il considérait désormais comme deshonorée.

« La grande question était de parvenir auprès du général. M. Cadart songea immédiatement à s'aboucher

---

[1] Ce dernier paragraphe est du rédacteur de la brochure de Mme Veysset, que nous ne connaissons pas, et nous l'avons copié comme le reste textuellement. Nous regrettons beaucoup que le plan d'enlèvement des membres de la *Commune* ait été supprimé par ce rédacteur, car sans cela nous l'aurions publié.

[2] Passy et Auteuil restant aux mains des insurgés, les batteries qu'ils avaient établies sur le parcours auraient pris en écharpe l'armée de Versailles et l'auraient décimée.

avec Hutzinger, alors simple écuyer de Dombrowski. Hutzinger avait fait partie pendant le siège de Paris du 8ᵉ bataillon que commandait M. Cadart, il y avait connu M. Alphonse Guttin qui, lui aussi, avait été garde dans ce bataillon, ils avaient assisté ensemble aux sorties de Buzenval et de Montretout. Lorsqu'on a servi au même bataillon et que l'on s'est trouvé sur le même champ de bataille, les relations se renouent promptement et prennent bientôt une tournure amicale, c'est ce qui advint dans ce cas-ci.

« On n'attendit pas longtemps du reste, le moment de rendre un véritable service à Hutzinger et de lui être heureusement agréable. Vers la mi-avril [1] pendant une reconnaissance que Dombrowski poussa audacieusement jusqu'au camp de Versailles, le général et son écuyer coururent les plus grands dangers. Hutzinger, homme d'une véritable bravoure se fit distinguer par Dombrowski, qui le nomma aide-de-camp sur le champ de bataille. MM. Veysset et Guttin en apprenant sa nomination félicitèrent chaudement leur nouvel allié, lui remirent deux cents francs pour arroser ses galons et l'accompagnèrent à la maison Godillot, pour y commander son costume.

« Cette heureuse circonstance resserra les liens d'amitié qui unissaient Hutzinger à Veysset et à ses amis, en lui donnant en même temps une plus grande liberté d'allures. Les entrevues purent être plus fréquentes; elles avaient lieu rue Pigale, n° 28, dans un appartement vacant, au 3ᵉ étage, qui avait été mis à la disposition de M. Guttin, par le concierge de la maison, un sieur Muller, d'origine alsacienne, dont on lui avait assuré le dévouement à la cause de l'ordre [2].

[1] On voit d'après cela que la conspiration ayant pour objet de corrompre Dombrowski, date du 15 avril environ.
[2] On n'a jamais su au juste ce que pouvait valoir ce dévouement.

« Mais avec une police aussi bien organisée et aussi bien faite que celle de la *Commune*, de trop fréquentes réunions dans le même endroit auraient pu éveiller des soupçons.

« On convint donc de retenir plusieurs appartements, d'autres furent généreusement mis à la disposition de l'entreprise par des personnes dévouées et intéressées à la voir réussir.

« Ces appartements étaient situés :

« 1° Rue de Madrid, n° 29, chez un sujet turc, et gracieusement offert à MM. Veysset et Guttin, par M. M*** ;

« 2° Rue Pigale, n° 7, chez un parent ;

« 3° Rue Neuve-des-Mathurins, n° 19, chez M. le comte de B... ;

« 4° Rue Condorcet, n° 48 ;

« 5° Rue Frochot, n° 12 ;

« 6° Boulevard de Clichy, n° 14 ;

« 7° Rue de Douai, n° 3.

« Ce fut dans ce dernier appartement et rue de Madrid qu'eurent lieu la plupart des réunions et principalement celles qui devaient avoir une certaine importance. La disposition de ces locaux était telle, en effet, qu'elle présentait à nos amis de grandes facilités pour fuir, sans être vus en cas d'alerte.

« Les premières entrevues avec Hutzinger tendaient toujours au même but : persuader à l'aide-de-camp de Dombrowski de lui parler et de le rendre favorable à un accord avec le gouvernement de Versailles. Hutzinger ne fut pas facilement convaincu ; il répugnait à risquer cette démarche et ne dissimulait pas à ses nouveaux amis la défiance « que les Grecs porteurs de présents » inspiraient au général. Il n'avait aucune foi dans la parole du gouvernement de Versailles : il faudrait donc pour le décider plus que des mots, il faudrait des preuves matérielles, il faudrait des faits.

« Veysset et ses amis ne se découragèrent pas. Ils avaient foi en leur mission et croyaient fermement que ce qu'ils n'obtiendraient pas un jour, ils le conquerraient le lendemain. Ils avaient du reste surpris dans une des réunions de la rue Pigale, n° 7, des paroles d'Hutzinger leur confirmant la sourde inimitié qui régnait entre Dombrowski et la *Commune*.

« Là existait puissant et inextricable, le germe d'une rupture qui devait éclater tôt ou tard. Il importait de diriger cette inimitié et d'en faire un instrument...

« Le général en effet ne pouvait avoir aucune confiance dans l'élément civil qui, de sa propre autorité s'était investi de la confiance du peuple et la lui imposait... Il avait offert ses services à la *Commune* avec l'espérance et peut-être la conviction de fonder la République universelle; mais il fallait des forces viriles pour y arriver, et il n'avait trouvé dans son entourage que décrépitude, débauche et férocité. Aussi, depuis quelque temps déjà, avait-il formé le dessein de prendre seul la direction de la défense et, malheureusement il l'avait manifesté tout haut devant son entourage. L'élément civil de la *Commune* n'ignorait donc pas qu'il aurait à compter avec Dombrowski; celui-ci ne lui en était que plus odieux, et il cherchait sournoisement l'occasion de se défaire du général. Au milieu de ce danger réel, celui-ci gardait la sérénité et sa confiance. Hutzinger exprimait bien la pensée de son général sur la situation lorsqu'il disait : « Nous les f... tous à la porte, alors Dombrowski sera le maître et il ne dépendra que de vous (des gens de Versailles et des traîtres Veysset, Guttin et C¹ᵉ), d'arrêter l'effusion du sang. »

« Cependant Hutzinger se décida à parler au général.

Celui-ci se montra, sans hésiter, tout disposé à entendre les propositions qu'on avait à lui faire. La première entrevue avec Veysset date des derniers jours d'avril, elle eut lieu, entre deux à quatre heures du matin, à l'hôtel de la place Vendôme, où siégeait l'état-major de Dombrowski. Hutzinger vint prendre Veysset chez lui, rue Caumartin, 62. Celui-ci fut accueilli par le général avec une certaine bienveillance, qui n'excluait pas tout à fait la défiance dont son aide de camp avait parlé.

« Cette entrevue, naturellement n'amena aucun résultat, les deux partis s'observaient. Veysset toutefois en augurait bien. Qu'en pensait le général ? Rien de défavorable à coup sûr, car, à la seconde entrevue et sans y être provoqué, il se déboutonna entièrement :

« Ces gens, dit-il, avec une amère expression du su-
« prême dégoût que lui inspirait la *Commune*, ces gens
« sont de boue, cruels et lâches.

« Hâtons-nous d'en finir. Au surplus, j'ai une garde
« dévouée et s'ils cherchent à me tendre un piège, je dé-
« clarerai la dictature et je les arrêterai tous. »

« Puis il ajouta en laissant percer à travers ses paroles une indicible tristesse : « Je croyais traiter avec la masse
« de la population, je me suis trompé et j'en suis puni…

« Partout je rencontre des lâches aux instincts de tigre,
« et qui cependant fuiront à l'approche des Versaillais. De
« moi, amis ou ennemis diront que je me suis vendu. Eh
« bien, oui ! je me vends !… Dans ce jeu terrible, c'est ma
« tête que je risque ; je puis être fusillé, lâchement assas-
« siné par derrière, il faut du moins que je laisse du pain
« à ma femme et à mes enfants. »

« Quelque hâte que Dombrowski eût de terminer, l'affaire n'en traîna pas moins en longueur. Hutzinger, malgré les justes observations de Veysset, pesait sur le général pour qu'il exigeât le paiement comptant des trois portes qu'il livrerait aux soldats de Versailles; de son côté Dombrowski avait des inquiétudes au sujet des saufs-conduits, et il exigeait des garanties sérieuses.

« Toutes ces tergiversations étaient de nature à vivement impressionner Veysset ; mieux que personne, il sentait combien le temps était précieux. Il venait pourtant de mener à bonne fin une autre négociation d'une haute importance.

« Par l'intermédiaire d'un de ses amis le docteur Boudin, il acheta les batteries de Montmartre pour une somme de 10,000 francs, qui furent versés en deux fois. Le 6 mai, 500 francs furent donnés à titre d'arrhes et, le jour suivant, le docteur Boudin, pour prouver à Veysset qu'il était le maître de la situation, encloua deux pièces en sa présence. Les 9,500 francs qui restaient dus, ne tardèrent pas à être remis à qui de droit [1].

« Dès ce moment les batteries des buttes Montmartre firent merveille... à rebours. Elles eurent l'heur d'aiguiser l'ironie du *Gaulois*, de la *Liberté* et des autres journaux de l'ordre, qui ne comprenaient pas la cause du silence ou du tir mal dirigé de leurs canons. Au lieu des terribles ravages qu'ils auraient pu causer à l'armée de Versailles, voici comment ils se comportaient au dire de la *Liberté* du 17 mai :

« Les débuts des batteries de la butte Montmartre n'ont pas été heureux. Leurs premières bordées qui ont duré plusieurs heures, ont porté en plein sur les fédérés cantonnés au village de Levallois et ont fait de nombreuses victimes.

---

[1] Le reçu de cette somme de 10,000 francs a été trouvé par Mme Veysset, dans son domicile à Versailles, lors de sa sortie de prison, après l'entrée des troupes de Versailles dans Paris, et a été remis à M. Barthélemy Saint-Hiliare par M. Guttin, ainsi que ce dernier le constate dans sa lettre du 3 juin. Voir la 2me partie de la brochure de Mme Veysset.

« Cela n'a pas empêché le journal *La Commune* de publier hier un bulletin daté de la butte Montmartre et ainsi conçu :

« Depuis 8 heures, nous tirons sur le château de Bécon. *Situation excellente*, TIR PARFAIT ! »

« *Tir parfait* a dû sembler dur à la garnison de Levallois.

« Le *Journal officiel* se borne à dire plus modestement ce matin : « Le tir n'est pas encore bien juste. »

« Les fédérés écloppés hier se plaignent qu'il ne l'était que trop.

« Les fédérés sans rien savoir de positif, flairaient une trahison, ils devinaient qu'ils étaient joués, et ne pouvaient rien préciser, chacun tirait son épingle du jeu, témoin cette note que le citoyen Jeannier fit insérer dans l'*Officiel* de la *Commune*, sous la date du 16 mai :

« Le citoyen Jeannier, commandant de l'artillerie de Montmartre, fait observer que le feu des batteries des « buttes a été dirigé par le commandant Gréjorok, qui a « été chargé de conduire cette batterie aux buttes et qu'il « n'entre en rien dans ce qui s'est exécuté dans le tir.

« Le commandant d'artillerie de Montmartre, Jeannier. »

« Cependant les tergiversations de Dombrowski continuaient. Après avoir exigé, sur les conseils d'Hutzinger, le payement comptant des portes qu'il livrerait à Versailles, il refusait des traites sur Londres et sur Bruxelles, alléguant avec quelque raison qu'elles ne seraient point acquittées. Il voulait ou des billets de la banque de France ou du papier de Rothschild de Francfort.

« Les retards qu'amenaient fatalement ces discussions étaient des plus fâcheux. Les soupçons s'éveillaient de tous les côtés au point de rendre dangereuses les entrevues à l'état-major de la place Vendôme. Elles eurent lieu dès lors dans une voiture de place conduite par le cocher Paul, homme entièrement dévoué à Veysset. Les rendez-vous étaient le plus souvent donnés sur la plaine de Courcelles et l'on rentrait à Paris chacun tirant de son côté.

« Pour donner plus de poids à ses négociations, Veysset avait proposé de présenter Hutzinger à Versailles. Celui-ci conduit par le cocher Paul, dont nous avons parlé plus haut, vint prendre Hutzinger à Saint-Denis et avec lui se rendit à Versailles.

« Fut-ce imprudence de sa part ou fatalité? Mais — on l'a su plus tard — il fut reconnu par des espions de la *Commune*. De cette malheureuse reconnaissance, peut-être, naquirent toutes les difficultés qui dès lors se présentèrent en masses serrées.

« La conséquence immédiate de cette découverte fut évidemment le décret rendu par le Comité de salut public, en date du 26 floréal an LXXIX, et inséré à *l'Officiel* le 16 mai 1871. Voici ce décret :

« Paris, le 16 mai 1871.

« Le Comité de salut public,

« Considérant que pour sauvegarder les intérêts de la Révolution, il est indispensable d'associer l'élément civil à l'élément militaire;

« Que nos pères avaient parfaitement compris que cette mesure pouvait seule préserver le pays de la dictature militaire; laquelle tôt ou tard aboutit invariablement à l'établissement d'une dynastie;

« Vu son arrêté instituant un délégué civil au département de la guerre :

« Arrête

« ARTICLE PREMIER. — Des commissaires civils représentants de la *Commune*, sont délégués auprès des généraux des trois armées de la *Commune*.

« Art. 2. — Sont nommés commissaires civils :

« 1° Auprès du général Dombrowski, le citoyen Dereure ;

« 2° Auprès du général La Cécilia, le citoyen Johanard ;

« 3° Auprès du général Wroblewski, le citoyen Léo Meillet.

« Hôtel de Ville, 26 floréal an LXXIX.

« Le Comité de salut public, signé :

« Antoine Arnaud, Billoray, E. Eudes, F. Gambon, G. Ranvier. »

« Les négociations pourtant avançaient et paraissaient devoir aboutir. Depuis le 10 mai, Veysset possédait une lettre de M. Barthélemy Saint-Hilaire, qui lui enjoignait de *terminer avec Dombrowski* COUTE QUE COUTE.

« Il n'était que temps, l'entreprise si chaudement menée par Veysset et ses amis, était éventée et sans qu'aucun put encore s'en douter, ils étaient espionnés, filés, gardés à vue et les mandats d'arrêt, — il fallait bien conserver une apparence de légalité, puisqu'on jouait au gouvernement sérieux, — se signaient contre eux à la préfecture de police.

« Le 10 mai, Veysset reçut un billet sans signature lui assignant rendez-vous, à lui et à M. Guttin, pour le lendemain vers neuf heures au café de Normandie pour affaire qu'il connaissait bien ? Il ne pouvait être question de Dombrowski. Veysset était à la veille de tout terminer avec Hutzinger, on se rappela alors les ouvertures faites à M. Preud'homme concernant son fils, le colonel Henry.

Serait-ce lui qui viendrait à eux ? Il ne fallait rien négliger en de telles circonstances. On résolut donc de se rendre au café de Normandie.

« C'était un petit café situé au coin de la rue Joubert et de la rue Caumartin et parfaitement disposé pour un guet-apens. MM. Veysset et Ad. Guttin furent exacts au rendez-vous, mais personne ne les y attendait. Ils s'adressèrent à la dame qui tenait le comptoir, elle ne savait rien. Les deux amis patientèrent pendant une heure, puis las de rien voir venir, ils sortirent en prévenant que si quelqu'un les demandait, on pouvait lui répondre qu'ils repasseraient vers midi. A cette heure-là, en effet, ils revinrent, mais cette fois encore nul ne s'était enquis d'eux. Ils s'assirent pourtant et à peine leur avait-on servi pour contenance une consommation douteuse, qu'ils virent entrer deux individus à mine suspecte. Ces nouveaux clients s'installèrent auprès des deux amis, les couvant du regard. M. Ad. Guttin se souvint alors de les avoir remarqués les filant dans la rue, et comme leurs regards toujours braqués sur lui et sur Veysset, commençaient à l'irriter, il tira son revolver de sa poche et, le posant négligemment sur la table :

— « Que ces armes sont lourdes et gênantes ? » dit-il en matière de réflexion et en s'adressant à Veysset, un tressaillement involontaire, mais significatif des nouveaux venus lui permit de constater qu'il avait été parfaitement compris.

« Il devenait nécessaire cependant de ne pas prolonger la situation. Alors M. Guttin dit tout haut et sur un ton d'indifférence :

— « Décidément on ne viendra pas. Vous devriez rentrer ; moi je reste encore quelques instants et puis je retournerai chez moi. »

« Veysset serra la main de son ami et s'éloigna sans

presser le pas. Les deux mouchards le laissèrent aller, se contentant de surveiller M. Guttin. Lorsque celui-ci jugea son ami assez loin pour ne plus pouvoir être poursuivi, il se leva, prit son revolver, sortit du café, suivi comme il l'avait prévu par les fileurs. Grâce, à sa parfaite connaissance des rues de Paris, aux ressources que présentent leur enchevêtrement et à l'inaltérable sang-froid qu'il conserve dans les moments critiques, M. Guttin parvint à dérouter ce jour-là les limiers de la *Commune*.

« Rentré chez lui, Veysset, changea de costume, s'affubla d'un chapeau tyrolien et ainsi déguisé sortit de Paris au bras de M. Georges Warenghem, et établit son centre d'opération à Saint Denis, hôtel du *Lapin-Blanc*. De là, il put continuer ses relations avec Hutzinger et avec ses amis restés à Paris, par l'intermédiaire de Mme Muller, femme du concierge de la rue Pigale, n° 28, et de deux autres courageuses jeunes filles, Victorine et Louise X....

« Ce fut par ces deux dernières qu'il apprit le lendemain, l'arrestation de Mme Forsans-Veysset et l'occupation de son appartement de la rue Caumartin par un détachement des « *Vengeurs de Flourens*, » ces héros de la *Commune* immortalisés par le crayon de Berthall.

« Cette arrestation s'effectua dans la nuit du 11 au 12 mai, à deux heures du matin, par des gardes de la brigade Dupont, au domicile de M. Georges Veysset, que nous avons vu partir pour Saint-Denis, après avoir changé de vêtements. Ne trouvant pas celui qu'on cherchait, on se consola tant bien que mal en arrêtant Mme de Forsans-Veysset, qui fut conduite à la préfecture de police devant le délégué Dupont. Après un premier interrogatoire, elle fut écrouée par ce citoyen lui-même et mise au secret. Le délégué voulut bien la prévenir que si M. Veysset ne venait pas en personne la réclamer dans les trois jours, elle serait fusillée.

« Pourtant Mme de Forsans-Veysset ne fut pas complètement abandonnée dans la pénible position qui lui était faite. Une honnête et brave femme Mme Autonier, dame-surveillante au dépôt de la préfecture consentit, au risque de perdre sa place et même de se faire fusiller, d'avertir elle-même Mme Guttin aînée de l'arrestation de Mme de Forsans-Veysset.

« Il était d'une haute importance de faire prévenir toutes les personnes compromises dans l'entreprise de Veysset, afin qu'aucune d'elles ne se rendit rue Caumartin, 62, pour se faire prendre à la souricière que la *Commune* y avait établie. Mme Guttin aînée hésita d'abord à reconnaitre l'écriture de la prisonnière que celle-ci avait déguisée à dessein ; mais sur la présentation d'un bijou, — une boucle d'oreille connue de Mme Guttin, — celle-ci donna des nouvelles exactes de la situation afin de calmer les inquiétudes de Mme Forsans-Veysset ; puis elle prit ses mesures pour faire connaître l'arrestation de cette dernière à tous les intéressés, en leur signalant le danger de la rue Caumartin.

« Malgré la menace de Dupont, Mme de Forsans-Veysset resta jusqu'au 17 mai à la préfecture sans être autrement inquiétée. Ce jour-là, le citoyen Cournet, ayant reçu par l'entremise d'un tiers, une somme de *trois mille francs*[1], elle fut transférée à Saint-Lazare et écrouée à la pistole avec les femmes des sergents de ville et des employés du gouvernement de Versailles.

[1] M. Adolphe Guttin a constaté la remise de cette somme de 3,000 francs à Cournet dans une lettre adressée à M. Charles Bocher, représentant du peuple, du 17 juin 1871, dans laquelle il prie ce dernier d'intervenir auprès du gouvernement de Versailles, afin de lui faire obtenir la restitution de cette somme et de plusieurs autres qu'il avait avancées. Voir la lettre authentique de M. Ad. Guttin, reproduite dans la seconde partie de la brochure de Mme Veysset, que nous plaçons à la fin de notre récit comme preuve à l'appui.

« La veille, M. Alphonse Guttin avait été également arrêté, sur la dénonciation du cocher de la voiture de place n° 7790. Cet homme qui l'avait plusieurs fois conduit dans sa voiture avec Veysset et Hutzinger, ayant conçu des soupçons, les dénonça dans un moment d'ivresse au Comité de salut public.

« Une souricière fut en conséquence établie rue de Douai, n° 3, seul domicile de ce cocher. Le 16 mai, M. Alphonse Guttin, qui venait des Batignolles, où il avait déjeuné chez ses parents, crut apercevoir en entrant dans la rue de Douai, des gens à mine suspecte. En s'approchant, il vit qu'il ne s'était pas trompé, car à mesure qu'il s'avançait il se produisait un mouvement parmi ces individus douteux, une voiture le suivait et le cocher, autant qu'il put le distinguer, le désignait et recevait l'ordre de le rejoindre.

« Se rendant compte de l'immensité du danger, M. Alphonse Guttin rétrograda aussitôt par la rue Notre-Dame-de-Lorette, où il fut suivi de près par la voiture, qui contenait un commissaire de police de la *Commune*, du nom de Chauvet, et un autre agent. Ce fut alors jusqu'à la rue du Faubourg-Montmartre une véritable chasse à l'homme. La voiture ayant été entravée dans sa marche, M. Alphonse Guttin qui ne ralentissait pas sa course sauta dans un omnibus, espérant ainsi dépister la poursuite. Malheureusement la voiture put le rejoindre, les deux hommes qui la montaient en descendirent, firent signe au cocher de l'omnibus d'arrêter, et vinrent s'y installer aussi près que possible de M. Alphonse Guttin. Celui-ci n'eut pas l'air de s'apercevoir de cette manœuvre, mais à mesure que les voyageurs descendaient, les agents de la *Commune* se rapprochaient de lui de plus en plus et lorsqu'ils arrivèrent enfin à son côté, l'un d'eux lui dit qu'il avait ordre de l'arrêter.

— M. Alphonse Guttin lui demanda si cet ordre était écrit et que dans ce cas il le produisît. L'ordre existait, et il était parfaitement en règle.

— « C'est bien, répondit M. Alphonse Guttin, je vous suis. »

« On fit arrêter, et M. Guttin fut conduit au poste de la mairie du 5ᵉ arrondissement, où il passa la nuit.

« N'ayant pas été fouillé, il fit disparaître en les mâchant et en les avalant, tous les papiers compromettants qu'il avait sur lui, et il effaça sur son calepin avec son crayon les notes se rapportant à ses agissements. Pour les fédérés qui étaient de garde au poste, il n'était qu'un simple réfractaire de la *Commune*; ils ne refusèrent donc pas de causer avec lui par le judas de la porte, et il obtint même de l'un d'eux qu'il portât un avis à sa famille. Cet avis parvint heureusement à destination et permit à M. Adrien Guttin d'éviter le même sort, en se réfugiant rue Neuve-des-Mathurins, chez des amis de sa famille qu'il ne connaissait même pas et d'où pourtant, grâce aux messagères Victorine et Louise X..., il put continuer à correspondre avec Veysset.

« Le lendemain de son arrestation, M. Alphonse Guttin fut conduit à la préfecture de police, fouillé et interrogé par Sicard. Celui-ci se mit dans une effroyable colère contre le commissaire qui avait fait l'arrestation et qui n'avait pas eu, disait-il, le bon sens de s'emparer immédiatement des papiers du prévenu. Nous savons comment ce dernier s'était hâté de les détruire. Fort de l'ignorance où ses ennemis étaient dès lors obligés de demeurer, il nia tous les faits qui lui furent reprochés dans cet interrogatoire, à la suite duquel il fut écroué au dépôt de la préfecture et mis au secret dans une cellule.

« Pendant ce temps, la famille de M. Guttin s'occupait du moyen de le sauver.

« Un ami de la famille, M. Bourgeois, se rendit le troisième jour après l'arrestation de M. Alphonse Guttin à la préfecture de police auprès d'un juge d'instruction de la *Commune* et lui annonça que son neveu, M. Guttin avait été arrêté par erreur, et que ce jeune homme était meilleur républicain que ceux qui l'avaient arrêté. Le juge d'instruction, qui ne connaissait pas un mot de l'affaire, consentit à lui laisser voir son neveu et tandis qu'on allait chercher celui-ci, il expliqua à M. Bourgeois qu'il y avait beaucoup de réfractaires dans le quartier de Notre-Dame-de-Lorette, et que lorsqu'on y effectuait des razzias, il se commettait de nombreuses erreurs. Dès que M. Alphonse Guttin parut, M. Bourgeois ne lui donna pas le temps de le reconnaître, il lui sauta au cou, et l'embrassant avec effusion, il lui dit :

« — Mon pauvre neveu, tu as été arrêté dans le quar-
« tier Notre-Dame-de-Lorette, n'est-ce pas ; mais M. le
« Juge d'instruction me fait espérer que tu vas pouvoir
« être relâché, puisqu'il n'y a que cela : on te prend pour
« un réfractaire. »

« Le prisonnier comprenant aussitôt son rôle, répondit dans le même sens au juge d'instruction. Il cita son bataillon des Batignolles, dont il ne faisait plus partie depuis longtemps et qu'il avait quitté pour se faire incorporer dans le huitième ; quant à la cause de son arrestation, il l'ignorait complètement. Le juge d'instruction influencé sans doute par le quartier de Notre-Dame-de-Lorette, ne prit pas la peine de consulter le dossier. Il répondit à M. Bourgeois, qui voulait emmener son neveu avec lui, en lui promettant de le relâcher aussitôt que certaines formalités seraient remplies, c'est-à-dire dans une heure. M. Alphonse Guttin reconduit dans son cachot, dut y attendre sa délivrance, trois longues heures lorsqu'une minute suffisait pour faire découvrir la ruse !

« On comprend les angoisses par lesquelles il a dû passer pendant ces trois mortelles heures. Le drame poignant après la comédie !

« Il courut aussitôt aux Batignolles embrasser ses parents, leur annoncer son heureuse délivrance et il se hâta de se réfugier dans un quartier tout opposé, rue Cardinal-Lemoine, chez une parente, ne doutant pas qu'on vînt le chercher à son domicile... ce qui arriva, ainsi qu'il l'avait fort sagement prévu.

« Comme on le voit, la situation était des plus tendue à Paris, Mme Forsans-Veysset était arrêtée, ainsi que M. Alph. Guttin, qui était relâché, il est vrai, mais forcé de se cacher comme son frère; Dombrowski était surveillé et Hutzinger reconnu à Versailles. Enfin, le huitième bataillon, commandé par M. Cadart, était licencié et mis dans l'impossibilité de prêter son appui dans le cas où l'on tenterait un coup de main.

« Personne, cependant, ne désespérait encore de l'issue de tant de peines, de tant d'angoisses et de tant de périls affrontés.

« La lettre de M. Barthélemy Saint-Hilaire, datée du 10 mai, enjoignant à Veysset *d'en terminer* avec Dombrowski, coûte que coûte[1], avait donné une nouvelle activité aux négociations; un traité fut signé avec le général, par lequel celui-ci s'engageait à dégarnir de troupes toute la zone de défense qui lui était confiée, c'est-à-dire depuis la porte du Point-du-Jour jusqu'à la

---

[1] Voir au sujet de cette lettre, la seconde partie de la brochure de Mme Veysset, contenant une lettre de M. Ad. Guttin, dans laquelle ce dernier constate que M. Barthélemy Saint-Hilaire avait écrit, le 10 mai, à Veysset de traiter à tout prix « *coûte que coûte* », avec Dombrowski, mais que cette lettre avait été malheureusement retournée à M. Saint-Hilaire.

porte de Wagram; l'article 4 portait en outre que les prisons seraient remises aux troupes de Versailles et que les otages seraient immédiatement mis en liberté.

« Le gouvernement de Versailles, de son côté, devait payer à Dombrowki et à son état-major une somme de 1,500,000 francs et leur accorder à tous un sauf-conduit qui leur permettrait de sortir de Paris et de passer la frontière. La somme devait être payée en billets de la Banque de France ou en papier sur la maison Rothschild de Francfort; elle était répartie comme suit : 1 million pour Dombrowski, 300,000 francs pour Hutzinger et ses amis et 200,000 francs pour divers.

« Dès le 14 mai, Dombrowski prenait des mesures pour rendre certain le succès de l'entreprise. Il s'était assuré le concours du colonel Mathieu, à qui il avait fait des ouvertures au commencement des négociations, il pouvait donc compter sur sa coopération active et, pour lui en faciliter les moyens, il signa l'arrêté suivant:

ORDRE DU JOUR

« Le colonel Mathieu est nommé commandant supérieur de
« toutes les forces réunies entre le Point-du-Jour et la porte
« de Wagram.

« Il établira son quartier général au château de la Muette.

« Toutes les troupes cantonnées dans cet endroit recevront
« les ordres du général par l'intermédiaire du colonel Mathieu;
« elles lui présenteront toutes réclamations concernant leur
« organisation et leur administration.

« Tous les ordres de mouvement des troupes, les bons de
« vivres, de munitions, d'habillements, ne seront valables que
« timbrés du cachet du 4ᵉ régiment et signés par le colonel
« Mathieu.

« Tous conseils de guerre et conciliabules d'officiers sont
« interdits.

« Les ordres émanant d'en haut seront exécutés sans aucune

« observation. Ils seront transmis par les voies régulières, à
« savoir : par l'état-major de la première armée ou par le
« colonel Mathieu.

« Toute contravention sera regardée comme un crime de
« trahison et les coupables seront traduits immédiatement
« devant un conseil de guerre.

« Château de la Muette, le 14 mai 1871.

« *Le général commandant en chef la première armée,*
« Dombrowski. »

« Cet arrêté livrait toutes larges ouvertes à l'armée de
Versailles les portes du Point-du-Jour, de Passy et
d'Auteuil.

« Le 15 mai, toutes les mesures étaient prises. Hutzinger quitta Paris pour rejoindre Veysset à Saint-Denis, à l'hôtel du *Lapin-Blanc*, afin de se rendre avec lui auprès de M. Barthélemy Saint-Hilaire, qui devait l'aboucher avec le général Borel, chef d'état-major du commandant en chef, le maréchal de Mac-Mahon.

« La veille, malheureusement, Veysset avait eu avec MM. Thiers et Barthélemy Saint-Hilaire une entrevue de nuit à la présidence. Il avait dû coucher à Versailles, rue du Pain, n° 18, dans l'appartement qu'il avait loué, chez M⁻° Chrétien, afin de faciliter ses relations avec le gouvernement. Il ne put arriver à Saint-Denis que vers trois heures de l'après-midi.

« Hutzinger, après l'avoir longtemps attendu, perdit patience et partit vers deux heures, malgré les insistances de la femme Muller. Cet incident contraria vivement Veysset, qui ne se dissimulait pas combien il fallait le ménager. Il s'empressa de dépêcher la femme Muller, à l'aide-de-camp de Dombrowski, en lui assignant rendez-vous pour le surlendemain 17 mai.

« Ce jour-là, l'imprudence de Hutzinger, qui cependant devait se savoir surveillé, faillit tout compromettre. Il s'en allait au rendez-vous, insouciant de ce qui se passait autour de lui, se pavanant dans son brillant costume d'aide-de-camp, sur le superbe cheval arabe qu'il avait emprunté aux écuries de l'ex-empereur. Il fut arrêté par un officier fédéré, commandant de section, légèrement aviné et ayant le vin soupçonneux. Traité de mouchard, il ne put se défendre et ordre fut donné de le conduire devant le Comité central ; il y aurait été traîné pour s'expliquer si, chemin faisant, il n'eut rencontré un officier de Dombrowski, de ses amis. Il se fit reconnaître et obtint d'être conduit auprès du général. Celui-ci reçut fort mal les gardes, se plaignit vertement au Comité de salut public de l'injure faite à son aide-de-camp et, payant d'audace dans un moment où l'on prenait contre lui des mesures préventives disant assez les soupçons qu'il inspirait, il délivra à Hutzinger une passe visée par le Comité. Cette passe donnait à son aide-de-camp la faculté de sortir de Paris et d'y rentrer à toute heure du jour et de la nuit, et cela par la porte qui lui plairait le mieux...

« Ce laissez-passer permit à Hutzinger de rejoindre Veysset le lendemain, 18 mai. L'entrevue fut décisive, toutes les conventions furent définitivement arrêtées et signées. L'exécution du contrat fut fixée au 19 ou au 20 au plus tard. Ce jour-là, de bon matin, devait avoir lieu une dernière rencontre entre Hutzinger et Veysset. Ce dernier devait y porter 20,000 francs à titre d'arrhes et les saufs-conduits nécessaires au général, à Hutzinger et aux autres officiers de l'état-major.

« Tandis que ceci se passait entre Saint-Denis et Paris, Mme de Forsans-Veysset était toujours détenue à Saint-Lazare. Le 18 et le 19, elle subit des interrogatoires qui n'aboutirent pas. La prévenue ne comprit pas alors ou ne voulut pas comprendre que l'exemple du vertueux Cournet avait fait des prosélytes, et que tous ces intègres citoyens étaient capables des plus grands dévouements... proportionnellement aux offres qui leur seraient faites.

« De légères entraves firent retarder la dernière entrevue de Veysset et d'Hutzinger jusqu'au dimanche 20 mai[1].

« Comme les précédentes, elle devait avoir lieu à l'hôtel du *Lapin-Blanc*, à Saint-Denis; mais, sur les conseils de la femme Muller, elle fut fixée sur le terrain neutre de Saint-Ouen, placé sous le protectorat de l'armée prussienne, qui assistait avec une joie contenue au spectacle de cette horrible guerre civile.

« Pourquoi la femme Muller avait-elle conseillé ce lieu de rendez-vous, et quel jeu jouait-elle alors? C'est aujourd'hui un fait avéré, elle trahissait Veysset et ses amis, après les avoir fidèlement servis les premiers jours. La nature de ses fonctions dans l'entreprise lui avait permis de surprendre beaucoup de choses; elle avait entendu parler du million promis à Dombrowski, des fortes sommes allouées à Hutzinger et aux autres. Persuadée que Veysset portait ces valeurs sur lui, elle lui réclamait tous les jours les dix mille francs qu'il lui avait laissé espérer pour ses bons services. Ne pouvant les obtenir, elle se décida à livrer « *les Conspirateurs* » à la *Commune*.

« Tout en se laissant aller avec trop de confiance peut-être, à fixer le rendez-vous sur le terrain neutre de Saint-Ouen, Veysset ne négligeait aucune démarche pour assurer le succès de son entreprise. Il fit donc demander au com-

---

[1] Mme Veysset dit, par erreur, « le dimanche 20 mai », car ce dimanche était le 21 mai : il faut donc lire 21 mai, partout où Mme Veysset a écrit *20 mai*. C'est en effet le dimanche 21 mai, et non le 20, que les troupes de Versailles sont rentrées dans Paris, en 1871, et que l'entrevue dont parle Mme Veysset a eu lieu, ainsi que les événements importants et décisifs qui l'ont suivie.

mandant prussien, si la plaine était sûre pour une entrevue toute de négociation, et s'il ferait respecter la neutralité au cas où on la violerait. Il lui fut répondu que, dans une guerre entre la France et la Prusse, l'armée prussienne sauvegarderait par tous les moyens, même extrêmes, toute zone déclarée neutre; mais qu'avec la *Commune*, on ne répondait de rien. La déclaration n'était pas rassurante, toutefois vivement pressé par la femme Muller, Veysset n'hésita pas à accepter le rendez-vous indiqué et il passa la journée du 19, dans les préparatifs indispensables de la dernière heure.

« Quelque chose cependant des agissements cauteleux de la femme Muller avait dû transpirer à Versailles ; car dans la soirée du 19 mai, tandis que Veysset se trouvait chez M. Planat, pour convenir avec lui des dernières mesures à prendre, un envoyé de la présidence se présenta à son domicile de la rue au Pain ; ne l'y rencontrant pas, il chargea la femme Chrétien de recommander à M. Veysset « de ne pas trop s'exposer. »

« Le 20 de grand matin, fidèles à leurs engagements Dombrowski et Hutzinger firent leurs dispositions. Hutzinger se rendit aux trois portes qu'occupaient les troupes sous le commandement direct de Dombrowski ; il fit retirer les artilleurs et leur enjoignit de cesser le tir ; les bataillons de fédérés qui gardaient les avancées devaient se replier et laisser les ponts-levis baissés, afin que le général en chef, qui allait pousser une reconnaissance put rentrer sans entraves par une des portes. Le colonel Mathieu était chargé de l'exécution de ces ordres.

« Après avoir transmis les commandements du général en chef Dombrowski, Hutzinger, monté sur son cheval arabe, se rendit à Saint-Ouen. Il rencontra aux avant-postes Veysset. Parti de Saint-Denis, celui-ci arrivait au rendez-vous avec M. Planat, ancien député, qui avait obligeamment mis sa voiture et son cocher à sa disposition.

« La première parole de Hutzinger fut pour les saufs-conduits de Versailles ; il demanda ensuite à Veysset s'il avait les fonds nécessaires à son entourage. Sur la réponse affirmative de celui-ci, qui lui remit aussitôt les saufs-conduits et lui montra les 20,000 francs convenus [1], Hutzinger se déclara satisfait et fit connaître les dispositions prises avant son départ de Paris.

— « Fort bien, répondit Veysset, maintenant nous
« n'avons plus qu'à partir, veuillez prendre place dans la
« voiture. »

« Hutzinger refusa en alléguant qu'il tenait beaucoup à son cheval arabe, qu'il allait le reprendre où il l'avait laissé et qu'il suivrait à cheval. L'endroit où se trouvait le noble animal était éloigné du lieu du rendez-vous, de quatre-vingts mètres environ du côté de Paris.

« Veysset ne fit aucune objection à ce caprice et l'accompagna tout en causant. Comme ils s'éloignaient, M. Planat, resté dans le fonds de sa voiture, remarqua plusieurs hommes à mines assez suspectes roder autour de lui et l'un d'eux même s'approcha et lui demanda du feu pour allumer son cigare.

« Peu après, le cocher de M. Planat s'écria : — « Mon-
« sieur, Monsieur, on arrête votre ami, sauvons-nous. »

« M. Planat ne comprenant pas ce que signifiait cette exclamation, descendit de sa voiture pour voir ce qui en était. Très myope malheureusement, il ne put rien distinguer, mais son cocher qui, du haut de son siège se rendait un compte exact de la situation lui cria de nouveau :

---

[1] Il y a une déclaration, aux pièces justificatives, signée de M. Planat, dans laquelle ce dernier certifie qu'il a vu les 20,000 fr. aux mains de Veysset, quand ce dernier les a montrés à Hutzinger, à Saint-Ouen.

— « Monsieur, montez vite, on court sur nous. »

« M. Planat ne l'écoutait pas, préoccupé de savoir ce qui se passait, le cocher ajouta en faisant le geste de fouetter :

— « Monsieur, Monsieur, nous sommes perdus, si vous « ne montez pas je fouette! »

« M. Planat, du reste, voyait maintenant qu'il n'y avait plus à attendre, les hommes qui accouraient vers lui se rapprochaient de plus en plus ; il ne fit qu'un saut dans sa voiture, qui partit ventre à terre dans la direction de Saint-Denis. Les fédérés saluèrent son départ d'une décharge de revolvers qui, fort heureusement, n'atteignirent que la caisse du coupé.

« Arrivé à Versailles, M. Planat se rendit à la présidence, où il fit part à MM. Thiers et Barthélemy de Saint-Hilaire de ce qui était arrivé. Ces Messieurs furent fort émus de la position grave de M. Veysset ; mais ils exprimèrent l'espoir que, au milieu du tumulte et du désordre, conséquences inévitables de l'entrée des Versaillais dans l'enceinte de Paris, les Fédérés oublieraient leur prisonnier et que la vaillante armée, à qui son dévouement avait épargné tant de sang, le retrouverait sain et sauf et le délivrerait.

« Malheureusement il n'en devait rien être, outre les 20,000 francs qu'il portait sur lui, il possédait des papiers trop compromettants pour pouvoir être sauvé. Il était en outre trop connu de quelques membres de la *Commune* qui, selon l'expression de Ferré lorsqu'il avoua, après l'avoir longtemps niée, son identité, sa participation au meurtre de Veysset, le considéraient « comme leur adversaire le plus redoutable. »

« Tandis que les fédérés conduisaient Veysset à la préfecture de police et que l'on écrouait Hutzinger, en sa qualité d'officier, à la prison du Cherche-Midi, on exécutait aux remparts les ordres que ce dernier avait transmis le matin aux troupes échelonnées de la porte du Point-du-Jour à la porte de Wagram.

« Toutefois le succès de ces manœuvres, si habilement dirigées, parut un instant compromis par le fait même de l'arrestation de Veysset et de Hutzinger. Les chefs de l'armée de Versailles, ignorant les mesures prises pour leur livrer les portes, avaient engagé le feu à distance et perdaient un temps précieux. Ce fut alors que Ducatel se dévoua, et parvint en affrontant la grêle de balles qui tombaient autour de lui, à indiquer aux troupes de Versailles par des signaux répétés que les portes étaient libres.

« Que devenait alors Dombrowski? Il est facile de comprendre les transes dans lesquelles il vivait. Il voyait bien Paris envahi par les Versaillais, les fédérés reculant de barricades en barricades devant l'armée française...

« Il se disait sans doute qu'il avait contribué pour sa part à étouffer cette révolution sans précédents dans les fastes les plus sombres de l'histoire humaine... Mais ce sauf-conduit qui devait lui donner la vie sauve, cet argent qu'il avait réclamé pour les siens?... Hutzinger ne revenait pas... Veysset aurait-il manqué à sa parole?... Était-il lui, Dombrowski, trahi par son aide-de-camp?... Au milieu de ces incertitudes poignantes, il fallait pourtant agir, l'inaction eut été une faute... elle eut été un crime aux yeux des fédérés... et le général qui a livré Paris, poussé par la fatalité, se rend aux barricades, pour combattre son œuvre, en dirigeant la défense désespérée... Tandis que Dombrowski vide ainsi jusqu'à la lie la coupe amère des désillusions, son aide-de-camp est transféré de la prison du Cherche-Midi à la Préfecture de police pour subir un nouvel interrogatoire. Lorsqu'il y arrive, il est huit heures du soir; l'entrée des troupes de Versailles est connue, l'inquiétude mord au cœur de tous, les estafettes se succèdent de minute en minute, les couloirs regorgent de gens effarés qui courent, gesticulent, hurlent. Les uns cherchent à fuir, les autres se préparent à résister, d'autres ne peuvent pas croire à un événement aussi inattendu, les ordres se croisent, l'un contredisant l'autre... C'est un tumulte indescriptible. Au milieu de ce désordre incapables de s'entendre, les membres de la *Commune* donnent l'ordre de réintégrer Hutzinger à la prison du Cherche-Midi. Personne ne les écoute, le prisonnier abandonné dans une des cours de la Préfecture de police, par ceux-là même qui le gardent, saute sur un cheval et peut, à la faveur du mot d'ordre, sortir de la Préfecture.

« En route, il rencontre plusieurs officiers de l'état-major de Dombrowski, auxquels il annonce l'entrée des troupes de Versailles. Rue Vivienne, il éprouve des difficultés pour passer. Le colonel fédéré qui y commande, prétend qu'il n'a pas le mot d'ordre. Hutzinger ne perd pas son sang-froid, comprenant qu'une journée aussi chaude doit avoir sensiblement altéré le colonel, il apaise ses inquiétudes au moyen d'une bouteille de champagne, qu'ils vident fraternellement chez le marchand de vin, situé au coin de la place de la Bourse et de la rue Vivienne. Cet argument paraît décisif au colonel, qui laisse l'aide-de-camp continuer sa route et se réfugier chez Mademoiselle Jeanne, rue Cadet, n° 10.

« L'armée de Versailles bien qu'entrée dans Paris, n'était pas encore maîtresse de la situation. De ce moment commence la guerre meurtrière des barricades...

« Ce fut dans ces moments critiques que l'on put apprécier le dévouement de quelques bons citoyens restés sous les coups de la menace au service de la *Commune*. »

Mme Veysset appelle naturellement bons citoyens les fonctionnaires de la *Commune* qui l'ont aidée à se sauver, en trahissant la cause du gouvernement qui les payait, et sans doute que les mauvais citoyens étaient ceux qui, fidèles à leur promesse et à leur devoir servaient fidèlement la cause de la *Commune*. Ceci bien entendu nous poursuivons notre citation :

« Le directeur de la prison de Saint-Lazare, M. Mouton, reçut le 23 mai, un ordre venant du Comité de salut public, signé Dupont et Rigault, lui ordonnant de faire fusiller Mme Forsans-Veysset, aussitôt que les troupes approcheraient [1]. Il vint présenter l'ordre à cette dame, en lui disant :

— « Si je vous sauve la vie, me sauverez-vous; car je
« n'ai accepté ce poste que pour ne pas me battre contre
« Versailles ? »

« Mme Forsans-Veysset, lui ayant promis de témoigner de sa généreuse conduite en haut lieu, M. Mouton déchira l'ordre, résolu à nier l'avoir reçu, si Raoul Rigault récriminait.

Le jour même où le malheureux Veysset avait été fusillé sur le Pont-Neuf, Saint-Lazare fut pris par les troupes de Versailles. Mme Forsans-Veysset ayant fait demander aussitôt des nouvelles de M. Veysset, M. Delrice, capitaine du 32me de ligne, fut envoyé auprès d'elle pour l'assurer que rien de fâcheux ne devait être arrivé à M. Veysset.

« Nous avons cependant vu comment Ferré et Würth avaient atteint ce courageux citoyen que leur avait vendu une malheureuse femme égarée par ses instincts de cupidité.

[1] Mme Veysset, qui n'est pas très au courant des choses de la *Commune*, confond sans doute le *Comité de salut public*, avec celui de *sûreté générale*, dont Dupont et Rigault étaient membres. En outre jamais la *Commune*, ni son *Comité de salut public* ou d'autres n'ont donné l'ordre de fusiller les prisonniers aux directeurs des prisons, qui n'étaient pas des militaires exécuteurs des sentences des cours martiales.

« Amenée devant le Comité par ceux qui avaient arrêté Veysset, elle déposa contre lui et révéla tout ce qu'elle savait de la « *Conspiration.* » Dans son interrogatoire qui ne dura pas moins d'une heure, elle fit preuve d'un tel cynisme, que Ferré se retournant vers Würth, ne put s'empêcher d'exprimer énergiquement son opinion :

— « Cette femme est une rude canaille, dit-il, mais elle nous rend bo...t service [1].

« Veysset était mort sans avoir eu la consolation de connaître la réussite de son œuvre. Il l'avait laissée, et c'est le cas ou jamais de le dire, à la grâce de Dieu, au moment où il touchait au but. Dombrowski, lui, était mort avec l'amère persuasion de s'être vendu sans résultat.

« Le mardi 22 mai, comme il arrivait devant la barricade du boulevard Ornano, il tomba de son cheval, atteint au bas-ventre par une balle. Immédiatement relevé, quatre fédérés le portèrent sur une civière par le boulevard Magenta, à l'hôpital Lariboisière, un officier précédait le funèbre cortège, tenant à la main un drapeau rouge. Le général se tordait sur sa couche dans des convulsions terribles, causées par la douleur. A l'hôpital, il succomba après une agonie de deux heures.

« En rendant le dernier soupir, toutes les tortures morales, qu'il avait endurées depuis la fatale matinée du

---

[1] La femme Muller écrouée au dépôt de la Préfecture le même jour que Veysset, s'est vantée devant Mme Autonier d'avoir servi MM. Veysset, Guttin frères et leurs amis, dans le but de les livrer tous à la *Commune* : « Cependant, ajouta-t-elle, si M. Veysset
« m'avait donné ce matin les 10,000 francs que je lui demandais,
« je ne l'aurais pas fait arrêter. Mais il me disait toujours : Ma-
« dame, quand les troupes seront rentrées, vous aurez ce que je
« vous ai promis, je vous en donne ma parole. » « Votre parole !
« Moi je n'y crois pas à la parole, et j'ai perdu patience. » Puis, après avoir réfléchi, elle reprit : « J'ai peut-être eu tort de faire
« arrêter celui-ci ; c'est l'autre, dans la voiture, qui avait les mil-
« lions ! Enfin ! » L'autre, c'était M. Planat. »

dimanche 21 mai, lui montèrent au cœur et s'épanchèrent dans ces amères paroles :

« *Voilà comme on meurt, lorsqu'on est trahi !* »

« Du moins, dit ensuite Mᵐᵉ Veysset, il eut de splendides funérailles.

« Le 24 mai, son corps fut porté au cimetière du Père-Lachaise, par un membre de la *Commune,* son frère, le colonel Dombrowski [1], quelques officiers et un piquet d'honneur.

« Là au son du canon qui grondait, du pétillement de la fusillade qui éclatait de toutes parts, à la lueur fauve de l'incendie qui se propageait, devant un auditoire morne, consterné, sous le poids d'une émotion poignante et indescriptible, le citoyen Vermorel parle, s'agite comme un serpent, siffle avec une rage concentrée, non contre l'armée régulière, qui fait son devoir ; mais contre « *celle « horde d'ivrognes et de lâches, qui la veille encore accu-« saient leur chef de trahison* », et qui l'ont abandonné seul sur une barricade où il a trouvé la mort.

« En confiant les restes de Dombrowski à la terre, on procédait aux funérailles de la *Commune.*

« Ce fut seulement le 25 mai que M. Alphonse Guttin vint chercher Mᵐᵉ de Forsans-Veysset à Saint-Lazare. Il ignorait encore le sort de Veysset et le croyait toujours prisonnier. Mais le lendemain, comme sous une pluie de balles, il courait aux informations, il rencontra le sous-brigadier Bacon, surveillant au dépôt de la Préfecture de police. Celui-ci... lui apprit l'affreuse nouvelle...

« MM. Guttin frères furent atterrés en apprenant à n'en point douter, la fatale nouvelle. Le 28 mai, arriva bientôt, et il n'y eut plus moyen de cacher son malheur à Mᵐᵉ de Forsans-Veysset. On comprend quelle fut sa dou-

---

[1] Ce dernier a depuis été condamné au bagne en Angleterre pour fabrication de fausse-monnaie.

leur, elle était de celles qui se sentent et ne se définissent pas... ¹ »

Si on compare la première partie de la brochure de Mme Veysset, à la déposition de l'amiral Saisset devant la Commission d'enquête parlementaire, on reconnaît facilement la similitude des déclarations contenues dans ces deux documents. Ainsi par exemple, l'amiral Saisset dit très positivement que Dombrowski « fit successivement retirer la majeure partie des troupes » qui gardaient les portes qu'il devait livrer. Mme Veysset raconte dans sa brochure « que fidèles à leurs engagements Dombrowski et Hutzinger firent leurs dispositions, le dernier se rendit aux trois portes qu'occupaient les troupes sous le commandement direct de Dombrowski, il fit retirer les artilleurs et leur enjoignit de cesser le tir ; les bataillons de fédérés qui gardaient les portes devaient se replier et laisser les ponts-levis baissés, afin que le général en chef, qui allait pousser une reconnaissance, pût rentrer sans entraves par une des portes... »

Ainsi ces documents constatent tous les deux l'abandon des portes par ordre de Dombrowski à l'armée de Versailles, et la déclaration de Mme Veysset, encore plus explicite que celle de l'amiral Saisset, ajoute que les artilleurs devaient cesser le feu et que les ponts-levis devaient être baissés, ce qui faciliterait beaucoup l'envahissement de Paris. Ainsi ces deux témoignages qui concordent si exactement et qui se confirment mutuellement avec tant de précision, ne laissent aucun doute sur leur exactitude et sur leur véracité, et par conséquent sur la trahison de Dombrowski.

Mais s'ils ne suffisaient pas, il y a d'autres preuves

¹ Extrait de la brochure publiée en 1873, à Bruxelles, et ayant pour titre : GEORGES VEYSSET, *un épisode de la Commune et du gouvernement de M. Thiers*, par Mme Forsans-Veysset.

authentiques et même officielles qui confirment tous les faits constatés par la déposition de l'amiral Saisset et par la brochure de Mme Veyssel, et qui se trouvent dans les pièces aussi curieuses que sérieuses, qui forment la seconde partie de la brochure de cette dame, qu'elle a publiée sous le titre : « *Le gouvernement de M. Thiers* » et dont nous citerons les principaux passages au fur et à mesure des besoins de notre récit.

CHAPITRE VII

LA TRAHISON DE DOMBROWSKI
PROUVÉE PAR DES DOCUMENTS DONT QUELQUES-UNS SONT AUTHENTIQUES ET OFFICIELS

Le premier des documents dont nous parlons est une lettre fort importante, datée du 29 mai 1871, cinq jours seulement après la mort tragique de Veysset, adressée à M. Barthélemy Saint-Hilaire, secrétaire général de M. Thiers, chef du pouvoir exécutif, par les frères Guttin, dans laquelle ces derniers sollicitent de ce puissant personnage des saufs-conduits, qui leur permettent d'aller à Versailles avec Madame Veysset pour lui faire d'importantes révélations sur la mission qui avait été confiée au mari de cette dernière, dont ils étaient les confidents et les amis; c'est-à-dire sur la trahison de Dombrowski de complicité avec Veysset :

Voici cette lettre :

« A M. Barthélemy Saint-Hilaire, chef du Cabinet de M. Thiers.

« Monsieur le Ministre,

« Amis intimes de M. Veysset, ses confidents et intéressés dans la mission que vous lui aviez confiée, nous venons vous prier instamment de nous accorder une audience pour entendre les révélations de haute importance que nous avons à vous faire.

« Nous savons que vous avez déjà appelé auprès de vous M. Hutzinger, ancien aide-de-camp de Dombrowski.

« Nous avons à vous donner sur la même affaire[1] des détails que M. Hutzinger ignore et qu'il vous importe de connaître.

« Nous venons d'apprendre que notre malheureux ami Veysset est mort victime de son dévouement à la cause de l'ordre et de la légalité.

« Les plans de notre ami avaient trop bien réussi pour que les hommes de la *Commune* consentissent à lui pardonner. Il a été fusillé mardi matin, 23 courant, sur les ordres de Ferré.

« Sa femme atterrée par l'horrible nouvelle qu'il fallut lui apprendre, veut vous voir, monsieur le Ministre, pour vous faire certaines communications. Nous ne doutons pas que vous consentiez à la recevoir immédiatement.

« Nous vous supplions aussi de nous fournir les moyens de l'accompagner. Compromis nous-mêmes dans l'affaire dont il s'agit, nous y avons laissé plus que notre fortune, l'un de nous a été emprisonné et ce n'est que par un hasard providentiel, que tous deux nous avons échappé à la vindicte de la *Commune*.

« Veuillez agréer, etc.

« *Signé :* Ad. GUTTIN, Al. GUTTIN,
« 41, rue Boursault.

« M. B. — Madame veuve Veysset, demeure rue Caumartin, n° 62. »

Voici maintenant la réponse de M. Saint-Hilaire à cette lettre ; qui prouve le bien fondé des demandes qu'elle contient :

---

[1] La trahison de Dombrowski.

« A MM. Guttin, rue Boursault, à Paris.

RÉPUBLIQUE FRANÇAISE

Pouvoir exécutif, Présidence du Conseil des ministres.

« Versailles, le 31 mai 1871.

« Messieurs,

« Si vous avez à m'entretenir de l'infortuné M. Veysset, vous pouvez me trouver tous les matins à la préfecture, d'où je vous écris et où je loge.

« Agréez, etc.

« *Signé :* B. SAINT-HILAIRE. »

Madame Veysset de son côté s'était directement adressée pour le même sujet à M. Thiers auquel elle demandait une audience, afin de lui réclamer l'exécution des engagements pris par le gouvernement envers son époux infortuné.

Voici aussi la lettre de cette dame :

« A monsieur le Chef du pouvoir exécutif,
« Monsieur le Président,

« Mon mari, M. Veysset, a été fusillé le 23[1] mai sur les ordres de la *Commune*, victime de son dévouement au gouvernement.

« La mort de M. Veysset, m'oblige à vous demander audience pour vous expliquer de vive voix ce qu'il a fait et les engagements qu'il y a lieu de remplir.

« En m'accordant cette audience, je vous serai reconnaissante, monsieur le Président, de me fournir les permis nécessaires pour me rendre à Versailles, accompagnée de MM. Adrien et Alphonse Guttin, amis et intéressés de mon mari.

« J'ai l'honneur d'être, etc.

« *Signé :* Marguerite VEYSSET. »

---

[1] Cette dame, encore mal renseignée, se trompe d'un jour, c'est le 24 que son mari a été exécuté.

M. Adrien Guttin et madame Forsans-Veysset ont obtenu, pour la journée du 2 juin, un laissez-passer personnel que nous reproduisons ici, et qui est une preuve officielle de la démarche que cette dame et ce monsieur ont faite auprès de MM. Thiers et Barthélemy Saint-Hilaire, au sujet de la trahison Dombrowski et Veysset.

ARMÉE DE VERSAILLES
ÉTAT-MAJOR GÉNÉRAL, PLACE DE PARIS

« Le chef de poste, à la porte Saint-Cloud, laissera sortir librement, monsieur Adrien Guttin et madame Forsans-Veysset se rendant à Versailles.

« Le présent laissez-passer n'est valable que pour la journée du 2 juin 1871.

« Pour le général commandant la place. Le colonel major. »

« *Signé :* E. LAMY. »

Une fois à Versailles il paraît que l'accueil fait à M. Guttin et à madame veuve Veysset n'a pas été aussi favorable qu'ils l'espéraient et qu'ils le désiraient, car cette dame a écrit de Versailles une lettre à M. l'amiral Saisset, dont sa brochure ne contient que les passages les plus importants, les autres renfermaient, paraît-il, des récriminations que les intéressés ont jugé utile de supprimer ; mais malgré cela la lettre de madame Veysset à l'amiral Saisset n'en est pas moins une preuve flagrante de la conspiration ourdie à Versailles contre la *Commune*, et de la trahison de Hutzinger, de Dombrowski, etc., et elle prouve aussi que des engagements avaient été pris à ce sujet entre le Chef du pouvoir exécutif et son gouvernement, d'une part, et les conspirateurs et les traîtres, d'autre part.

Voici la portion de la lettre expurgée de madame veuve Veysset, telle qu'elle a été publiée dans la brochure de cette dernière :

« Versailles, le 3 juin 1871.

« A M. l'amiral Saisset, 24, rue de la Chancellerie,
à Versailles.

« Monsieur l'Amiral Saisset,

« Au nom de mon mari qui vient de mourir si malheureusement victime de son patriotisme et de son dévouement, au nom de l'estime que vous lui avez témoignée, je viens vous supplier d'intercéder pour moi auprès de M. le Chef du pouvoir exécutif. Je vais vous expliquer aussi brièvement que possible ce que je réclame de M. Thiers.

« Pour tant de sacrifices quelle a été la récompense?

« Pour mon mari la mort, une mort affreuse, pour moi sa femme, l'emprisonnement, des traitements indignes, et enfin la ruine; pour les amis qui prêtèrent leur concours à mon mari, l'emprisonnement et la ruine.

« Je vous demande donc maintenant instamment de voir M. le Chef du pouvoir exécutif. Je le dis hardiment mon mari a rendu trop de services pour qu'on refuse d'entendre sa veuve. Ce que je demande, vous le savez ce n'est pas le prix du sang de mon mari, je ne veux rien, ni pour sa vie perdue sitôt, ni pour ses peines. Ce que je demande, c'est que ses amis soient désintéressés et que pour cela une somme de quinze à vingt mille francs me soit remise immédiatement, car le temps presse. Vous verrez ensuite, monsieur l'Amiral, s'il ne serait pas juste que le reste des déboursés de mon mari me fussent rendus.

« Je ne veux pas prétendre que mon mari ait été autorisé à faire ces dépenses, mais elles étaient indispensables au succès de l'entreprise. Elles ont produit un résultat heureux, il est juste qu'on nous en tienne compte. Nous ne pouvons pas avoir si cruellement souffert pour en arriver à la ruine, à la misère; non cela n'est pas possible.

« J'ai encore une chose à demander cette fois, c'est l'exécution d'une promesse sacrée. M. Hutzinger, l'ancien aide-de-camp de Dombrowski, qui avait réussi à échapper aux agents de la *Com-*

mune, s'est livré de son propre mouvement, à l'autorité militaire.

« Il est juste qu'il soit relâché, c'est un engagement pris par le représentant du gouvernement.

« Je vous remercie à l'avance, au nom de mon mari, de ce que vous ferez pour moi et je vous prie, monsieur l'Amiral d'agréer, etc.

« *Signé* : veuve VEYSSET, 62, rue Caumartin. »

De son côté M. Alphonse Guttin appuya cette demande par la lettre suivante, adressée à M. Barthélemy Saint-Hilaire.

« Versailles, le 3 juin 1871.

« A M. Barthélemy Saint-Hilaire, chef du Cabinet.

« Monsieur,

« Je vous en conjure, je vous en supplie, soyez favorable à la demande que madame Veysset a adressée aujourd'hui à Monsieur le Chef du pouvoir exécutif, par l'intermédiaire de M. l'Amiral Saisset et selon votre conseil. Considérez, Monsieur, que nous avons rendu des services, que nous avons exposé notre vie, que l'infortuné Veysset y a perdu la sienne; que nous avons été traqués et que nous avons cruellement souffert. Ne nous infligez pas une dernière douleur en nous déniant la justice qui nous est due.

« Madame Veysset vient de retrouver dans le logement que son mari occupait à Versailles, rue du Pain, 18, le reçu d'une somme de dix mille francs, (10,000 fr.) donnés pour Montmartre[1]. Je vous l'envoie sous ce pli. D'autres quittances, qui se trouvaient à Paris, ont été détruites et ne peuvent être présentées pour les

---

[1] Ce sont les 10,000 francs payés pour la trahison des artilleurs de Montmartre, auxquels il est fait allusion. Le reçu de ces 10,000 francs n'est-il pas une preuve de cette trahison ?

autres versements, pas plus naturellement que pour les fonds saisis sur M. Veysset lors de son arrestation.

« Veuillez agréer, etc.

« *Signé :* Al. Guttin. »

Après l'envoi de ces lettres et les démarches qu'elles provoquèrent, les réclamations de Mme Forsans-Veysset et de MM. Guttin frères furent accueillies à Versailles avec une grande apparence de sympathies. On paraissait comprendre l'importance des services rendus par la victime du 24 mai. M. l'amiral Saisset du reste appuyait vivement cette simple revendication de sommes avancées ; quelques jours après l'envoi de la requête de Mme Forsans-Veysset, il lui faisait parvenir le billet suivant :

« Le vice-amiral Saisset, membre de l'assemblée nationale, s'empresse de porter à la connaissance de Mme Veysset, que M. le Chef du pouvoir exécutif, président du conseil des ministres, le charge de dire à Mme Veysset toute sa sympathie pour son affreux malheur, et qu'il fera tout ce qui lui sera possible pour améliorer sa situation, que des ordres seront donnés pour *qu'une indemnité*, dont le chiffre sera ultérieurement indiqué, vienne en aide à M. Alphonse Guttin, pour le remboursement d'une partie des fonds prélevés par M. Veysset sur sa caisse, dans *un but favorable à l'ordre.*

« Prière d'aller voir le plus tôt possible M. Barthélemy Saint-Hilaire, secrétaire général du chef du pouvoir exécutif, avec ce mot d'écrit, qui est l'exacte communication qui lui a été faite par M. le Secrétaire général. »

Signé : « Vice-amiral Saisset, membre de l'assemblée nationale. »

Dans une lettre adressée par M. Alphonse Guttin à son frère Adrien, il l'informe de ce qu'il vient d'apprendre au sujet de leurs réclamations :

« Mon cher Adrien,

« Je sors de chez Mme Veysset, où j'ai appris une bonne nouvelle.

« Dans sa maison, demeure un certain M. Fournier, chef du cabinet du ministre de l'intérieur. Ce matin il a dit à la concierge de la rue Caumartin :

« Qu'est-il donc arrivé à ce pauvre M. Veysset ? »

« Et sur la réponse de la concierge il ajouta :

« Samedi, M. Thiers a fait demander au ministre s'il y avait
« des fonds disponibles, et la lettre qui portait cette demande
« mentionnait que les fonds dont s'enquerrait M. Thiers étaient
« destinés à la veuve Veysset.

« Ceci ne peut pas avoir été inventé, c'est donc une excellente nouvelle ; reste à savoir le chiffre, et à ce sujet je pense qu'une fois la somme fixée il n'y aura pas à y revenir. Je regrette donc que nous n'ayons pas mis M. Bocher en campagne, parce que, avec son intervention, on aurait peut-être obtenu plus qu'on ne ne recevra. Songes-y et vois s'il ne serait pas utile de le voir ?

« Je n'ai pas encore reçu de réponse de l'amiral.

« Une chaude poignée de main.

« Al. Guttin. »

« Paris, le 12 juin 1871. »

Cette lettre est une preuve de plus de la réalité du complot Veysset, Guttin, Barthélemy Saint-Hilaire, Saisset et Thiers, puisque ce dernier s'est informé s'il y avait au ministère de l'intérieur des fonds secrets disponibles pour rembourser à la veuve Veysset une partie des fonds avancés par son mari pour payer les frais de la trahison.

« Des amis communs, dit Mme Veysset dans sa brochure, avaient en effet mis M. Ad. Guttin en rapport avec M. Charles Bocher et, celui-ci, après avoir pris connaissance de la mission acceptée par M. Veysset et de ce que réclamaient MM. Guttin et Mme de Forsans-Veysset, avait fort obligeamment offert ses bons offices pour aider à obtenir *justice* ». C'est pourquoi M. Alphonse Guttin, dès le lendemain de sa première lettre, insistait auprès de son frère, en lui écrivant la lettre suivante :

« Paris, le 13 juin 1871.

« Mon cher Adrien,

« Rien n'est encore arrivé à Versailles, aussi Mme Veysset et moi, nous sommes d'avis que tu ailles voir au plus tôt M. Bocher. Je crains bien que si nous n'obtenons rien *maintenant*, nous n'obtenions jamais rien.

« Enfin le chiffre une fois fixé, il n'y aura peut-être plus moyen d'y revenir. Et puis l'avenir pourrait amener des complications qui seraient désastreuses pour nous.

« Profitons donc du bon vouloir de M. Bocher, tâche d'obtenir de lui qu'il fasse une démarche auprès de M. Thiers lui-même.

« J'espère beaucoup dans l'intervention de M. Bocher. Je n'ai pas de réponse de l'amiral.

« Tout à toi,

« Al. Guttin. »

M. Ad. Guttin ayant fait la démarche que son frère lui demandait reçut un accueil des plus gracieux ; M. Charles Bocher réclama un état de déboursés de Veysset, avec autant de pièces à l'appui que possible.

M. Ad. Guttin s'empressa de le satisfaire et, le 15 juin, il lui annonçait par une première lettre qu'il lui remettait ce compte détaillé. A celui-ci était jointe une lettre d'envoi et la missive de l'amiral Saisset que nous avons publiée plus haut.

Voici la lettre de M. Guttin et le compte détaillé qui l'accompagnait :

« A M. Charles Bocher, 7, rue Saint-Florentin, à Paris.

« Paris, le 15 juin 1871. — 5, rue Letellier.

« Monsieur,

« J'ai l'honneur de vous remettre l'état des sommes que sur la demande de M. Veysset, nous avons déboursées pour la *cause de l'ordre* et sur la promesse verbale d'être intégralement remboursés, même en cas de non-réussite.

« Ces déboursés s'élèvent à environ 36,000 francs.

« Je joins à cet état une lettre de M. l'amiral Saisset, dont le contenu vous fera voir que M. le Chef du pouvoir exécutif appréciant la situation, a bien voulu s'engager à donner suite à nos justes demandes.

« Ayant déjà trop abusé de votre bienveillant accueil, je n'entrerai dans aucun détail sur cette malheuseuse affaire dont vous avez pu suivre tous les fils.

« Comme l'a dit Mme Veysset à M. le vice-amiral Saisset, dans sa lettre du 3 courant, ces dépenses étaient indispensables au succès de l'entreprise. Elles ont produit un *résultat heureux*, il est juste qu'on nous en tienne compte.

« Nous ne pouvons pas avoir si cruellement souffert pour en arriver à une ruine d'autant plus complète que mon frère a été incendié par la *Commune*.

« Je vous en prie, Monsieur, faites qu'on me rende justice.

« Nous ne demandons de récompense d'aucune sorte.

« Qu'on nous rembourse nos déboursés et nous nous estimerons trop heureux d'avoir été utiles à notre pays, en contribuant à *des manœuvres qui ont rendu facile l'entrée des troupes* [1] ; qui ont énervé la résistance de l'insurrection et évité ainsi une grande effusion de sang [2].

« Veuillez agréer, etc.

« *Signé :* Ad. Guttin. »

---

[1] « Ces manœuvres qui ont rendu facile l'entrée des troupes », ce sont la trahison de Dombrowski et la livraison des portes.

[2] Ces manœuvres ou cette trahison ont en effet, épargné le sang des troupes de Versailles, mais pas celui des gardes nationaux défenseurs de Paris, puisque 40,000 d'entre eux ont été massacrés.

Voici encore la seconde lettre de M. Ad. Guttin à M. Bocher dont il a été parlé :

« Paris, le 15 juin 1871. — 41, rue Boursault.

« A M. Charles Bocher, 7, rue Saint-Florentin.

« Monsieur,

« Suivant ce qui a été convenu ce matin entre nous, je vous remets sous ce pli copie des pièces énoncées dans une lettre de ce jour, et dont j'ai l'honneur de vous communiquer les originaux.

« Il n'y a que vous, Monsieur, qui, par votre haute situation, et votre grande autorité, puissiez hâter la solution de notre instance auprès de M. Barthélemy Saint-Hilaire, puisque vous avez pu apprécier les services rendus et la position intolérable qui en résulte aujourd'hui pour nous.

« Je n'insisterai pas auprès de vous, Monsieur, et j'ose compter sur la très grande bienveillance que vous nous avez témoignée, pour espérer un très prochain règlement, et d'ici à la fin de ce mois au plus tard si possible.

« Nous accepterions volontiers un ou plusieurs bons du *Trésor* à longue échéance, si le paiement de l'indemnité à nous allouer devait en être facilité, étant à même, grâce à nos relations, de les escompter rapidement.

« Veuillez agréer, etc.

« *Signé :* Ad. Guttin. »

« P. S. — Selon votre désir, je vais m'occuper de réunir les documents relatifs à l'ouvrage dont vous m'avez entretenu et de me mettre à l'œuvre pour vous satisfaire de mon mieux. Mon frère et moi pourrons vous fournir des détails qui, j'aime à le croire, vous intéresseront ».

Parmi les pièces dont M. Ad. Guttin avait envoyé copie à M. Bocher, afin qu'il puisse faire des démarches auprès du gouvernement de Versailles, en son nom et en ceux de son frère et de Mme veuve Veysset, il y avait le compte suivant :

ÉTAT DES DÉBOURS DE MM. GUTTIN FRÈRES POUR LA CAUSE DE L'ORDRE

« Pour Montmartre . . . . 10,000 fr.
« Dont le reçu a été remis à M. Barthélemy Saint-Hilaire, par MM. Guttin dans leur lettre du 3 juin courant.
« Remis à M. Veysset le 21 mai, pour le commandant Hutzinger, aide-de-camp du général Dombrowski, tant pour lui que pour l'état-major de Dombrowski. 20,000
« Cette somme a été saisie par la *Commune* sur M. Veysset. M. Planat, ancien député, qui accompagnait M. Veysset et qui a été témoin de son arrestation aux avants-postes de Saint-Ouen, en courant lui-même de grands dangers, a vu cette somme aux mains de M. Veysset. M. Planat a dû déjà certifier de ce fait auprès de M. Barthélemy Saint-Hilaire, et en tous cas, il ne fera aucune difficulté pour en témoigner[1].
« Ce témoignage peut être au besoin corroboré par celui des gardiens du dépôt de la Préfecture.
« Remis au commandant Cadart du 8me bataillon, pour les officiers et gardes de l'*ordre*, qui ne voulaient rien recevoir de la *Commune* et qui avaient besoin de leur solde pour vivre, ainsi qu'aux citoyens gagnés à la cause de l'ordre et étrangers au bataillon, dont le reçu est ci-joint, ci. 2,900

A reporter. . . . . 32,900 fr.

---

[1] Ce témoignage a été donné depuis par lettre reproduite dans le cours de ce récit, voir la page 111 de la brochure.

Report.	32,900 fr.
« Remis à M. Veysset, pour les familles du général Dombrowski et du commandant Hutzinger, pour quitter Paris et pour frais divers dans l'entourage du général.	3,000
« Sans compter deux versements qui ont été faits par M. Guttin : l'un de 900 francs ; l'autre de 1,200 francs, en présence de témoins qui l'attesteront au besoin. (MM. Cadart et Hutzinger.)	
« Payé par M. Guttin, pour location de divers appartements et frais divers, environ.	2,800
« Total.	38,700 fr.

« N. B. — Dans ces débours ne figuraient pas les pertes subies directement par Mme veuve Veysset et par M. Guttin.

« Chez Mme Veysset, les Vengeurs de Flourens sont restés dix jours ; ils ont brisé les meubles, de plus, ils ont enlevé tous les papiers, livres, etc..., lui appartenant.

« L'un des MM. Guttin a été arrêté comme ayant prêté son concours à M. Veysset. La pièce ci-jointe qu'il a conservée donne les détails des fonds et objets qui ont été saisis sur lui.

« Le même a eu son appartement brûlé et n'a rien pu sauver de son mobilier, précisément parce qu'il avait dû se cacher ailleurs pour échapper aux poursuites dont il était l'objet.

« Toutes ces pertes ont été causées indirectement par la mission dont M. Veysset était chargé.

« On n'en parle ici que pour mémoire.

« *Signé :* Ad. GUTTIN,
« 5, rue Letellier.

« Paris, le 15 juin 1871.

« Nous publions pour mémoire aussi l'inventaire du « *Fouillement* » de M. Alp. Guttin, du 16 mai 1871, lors de son arrestation ; le voici :

« Un portefeuille en maroquin.

« 650 francs en billets de 50 francs sous enveloppe.

« Un trousseau de six clefs.
« Un journal *Le Soir de Versailles*.
« Un couteau-canif à plusieurs lames.
« Argent laissé en poche vingt-deux francs (22 francs).

« Le commissaire spécial,

« *Signé* : Ch. CHAUVET.

« Cachet rond avec une effigie de la Liberté. COMMUNE DE PARIS, VIme arrondissement. RÉPUBLIQUE FRANÇAISE.

« Pour copie conforme, *signé* : A. GUTTIN. »

M. Guttin avait encore joint à cette lettre le reçu de M. Luce, sergent-secrétaire du 8me bataillon de la garde nationale de la Seine, pour une forte partie des sommes déboursées afin de procurer une solde et des vivres aux gardes nécessiteux dudit bataillon. Nous le reproduisons :

« *Garde nationale de Paris, 2me subdivision, 8me bataillon.*

« Le commandant Cadart du 8me bataillon de la garde nationale de la Seine, certifie avoir reçu des mains de MM. Guttin, une somme totale de deux mille quatre cents francs en divers acomptes[1].

« Ladite somme employée pour les besoins des gardes et autres gagnés à l'ordre et ne recevant rien de la *Commune*.

« Le présent certificat délivré le 14 juin 1871, à MM. Guttin, pour leur servir ce que de besoin.

« Pour le chef du 8me bataillon, IIme arrondissement.

« Le sergent secrétaire,

« *Signé* : L. LUCE.

« Ce reçu porte le timbre du 8me bataillon. Un autre de six cents francs, devait suivre. »

---

[1] La somme versée est de 3,000 francs. MM. Guttin ont produit ultérieurement un reçu supplémentaire pour la somme en différence avec le reçu actuel ; soit de 600 francs.

Le lendemain, avant que M. Charles Bocher eut pu faire la moindre démarche, M. Barthélemy Saint-Hilaire adressait à M. le Président du Conseil le rapport suivant :

« RÉPUBLIQUE FRANÇAISE

« *Pouvoir exécutif, Présidence du Conseil des ministres.*

« Rapport a M. le président du Conseil sur la mort de M. Veysset.

« Parmi les bons citoyens qui ont cherché à faciliter la prise de Paris, M. Veysset est un de ceux qui ont montré le plus de zèle et qui se sont approchés le plus près du but. C'était M. le vice-amiral Saisset qui l'avait introduit près de moi, et je l'ai *pratiqué*[1] pendant deux mois, dans cet intervalle j'ai pu juger de son honnêteté et de son dévouement. Vers le 15 mai, il s'était mis en rapport avec un des aides-de-camp de Dombrowski, et il avait fait plusieurs voyages entre Versailles et Saint-Denis, où se passaient les entrevues. Le 23 mai, il a été surpris par les agents de la *Commune* et il a été fusillé sur-le-champ[2].

« Il laisse une veuve que j'ai vu plusieurs fois et qui reste absolument sans ressources.

« Deux de ses amis, honorables commerçants, MM. Guttin frères, rue Boursault, 41, à Paris, s'étaient associés à ses desseins et avaient fait des avances assez considérables pour solder des gardes nationaux fidèles.

« J'avais désapprouvé ce procédé et je n'avais autorisé aucune des dépenses de ce genre[3], mais je ne puis douter que les

---

[1] Sans vouloir offenser M. le rapporteur, disent MM. Guttin frères, pourrait-il, dans un moment de loisir, nous expliquer ce logogriphe : « Quand à nous, nous avouons naïvement ne rien comprendre à « la pratique. »
[2] Le rapporteur se trompe, Veysset a été arrêté le 21, et fusillé le 24.
[3] « Et votre lettre du 10 mai, dans laquelle vous me dites de terminer à tout prix avec *Dombrowski*, et coûte que coûte? » (Ce renvoi est de M. Alp. Guttin.)

avances aient été faites, et je crois qu'il serait juste de les rembourser au moins en partie[1]. J'ai examiné avec le vice-amiral Saisset à quel chiffre ces avances pouvaient se monter, et nous sommes tombés d'accord qu'elles avaient été au moins de 15,000 francs.

« Je vous propose, monsieur le président du Conseil, de vouloir bien faire rembourser cette somme à Mme Veysset et aux deux amis de M. Veysset, car il serait vraiment trop dur, qu'à leur trop juste affliction, ces personnes, d'ailleurs parfaitement honnêtes, ajoutassent encore une perte d'argent considérable. Je crois que cette compensation est due à la mémoire d'un homme excellent, dont je n'ai pas toujours approuvé les démarches, mais qui m'a donné de son caractère et de son patriotisme la meilleure impression.

« Si vous voulez bien, monsieur le Président, vous approuverez le rapport que je vous soumets ici, et vous le revêtirez de votre signature.

« Le représentant du peuple,
« *Signé* · B. SAINT-HILAIRE.

« Approuvé. — Le président du Conseil, chef du pouvoir exécutif de la République française. A. THIERS. »

Sur le rapport de M. Barthélemy Saint-Hilaire qui précède, approuvé par M. Thiers, l'autorisation suivante de payer fut immédiatement délivrée :

« RÉPUBLIQUE FRANÇAISE.

« *Pouvoir exécutif, Présidence du Conseil des ministres.*

« Versailles, le 16 juin 1871.

« Conformément au rapport adressé par moi à M. le président du Conseil et approuvé par lui en date de ce jour, j'autorise le présent paiement de la somme de quinze mille francs au nom de MM. Guttin frères.

« Le représentant du peuple,
« *Signé :* BARTHÉLEMY SAINT-HILAIRE.

[1] « *Le au moins en partie est joli.* » (Renvoi du même M. Guttin.

« A la suite du rapport est écrit ce qui suit :

« J'autorise M. Budin à payer à Mme veuve Veysset et à MM. Guttin frères, conformément au rapport ci-dessus, la somme de quinze mille francs, allouée par M. le chef du pouvoir exécutif au nom de MM. Guttin frères [1].

« Ladite somme sera imputée sur le chapitre XIIIe [2].

« Le ministre de l'Intérieur,
« *Signé* : LAMBRECHT [3]. »

« Versailles, 19 juin 1871. »

Il est impossible, après avoir lu les pièces qui précèdent, dont plusieurs sont officielles et authentiques, et quand on a eu connaissance de la déposition de l'amiral Saisset, devant la commission d'enquête parlementaire et de la première partie de la brochure de Mme veuve Veysset, de nier la trahison accomplie au préjudice de la *Commune*, par le colonel Hutzinger, le général Dombrowski et d'autres officiers d'état-major de ce dernier, en faveur du gouvernement de Versailles, dont M. Thiers était le chef.

C'est là une bien triste vérité, que nous avons constatée avec beaucoup de peine et de regret. Mais nous n'avons pas pu nous dispenser de le faire, car elle est si évidente, qu'elle saute aux yeux de tous ceux qui se donnent la peine d'examiner les documents que nous avons reproduits.

---

[1] L'encaissement a été effectué le 19 juin 1871.
[2] Nous ne sommes pas curieux, mais nous aimerions à savoir qu'est-ce que le chapitre XIIIe ? demandent les frères Guttin. — Voici notre réponse à cette question : C'est le chapitre des fonds secrets, et c'est avec la caisse de ces derniers que l'on paie les mouchards, les espions, les agents provocateurs et les traîtres. P. Vésinier.
[3] M. Lambrecht avait connu Veysset, et il avait suivi avec un vif intérêt toutes les phases de la terrible partie que celui-ci avait engagée. M. Lambrecht a essayé, ou plutôt il a voulu reconnaître les services rendus par Veysset, mais la mort ne lui a pas permis d'accomplir cet acte de justice. (Note de MM. Guttin.)

A côté de la trahison de Dombrowski il y a un autre spectacle presque aussi écœurant, c'est celui que donne le gouvernement de Versailles, qui, après avoir organisé la trahison, lorsqu'il a réussi dans son entreprise, cherche tous les moyens pour ne pas tenir les promesses qu'il a faites à ses agents, et même pour ne pas leur rembourser l'argent qu'ils ont dépensé et avancé pour l'accomplissement de son aventure criminelle.

Nous n'avons pas oublié que les sommes réclamées par ces individus ont contribué puissamment à livrer Paris à l'armée de Versailles, et par conséquent nous n'avons jamais eu que mépris et que haine pour les misérables négociateurs de trahison, qui ont produit ce résultat et loin de plaindre les agents secrets de Versailles, qui ont avancé de l'argent pour soudoyer la trahison et qui n'en ont pas été complètement remboursés, nous regrettons seulement que tous n'aient pas été fusillés comme Veysset en expiation de leur crime.

Mais l'infamie des traîtres et des espions n'ôte absolument rien à l'odieux de la conduite du gouvernement de Versailles et de son chef, et comme ce dernier, M. Thiers, s'est montré dans ces circonstances avec toutes ses basses passions de petit bourgeois parvenu, dans toute son horrible laideur d'avare, nous ne pouvons résister à notre désir de le dépeindre au naturel, tel qu'il était, avec son digne ami et chef de cabinet, Barthélemy Saint-Hilaire.

Le rapport de ce dernier à M. Thiers, au sujet de la réclamation de Mme veuve Veysset et des frères Guttin, faite au gouvernement de Versailles, que nous avons déjà publié est très curieux. Ce cher M. Saint-Hilaire, commence par déclarer « qu'il a pratiqué » comme l'aurait fait un simple agent de police, M. Veysset, pendant deux mois ; et à la suite de cette longue « pratique », ce premier et perspicace ministre déclare « qu'il a pu juger de son honnêteté et de son dévouement. » Et après ce jugement favorable par lequel il le reconnait « honnête et dévoué, » il le trouve digne de devenir un traitre. Il parait que pour les gens de Versailles, la trahison est la quintessence de la vertu.?

Imbus de cette saine doctrine, les frères Guttin deux amis de cet honorable traitre, s'étaient associés à sa louable entreprise, et avaient poussé le dévouement jusqu'à avancer des sommes considérables, plus de 39,000 fr. pour en payer les premiers frais.

Mais quand il s'est agi de rembourser à la veuve de « l'honnête et dévoué Veysset », — c'est ainsi qu'on qualifie ce dernier, — l'argent avancé si imprudemment par son mari et par ses amis, le sévère et économe Saint-Hilaire ne trouve plus parait-il l'affaire de la trahison aussi méritoire; il désapprouve le procédé. « Il n'avait jamais autorisé, disait-il, aucune dépense de ce genre. » — Il oublie sa lettre du 10 mai, — « et, quoi qu'il ne puisse douter que ces avances aient été faites en entier, il croit qu'il serait juste de les rembourser seulement en partie. » Ainsi, pour cet excellent et érudit Saint-Hilaire le remboursement d'une partie de ce que l'on a avancé pour lui est suffisant. Mais comme il a des doutes sur son nouvel axiome, qui fait que la partie est égale au tout, il consulte à ce sujet l'intelligent et moral amiral Saisset, et il arrive à une conclusion bien extraordinaire. Le compte des frères Guttin lui ayant prouvé qu'ils avaient avancé 38,700 fr., « ce dont il ne doute pas, » ainsi qu'il l'a déclaré, il tombe d'accord avec l'illustre et logique amiral « qu'elles étaient (les avances) au moins de 15,000 fr. » C'est là certainement de l'arithmétique plus que fantaisiste, et dont M. Barème n'aurait pas voulu; mais M. Thiers et ses conseillers la trouvèrent très bonne et s'en contentèrent. Pour ces gens d'ordre, quand ils doivent 38,700 fr. et qu'ils en payent 15,000 ils se croient quittes, et pensent avoir fait une action très honnête. Mais ce n'est pas tout encore.

M. Barthélemy Saint-Hilaire a la mémoire aussi courte que les chiffres faciles ; quand il déclare qu'il n'avait pas autorisé ces dépenses, — qu'il réduit d'un coup de plume de près du tiers — de 38,700 fr. à 15,000, — il oublie, aussi comme nous l'avons fait remarquer que le 10 mai, il écrivait à l'infortuné Veysset : « *Terminez à tout prix et coûte que coûte avec Dombrowski*[1]. »

Au premier abord nous avions trouvé la conduite de M. Barthélemy Saint-Hilaire bien imprudente ; mais, nous avons compris depuis pourquoi il oubliait si facilement ce qu'il avait écrit. La raison en est pourtant bien simple, c'est que M. Ad. Guttin a eu l'imprudence de lui renvoyer par la poste sa lettre contenant sa recommandation de traiter à tout prix avec Dombrowski, « coûte que coûte » et comme il l'avait ensuite détruite, il ne redoutait pas qu'on la lui présentât. Il pouvait dire « rien d'écrit, rien de dit, rien de fait. »

Eh bien, c'est ce qu'ont dit MM. Barthélemy Saint-Hilaire et Thiers, aussi férocement avares et aussi dépourvus de moralité l'un que l'autre.

Mais à côté de la parcimonie et de la ladrerie bien connues de ces deux personnages officiels, il y avait une autre raison toute d'ordre politique qui les inspirait. Ces deux hommes d'États et M. Thiers surtout, tout en faisant négocier l'achat des portes et en offrant des millions pour leur livraison, tenaient beaucoup à cacher la

---

[1] Cette lettre de M. Barthélemy Saint-Hilaire suffit à elle seule pour prouver la trahison de Dombrowski, surtout quand on sait que M. le chef du cabinet de M. Thiers a fait rembourser, par son patron, une partie des avances faites par Veysset pour acheter Dombrowski.

trahison à l'aide de laquelle ils avaient réussi à entrer dans Paris, et ils voulaient persuader à tout le monde que c'était grâce au courage et à l'intrépidité « de la plus belle armée que la France ait jamais eue » qu'ils avaient réussi à s'emparer de la capitale.

M. Thiers voulait faire croire à Mac-Mahon, lui-même, à Cissey, à Ladmirault, à Dubaraille, à Vinoy et à tous les généraux qui s'étaient mis à ses ordres, qu'ils étaient des héros, que c'étaient eux leurs glorieuses épées, leur brave armée impériale, de Sedan et de Metz, etc..., qui avaient reconquis Paris.

Voilà pourquoi il s'était fait adresser un rapport astucieux et mensonger par son compère Saint-Hilaire, dans lequel celui-ci dissimulait adroitement sous des phrases entortillées la mission véritable de Veysset, en ayant le soin de ne pas avouer que ce dernier était chargé de négocier « à tout prix, coûte que coûte » l'achat des portes d'Auteuil, de Saint-Cloud, de Passy, etc., et surtout en se gardant bien d'ajouter qu'il avait réussi dans son entreprise en promettant de payer 1 million et demi pour le prix de cette dernière; mais M. Thiers n'avait pas tenu sa promesse et une fois maître de Paris, il avait poussé la malhonnêteté et l'avarice, jusqu'à refuser de rembourser quelques misérables milliers de francs, avancés par son principal agent de trahison, qui lui avait reconquis Paris, en payant son succès de sa vie.

Il espérait ainsi donner le change à l'opinion publique et faire croire au monde entier que c'était son génie et la bravoure de son armée qui avaient reconquis Paris, et ce nain tenace a persisté ainsi jusqu'au bout, comme nous allons bientôt le voir, dans son mensonge et sa parcimonie. Il a refusé de payer 23,700 fr. que Mme veuve Veysset et les frères Guttin lui réclamaient pour le solde de leurs déboursés.

Mais ces derniers malgré cela ne se tinrent pas pour battus, ils persistèrent dans leurs réclamations, et dès le 17 juin, M. Ad. Guttin se rendit à Versailles avec Mᵐᵉ Veysset, pour présenter leurs réclamations à M. Barthélemy Saint-Hilaire au sujet des « débours » que l'indemnité de 15,000 fr. accordée par M. Thiers, sur le rapport de son chef de cabinet, laissait en souffrance.

« Il fit part de cette démarche à M. Bocher, député dans la lettre suivante, datée du 25 juin :

« Dimanche 25 juin 1871, 5, rue Letellier.

« Monsieur Charles Bocher, 17, rue Florentin, à Paris.

« Vendredi dernier, je suis allé à Versailles, avec Mᵐᵉ Veys-
« set. La réception de M. Barthélemy Saint-Hilaire a été très
« gracieuse, mais il n'y a encore rien de terminé pour les débours
« excédant 15,000 francs encaissés le 19, débours s'élevant à
« 36,000 francs environ, d'après l'état que je vous ai remis
« et auquel il y a lieu d'ajouter 3,000 francs remis au fameux
« Cournet et dont j'avais oublié de faire mention[1]. L'amiral
« Saisset a eu connaissance de ce paiement ; c'est donc en tout
« 39,000 francs de déboursés dans lesquels il serait de la plus
« grande urgence que nous puissions rentrer.

« Si par une de ces bonnes paroles dont vous avez le secret,
« vous pouviez hâter la solution, vous nous rendriez un véri-
« table service.

« En attendant que je puisse vous voir et vous remercier, je
« vous prie, monsieur, de vouloir bien agréer l'assurance de mon
« entier dévouement.

« Ad. Guttin. »

« Ce fut quelques jours après, dit ensuite la brochure que nous citons que MM. Guttin frères et Mᵐᵉ Forsans-

---

[1] Ces 3,000 francs avaient été payés par ordre de Mᵐᵉ Veysset à Cournet pour le corrompre.

Veysset purent apprécier combien est grande la justice distributive des choses de ce monde.

« Dans le décret accordant pour services rendus au gouvernement pendant la *Commune* des récompenses honorifiques; nomination dans l'ordre de la légion d'honneur et décoration de la médaille militaire, le 8ᵉ bataillon, le seul bataillon de l'ordre pendant ces terribles journées, fut à peu près oublié [1]. Il eut pour sa part une médaille militaire accordée à un caporal *que personne ne connaissait*.

« Le 6 juillet, Ducatel était décoré pour avoir facilité l'entrée des troupes au Point-du-Jour, sans qu'elles aient eu à faire brèche et à donner l'assaut de ce côté des fortifications. De ceux qui avaient énervé la défense dans la zône placée sous le commandement de Dombrowski, qui avaient travaillé en exposant leur vie à la libération de Paris, de ceux-là, vivants ou morts, il ne fut jamais parlé; et on leur refusait même le remboursement de leurs avances. C'est ce qui ressort de la lettre suivante de M. Barthélemy Saint-Hilaire, à M. l'amiral Saisset du 10 juillet 1871.

« RÉPUBLIQUE FRANÇAISE

« *Pouvoir exécutif, Présidence du Conseil des ministres.*

« Mon cher collègue,

« J'ai communiqué à M. le président du conseil votre lettre
« d'avant-hier, avec les pièces qui l'accompagnaient. Il ne croit
« pas devoir aller plus loin qu'il est allé, et vous vous souve-
« nez que pour ma part personnelle, j'ai toujours désapprouvé
« les paiements qui ont été faits par le malheureux Veysset et
« par ces messieurs [2]. J'ai fait ce que j'ai pu pour les empêcher
« d'entrer dans cette voie et je ne crois pas que l'État puisse

---

[1] Dont M. Cadart était le chef.
[2] « Et la lettre du 10 mai? »

« être responsable quand ses organes ont formellement refusé
« de s'associer à ces procédés[1].

« Mais je profite de l'occasion pour parler de nouveau à
« M. Thiers de la position cruelle de Mme Veysset et j'espère
« qu'elle pourra être comprise dans une mesure générale, qu'il
« faudra prendre pour un certain nombre d'infortunés qui se
« trouvent dans la même situation.

« Agréez, etc.

« *Signé :* B. SAINT-HILAIRE. »

« Cette lettre dut éprouver quelque retard dans son envoi, car l'amiral Saisset écrivit le lendemain à M. Guttin :

« A M. Ad. Guttin, 41, rue Boursault, à Paris.
« Monsieur, je me suis empressé de transmettre vos pièces à
« M. le Chef du pouvoir exécutif et cela par l'intermédiaire de
« M. le comte Daru, président de la commission du 18 mars,
« avec une lettre très pressante sollicitant le remboursement
« intégral des débours faits pour la cause de l'ordre par M. Veys-
« set.

« Vice-amiral SAISSET, membre de l'assemblée nationale. »

« Mais le 15 juillet, il transmettait la réponse de M. Barthélemy Saint-Hilaire à M. Al. Guttin en l'accompagnant de quelques mots de sympathie.

« ASSEMBLÉE NATIONALE

« Le 15 juillet 1871.

« Monsieur,
« Je m'empresse de vous transmettre la réponse de M. Bar-
« thélemy Saint-Hilaire, je regrette de ne pouvoir mieux.

---

[1] « Décidément, en écrivant cette lettre, M. Barthélemy Saint-Hilaire oubliait sa missive du 10 mai, faute d'une presse à copier, qu'il n'avait pas achetée pour épargner les finances épuisées de la France

« Veuillez dire à Mᵐᵉ veuve Veysset toutes mes sympathies
« et mon ardent désir de la voir l'objet d'une récompense natio-
« nale.

« Bien à vous.

« Vice-amiral Saisset, membre de l'assemblée nationale. »

« M. Adrien Guttin informa M. Charles Bocher de cet échec en lui écrivant la lettre suivante :

« 21 juillet 1871.

« M. Ch. Bocher, 7 rue Saint-Florentin, à Paris.

« Monsieur,

« J'ai le regret de vous informer que par lettre de M. Barthé-
« lemy Saint-Hilaire à M. le vice-amiral Saisset, nous ne devons
« pas espérer le remboursement de 24,000 et quelques cents
« francs nous restant dus sur nos avances pour la cause de
« l'ordre.

« J'étais sorti pour aller vous voir aujourd'hui, mais il était
« trop tard et demain je ne puis m'absenter.

« Ne serait-ce pas trop abuser de votre obligeance que de vous
« prier de vouloir bien me faire savoir par un mot demain, si
« vous pouvez voir M. le Chef du pouvoir exécutif, pour appuyer
« ma demande.

« On m'objecte que Veysset n'était pas autorisé à faire des
« débours. Je prouverai que Veysset n'était pas tout à fait un
« étranger pour le gouvernement ; la preuve c'est qu'on a déjà
« remboursé 15,000 francs sur 39,000.

« Je ne réclame ni bénéfice, ni récompense, que je refuserais
« du reste maintenant ; mais je ne veux pas être ruiné par le
« gouvernement et au besoin je réclamerai à la chambre par voie
« de pétition.

« Avant de prendre un tel parti, j'ai besoin de savoir si, me
« continuant votre bienveillance, vous pouvez voir M. Thiers
« d'ici mardi par exemple et obtenir de lui le remboursement
« intégral de mes débours pour la cause de l'ordre.

« Veuillez bien agréer, etc.

« Ad. Guttin. »

Le même jour il écrivait également à M. Planat :

« M. Planat, 99, rue Neuve-des-Mathurins, à Paris.

« 21 juillet 1871.

« Monsieur,

« J'aurai besoin de votre attestation pour réclamer utilement
« à l'autorité compétente le remboursement de 20,000 francs
« dont Veysset était porteur lorsqu'il s'est rendu avec vous, aux
« avant-postes de Saint-Ouen, où il s'est fait arrêter si malheu-
« reusement. Voudriez-vous avoir l'obligeance de m'envoyer
« demain si c'est possible, votre attestation du vu de cette
« somme aux mains de Veysset, quelques minutes avant son
« arrestation par les gens de la *Commune*. Vous me rendrez
« service et je vous en offre à l'avance mes remerciments.

« Veuillez agréer, etc.

« Ad. GUTTIN. »

« Son frère de son côté, répondait à M. l'amiral Saisset,
par la lettre suivante :

« A M. L'AMIRAL SAISSET, MEMBRE DE L'ASSEMBLÉE NATIONALE,
« A PARIS.

« Monsieur l'Amiral,

« J'ai l'honneur de vous accuser réception de votre lettre du
« 15 courant.

« Mon frère aîné avait également bien reçu celle que vous
« avez pris la peine de lui adresser le 11.

« Nous n'avons pu lire la lettre de M. Barthélemy Saint-
« Hilaire, sans éprouver un amer découragement ; mais les pé-
« nibles nouvelles que vous nous avez transmises, monsieur
« l'Amiral, n'ont pas altéré nos sentiments de reconnaissance
« envers vous. Nous savons bien qu'il n'a pas dépendu de vous
« que le résultat fut meilleur et nous ne pouvons que vous
« adresser de nouveau nos sincères remerciments.

« Nous aurions une dernière communication à vous faire et

« nous vous demandons de prendre encore une fois la peine de
« nous entendre.

« Pourrions-nous sans vous déranger, nous présenter chez
« vous à Paris, lundi ou mardi matin.

« Préférez-vous que nous nous rendions l'après-midi à Ver-
« sailles.

« Je vous le répète, monsieur l'Amiral, c'est une dernière
« audience que nous vous demandons, soyez assez bon pour
« nous l'accorder.

« Veuillez agréer, etc.

« Al. GUTTIN, 41, rue Boursault. »

Les réponses ne se firent pas attendre longtemps.
Celle de M. Planat est datée du 22 juillet, la voici :

« Sur votre demande, j'atteste qu'au moment où l'infortuné
« Veysset s'est séparé de moi pour aller aux avant-postes de
« Saint-Ouen, où il a été arrêté par les agents de la *Commune*,
« il était porteur d'une somme de 20,000 francs en billets de
« banque, placés dans la poche gauche de son vêtement. Cette
« somme est nécessairement tombée dans les mains de ceux qui
« l'ont fait prisonnier et qui l'ont plus tard fusillé.

« Agréez, etc.

« A. PLANAT, boulevard des Italiens. »

M. l'amiral Saisset répondit de son côté :

« Paris, le 24 juillet 1871.

« Monsieur,

« J'ai l'honneur de vous accuser réception de votre lettre en
date du 21 de ce mois.

« Je regrette de ne pouvoir faire plus que je n'ai pu faire pour
« ce que vous désirez.

« Obligé d'aller tous les matins à Versailles pour les besoins
« de la Commission de la réorganisation de l'armée et très oc-
« cupé à suivre les discussions de la Chambre, je n'ai pas un

« moment à moi. Ayez donc la bonté de m'écrire la communica-
« tion que vous désirez me faire, ce sera plus simple et plus
« prompt.

« Veuillez agréer monsieur, la nouvelle assurance de, etc.

« V. A. SAISSET. »

M. Al. Gultin, exposa le 27 juillet, la résolution qu'il avait prise de concert avec son frère, de la manière suivante :

« Paris, 27 juillet 1871.

« A M. l'amiral Saisset, membre de l'Assemblée Nationale.

« Monsieur l'Amiral,

« J'ai l'honneur de vous accuser réception de votre lettre du
« 24 juillet courant, et selon votre désir je viens vous faire part
« du motif qui m'avait engagé à vous demander audience.

« Après réception de la lettre de l'honorable M. Barthélemy
« Saint-Hilaire, en date du 10 de ce mois, que vous nous avez
« communiquée, nous nous sommes demandés si nous devions
« rester sous le coup du refus qui nous était si injustement in-
« fligé.

« Ce n'était cependant pas une indemnité que nous avions
« demandée, après avoir employé tous nos efforts à servir notre
« pays, nous ne désirions pas d'autre récompense que le témoi-
« gnage de notre conscience. Ce que nous réclamions, vous le
« savez, M. l'Amiral, c'était le remboursement des paiements
« que nous avions faits pour la cause de l'ordre et de l'argent
« saisi par la *Commune* sur M. Veysset, argent dont nous avions
« fait l'avance.

« *Les paiements faits à des agents de la Commune, ont puis-*
« *samment contribué au résultat obtenu par l'armée.* Quant à
« la somme saisie sur M. Veysset, l'État était vingt fois à même
« de la rembourser, sur les fonds saisis aux mains des insurgés.

« Aussi, après avoir mûrement réfléchi à la douloureuse situa-
« tion qui nous est faite, sommes-nous fermement résolus à en
« appeler à la justice de l'Assemblée nationale.

« Un avocat, compatriote et ami de M. Veysset, a été saisi de
« l'affaire qui sera très prochainement portée devant la Chambre
« par voie de pétition. Notre cause est trop juste, les intérêts
« que nous défendons sont trop légitimes pour que nous les
« abandonnions avant d'avoir en dernier ressort fait appel à cette
« suprême juridiction.

« Ma déférence envers vous, monsieur l'Amiral, me faisait un
« devoir de vous en prévenir, car il est impossible que dans un
« pareil débat votre nom ne soit pas prononcé? Pourquoi faut-il
« que ce débat public soit devenu nécessaire? Nous déplorons
« profondément qu'il ne soit plus possible de l'éviter.

« Nous mettons le temps à profit, et chaque jour de nou-
« veaux documents viennent s'ajouter à ceux que nous avons
« déjà produits. Ainsi nous avons reçu de M. Planat, ancien dé-
« puté de la Charente, une déclaration ainsi conçue :

« *Suit la déclaration de M. Planat, déjà ci-dessus reproduite,*
« *et constatant que ce Monsieur a vu Veysset en possession de*
« *20,000 francs, saisis sur lui lors de son arrestation par les*
« *agents de la Commune.*

« Vous comprenez, M. l'Amiral, ajoute ensuite M. Guttin,
« combien cette déclaration est précieuse, émanant d'un homme
« tel que M. Planat, dont le témoignage ne peut être mis en
« doute. Nous regrettons de ne pas l'avoir reçue assez à temps
« pour la mettre sous les yeux de M. Barthélemy Saint-Hilaire,
« qui, mieux renseigné, eut peut-être été plus favorable à notre
« demande. Mais il est trop tard maintenant ; il ne nous reste
« plus qu'un parti à prendre ; celui que je viens d'avoir l'hon-
« neur de vous expliquer.

« Veuillez agréer, etc.

« Al. GUTTIN, 41, rue Boursault. »

« Si MM. Guttin frères, n'ont pas donné suite à cette
résolution, c'est qu'examen fait des pièces du procès ils
ont reconnu que leurs révélations pouvaient compromettre
des personnes auxquelles ils regretteraient toujours d'avoir
fait tort, un sentiment de délicatesse les a retenus dans

l'accomplissement de leur projet, mais ils n'ont pas abandonné tout espoir de voir se lever le jour de la justice.

« Hutzinger qui s'était volontairement livré, avait réclamé auprès du général Borel, le sauf-conduit qui lui avait été formellement promis. Mais celui-ci, nous l'avons dit, ne le connaissait pas. Hutzinger fut écroué comme tous les autres insurgés, son procès s'instruisit lentement, il subit une détention préventive de quatorze mois et fut ensuite relâché par une ordonnance de non-lieu, après un interrogatoire de M. Adrien Guttin et de madame Forsans-Veysset ».

A l'occasion de l'instruction de son procès, M. Ed. Roux, avocat, compatriote et ami de Veysset, dont M. Alphonse Guttin fait mention dans sa dernière lettre à l'amiral Saisset, écrivit a M. le Directeur en chef du *Paris-Journal*, la lettre suivante :

« Monsieur,

« Je lis, dans votre numéro du 23 juin, un entrefilet relatif à
« l'instruction dirigée contre un des aides-de-camp du général
« Dombrowski.

« Vous dites, soulevant un coin du voile, qu'une des clauses
« essentielles de la convention intervenue entre le gouvernement
« de Versailles ou son mandataire et cet illustre général, était
« le versement préalable d'une somme de 20,000 francs entre
« les mains de l'aide-de-camp, aujourd'hui sous la main de la
« justice.

« Cela est vrai, Monsieur, mais ce que vous ne dites pas,
« c'est que la somme de 20,000 francs empruntée par le manda-
« taire du gouvernement, n'a pas été restituée à ceux qui
« l'avaient prêtée.

« C'était pourtant la dernière ressource de ces gens dévoués,
« qui jouaient, tout à la fois, leur fortune et leur vie dans cette
« entreprise.

« A tous les points de vue, Monsieur, le procès auquel vous

« faites allusion sera très instructif et plein d'enseignements.

« Toute la vérité sera dite et mieux encore elle sera prouvée.

« Recevez, etc.

« Édouard Roux, avocat.

« 53, rue de Provence. »

« Le procès de Hutzinger n'ayant pas eu lieu, « *Toute la vérité n'a pu être dite ni prouvée,* » en ce temps-là, aujourd'hui, nous l'avons dite et prouvée.

« La résolution de MM. Guttin frères, peut paraître désespérée, mais aussi leur patience était à bout. Tandis qu'on leur refusait à Versailles, le remboursement de leurs avances, M. Guttin aîné rencontrait la femme Muller contre laquelle il avait déposé une plainte que nous transcrivons ici :

« No demandons l'arrestation et la mise en jugement de la
« femme Muller, concierge, demeurant rue Pigale, n° 28, qui
« s'est rendue coupable de délation dans les circonstances que
« voici :

« Cette femme était employée par un de mes amis, *M. Veyssel,*
« *agent du gouvernement, chargé par M. Barthélemy Saint-*
« *Hilaire d'une mission spéciale.*

« Elle le dénonça à la *Commune* et le fit arrêter dimanche
« dernier, 21 courant, aux avant-postes de Saint-Ouen.

« Notre malheureux ami, accablé par les témoignages de cette
« misérable créature, fut condamné à mort.

« Extrait mardi dernier du dépôt de la Préfecture de Police,
« où on l'avait incarcéré, il a été fusillé sur le quai de l'Horloge,
« et jeté ensuite dans la Seine.

« La conduite indigne de la femme Muller mérite un châti-
« ment, sa culpabilité est établie par le témoignage de tous les
« gardiens du dépôt de la Préfecture, notamment par celui du
« sous-brigadier Bacon et plus encore par les affirmations de
« Mme Autonier, géôlière, demeurant rue de Savoie, 9.

« Nous soupçonnons le mari, M. Muller [1], d'avoir été complice

[1] Voici une lettre assez peu claire dudit Muller, adressée à

« du guet-apens ; toutefois, nous n'avons pas de certitude à cet
« égard.

« Nous ne connaissons pas les époux Muller et en les signalant
« à la justice nous sommes mus par le désir de venger notre
« malheureux ami.

« Ad. Guttin, 5, rue Letellier (Grenelle),
« Et Al. Guttin, 41, rue de Boursault, aux Ba-
« tignolles. »

« Cette plainte resta sans effet, et la femme Muller se vanta
« auprès de M. Adrien Guttin, qu'un locataire de sa maison,
« M. Coulon, avocat, ancien secrétaire de M. Jules Favre, lui
« avait fait donner un secours de 300 francs, et que si lui,
« M. Guttin, voulait voir M. Coulon, celui-ci lui ferait rendre
« justice. Inutile de dire que ces ouvertures furent reçues comme
« elles le méritaient [1]. »

M. Adrien Guttin, rue Boursault, 41, en son absence à M. Alphonse
Guttin, aux Batignolles :

« Bien cher Monsieur,

« Echappé, comme par miracle, à toutes les fusillades, je suis
« rentré chez moi hier, trouvant ma femme bien malade... Je n'ai
« plus aucun papier qui puisse constater mon identité, et je n'ose
« pas sortir ; j'aurais un pressant besoin de vous parler, si vous
« aviez un petit instant à me donner, vous ou monsieur votre frère,
« vous me feriez le plus grand plaisir ; trois officiers fédérés sont
« venus à la Préfecture, lorsque, le mercredi 24 mai, j'étais déjà
« sorti. Ils me cherchèrent dans tous les couloirs, le chassepot à
« la main pour me fusiller. Les gardiens leur ont dit que je devais
« être sorti, puisque ma cellule était vide.

« — Ah ! qu'ils ont dit, il nous le faut ; » mais grâce à Dieu j'étais
« échappé.

« En attendant le plaisir de vous voir, je suis, etc.

« Signé : Muller.

« Paris, le lundi 22 mai 1871. »

[1] « Nous avons appris depuis que la famille Muller avait reçu
10,000 francs. — Ce fait, quoique invraisemblable, nous a été
affirmé par une personne digne de foi, — et malgré nous nos doutes
sont ébranlés en songeant aux 300 francs accordés officiellement
et à la promesse formelle de 10,000 francs faite par Veysset.

La plainte déposée par les frères Gullin contre la femme Muller, les accusations qu'ils ont fait peser sur elle, les sommes importantes qu'ils assurent qu'elle a reçues du gouvernement de Versailles et qu'ils qualifient de « denier de Judas », font supposer que cette femme était un espion à la solde de ce gouvernement et que c'est sur l'ordre de ce dernier, qu'elle a fait donner rendez-vous à Veysset et à Hutzinger sur le territoire neutralisé, entre Paris et Saint-Ouen ; après avoir dénoncés ces derniers comme étant des agents du gouvernement de Versailles, aux Comités de salut public et de sûreté générale, afin de les faire arrêter, et qu'elle a servi de témoins à charge contre Veysset, enfermé à la Préfecture de police, afin de l'accuser de trahison envers la *Commune*, de l'accabler sous ses dénonciations et ses preuves, et de le faire condamner à mort et exécuter.

On se demande quelles peuvent avoir été les raisons qui ont engagé M. Thiers et son gouvernement à se conduire d'une manière aussi odieuse envers un homme comme Veysset, qui leur avait été si dévoué et qui leur avait rendu un si grand service, puisque c'était lui qui avait décidé Dombrowski à trahir la *Commune*, à leur livrer plusieurs portes et à leur permettre de faire entrer leur armée dans Paris, sans rencontrer de résistance? La conduite du gouvernement de Versailles et de son chef paraît d'autant plus abominable que l'infortuné Veysset a fait preuve envers eux d'un zèle ardent et du plus grand désintéressement en avançant de fortes sommes pour cette dangereuse entreprise et en sacrifiant sa vie.

M. Thiers et son gouvernement en se conduisant comme ils l'ont fait envers le trop confiant Veysset voulaient certainement se débarrasser de lui dès qu'ils auraient recueilli les bénéfices de son complot, afin de ne pas être obligés de lui payer le prix qu'ils lui avaient promis, et surtout ils désiraient ensevelir dans sa tombe et dans celles de ses complices le secret de la trahison de Dombrowski, car il leur aurait été fort désagréable que cette dernière fut prouvée et publiée, comme nous l'avons déjà dit, et ils avaient pensé que le meilleur moyen de ne plus jamais en entendre parler, c'était de faire disparaître les principaux auteurs de cette criminelle conjuration.

Ce sont les frères Guttin et Mme Veysset elle-même, les complices et les agents du gouvernement de Versailles, qui ont accusé M. Thiers de cette infamie. Ils devaient bien le connaître, et savoir de quoi il était capable, et leurs accusations sont formulées avec tant de précision, d'une façon si nette, les détails qu'ils en donnent sont tellement vraisemblables qu'il est bien difficile d'en douter.

« C'est, assurent-ils, la femme Muller elle-même qui leur avait déclaré qu'elle avait reçu 300 francs de M. Coulon, avocat, ancien secrétaire de M. Jules Favre », membre du gouvernement de *M. Thiers.* D'un autre côté, MM. Guttin ont, disent-ils, « appris ensuite que la famille Muller avait reçu 10,000 francs du gouvernement », et que ce fait leur a été tellement bien affirmé par une personne digne de foi que, malgré eux « ils ne peuvent en douter. » Puis, ils ajoutent encore : « Cet argent aurait alors été le denier de Judas », c'est-à-dire qu'il aurait été le prix du sang de Veysset, la récompense payée par le gouvernement de Versailles à la femme Muller, qui avait livré et fait fusiller l'infortuné Veysset.

Si tout cela est vrai, le plus sinistre coquin de notre époque était bien certainement le nain féroce qui avait tissé jusqu'au bout cette horrible trame, qui a fait exécuter dans son entier l'épouvantable double conjuration qui avait pour but de faire trahir la *Commune* par Dombrowski, et Veysset par la femme Muller ; de faire fusiller le dernier par la *Commune*, et le premier par ses complices, comme l'a dit l'amiral Saisset, et du même coup de trahir lui-même tout le monde et de se dispenser ainsi de payer les millions qu'il avait fait promettre à l'une de ses victimes et qu'il avait promis à l'autre si Paris lui était livré. En présence d'un pareil résultat, on peut admirer, avec effroi, le terrible génie de ce petit Machiavel.

Acheter Paris pour 15,000 francs, payés aux frères Guttin, et 10,000 francs à la femme Muller : 25,000 francs en tout. Économiser du même coup un million et demi qu'il avait fait promettre à Dombrowski, et pareille somme qu'il aurait dû payer à Veysset, en faisant fusiller ces deux traîtres, c'était réellement un chef-d'œuvre d'infamie dont eussent été jaloux Catherine de Médicis, Philippe II et les Borgia.

« Ce n'est pas à nous de conclure, dit Mme Veysset en terminant sa brochure, le public a en mains les pièces du procès : c'est à lui à se prononcer. »

La conclusion est facile. Les traîtres de la *Commune* et les assassins de Versailles se valent. Si les premiers ont vendu et livré 40,000 victimes pour 20,000 francs (2 pour un franc) aux seconds, ceux-ci les ont assassinés sans broncher.

Mais, leur maître à tous, celui qui n'a jamais été égalé dans le crime et la trahison, c'est le féroce pygmée, auteur de la Semaine Sanglante qui, accroupi sur les innombrables cadavres de ses charniers humains, a regardé couler pendant huit jours le sang de ses victimes, sans sourciller, sans faire cesser le massacre, et a continué encore pendant de longs mois ses tueries et ses exécutions clandestines, et pendant des années ses condamnations, ses déportations et ses exécutions officielles.

Au milieu de toutes ces horreurs, Mme Veysset regrettait surtout l'avare parcimonie de M. Thiers qui n'avait voulu lui rembourser que 15,000 francs sur environ 39,000 que son mari avait avancés pour sa conjuration, et c'est à la sordide avarice du chef du gouvernement que nous devons les précieuses révélations de cette dame. Si M. Thiers eut été un peu plus généreux envers elle, elle n'eut jamais publié sa brochure, et elle eut laissé tranquillement dormir sous les flots de la Seine et dans l'oubli son cher époux, il a fallu le souvenir de l'argent qu'elle a perdu pour raviver sa douleur, augmenter ses regrets et lui faire faire sa publication.

Aussi, elle s'écrie dans sa brochure:

« Cependant, qu'il nous soit permis en terminant de regretter l'oubli dans lequel est tombé le nom de celui qui a le plus contribué à la chute de la *Commune* et qui a rendu Paris à la France.

« Oui, qu'il nous soit permis de regretter que des sociétés philantropiques comme la *Société nationale d'Encouragement au Bien*, semblent ignorer jusqu'au nom de ce *martyr de l'ordre*, et jusqu'à celui de ses associés; que l'Assemblée nationale, enfin, en décrétant la pierre commémorative érigée dans l'église Notre-Dame, n'ait pas ajouté le nom de Veysset à celui des otages! »

Nous avions ignoré, jusqu'au jour où nous avons lu la fin de la brochure de Mme veuve Veysset, que fomenter, subventionner et faire exécuter la trahison, fut une œuvre méritoire, digne d'être récompensée par une *Société d'Encouragement au Bien,* et que le nom d'un espion, d'un agent provocateur de trahison, méritât d'être inscrit sur des pierres commémoratives, afin d'être transmis à l'admiration de la postérité?

Nous avons toujours cru que la trahison était une lâcheté et un crime. Mme veuve Veysset, qui voudrait la faire encourager et glorifier dans la personne de son mari, devrait s'estimer heureuse, si le crime et le nom de son époux pouvaient à jamais être effacés des annales de l'histoire et oubliés de ses contemporains et de la postérité.

Mais, elle ne peut espérer cette faveur ; le nom de Veysset et sa mémoire seront méprisés et maudits dans le présent comme dans l'avenir avec ceux de Dombrowski, de Hutzinger et de tous leurs complices.

CHAPITRE VIII

LA TRAHISON DE DOMBROWSKI
AVOUÉE PAR TROIS DE SES COMPLICES, MEMBRES DES COMITÉS
DE SALUT PUBLIC ET DE SURETÉ GÉNÉRALE

Malgré l'incontestable valeur des preuves que nous avons fournies de la trahison de Dombrowski, malgré l'authenticité des pièces que nous avons produites à son appui et le caractère officiel de quelques-unes, il y aura certainement un très grand nombre de partisans de la *Commune* qui refuseront de les accepter et qui, malgré tout, persisteront à croire à l'innocence du général Dombrowski et de ses complices, en disant que les accusations contenues dans la déposition de l'amiral Saisset et dans la brochure de Mme Veysset sont fausses et calomnieuses, et ils ajouteront encore, en insistant beaucoup que ces accusations émanant de personnes ennemies de la *Commune* et de ses défenseurs, qui les avaient toujours combattus et calomniés, étaient sans grande valeur, qu'on ne pouvait avoir aucune foi, aucune confiance en elles et qu'ils récusaient leurs auteurs parce qu'ils étaient à la fois témoins et partie intéressée dans cette cause.

On pouvait bien répondre à ces observations et à cette récusation que les accusations de trahison formulées contre Dombrowski et ses complices étaient appuyées dans la brochure de Mme Veysset sur des documents authentiques et officiels, qui les prouvaient d'une manière si certaine et si évidente, qu'il était impossible de les mettre en doute.

Mais, afin de convaincre complètement ceux qui seraient tentés de nier jusqu'à l'évidence, nous allons citer d'autres pièces beaucoup plus accablantes et qui n'émanent pas cette fois des ennemis de la *Commune*, mais au contraire de quelques-uns de ceux qui étaient réputés pour être ses défenseurs les plus dévoués et dont les témoignages ne peuvent être récusés.

Lorsque la déposition de l'amiral Saisset accusant formellement Dombrowski et quelques-uns de ses principaux aides-de-camp de trahison fut publiée, elle souleva, comme nous l'avons dit, de nombreuses et presque unanimes protestations parmi les partisans de la *Commune,* dont la plupart étaient alors proscrits, et qui considéraient le général polonais comme un héros et comme un martyr, cela se comprend du reste parfaitement ; car, à l'époque dont nous parlons la brochure de Mme Veysset n'était pas encore publiée, et ils ne connaissaient pas les documents authentiques et officiels prouvant cette trahison.

Alors trois membres de la *Commune*, les citoyens Ranvier, Gérardin et Dupont, les deux premiers faisant partie du Comité de salut public et le troisième appartenant au Comité de sûreté générale, sous prétexte de prendre la défense de Dombrowski et de réhabiliter sa mémoire publièrent trois lettres dans lesquelles ils avouèrent formellement sa trahison, et déclarèrent hautement « que des négociations eurent lieu et qu'il fut convenu entre les capitulards Versaillais et Dombrowski ; le Comité de sûreté générale et le Comité de salut public, que deux portes seraient livrées moyennant la modique somme de

1,500,000 francs par lesquelles entreraient 10,000 hommes de cavalerie, etc.¹... »

Ces lettres et les déclarations compromettantes qu'elles contenaient produisirent le plus mauvais effet et vinrent fournir des preuves accablantes contre le général Dombrowski et les deux Comités, confirmer la déposition de l'amiral et changer en certitude le doute soulevé par cette dernière au sujet de la trahison du plus renommé des généraux de la *Commune.*

Ces trois maladroits amis ont donné le coup de pied de l'âne, un véritable coup d'assommoir, à leur protégé Dombrowski, et ont prouvé la culpabilité des deux *Comités* qu'ils ont cherché à disculper à l'aide d'un prétexte stupide, celui de la capture de 10,000 cavaliers, ainsi qu'on le verra plus loin.

Voici ces trois missives qui ont été insérées par ordre de leurs auteurs dans le *Vermersch Journal* de Londres, des 10, 13 et 14 mars 1872.

« Londres, le 10 mars 1872. — Saint-John Street, 160.

« Cher citoyen²,

« C'est avec le *plus grand plaisir* que je me joins à vous pour élever la voix contre la déposition erronée de M. Saisset concernant votre frère, mort en combattant pour la *Commune.*

« Il n'est que nécessaire de connaître ce qui s'est passé à Paris et savoir comme nous comment il est mort, tué par les balles versaillaises, le mardi 23 mai pour réduire au silence, les allégations de M. Saisset.

---

¹ Voir plus loin les lettres dont nous parlons et desquelles nous avons extrait les passages placés entre guillemets.
² Cette lettre est adressée à Théophile Dombrowski, frère de Jeroslaw Dombrowski, général de la Commune, tué à Montmartre le 23 mai 1871. — Théophile Dombrowski a été un peu plus tard condamné à Londres aux travaux forcés, pour fabrication de fausse monnaie, et il est encore au bagne.

« Il est donc faux que la mort d'un traître, fusillé le mercredi ait eu lieu par l'ordre de Dombrowski.

« Il fut en effet proposé à votre frère d'entrer en *arrangement* avec Versailles; mais il vint aussitôt nous en avertir, et dès ce moment il s'occupa sérieusement des avantages militaires qu'il en pourrait tirer contre nos ennemis.

« J'affirme que la conduite de Dombrowski est restée honorable, et qu'il est mort avec le courage qui lui était si connu.

« Puissent ces quelques lignes effacer ce que les accusations de M. Saisset ont d'offensant pour la mémoire de celui qui s'est conduit si vaillamment!

« Recevez mes bien sincères salutations.

« G. Ranvier, ex-membre du Comité de salut public. »

Les deux lettres suivantes signées par deux membres de la *Commune* sont également adressées au frère du général Dombrowski, commandant du premier corps d'armée de la *Commune :* voici la première, celle de Gérardin, membre du Comité de salut public.

« Mon cher ami,

« Si je comprends votre indignation à la lecture de la déposition du sieur Saisset, généralissime des gourdins réunis, je ne m'explique point votre étonnement.

« Il est fort naturel, en effet, que les lieutenants de Foutriquet — ni morts ni vainqueurs — essayent de faire oublier leurs trahisons et leurs lâchetés en accusant ceux qui ont osé combattre ou su mourir.

« Quelques lignes d'histoire pour répondre aux calomnies :

« ... Cependant la *Commune* faisait des propositions ou rendait des décrets contre la prostitution, les jésuites et les armées permanentes, et réduisait à un maximum de 6,000 francs, les appointements des premiers fonctionnaires de la République.

« Ces résolutions exaspérèrent le parti des honnêtes gens.

« La trinité Goton-Bazile-Dumanet et le grand Saint-Cumul étaient en danger !

« Aristocrates, bourgeois, calotins, héros retour de Prusse, bref tout ce que la réaction compte d'imbéciles et de gredins accourut à la voix des derviches de l'assemblée et il fut décidé qu'il fallait vaincre ou mourir.

« C'est alors que le sieur Saisset se souvint fort à propos de quelle manière les Prussiens prenaient les villes, et ce genre d'assaut convenant infiniment mieux que tout autre à son courage et à la bravoure de ses collègues, on résolut d'entrer dans Paris par les mêmes portes par les mêmes moyens, dont jadis on était convenu avec les parlementaires de M. de Bismarck.

« La vénalité d'un général faisait si peu de doutes pour Foutriquet et son état-major de capitulards, que ledit Foutriquet annonça solennellement du haut de la tribune, que sa glorieuse armée entrerait dans Paris sans coup férir quand et comme il voudrait.

« Des négociations sérieuses où les garanties étaient loin de manquer furent entamées avec le général Dombrowski qui prévint immédiatement le Comité de salut public.

« Après sérieux examen le Comité de salut public d'accord avec le Comité de sûreté générale, décida que le général Dombrowski aurait à suivre les négociations pour les faire aboutir à un plan convenu entre le Comité de salut public, le Comité de sûreté générale, le délégué à la guerre, Rossel, et les généraux Dombrowski et Wroblewski, un commissaire spécial nommé par le Comité de sûreté générale fut attaché à l'état-major du général Dombrowski, dont tous les actes furent ainsi soumis à un contrôle constant, contrôle que du reste, il avait exigé lui-même dès le début de l'affaire.

« Un membre du Comité de sûreté générale celui-là même qui a été le plus directement chargé de suivre les négociations complétera mon récit et le reprendra où je l'ai laissé.

« Salut et Égalité.

« Ch. GÉRARDIN, membre de la Commune de Paris et du Comité de salut public,

« Londres, le 9 mars 1872. »

Enfin, voici la troisième lettre, celle de Dupont, membre du Comité de sûreté générale, « qui a été spécialement chargé de suivre les négociations », ainsi que l'a dit son beau-frère Gérardin.

> « Mon cher citoyen, (cette lettre est également adressée au frère de Dombrowski.)

« Vous me demandez quelques mots de rectification au rapport d'un certain *Saissel*, soi-disant amiral, les voici :

« Dans le courant du mois d'avril (la date juste m'échappe), je fus prévenu par le Comité de salut public, que des propositions avaient été faites par l'insurrection versaillaise (un négociant du nom de Veysset servant d'intermédiaire) au général Dombrowski. Le même jour, j'allai rendre visite au général qui me raconta l'affaire dans tous les détails : il s'agissait de livrer deux portes de Paris moyennant la modique somme de *quinze cent mille francs !...*

« Comme j'avais pleins pouvoirs j'engageais fortement Dombrowski à accepter les propositions qui lui étaient faites. « Nous « n'avons qu'un moyen de vaincre, lui dis-je, avec les jésuites, la « fin justifie les moyens. Ayons la fin et Thiers lui-même justi- « fiera nos moyens. »

« Il fut donc convenu entre les capitulards versaillais et Dombrowski, le Comité de sûreté générale et le Comité de salut public[1], que *deux portes seraient livrées par lesquelles entreraient dix mille hommes de cavalerie*, la date de l'entrée des troupes devait être fixée par Dombrowski, qui aurait eu le temps

---

[1] Si on prenait acte du texte de la lettre de Dupont, il en résulterait que les deux Comités, celui de salut public et celui de *Sûreté générale*, auraient traité directement avec « les capitulards de Versailles » pour la livraison des portes, car c'est bien positivement ce qu'a dit très clairement Dupont. Nous n'allons cependant pas aussi loin que ce Monsieur dans nos accusations et nous croyons que les Comités se sont seulement entendus avec Dombrowski pour la livraison des portes et qu'ils n'ont pas eu pour cela de convention directes avec le gouvernement de Versailles.

de prendre toutes les précautions stratégiques nécessaires pour les faire prisonnières sans presque coup férir.

« Un de mes secrétaires du Comité de sûreté générale avait été nommé aide-de-camp du général et me tenait constamment au courant des phases de l'affaire [1].

« Je ne m'étenderai pas plus longuement, ce qui précède suffit pour prouver que Dombrowski, *dans sa trahison prétendue*, n'obéit jamais qu'aux ordres de la *Commune* représentée par ses deux principaux Comités.

« Les événements, à partir du mois de mai, se précipitèrent avec une telle rapidité, que le général, en dépit du plan combiné, n'eut que le temps de se faire tuer.

« Salut fraternel.
            « A. Dupont,
      « Membre de la *Commune* et du Comité de sûreté
                générale.

« Londres, le 9 mars 1872. »

« P. S. — Sur l'avis de Dombrowski et par ordre du Comité de sûreté générale, Veysset, « le pauvre diable », fut arrêté le 19 mai à Saint-Ouen, porteur d'une somme de 22,000 francs. Le mercredi 24 mai, Veysset était fusillé par un peloton de vengeurs de Flourens, au pied de la statue de Henri IV [2]. »

Il nous sera bien difficile d'expliquer ici et de faire comprendre les violents sentiments d'indignation et de dégoût que nous inspira la lecture de ces trois lettres.

---

[1] Il paraît que les renseignements fournis à M. Dupont, ne lui ont pas été très utiles ou qu'il trahissait la *Commune*, puisqu'il a laissé entrer les troupes de Versailles sans rien dire et sans rien faire pour s'y opposer.

[2] M. Dupont, avec la légèreté qui le caractérise, se trompe à la fois sur la date de l'arrestation de Veysset et sur la somme qu'il a saisie sur lui : C'est le 21 mai et non pas le 19 qu'il l'a arrêté, et seulement 20,000 francs qu'il lui a pris ; et cependant si quelqu'un doit être bien renseigné à ce sujet, c'est Dupont, puisque c'est lui qui a arrêté Veysset, qui a saisi sur lui son argent et qui l'a fait fusiller ; ainsi qu'il nous l'a lui-même raconté.

Jusqu'alors nous n'avions soupçonné rien de pareil. Quand le 21 mai 1871, entre cinq ou six heures du soir, pendant la séance de la *Commune*, dont nous étions membre, nous apprîmes par le message de Dombrowski, que les troupes de Versailles étaient entrées dans Paris, par les portes du Point-du-Jour, de Saint-Cloud, d'Auteuil, de Passy, etc... nous n'avions jamais supposé qu'il y eut parmi les membres de la *Commune* et ses défenseurs des misérables capables de l'avoir trahie et vendue ; et, bien longtemps après sa chute, lorsque nous avions réussi à nous réfugier à Londres, nous étions toujours bien éloigné de soupçonner une telle infamie. Aussi, quand la déposition de l'amiral Saisset vint dévoiler cette dernière comme nous l'avons déjà dit, nous en fûmes indigné et nous ne la prîmes pas au sérieux.

Mais lorsque nous lûmes les prétendues lettres justificatives de Ranvier, Gérardin et Dupont, nous comprîmes toute l'affreuse vérité de cette déposition.

Le cynisme et l'immoralité de ces lettres, les révélations étranges qu'elles renfermaient sur l'abominable trahison de Dombrowski et de ses complices nous effrayèrent et nous éclairèrent. Nous ne pouvions plus douter de l'affreuse réalité puisque les coupables eux-mêmes l'avouaient en déclarant « que des négociations sérieuses avaient eu lieu » entre Dombrowski et Veysset, l'espion, l'agent secret du gouvernement de Versailles, dans le but bien constaté et approuvé par les deux Comités de salut public et de sûreté générale de livrer plusieurs portes de Paris « moyennant 1,500,000 francs, sous le spécieux prétexte de tendre un piège à l'armée de Mac-Mahon, et de faire dix mille hommes de cavalerie prisonniers. »

« Ce prétexte était si absurde, que nous ne pouvions pas le prendre au sérieux ; plus nous relisions ces lettres, plus nous devenions perplexe; car nous ne pouvions comprendre la légèreté et l'inconscience avec lesquelles elles avaient été écrites.

Nous étions surtout bien étonné de voir M. Ranvier écrire que « c'est avec le plus grand plaisir qu'il élève la voix pour protester contre la déposition erronée de M. Saisset. L'accusation de trahison portée contre le général Dombrowski, qui passait alors pour être le plus héroïque défenseur de la *Commune*, nous semblait si invraisemblable, nous paraissait alors si odieuse, et elle soulevait chez nous un sentiment de si profonde tristesse que nous ne pouvions nous expliquer « le grand plaisir que M. Ranvier éprouvait à être forcé de protester contre elle.

Mais cela n'était rien encore, ce qui nous causait une stupéfaction bien plus profondément douloureuse, ce que nous ne comprenions pas, ce qui outrepassait selon nous tout bon sens, toute raison, c'est d'entendre M. Ranvier avouer d'une manière si inconsciente ou si immorale, comme étant la chose la plus naturelle et la plus simple du monde : « Qu'il fut, en effet, proposé au général Dombrowski *d'entrer en arrangement avec Versailles.*

Comment? le général en chef chargé de la défense d'une place de guerre assiégée par un ennemi implacable et redoutable, sous un prétexte absurde qui ne soutient pas l'examen, trahi la confiance que ses défenseurs ont mise en lui, il s'entend secrètement et traîtreusement avec les ennemis, pour leur vendre et leur livrer plusieurs portes de la ville qu'il a directement sous sa garde, afin d'introduire l'armée des assiégeants dans cette dernière et d'exposer ses habitants à toutes les horreurs d'un massacre, d'un pillage, et à la tendre merci d'une soldatesque ivre qui en a fusillé près de quarante mille et emprisonné encore davantage, et comme aggravation, ce général a accompli son forfait dans l'espoir de toucher une prime d'un million et demi et de pouvoir se sauver et d'aller vivre à l'étranger avec le prix du sang. Eh bien, faire tout cela, préméditer, préparer et vouloir consommer jusqu'au bout toutes ces horreurs, ce n'était pour M. Ranvier et ses dignes collègues : « *qu'entrer en arrangement avec Versailles.* » C'était réellement, on en conviendra, une singulière manière de « *s'arranger.* »

Mais, d'un autre côté, qui donc leur avait donné le droit d'autoriser le général Dombrowski, chargé de la plus grande partie de la défense de Paris, de trahir et de livrer cette ville, de vendre ses portes à l'ennemi, de trafiquer de la liberté et de la vie de ses habitants ; ou comme le dit si légèrement M. Ranvier : qui donc l'avait autorisé « à entrer en arrangement avec Versailles? »

L'auteur de ces étranges paroles ne savait donc pas que tout rapport, tout pourparler avec l'ennemi, de la part des défenseurs d'une place de guerre, quand elle est attaquée ou assiégée, est un crime de haute trahison, puni de mort, et que son prétendu « arrangement » ayant pour but de livrer les portes de Paris, moyennant un million et demi, quelque soit le prétexte avec lequel il a cherché à le dissimuler ou à l'innocenter est le plus abominable forfait que l'on puisse imaginer.

M. Ranvier et ses collègues avaient donc la conscience morte, le sens moral éteint ; ils étaient donc les pires des criminels ou des crétins pour oser se faire les complices et les défenseurs d'une pareille trahison?

Mais ils ne comprenaient donc pas, qu'en présence de la proposition criminelle qui avait été faite par un espion ennemi à Dombrowski, le devoir impérieux de ce général était d'arrêter l'envoyé corrupteur, l'agent provocateur de trahison et de le faire fusiller en cette qualité, au lieu de l'écouter sous le dangereux ou stupide prétexte d'en tirer

« sérieusement contre nos ennemis tous les avantages militaires, » comme l'a dit si idiotement ou si hypocritement M. Ranvier. On sait que ces « sérieux avantages se sont résumés pour la *Commune*, dans le massacre de quarante mille de ses défenseurs, dans l'arrestation, l'emprisonnement, la transportation, les condamnations aux travaux forcés et à mort de soixante mille autres, dans les exécutions de Satory, de Vincennes, etc.. ; dans la misère, les souffrances et le désespoir de cent mille familles de prolétaires, dont les chefs et les soutiens avaient été frappés, condamnés ou fusillés, et qui restaient dénuées de tout et sans secours ; dans l'anéantissement complet de la *Commune* et dans l'ajournement indéfini du triomphe de la Révolution et de l'émancipation des travailleurs. Voilà quels sont les déplorables, les épouvantables « avantages que l'arrangement » de Dombrowski et de ses complices avec Versailles a produits.

Et en présence du crime de Dombrowski et des désastres épouvantables qui en ont été le résultat immédiat. M. Ranvier a osé écrire : DOMBROWSKI EST RESTÉ HONORABLE !

Après une pareille déclaration nous renonçons à stigmatiser son auteur comme il le mérite.

La lettre de Charles Gérardin est tout aussi immorale que celle de Ranvier, mais elle est beaucoup plus explicite, et dévoile la criminelle complicité des Comités de salut public, de sûreté générale et de quelques généraux de la Commune dans l'abominable trahison dont nous parlons.

Nous devons d'abord dire quelques mots de M. Charles Gérardin, dont personne n'avait trop entendu parler avant la guerre et la *Commune*, il était le beau-frère de A. Dupont, c'était son plus beau titre aux hautes positions politiques qu'il a occupées. Nous nous rappelons que quand on a nommé le premier Comité de salut public, M. Charles Gérardin a pris la parole en disant :

— « Citoyens, je suis Alsacien, à ce titre je demande à faire partie du Comité de salut public, dans lequel ma province infortunée doit être représentée, si vous m'élisez cela prouvera à mes compatriotes que la *Commune* ne les oublie pas et qu'elle espère les délivrer du joug des Allemands. »

On applaudit ce patriote alsacien et il fut élu membre du premier Comité de salut public.

Quand le commandant Rossel fut décrété d'accusation et que la Commune lui octroya « la cellule à Mazas » qu'il avait demandée, Charles Gérardin, son ami, qui avait quelque peu conspiré avec lui et le Comité central contre la *Commune* demanda à être son geôlier, ce qui lui fut accordé.

Tous deux se retirèrent provisoirement dans une chambre voisine de celle des séances de la *Commune*. Nous avions été ce jour-là retenu un peu tard aux barricades du Point-du-Jour et lorsque nous arrivâmes à l'Hôtel de Ville, la séance de la Commune était commencée depuis longtemps et Rossel avait été mis en état d'arrestation ; mais nous l'ignorions.

Nous montions tranquillement le grand escalier qui conduit au premier étage du palais municipal, lorsque nous rencontrâmes Rossel et Gérardin qui le descendaient, en passant près de nous, ils nous saluèrent, mais sans nous parler, ils avaient l'air très sombre ; Rossel avait sa capote d'officier du génie soigneusement boutonnée et son képi enfoncé sur les yeux. C'est la dernière fois que nous l'avons vu.

Lorsque nous arrivâmes dans la salle des séances de la *Commune*, il y avait un grand brouhaha, nous en demandâmes la cause et on nous dit que Rossel avait été mis en état d'arrestation, et qu'il venait de s'évader avec son gardien Gérardin.

Ignorant la cause de l'arrestation du premier et ne voulant pas contribuer à le faire arrêter de nouveau, nous ne dîmes pas que nous venions de le croiser dans l'escalier qu'il descendait, et pendant qu'on le cherchait dans les couloirs et dans les chambres de l'Hôtel de Ville, il eut le temps de s'évader.

La fuite de Rossel que nous n'apprécions pas, donne néanmoins une idée de la loyauté et de la bonne foi de Charles Gérardin ; ce dernier avait sollicité la faveur de garder Rossel : la *Commune* avait eu confiance en lui et en sa parole d'honneur, qu'il avait donnée, de ne pas laisser évader son prisonnier, et à peine avait-il achevé son serment qu'il le violait outrageusement. Cet homme avait vingt-six ans, il avait été élevé sous le règne du parjure de décembre.

Maintenant que nous avons fait connaître les débuts et la fin de la vie politique pendant la Commune, de M. Gérardin, nous allons analyser sa lettre dans laquelle il a dit :

« Qu'après sérieux examen, le Comité de salut public d'accord avec le Comité de sûreté générale, décida que le général Dombrowski aurait à suivre les négociations pour les faire aboutir à un plan convenu entre le *Comité de salut public*, le *Comité de sûreté générale*, le délégué à la guerre Rossel et les généraux Dombrowski et Wroblewski.

M. Charles Gérardin devait être bien informé en sa triple qualité d'ex-membre de la *Commune* et des Comités de sûreté générale et de salut public, et si on en croit ce qu'il dit dans sa lettre les deux plus importants Comités de la *Commune;* ceux de sûreté générale et de salut public; le délégué à la guerre Rossel et les généraux Dombrowski et Wroblewski étaient tous d'accord pour livrer les portes qui ont déjà été souvent désignées par nous, à l'armée du gouvernement de Versailles, sous prétexte de faire 10,000 cavaliers prisonniers.

Nous avouons franchement que la première fois que nous avons lu la lettre de M. Gérardin, nous ne l'avons pas prise complètement au sérieux, nous n'avons pas pu croire tous les personnages désignés par M. Gérardin coupables d'un pareil crime et capables de prendre au sérieux le prétexte absurde qu'il avait donné pour l'excuser.

Cependant après avoir lu les deux autres lettres de Ranvier et de Dupont, et avoir entendu la déclaration, que Félix Pyat nous a faite, au sujet de la comparution de Dombrowski devant le Comité de salut public, il ne nous a pas été possible de nier plus longtemps la culpabilité des membres des deux Comités, nous avons été forcé de nous rendre à l'évidence.

Quant à la participation de Rossel et de Wroblewski, à la trahison de Dombrowski, elle nous a paru bien moins établie, car à l'exception de ce que M. Gérardin a dit de leur participation au complot, ayant pour objet la livraison des portes, nous n'avons absolument rien trouvé qui puisse faire supposer qu'ils y aient pris part.

Nous avons toujours cru et nous pensons encore aujourd'hui que Rossel était honnête, désintéressé et trop délicat, trop intelligent, trop instruit, trop bon militaire pour qu'il ait pu participer à une pareille et aussi stupide infamie et pour qu'il ait pu croire, pendant une seconde seulement que les généraux de l'armée de Versailles enverraient de la cavalerie pour s'emparer des portes qu'on devait leur livrer; il est certain qu'ils ne l'auraient pas fait, qu'ils n'auraient pas voulu l'exposer à une destruction possible et presque certaine si on l'eut entourée et attaquée de trois côtés à la fois; ils auraient envoyé, comme ils l'ont fait, de l'infanterie et se seraient empressés de s'emparer des positions que nous leurs aurions abandonnées et de s'y établir solidement, sans que nous leur ayons fait un seul prisonnier et ils auraient cherché à continuer leur envahissement de Paris.

Nous croyons que Wroblewski, qui a fait preuve de beaucoup de capacité militaire dans la défense de Paris, qui s'est battu si intelligemment et avec tant de courage à la Butte-aux-Cailles, qui s'est toujours conduit si honnêtement, ait pu croire un seul instant à la ridicule histoire de la capture de 10,000 cavaliers, inventée après coup par Ranvier, Gérardin et Dupont, et qu'il ait voulu participer à leur complot aussi criminel que stupide. Mais, continuons l'étude des lettres étranges de ces trois coquins qui ont entrepris la justification de Dombrowski et qui n'ont fait que dévoiler sa trahison et celle des deux Comités en cherchant à les cacher.

La lettre écrite par A. Dupont à ce sujet est certainement la plus cynique et la plus explicite des trois. Son auteur est un ex-membre de la *Commune*, du Comité de sûreté générale et le digne beau-frère de Charles Gérardin. Celui-là ne pèche certainement pas par manque d'intelligence et d'instruction; c'est un individu qui a reçu une certaine éducation et qui est fort capable, même de tout.

Nous l'avons connu à la *Commune* où il était notre collègue et surtout à Londres où il s'était réfugié, mais nous ignorions alors qu'il était un traître, ce n'est que plus tard que nous l'avons su. Il était sous l'empire employé au Crédit foncier; il fut compromis, il ne sait pas pourquoi, dans le complot de Blois, auquel il était complètement étranger, et dont il n'avait jamais entendu parler; du moins c'est ce qu'il nous a déclaré à plusieurs reprises. Il a néanmoins été condamné pour sa prétendue participation à la susdite conjuration à quinze ans de prison, desquels il n'a fait que vingt-cinq jours, ayant été rendu à la liberté par la révolution du 4 septembre.

C'est un ambitieux, un besogneux, toujours à la recherche d'une position sociale bien plutôt qu'à celle de la meilleure des républiques, qui lui importe fort peu. Aussi, à sa sortie de prison, il s'empressa d'aller solliciter les faveurs du gouvernement, il lui demanda une place, en se prévalant des vingt-cinq jours de détention qu'il avait faits pour la République, et comme il avait des goûts policiers très prononcés, il réclama et obtint l'emploi de chef de la police municipale à la préfecture de police. Mais, comme il ne manque pas de flair, il ne tarda pas, en bon limier qu'il était, à s'apercevoir, dans sa nouvelle position de mouchard en chef, que le gouvernement de la Défense nationale branlait au manche et devenait de plus en plus impopulaire, il se ménagea adroitement des relations avec ses anciens collègues du prétendu complot de Blois, et après la révolution du 18 mars, il passa tout naturellement des rangs des agents de la préfecture de police dans ceux des candidats aux élections des membres de la *Commune de Paris*, et les électeurs naïfs, toujours confiants et très mal renseignés, ne manquèrent pas la bonne occasion qui leur était offerte de voter pour cet habile homme, et l'ex-chef des mouchards municipaux du gouvernement du 4 septembre, qui traquait et arrêtait si bien les futurs membres de la *Commune*, vint s'asseoir à côté de ceux qu'il avait fait écrouer, il y avait à peine quelques mois et même quelques jours, dont nous faisions partie, ayant fait quatre mois de prison et été condamné à mort sous le gouvernement de la Défense nationale.

C'est ainsi que les choses se pratiquent à notre époque de décadence, on ne regarde pas de si près à la conduite des hommes politiques, qui ont souvent un pied dans chaque camp, et sont tour à tour emprisonneurs ou emprisonnés, conspirateurs ou agents de police, avec les fusilleurs ou les fusillés. C'est à ce système facile et immoral, à la portée de tous, que nous devons les beaux progrès d'écrevisses que nous avons faits depuis dix-neuf ans. Une fois élu membre de la *Commune* par le troisième arrondissement, Dupont retourna à ses premières amours de policier, et se fit élire membre du Comité de sûreté générale; c'est en cette qualité qu'il a été mêlé à la trahison de Dombrowski, et qu'il a écrit la jolie lettre que nous avons citée, dans laquelle il cherche à disculper son digne associé Dombrowski; mais, malheureusement pour Dupont et ses amis, ses habitudes et ses fréquentations policières l'ont tellement dégradé et lui ont si profondément gangrené le sens moral, qu'il ne sait plus bien distinguer le bien du mal, le juste de l'injuste et, en voulant innocenter son ami Dombrowski, il a dévoilé sans s'en douter toute la conspiration à l'aide de laquelle Paris a été vendu et livré à ses massacreurs.

M. Dupont déclare, qu'ayant été informé que le général Dombrowski entretenait des relations avec un agent du gouvernement de Versailles nommé Veysset, « il alla rendre une visite au général, qui lui raconta l'affaire dans tous ses détails. Il s'agissait *de livrer deux portes de Paris moyennant la modique somme de quinze cent mille francs!* » dit tout naturellement le charmant Dupont, absolument comme s'il s'agissait de la chose la plus simple et la plus morale du monde. Des négociations ayant pour objet la plus abominable des trahisons ne lui inspirent pas la moindre indignation. Un général négocie avec l'ennemi pour lui vendre et lui livrer la place qu'il est chargé de défendre, il lui avoue et lui raconte sa criminelle machination dans tous ses détails, et l'honnête Dupont, chargé de le surveiller et de constater le forfait de ce traître, trouve tout cela très bien. « Et comme il avait pleins pouvoirs », au lieu d'arrêter le coupable général pris en flagrant délit de haute trahison, « il l'engage *fortement* à continuer et à accepter les propositions qui lui sont faites. »

« Nous n'avons qu'un moyen de vaincre, lui dit-il encore, avec les jésuites ; la fin justifie les moyens. Ayons la fin, et Thiers lui-même justifiera nos moyens. »

On connaît la fin à laquelle a abouti cette machination 40,000 fédérés ont été massacrés.

Mais revenons à la lettre de M. Dupont dans laquelle il ajoute encore : « *Il fut donc convenu entre les capitulards de Versailles et Dombrowski, le Comité de sûreté générale et le Comité de salut public, que deux portes seraient livrées, par lesquelles entreraient dix mille hommes de cavalerie ;* la date de l'entrée des troupes devait être fixée par Dombrowski, qui aurait eu le temps de prendre toutes les précautions stratégiques nécessaires pour les faire prisonnières sans presque coup férir. »

Ainsi, si on en croit M. Dupont et si on prend à la lettre ce qu'il affirme, les Comités de salut public et de sûreté générale auraient traité *directement* avec « les capitulards de Versailles » et fait une convention avec eux pour la livraison de deux portes, etc... Nous avouons cependant, comme nous l'avons déjà dit, que nous n'avons jamais cru complètement aux déclarations de M. Dupont, et que nous avons pensé que les Comités de la *Commune*, dont il parle, n'ont pas dû traiter *directement* avec le gouvernement de Versailles, qui certainement aurait refusé dans la crainte de se compromettre, en le faisant même secrètement. Ce n'est que lorsque les membres des deux Comités ont appris les négociations clandestines de Dombrowski avec Veysset, qu'ils sont intervenus et ont fait partie de la conjuration, afin d'en profiter personnellement.

Quant aux prétendus dix mille hommes de cavalerie qui devaient être introduits par deux portes, Dombrowski ayant le choix de la date de leur entrée et tout le temps de prendre toutes les *précautions stratégiques* nécessaires pour les faire prisonniers sans coup férir », c'était une invention aussi niaise et stupide que ridicule et invraisemblable de M. Dupont, qui ne fait pas honneur à son imagination et qui ne peut soutenir la discussion.

Quels sont, en effet, les chefs de gouvernements ou les généraux qui auraient été assez idiots pour consentir à une pareille condition. Ceux de Versailles ne savaient-ils pas tous que s'ils conduisaient dix mille cavaliers dans un pareil traquenard, entre le viaduc du Point-du-Jour, l'enceinte fortifiée, la Seine et la place forte de la Muette, cette cavalerie serait exposée de tous les côtés aux coups et au feu des défenseurs de la *Commune* qui pourraient l'entourer et l'écraser sous une grêle des projectiles de leurs fusils, de leurs canons, de leurs mitrailleuses, de leurs locomotives blindées et armées, et que ces troupes de cavaliers ainsi exposées au feu de toutes parts, ne pourraient pas même être protégées par l'artillerie ou dégagées par les troupes de Versailles, car si celles-ci voulaient le faire, les feux de leurs batteries et de leurs fusils frapperaient et massacreraient leurs infortunés cavaliers enfermés entre l'armée de la *Commune* et celle à laquelle ils appartenaient, dont les projectiles les frapperaient par devant et par derrière, à droite et à gauche, et ces malheureux dans cette terrible position n'auraient pour battre en retraite et chercher à s'échapper sous ces feux roulants que deux ou trois portes à moitié démolies et leurs ponts-levis brisés et effondrés, ils seraient donc aussi exposés aux balles, aux obus et à la mitraille de leurs ennemis.

Ainsi, cette prétendue condition stipulant l'introduction de dix mille cavaliers dans la dangereuse position que nous avons mentionnée était certainement impraticable et inacceptable par le gouvernement et par les chefs de l'armée de Versailles; mais elle l'était tout autant pour la *Commune*, car une fois les portes dégarnies de leurs défenseurs et livrées à l'ennemi, il est certain que ce dernier pouvait introduire de l'infanterie au lieu de la cavalerie dans la place et en telle quantité qu'il aurait voulu, et qu'il aurait pu s'y établir solidement, attaquer nos positions, forcer et franchir le viaduc, déborder sur la rive gauche, s'emparer des autres portes et faire entrer son armée tout entière dans Paris, comme il l'a fait. Qui donc aurait pu l'arrêter dans sa marche? Aurait-ce été le général Dombrowski et ses principaux aides-de-camp? Mais alors, pourquoi ne l'ont-ils pas fait s'ils en avaient la volonté et si cela leur était possible? Pourquoi n'ont-ils pas même tenté de le faire?

D'abord, comme nous l'avons dit, cela était très difficile, une fois les portes livrées, d'empêcher une armée de 170,000 hommes bien pourvue de tout d'avancer. Mais cela eut-il été possible, Dombrowski ne voulait pas le faire; la preuve, c'est qu'il n'a pas marché contre les troupes de Versailles comme il l'avait promis dans sa dépêche du 21 mai adressée au Comité de salut public et qu'il n'a pas fait la moindre tentative pour les arrêter. Ce général et ses principaux officiers trahissaient la *Commune* et avaient tout intérêt à laisser entrer, agir à leur aise et à ne pas mécontenter ceux qui devaient leur payer 1,500,000 francs pour le prix de leur trahison, et leur fournir des saufs-conduits qui leur permettraient de s'échapper; tandis qu'ils n'avaient rien à attendre et tout à redouter des fédérés qui auraient pu soupçonner et découvrir leur infâme conduite et les fusiller; ce n'étaient pas non plus M. Dupont et ses honnêtes complices des Comités de salut public et de sûreté générale qui seraient venus s'exposer pour s'opposer à l'entrée des troupes d'infanterie, et s'ils avaient voulu le faire, à quoi cela aurait-il pu servir une fois les positions avancées et les portes évacuées par leurs défenseurs et livrées à l'ennemi? Tout ce que nous disons s'est réalisé lors de l'envahissement de Paris par l'armée de Versailles.

Cependant M. Dupont, tout en assurant que les troupes de Versailles qui entreraient dans Paris devaient être faites prisonnières « sans coup férir » par Dombrowski, ne dit pas comme ses collègues que ce général se soit empressé d'informer les Comités de la *Commune* de ses négociations avec l'ennemi et de ses projets de reddition ou d'abandon des portes. Non, il nous a dit au contraire en avoir été informé, non par Dombrowski, mais par ses agents qui avaient découvert les relations que Hutzinger avait avec Versailles et, qu'à la suite de cette découverte, il l'avait fait surveiller strictement, ainsi que son général, et qu'il avait surpris le secret de leurs rendez-vous avec Veysset, et que c'était lui, Dupont, qui en avait informé le Comité de salut public au commencement du mois de mai, que celui-ci l'avait chargé d'aller interroger Dombrowski et de le faire comparaître devant lui. Ce qu'il avait fait.

Le citoyen Pyat nous confirma une partie des déclarations de Dupont. Il nous dit qu'en effet le premier Comité de salut public, dont il faisait partie avec les citoyens Ant. Arnaud, Léo Meillet, Ranvier et Gérardin, avait été informé par des rapports de police et par Dupont que le général Dombrowski entretenait de criminelles intelligences avec des agents secrets de Versailles, et que le comité avait fait appeler Dombrowski devant lui, que ce dernier avait d'abord témoigné la plus grande inquiétude au sujet des accusations qui pesaient sur lui ; qu'il avait enfin avoué, avec beaucoup d'embarras et d'un ton piteux que ce qu'on disait de ses relations avec un agent versaillais était vrai, mais qu'il n'avait eu ces dernières que dans de bonnes intentions et pour servir utilement la cause de la *Commune*.

— « La preuve que je ne suis pas un traître, disait-il, c'est que j'ai toujours eu l'intention d'informer le Comité de salut public des propositions qui m'étaient faites ; afin de le consulter sur la conduite que je devais tenir dans cette délicate circonstance, et c'est pour cela que je suis venu aujourd'hui près de lui. »

— « Alors, lui répondit le citoyen Félix Pyat, pourquoi avez-vous autant tardé à nous informer de vos démarches coupables ? Pourquoi n'êtes-vous venu que sur notre demande ; quand vous avez été forcé de le faire, et quand vous aviez peur d'être arrêté et poursuivi comme traître ?

« Comment voulez-vous que nous ayons confiance en vous ? en vous qui avez prêté une oreille complaisante aux perfides propositions de Veysset, de l'agent corrupteur de l'ennemi ; en vous qui l'avez encouragé et laissé s'en retourner librement, en lui donnant d'autres rendez-vous, auxquels vous êtes allé ; quand votre devoir impérieux vous commandait de faire arrêter cet espion, agent de trahison, dès la première entrevue, aux premiers mots suspects qu'il vous a dits, et de nous en informer de suite, en nous le livrant pour que justice soit faite de ce traître ? Comment pourrions-nous avoir après cela encore confiance en vous ? en vous qui ne croyez pas même au succès de notre cause, et qui, en prévision d'une défaite de nos troupes dont vous êtes le général le plus renommé, avez déjà envoyé votre femme à Londres, pour la mettre à l'abri, afin de pouvoir fuir vous-même et aller la rejoindre plus facilement ? Nous avons le droit et le devoir de vous demander où vous prenez l'argent nécessaire au voyage de votre femme, à son installation à l'étranger et à vos dépenses personnelles ; car outre vos chevaux de selle, vous avez encore une calèche à deux chevaux ; est-ce avec les 15 francs par jour que vous paie la *Commune* que vous pouvez faire tous ces frais ? Encore une fois, où prenez-vous donc l'argent dont vous avez besoin pour cela ? Vous le puisez donc à une source impure, à celle de la trahison¹ ? »

Dombrowski très interdit, très effrayé par ces apostrophes et par ces accusations directes, balbutia quelques mots d'excuses puis il resta silencieux.

Alors les collègues du citoyen Pyat vinrent en aide au malheureux général et cherchèrent à l'excuser, en déclarant qu'ils n'accusaient pas le citoyen Dombrowski de trahison, quoiqu'il ait eu tort de ne pas prévenir de suite le Comité de salut public des propositions qui lui avaient été faites ; mais qu'ils espéraient qu'il n'en serait plus de même à l'avenir, qu'ils l'autorisaient à continuer ses négociations avec l'ennemi avec l'intention de le faire tomber dans le piège qu'il leur tendait et de s'emparer de l'argent et de l'agent provocateur du gouvernement de Versailles.

Et afin sans doute de calmer les craintes que le citoyen Félix Pyat avait témoignées au sujet de la loyauté, de la fidélité et de l'incorruptibilité du général Dombrowski, il fut convenu qu'un membre de la *Commune* serait délégué auprès de lui en qualité de commissaire civil, et en outre le Comité de sûreté générale envoya un de ses agents en surveillance spéciale à la Muette, afin de tenir les Comités au courant des démarches du général.

Ces résolutions, ayant pour objet la continuation des négociations de Dombrowski avec Veysset relatives à la vente et à la remise de plusieurs portes de Paris situées entre le Point-du-Jour et la porte de Wagram, au gouvernement de Versailles, furent approuvées et adoptées

---

¹ Le citoyen Pyat en nous disant cela a beaucoup accentué sa déclaration et nous a répété plusieurs fois qu'il a traité Dombrowski de traître.

par quatre membres du premier Comité de salut public.
savoir : MM. Ranvier, Antoine Arnaud, Léo Meillet et
Gérardin, malgré l'opposition du citoyen Félix Pyat, le
seul membre de ce comité qui ait combattu cette décision
criminelle si dangereuse.

Lorsque le citoyen Félix Pyat nous eut raconté tout
cela, nous lui demandâmes encore quelle avait été l'attitude du second Comité de salut public dans ces mêmes
circonstances?

Il nous répondit que la conduite de ce second Comité
avait été tout aussi coupable que celle du premier et que
tous ses membres Ranvier, Antoine Arnaud, Billoray,
Eudes et Gambon avaient, eux aussi, approuvé, encouragé Dombrowski, et lui avaient également donné l'ordre de
continuer ses négociations pour la vente et la livraison
des portes.

Cette réponse nous étonna beaucoup, car nous ne pouvions pas croire que Gambon dont le désintéressement,
l'honnêteté et l'honorabilité ne pouvaient être soupçonnés
ait consenti à l'exécution de ce plan infâme, si perfide et
si dangereux.

— « Mais dans le second Comité de salut public, avons-nous dit à Félix Pyat, il y avait un honnête homme, le
citoyen Gambon, qui certainement s'est opposé à cette
abominable machination ? »

Le citoyen Pyat nous a répondu : — « Certainement que
Gambon est honnête, mais il était partisan comme les
autres de la livraison des portes, on lui avait persuadé
que c'était un piège que l'on tendait aux Versaillais,
qu'on allait leur faire 10,000 prisonniers, et que l'on toucherait en outre une prime de un million et demi, et il
coyait que c'était une très bonne affaire. *Moi seul, je vous
le répète, j'étais opposé à la livraison des portes.*

— « Mais, alors s'il en est ainsi, pourquoi n'avez-vous

pas dénoncé à la *Commune* cette infâme trahison que vous connaissiez depuis deux ou trois semaines, on aurait fait arrêter les coupables et Paris eut été sauvé.

— « Vous vous trompez, nous dit-il, si j'avais dénoncé la livraison des portes, on ne m'aurait pas cru, je n'étais pas assez populaire, ou si on m'avait cru on en aurait été partisan, sous prétexte de capturer l'ennemi et son argent, et on m'aurait arrêté.

— « C'est égal, vous avez eu tort, il fallait me prévenir secrètement, j'aurais sans rien dire à personne et sans vous nommer, dénoncé cet infâme trahison dans le *Journal officiel*, dont j'étais rédacteur et directeur en chef, et le lendemain tout Paris en aurait été informé et aurait empêché de l'accomplir.

— « Vous êtes encore dans l'erreur, nous dit Pyat, on ne vous aurait pas plus cru que moi, on vous aurait fusillé comme calomniateur et comme traître, et moi aussi.

— « C'est possible, mais on n'aurait pas pu livrer les portes et la *Commune* eut été sauvée[1]. »

Ainsi les déclarations de Dupont et celles de Félix Pyat prouvent que ce n'est pas Dombrowski qui a le premier informé le Comité de salut public de ses intrigues et de ses entrevues avec Veysset, l'agent secret de Versailles, négociateur de trahison, et que c'est la police de la *Commune* qui les a découvertes la première et qui en a informé le Comité de salut public.

La brochure de Mme Veysset, comme on l'a vu, confirme les mêmes faits; elle contient des preuves certaines établissant que ce n'est pas Dombrowski qui a spontanément informé le Comité de salut public de ses négociations avec

[1] Cette conversation entre le citoyen Pyat et nous est textuelle, nous la garantissons et nous sommes persuadé que le citoyen Pyat ne nous démentirait pas. Il était encore vivant quand nous écrivions cela.

M. Veysset et qu'elles ont été découvertes par les espions de la *Commune*, qui en ont informé cette dernière : voici dans quelles circonstances :

Dombrowski exigeait de l'argent comptant pour la livraison des portes, mais M. Thiers ne voulait payer qu'en papier, avec des traites sur Londres et Bruxelles et le général n'en voulait pas.

« Le retard qu'amenaient fatalement ces discussions, dit Mme Veysset, était des plus fâcheux. Les soupçons s'éveillèrent au point de rendre dangereuses les entrevues qui avaient lieu à l'état-major de la place Vendôme. Elles eurent lieu dès lors dans une voiture conduite par le nommé Paul, homme entièrement dévoué à Veysset. Les rendez-vous étaient le plus souvent donnés sur la place de Courcelles et l'on rentrait à Paris, tirant chacun de son côté.

« Pour donner plus de poids à ses négociations, Veysset avait proposé de présenter Hutzinger à Versailles. Celui-ci conduit par le cocher Paul, dont nous avons parlé plus haut vint prendre Veysset à Saint-Denis, et avec lui se rendit ensuite à Versailles. Fut-ce imprudence de sa part ou fatalité ? Mais — on l'a su plus tard, — il fut reconnu par des espions de la *Commune*...

... « L'entreprise si chaudement menée par Veysset, et ses amis était éventée et, sans qu'aucun put encore s'en douter, les comploteurs de trahison étaient espionnés, *filés*, gardés à vue et les mandats d'arrêt se signaient contre eux à la préfecture de police... »

Ainsi d'après Mme Veysset, comme d'après Dupont et Pyat, ce seraient les agents secrets de la *Commune* qui auraient découvert la conjuration de Veysset avec Hutzinger et Dombrowski et qui l'auraient signalée aux Comités de la *Commune*, et non pas Dombrowski qui serait venu le premier, de sa propre initiative, révéler spontanément au Comité de salut public les propositions de trahison qui lui avaient été faites par Veysset avec l'intermédiaire de

Hutzinger. Devant toutes les preuves que nous venons de citer ce fait n'est pas douteux.

Voyons maintenant à quelle époque a eu lieu la comparution de Dombrowski devant le Comité de salut public et l'aveu de sa trahison.

La déposition de l'amiral Saisset et la brochure de Mme Veysset nous apprennent d'abord que c'est « vers la mi-avril » que commencèrent les relations intimes et criminelles entre Hutzinger, lieutenant de Dombrowski, les frères Guttin et Veysset, et que « la première entrevue de Dombrowski avec Veysset, dit la femme de ce dernier fort bien informée, date des derniers jours d'avril. Elle eut lieu entre deux et quatre heures du matin à l'hôtel de la place Vendôme, où siégeait l'état-major de Dombrowski. Hutzinger vint prendre Veysset chez lui, rue Caumartin, 62. Celui-ci fut accueilli par le général avec une certaine bienveillance qui n'excluait pas tout à fait la méfiance. »

Ces dates correspondent bien avec la déclaration que Félix Pyat nous a faite, et celui-ci nous a dit qu'il a assisté à la réunion du premier Comité de salut public, dont il faisait partie, dans laquelle Dombrowski avait été appelé pour rendre compte de sa conduite et de ses accointances avec un espion de Versailles. Or, le premier Comité de salut public a été formé le 1er mai 1871 et Félix Pyat a donné sa démission de membre de ce comité le 8 mai ; c'est donc entre ces deux dates que Dombrowski a comparu devant celui-ci, ce qui concorde avec la déclaration de Mme Veysset, qui dit que c'est dans les derniers jours d'avril que la première entrevue de Veysset et de Dombrowski a eu lieu ; ce n'est certainement que quelques jours après que Dombrowski a été appelé devant le Comité de salut public, mais avant le 8 mai, puisque Pyat assistait à cette comparution et que ce jour-là il cessait de faire partie de ce Comité.

Ainsi il est bien établi avec pièces à l'appui, que c'est au mois d'avril qu'ont commencé les négociations de trahison, entre Dombrowski et Hutzinger, d'une part; et Veysset et ses complices, les agents de Versailles d'autre part, et il est également prouvé d'une manière incontestable qu'elles n'ont été avouées par Dombrowski qu'au mois de mai; et que ce n'est pas lui, comme le prétendent MM. Ranvier et Gérardin dans leurs lettres, qui a informé le Comité de salut public, lorsqu'il a comparu devant lui, du 1er au 8 mai, de ses secrètes négociations avec les agents du gouvernement de Versailles, ce dont il s'était bien gardé; mais qu'au contraire sa trahison avait été découverte par les agents secrets du Comité de salut public, qui en avaient informé ce dernier, lequel avait alors fait comparaître Dombrowski devant lui, ainsi que nous l'avons raconté, pour lui demander des explications sur sa conduite coupable.

Le prétendu piège que Dombrowski disait avoir voulu tendre au gouvernement de Versailles, et qui consistait, comme Dupont l'a dit dans sa lettre, à faire entrer dix mille cavaliers de l'armée de Versailles, par une des portes livrées, et à les capturer, n'a jamais rien eu de sérieux; et n'était qu'une grossière et stupide invention imaginée pour cacher la trahison; aussi quand Dombrowski le 21 mai, a vu entrer de l'infanterie au lieu de la cavalerie, il ne s'en est nullement inquiété, il n'a pas cherché à s'opposer à son invasion, il n'a pas fait tirer un seul coup de fusil pour l'empêcher; il ne se préoccupait que d'une chose ce jour-là; c'était de l'absence prolongée de son complice Hutzinger qui était allé à Saint-Ouen au rendez-vous que Veysset lui avait donné, pour lui remettre le prix de sa trahison, qu'il ne voyait pas revenir et dont il était très inquiet, car il l'attendait avec l'argent, les traites et les saufs-conduits, sans lesquels il ne pouvait se sauver; il se désespérait et ne savait plus que penser ni quel parti prendre.

Aussi lorsque dans l'après-midi il se vit forcé d'aviser officiellement la *Commune* de l'entrée dans Paris des troupes de Versailles, il le fit bien à regret, et il dit dans sa dépêche qu'il allait marcher contre les envahisseurs et les repousser, quoiqu'il n'eut nulle intention de le faire et qu'effectivement il ne l'a pas fait. Il est resté inactif pendant près de deux jours ainsi que ses dignes collègues des Comités de salut public et de sûreté générale, qui ont laissé tranquillement les troupes de Versailles envahir Paris jusqu'au rond-point des Champs-Élysées sans leur opposer la moindre résistance. Ces traîtres n'ont commencé à donner des ordres aux fédérés pour la défense de Paris, et à envoyer Brunel occuper la place de la Concorde, que vingt-quatre heures après l'entrée des troupes de Mac-Mahon dans Paris. Si ce dernier au lieu de rester aussi inactif au Trocadéro comme il l'a fait, avait marché de suite sur les Tuileries, l'Hôtel de Ville et tout le centre de Paris, il aurait tout pris pendant la nuit du 21 au 22 mai et la matinée de ce dernier jour. Le Comité de salut public n'avait rien préparé pour résister et il ne s'est décidé à agir que quand il a vu qu'il ne pouvait pas fuir, n'ayant ni les saufs-conduits ni l'argent sur lesquels il comptait pour cela. Quant à Dombrowski se voyant pris dans son propre piège et sans moyen de fuite, il a abandonné lâchement son poste et s'est fait envoyer à Montmartre par ses complices, sous prétexte de défendre cette place forte, dont les artilleurs étaient depuis une dizaine de jours vendus à Versailles, comme on l'a déjà vu. Heureusement qu'une balle perdue ou celle d'un de ses complices mécontent de n'avoir rien reçu et qui croyait qu'il l'avait volé, ou la balle d'un justicier inconnu a fait justice de ce misérable, au moment où il allait faire un simulacre de défense en attendant une occasion de trahir de nouveau, de se sauver ou d'aller se cacher.

Afin de mieux nous renseigner et de nous assurer le plus complètement possible sur tous ces détails, nous résolûmes d'interroger tous les coupables et tous nos anciens collègues de la *Commune*, qui voudraient bien nous éclairer sur ce sujet, et dans ce but, quelque temps après la déposition de l'amiral Saisset devant la commission d'enquête parlementaire en avril 1872, nous nous sommes adressé à A. Dupont, ex-membre de la *Commune* et du comité de sûreté générale qui avait fait arrêter et fusiller Veysset, et auteur de la lettre que nous avons citée et relative à la trahison de Dombrowski, et nous lui avons demandé des explications au sujet de cette dernière.

Dupont très communicatif et d'un caractère facile nous donna tous les détails que nous lui demandâmes et de la meilleure grâce du monde, avec entrain et plaisir, comme un homme qui n'a pas plus conscience de ce qu'il dit que de ce qu'il a fait. Il nous fit le récit de l'infâme trahison de Dombrowski, dans laquelle il a joué un grand et double rôle, des plus criminels et des plus louches. Il a en effet commencé à encourager Dombrowski à accomplir son forfait, puis au dernier moment, quand celui-ci a été consommé, quand les portes ont été livrées et que les soldats de Versailles se sont avancés dans Paris, il a arrêté deux des complices de Dombrowski : Hutzinger, son aide-de-camp de confiance et Veysset, l'agent secret du gouvernement de Versailles, dans l'espoir de trouver sur eux le prix de la trahison et de s'en emparer, mais n'ayant découvert que 20,000 fr. sur Veysset, il l'a fait fusiller et jeter dans la Seine.

Dupont nous a raconté tout cela comme si c'était la chose la plus naturelle du monde, la plus honnête, la plus louable et la plus honorable, et c'est avec une grande satisfaction qu'il s'est vanté d'avoir participé à ces crimes et à ces doubles trahisons.

Nous avons déjà signalé cette inconscience, cette absence complète de sens moral dans sa lettre et dans celles de ses collègues Ranvier et Gérardin; cette gangrène morale et intellectuelle est la marque distinctive d'un grand nombre de gens de la génération actuelle. Nous l'avons rencontrée à de rares exceptions près, chez tous nos ex-collègues, que nous avons interrogés alors, tous ont trouvé cette infâme trahison toute naturelle, louable même et les prétextes qu'on donnait pour la justifier, très valables. Cette manière de voir, de penser, de comprendre, d'apprécier, de juger et d'agir, nous ne l'avions jamais soupçonnée jusqu'alors et nous en avons été effrayé.

Lorsque Dupont nous eut ainsi raconté tout ce qui était relatif à sa participation à la trahison de Dombrowski, nous lui avons demandé comment le Comité de salut public avait été informé des rapports de Dombrowski avec les négociateurs de trahison du gouvernement de Versailles? Il nous a dit ce que nous avons déjà expliqué, que c'étaient les agents secrets de la *Commune*, qui avaient surpris les rapports de Hutzinger et de Dombrowski avec Veysset et les frères Guttin, et que c'était à la suite de cette découverte, qu'il était allé trouver Dombrowski et qu'il l'avait conduit devant le Comité de salut public, lequel avait approuvé sa conduite ainsi que lui.

Quand nous lui témoignâmes toute notre indignation au sujet d'une machination aussi criminelle et que nous lui fîmes part de notre étonnement de lui voir approuver ainsi que le Comité de salut public, la conduite coupable du général, il en parut bien étonné et fort surpris, il trouvait la manière d'agir de ce dernier très convenable et il le considérait toujours comme un héros et un martyr de la *Commune*, et malgré le désastre survenu à la suite de la livraison des portes du Point-du-Jour, de Saint-Cloud, etc., à l'ennemi, il soutenait toujours comme parfaitement avantageux, le grossier projet consistant à livrer les portes et à laisser entrer dix mille cavaliers sous prétexte de les capturer.

Il nous a ensuite raconté dans tous ses détails la capture de Veysset à Saint-Ouen, qu'il avait lui-même organisée et opérée dans le but de s'emparer de son argent, des traites montant à 1,500,000 fr., acceptées par la maison Rotschild de Francfort et des saufs-conduits. Il nous a expliqué qu'il avait caché et embusqué des agents secrets de la sûreté à son service sur la zone neutralisée, près de Saint-Ouen et qu'aussitôt que Veysset eut commis l'imprudence de s'avancer avec Hutzinger du côté de Paris, en dehors des avants-postes prussiens il avait fait un signe convenu et que ses argousins se sont précipités sur l'agent versaillais Veysset et sur son compagnon Hutzinger; qu'il les ont arrêtés et entraînés du côté de Paris.

Il nous dit aussi son désespoir quand ayant fouillé ses prisonniers, il n'a trouvé sur Veysset que 22,000 fr. en billets de banque et qu'il a inutilement cherché sur lui et sur Hutzinger les 1,500,000 francs de traites et les laissez-passer qu'il avait espéré y découvrir.

Mais malgré ce contre-temps, il s'est emparé des 22,000 fr. que son principal prisonnier, Veysset, avait sur lui et il a amené ce dernier à la Préfecture de police, pendant qu'il faisait conduire Hutzinger à la prison du Cherche-Midi, pour qu'il ne puisse pas ébruiter l'arrestation de Veysset et la sienne, ni raconter comment les portes avaient été livrées à l'ennemi.

Il nous a dit encore, qu'arrivé à la Préfecture de police,

il interrogea Veysset en l'accusant de conspiration et de complot contre la *Commune;* que Veysset nia d'abord et protesta de son innocence. Ensuite Dupont a ajouté qu'il confronta ce dernier avec la femme Muller, la concierge de la rue Pigalle, ancienne complice de Veysset, à laquelle celui-ci avait promis de payer 10,000 fr. de récompense lorsque les troupes de Mac-Mahon seraient entrées dans Paris; et comme il n'avait pas pu lui payer cette somme, cette femme l'avait dénoncé et fait arrêter. Lors de l'interrogatoire qu'on lui fit subir, elle donna tous les détails du complot ourdi contre la *Commune*, et elle accabla Veysset de ses révélations, ce dernier se décida alors à entrer dans la voie des aveux.

Dupont lui dit ensuite de tout lui raconter par écrit et de signer sa déclaration, s'il voulait éviter d'être fusillé de suite. Le prisonnier fit d'abord des difficultés pour confesser ainsi sa trahison par écrit, Dupont le fit mettre au secret dans une cellule en lui donnant vingt-quatre heures pour faire ce qu'il lui avait demandé s'il voulait éviter d'être exécuté.

Lorsque Dupont revint le lendemain, Veysset terrorisé par la menace qu'il lui avait faite, s'était décidé à faire ce qu'il lui avait demandé et il lui remit sa confession signée de lui.

Le membre du Comité de sûreté générale, après avoir lu la pièce contenant les aveux réclamés, dit à son auteur : « C'est bien vous reconnaissez que vous êtes un traître et un espion. Vous savez ce que vous méritez; vous allez être fusillé conformément à la loi et à l'usage, et il chargea le juge d'instruction Würth de surveiller l'exécution qui eut lieu sur le Pont-Neuf, au pied de la statue du roi Henri IV, le 24 mai 1871.

Nous devons ajouter encore que lorsque le citoyen Frankel, notre collègue, membre de la *Commune* de Paris, est arrivé à Londres, et qu'il est venu nous voir, nous lui avons aussi adressé quelques questions au sujet de la livraison des portes du Point-du-Jour, de Saint-Cloud, d'Auteuil, etc., et qu'il nous a déclaré que le général Eudes, lui avait raconté cette affaire, et qu'il lui avait dit que Dombrowski avait été appelé devant le Comité de salut public au sujet de ses relations avec Veysset, l'agent secret de Versailles et que ce Comité l'avait autorisé à continuer ses démarches, ce qu'il avait fait, croyant pouvoir en tirer un parti avantageux pour la *Commune*. Comme nous nous sommes alors beaucoup récrié et que nous lui avons déclaré hautement que ces prétendues négociations étaient une infâme trahison, qui avait eu les plus terribles conséquences et que ceux qui s'en étaient rendus coupables étaient des scélérats, responsables de la chute de la *Commune*, le citoyen Frankel parut très contrarié de nous entendre traiter ainsi quelques-uns de ses amis, et nous nous sommes séparés très froidement.

La déclaration de Frankel confirme celle de Dupont et de Pyat, et elle est une preuve de plus de la trahison de Dombrowski et de la complicité des Comités dans cette dernière [1].

Ainsi il résulte de tous les témoignages que nous avons réunis, et ils sont nombreux, que Dombrowski, les officiers de son état-major ses complices et les membres des Comités de salut public et de sûreté générale, Pyat excepté, ont livré les portes de Saint-Cloud, du Point-du-Jour, etc., au gouvernement de Versailles moyennant la promesse du payement d'une somme de 1,500,000 francs,

---

[1] Nous avons rapporté ici très fidèlement ce que nous a dit Dupont au sujet de l'exécution de Veysset, cela diffère un peu de la version contenue dans la brochure de M⁻⁻ Veysset, qui fait intervenir Ferré dans l'interrogatoire de Veysset; comme Dupont ne nous a jamais parlé de ce dernier personnage nous ignorons s'il était présent à cet interrogatoire.

que M. Thiers leur avait faite, mais qu'il n'a pas tenue et que, pour excuser leur trahison, les coupables ont prétendu qu'ils avaient voulu tendre un piège à l'armée de Versailles et lui faire 10,000 prisonniers.

Nous avons vu comment cette trahison leur a réussi avec M. Thiers, mille fois plus intelligent et tout aussi canaille qu'eux ; il les a pris dans leur propre piège, sans même leur payer ce qu'il leur avait promis pour le prix de leur forfait, et il a profité de leur stupide infamie pour s'emparer de la capitale.

Mais supposons pour un moment que ces traîtres idiots des deux Comités, dont nous parlons, aient été de bonne foi, aient voulu tendre un piège aux troupes de Versailles et jouer au plus fin avec le chef du pouvoir exécutif, ainsi que le disent MM. Ranvier, Gérardin et Dupont?

Eh bien, dans ce dernier cas, ne sont-ils pas encore la cause de l'entrée des troupes de Versailles dans Paris, des massacres et de tous les désastres qui l'ont suivie? Ne sont-ils pas toujours des criminels coupables d'avoir livré volontairement à l'ennemi les portes de la ville qu'ils étaient chargés de défendre? Il n'y a pour un pareil forfait aucun prétexte, aucune excuse qui puisse le faire pardonner. Les auteurs de ce crime sont et resteront dans l'histoire d'infâmes traîtres.

Malgré toutes les preuves de la trahison de Dombrowski, que nous avons déjà accumulées, on pourrait cependant nous dire encore que ce général n'a été que l'exécuteur des ordres des deux Comités de salut public et de sûreté générale, qui lui ont ordonné successivement de traiter avec le gouvernement de Versailles, de lui vendre et de lui livrer les portes d'Auteuil, du Point-du-Jour, de Saint-Cloud, etc..., et de faire retirer les troupes qui les gardaient. On pourrait même encore ajouter qu'ils avaient placé auprès de lui un membre de la *Commune*, Dereur, et un agent du Comité de sûreté générale, chargés de le surveiller sous la direction de Dupont, afin d'assurer l'exécution de leurs ordres ; qu'en conséquence Dombrowski n'est responsable de rien et qu'il n'est pas un traître.

Nous répondrons à ceci : que Dombrowski, selon les déclarations écrites des membres des Comités, n'avait été autorisé à livrer les portes qu'à la condition de faire prisonnières ou de massacrer les troupes de Versailles qui entreraient dans Paris, et que comme il ne l'a pas fait, et qu'il n'a pas même tenté de le faire, il est un traître.

Les défenseurs de Dombrowski, nous diront encore pour l'excuser, que si ce général n'a rien entrepris contre les troupes de Versailles lorsqu'elles sont entrées dans Paris, c'est parce qu'il ne l'a pas pu, que la chose était impossible.

Alors si la chose était impossible, pourquoi, le 21 mai, Dombrowski, quand il eut appris l'entrée des troupes de l'armée de Versailles dans Paris, envoyait-il donc la dépêche suivante au Comité de salut public :

« *Dombrowski à Guerre et au Comité de salut public :*

« Les Versaillais sont entrés par la porte de Saint-Cloud.
« Je prends des dispositions pour les repousser.

« Dombrowski. »

Le général, comme on le voit, croyait donc ou voulait faire croire qu'il pouvait repousser les Versaillais lorsqu'ils étaient entrés dans Paris, le 21 mai, et qu'il allait le faire.

Eh bien, il n'a rien fait pour cela, au lieu de tenir la promesse qu'il avait faite dans sa dépêche qui précède, adressée au Comité de salut public, et de « prendre des dispositions pour repousser les Versaillais », soit en marchant au-devant d'eux, soit en envoyant des troupes pour les attaquer, pour les repousser ou, au moins, pour les arrêter. Ou bien encore, en mettant ses barricades, ses tranchées, ses batteries et toute la ligne du viaduc et des environs en état de défense, de manière à tenir, les troupes déjà entrées dans Paris, enfermées entre les portes et les fortifications qu'elles avaient franchies, d'une part; le viaduc et le château de la Muette, qu'il occupait, et qui étaient de très fortes positions, d'autre part.

Le viaduc était muré et barricadé; le château de la Muette était entouré de fossés et armé d'une formidable artillerie; il n'était pas difficile non plus d'y concentrer des forces considérables puisqu'il y avait plus de dix mille hommes au Trocadéro et dans les environs qui ont été abandonnés sans commandement et sans ordres et dont un grand nombre sont tombés dans les mains des Versaillais, qui les ont massacrés ou faits prisonniers.

Dombrowski pouvait donc, s'il l'eut voulu, arrêter l'envahissement des troupes de Versailles dans Paris.

Les batteries de Versailles ne pouvaient pas canonner les lignes du viaduc et les alentours, tant qu'une partie de leurs troupes serait dans Paris, près de ces positions; car, si elles l'eussent fait, elles auraient tué leurs propres soldats.

Ainsi, on pouvait parfaitement arrêter les troupes de Versailles lorsqu'elles sont entrées dans Paris; mais Dombrowski, au lieu de le faire, ainsi qu'il l'avait promis dans sa dépêche, laissa au contraire tranquillement accomplir l'envahissement et continuer le mouvement d'évacuation de ses positions et de ses troupes. Il accomplit ainsi jusqu'au bout scrupuleusement les engagements qu'il avait pris avec le gouvernement de Versailles, comme l'amiral Saisset et Mᵐᵉ Veysset l'ont constaté.

Eh bien, nous le demandons, une pareille conduite n'est-elle pas la plus effrayante des trahisons?

Mais, hélas! il n'était pas le seul coupable. Les lettres que nous avons citées des trois membres des Comités de salut public et de sûreté générale, prouvent que ces deux Comités s'étaient faits les complices de la trahison de Dombrowski depuis le jour où ce dernier leur avait fait le récit forcé de ses machinations criminelles avec Veysset, l'agent du gouvernement de Versailles.

CHAPITRE IX

LA TRAHISON DE DOMBROWSKI
PROUVÉE PAR LA LIVRAISON DES PORTES DE PARIS,
L'ENTRÉE DE L'ARMÉE DE VERSAILLES,
LES MORTS DE VEYSSET ET DE DOMBROWSKI

Depuis le commencement de mai 1871, et surtout depuis qu'elles avaient pris le moulin Saquet et le fort d'Issy, les troupes de l'armée de Versailles faisaient de grands progrès, leur feu devenait tous les jours plus violent, leurs batteries de brèche achevées se préparaient à être mises en action, et on pouvait prévoir que bientôt l'assaut serait donné.

Les hommes qui étaient alors à la tête de la *Commune*, les membres du Comité de salut public, sentaient venir la fin de leur pouvoir, qui ne pouvait être bien long et dont la durée n'était plus pour eux qu'une question de jours. Aussi quand Dombrowski leur apprit que le gouvernement de Versailles lui avait fait promettre 1,500,000 francs et des saufs-conduits, par l'intermédiaire de Veysset, pour prix de la livraison de quelques portes de Paris, ils n'eurent plus qu'une pensée: toucher les 1,500,000 francs et s'approprier les laissez-passer, afin de se sauver avec. C'est certainement dans cet espoir secret qu'ils ont dit à Dombrowski de continuer ses négociations avec le gouvernement de Versailles, et qu'ils ont placé près de lui des agents à leur service pour le surveiller et les tenir au courant de ses négociations, en se promettant bien de jouer au plus fin avec lui, de surprendre Veysset, le négociateur de la trahison au profit du gouvernement de Versailles, lorsqu'il viendrait au dernier jour avec l'argent, les traites et les saufs-conduits, au rendez-vous qui lui serait donné par Dombrowski, d'essayer de l'arrêter et de s'emparer des valeurs et des laissez-passer dont il serait porteur. C'est en effet ce qui a été tenté le dernier jour, ainsi que Dupont nous l'a raconté, que le vice-amiral Saisset en a déposé devant la commission d'enquête parlementaire et que M⁽ᵐᵉ⁾ Veysset l'a très clairement expliqué dans sa brochure; ces personnages ont en effet tous les trois parfaitement expliqué l'arrestation de Veysset et de son complice Hutzinger, ainsi que la saisie des valeurs et des papiers qu'ils avaient sur eux, par ordre des Comités de salut public et de sûreté générale. M. Planat présent à ces arrestations, a raconté les mêmes faits et il n'est pas douteux, surtout d'après les déclarations de Dupont, que ces arrestations et ces saisies avaient pour objet principal la recherche et la capture des 1,500,000 francs et des saufs-conduits dont Veysset devait être porteur ce jour-là, et dont les membres des deux Comités voulaient s'approprier.

Nous ne répéterons pas ici les déclarations de Dupont, de l'amiral Saisset et de M⁽ᵐᵉ⁾ Veysset qui le prouvent d'une manière incontestable, que nous avons déjà citées, et que nos lecteurs connaissent, nous nous contentons de les leur rappeler.

Nous allons maintenant raconter ce que faisait Dombrowski, pendant que son lieutenant favori Hutzinger et son complice Veysset étaient arrêtés et conduits prisonniers dans l'intérieur de Paris.

Le général polonais dont nous venons de raconter la trahison, après avoir tout bien préparé pour que les 1,500,000 francs, prix de cette dernière et les saufs-conduits lui fussent fidèlement remis, crut alors le succès de son entreprise complètement certain et s'en fut le long des remparts, aux environs des portes de la Muette, Dauphine, de Neuilly, etc., en attendant le retour de Hutzinger, son aide-de-camp de confiance, qui devait lui rapporter l'argent, les traites et les saufs-conduits. Mais les heures se passaient et ce dernier ne revenait pas, et bientôt Dombrowski fut pris d'une grande inquiétude. Il regardait du côté de la route de la Révolte et de Saint-Ouen. Mais comme sœur Anne, il ne voyait toujours rien venir.

Fatigué d'errer ainsi, il retourna sur ses pas et se rendit à son état-major au château de la Muette, afin d'attendre le retour de Hutzinger, dont il ignorait l'arrestation, ainsi que celle de Veysset; Dupont, en habile policier, qu'il était, les avait fait rentrer dans Paris par la porte de Saint-Ouen, de manière que Dombrowski, qui était alors aux environs de la Muette ne put pas les rencontrer et, pendant qu'il conduisait lui-même Veysset à la préfecture de police, il faisait diriger Hutzinger sur la prison du Cherche-Midi, où il donnait l'ordre de l'écrouer, de telle sorte que ces deux traîtres ne puissent pas se rencontrer.

Pendant ce temps-là, le criminel Dombrowski était plongé dans des transes mortelles, ainsi que M== Veysset l'a raconté; traître lui-même, il voyait la trahison partout. Il soupçonnait d'abord Hutzinger de s'être laissé séduire par les valeurs considérables qu'il avait dû toucher, d'avoir profité des saufs-conduits qu'il avait sans doute dans les mains et du voisinage de Saint-Denis près duquel il était alors, pour franchir les lignes prussiennes et se sauver avec tout son trésor à travers l'armée allemande, amie de celle de Versailles ; puis, abandonnant cette idée, Dombrowski pensait que probablement Veysset n'avait pas pu venir au rendez-vous à l'heure indiquée, qu'il en avait été empêché par une cause fortuite ; et, changeant encore une fois de manière de voir, il soupçonnait M. Thiers et son gouvernement de lui avoir tendu un piège, d'avoir profité de ce qu'il avait fait retirer tous les gardes nationaux qui garnissaient et défendaient les avancées et les portes vendues, pour s'en emparer et pour faire arrêter aux avant-postes allemands, près de Saint-Denis, et envoyer prisonnier à Versailles son aide-de-camp Hutzinger.

Afin de se distraire, et, comme l'on dit vulgairement, de tuer le temps, Dombrowski et ses principaux officiers d'état-major, dont beaucoup étaient initiés au complot, s'étaient attablés, buvaient et mangeaient, en attendant les événements. Dombrowski affectait une gaieté qui n'était que factice et fébrile, afin de dissimuler l'inquiétude poignante dans laquelle il était ; ses complices partageaient son anxiété et buvaient force rasades pour se donner de l'aplomb et cacher l'incertitude cruelle qui les tourmentait ; d'autres allaient souvent à l'entrée ou dans le parc de la Muette, pour voir s'ils ne verraient pas venir Hutzinger, dont l'absence prolongée leur causait de vives alarmes ; mais ce dernier ne revenait toujours pas.

Cependant, entre deux et trois heures du soir, un officier fédéré, le capitaine Rink, arriva tout essoufflé des bastions de la porte de Saint-Cloud, où il était de garde et où il était resté jusqu'alors, malgré les ordres d'évacuation, qui lui avaient été donnés et qu'il avait refusé d'exécuter, mais à la fin il avait été forcé d'abandonner son poste par les troupes de Versailles, qui avaient occupé la porte de Saint-Cloud et qui le menaçaient de le tourner et de le

17.

capturer avec ses hommes, quand il s'était hâté de battre en retraite vers le quartier général.

Lorsqu'il fit son entrée dans la salle où le général Dombrowski et son état-major était attablés, il fut bien étonné.

— Comment, leur dit-il, vous vous amusez ici à manger, à boire, à fumer et à faire bombance, pendant que l'ennemi entre dans Paris !

Cette apostrophe produisit un effet terrible sur les convives qui se levèrent en pâlissant.

— Que dites-vous ? demanda Dombrowski en feignant l'étonnement.

— Je dis, répéta le capitaine, que les Versaillais ont franchi les portes sans rencontrer de résistance, qu'ils occupent déjà les bastions 65 et 66 et qu'ils seront bientôt ici.

— C'est bien, je vais m'assurer de la vérité de cette nouvelle et donner des ordres pour repousser les envahisseurs, si elle est vraie, dit le général en se levant et en se dirigeant vers une autre salle, lui servant de bureau, suivi par quelques-uns de ses officiers les plus intimes. Il envoya aussitôt l'un d'eux s'assurer de la vérité de la nouvelle qu'on venait de lui annoncer. Son messager revint bientôt et lui en confirma l'exactitude.

Dombrowski affecta le plus grand calme quoiqu'il fut plongé dans la plus vive anxiété, non pas par l'entrée des troupes de Versailles dans Paris, à laquelle il s'attendait et qu'il avait lui-même préparée, mais bien par l'absence de son aide-de-camp et principal complice, Hutzinger, qui n'était toujours pas de retour de son importante mission avec les traites et les saufs-conduits qu'il attendait avec une grande impatience.

Il rédigea et envoya aussitôt au Comité de salut public la dépêche que nous avons déjà citée, et par laquelle il lui annonçait l'entrée d'une partie des troupes de Mac-Mahon dans Paris, et dans laquelle il disait qu'il allait marcher contre elles et les « repousser ».

Dombrowski, lorsqu'il écrivait cela, n'avait nulle intention de le faire, il n'avait pas livré les portes de Paris, à l'armée de Versailles dans le but d'attaquer ensuite cette dernière ; mais bien dans l'espoir de toucher le prix de sa trahison et de s'échapper.

Il tint un conciliabule avec ceux de ses officiers qui faisaient partie du complot et délibéra sur le parti qu'ils auraient à prendre si Hutzinger n'était pas de retour avant que les troupes de Versailles viennent les attaquer à la Muette. Tous ces misérables étaient très effrayés, ils tremblaient que leur trahison, déjà soupçonnée, ne soit découverte avant le retour de Hutzinger, et qu'il ne leur eut apporté l'argent et les saufs-conduits dont ils avaient besoin pour fuir ; car alors, si leur criminelle machination était connue avant qu'ils aient pu se réfugier derrière les lignes allemandes, ils couraient de grands risques d'être fusillés par les défenseurs de la *Commune,* qui auraient fait justice d'eux, et le même sort les attendait s'ils tombaient entre les mains de l'armée de Versailles avant d'être munis des précieux saufs-conduits qu'ils attendaient toujours ; car il est certain que les officiers de cette armée ignoraient complètement le rôle secret joué par Dombrowski et ses associés au profit du gouvernement de Versailles, et qu'ils ne savaient pas que c'était grâce à la trahison de ces misérables qu'ils avaient enfin pu franchir les portes de Paris, que ces derniers leur avaient livrées, et si, dans ces circonstances, Dombrowski et ses complices avaient été faits prisonniers par eux, ils n'étaient pas douteux qu'ils auraient été immédiatement fusillés, en leur double et dangereuse qualité d'insurgés et d'étrangers, car la plupart d'entre eux étaient Polonais.

Ainsi ces traîtres en livrant Paris à l'ennemi, dans l'espoir d'une forte récompense, s'étaient pris dans leur propre piège.

Mais pendant qu'ils délibéraient et qu'ils hésitaient à prendre un parti décisif, un danger imminent venait les menacer, leurs sentinelles les plus avancées se repliaient sur la Muette et les chefs des avants-postes venaient les prévenir que plusieurs colonnes ennemies s'avançaient le long des fortifications et par les grandes avenues et menaçaient d'entourer le quartier général, de s'en emparer et de les faire tous prisonniers.

A cette nouvelle Dombrowski eut une grande peur de tomber entre les mains de quelqu'officier de l'armée de Versailles qui l'aurait fait fusiller avec ses compagnons, comme nous venons de le dire.

Il s'empressa de se faire amener son cheval, et ceux de ses officiers, ses complices, qui attendaient tout sellés depuis le matin, et tous ces traîtres enfourchèrent leurs montures et se sauvèrent par les rues qui longent le chemin de fer de ceinture, en se dirigeant du côté de la porte de Neuilly, dans l'espoir de rencontrer peut-être en route Hutzinger avec l'argent et les saufs-conduits, c'était leur dernière espérance; mais au lieu du messager de délivrance qu'ils attendaient, ils tombèrent au milieu de gardes nationaux fédérés, surpris et indignés de l'entrée des Versaillais dans Paris et qui criaient, avec raison, à la trahison. A la vue de Dombrowski se sauvant en tournant le dos à l'ennemi avec sa petite troupe d'officiers d'état-major les soupçons et la colère des fédérés augmentèrent encore, ils arrêtèrent le général et son escorte en les accusant de les abandonner et de les trahir, et les conduisirent prisonniers à l'Hôtel de Ville, devant le second Comité de salut public composé des citoyens Arnaud, Ranvier, Eudes, Billoray et Gambon, en leur racontant le motif de l'arrestation de ces traîtres dont ils exigeaient la punition ; mais les premiers étaient tous complices de la trahison de Dombrowski. Ils n'eurent rien de plus pressé que de renvoyer les gardes nationaux, qui avaient arrêté les traîtres, et dès qu'ils furent partis, ils mirent tous leurs prisonniers en liberté et, afin de mieux dissimuler la trahison de leur complice Dombrowski, ils l'envoyèrent à Montmartre sous prétexte de défendre cette importante position déjà vendue aux agents du gouvernement de Versailles et qui allait aussi lui être livrée dès le lendemain.

Voici encore quelques renseignements sur la trahison de Dombrowski et sur son arrivée à l'Hôtel de Ville dans la nuit du 21 au 22 mai. C'est le citoyen Léopold Caria un des plus courageux et des plus dévoués officiers supérieurs de la *Commune* qui nous les a fournis.

Il nous a d'abord déclaré que le citoyen Marotteau lui avait déjà affirmé dès le 22 mai, que Dombrowski était un traître, qui avait vendu et livré les portes sous son commandement au gouvernement dont M. Thiers était le chef, il avait ajouté qu'il en avait les preuves et qu'il les montrerait à Caria ; malheureusement, la chute de la *Commune*, l'arrestation et la mort de Marotteau, ainsi que la condamnation de Caria ont empêché ces preuves d'être produites.

Mais quoi qu'il en soit le citoyen Léopold Caria nous a encore affirmé que le dimanche 21 mai 1871, quand les troupes de Versailles étaient déjà entrées dans Paris, il était à l'Hôtel de Ville, dans la soirée, au Comité de salut public, où il y avait Eudes, Gambon et Antoine Arnaud [1] : On racontait devant ces derniers la trahison du général

[1] Billoray, le cinquième membre de ce Comité, dès qu'il avait appris l'entrée des troupes de Versailles dans Paris, avait volé la caisse du Comité et s'était sauvé avec.

Dombrowski; on disait qu'il avait vendu et livré les portes de Saint-Cloud, d'Auteuil, du Point-du-Jour, de Passy, etc., moyennant 1,500,000 fr. et qu'il s'était sauvé en Belgique. Mais Caria fut bien étonné quand quelques heures après, il aperçut Dombrowski se promenant dans l'Hôtel de Ville. Il se rendit aussitôt auprès du Comité de salut public et lui demanda une explication à ce sujet, et pourquoi il ne faisait pas fusiller ce traître. Il lui fut répondu que le bruit de la trahison de Dombrowski était faux, et qu'on allait l'envoyer à Montmartre pour défendre cette importante position. On connaît la suite de cette prétendue défense et on sait que Dombrowski a été tué près de la barricade de la rue Myrrha. Ranvier a aussi parlé au citoyen Caria de la trahison de Dombrowski, il l'accusait d'avoir livré les mêmes portes et au même prix au gouvernement de Versailles, et il a encore ajouté que Dupont avait proposé de laisser entrer cinq mille hommes par l'égout d'Asnières et de la cavalerie par la porte de Saint-Cloud, sous le prétexte de les faire prisonniers.

Eudes lui avait aussi raconté à peu près la même chose et assuré que Dombrowski avait reçu pour cela des sommes considérables.

D'après tout ce qui précède il est certain que Dombrowski et son fidèle lieutenant Hutzinger étaient deux traîtres, et ce qu'il y a de plus extraordinaire, deux *traîtres de bonne foi*, avec le gouvernement de Versailles, si nous pouvons nous exprimer ainsi en parlant de ces coquins. Il est certain qu'ils ont tenu leurs engagements jusqu'au bout avec ce dernier. Ils ont fait retirer leurs troupes qui gardaient les avant-postes et les portes et ils ont complètement livré ces dernières à l'ennemi, ainsi que l'ont constaté et reconnu l'amiral Saisset et Mme Veyssel; mais s'ils ont fidèlement accompli les promesses qu'ils avaient faites à Veyssel, l'agent négociateur de trahison de Versailles, ont-ils agi de même avec leurs complices des Comités de salut public et de sûreté générale et ceux-ci se sont-ils conduits franchement avec Dombrowski? M. Thiers et son gouvernement, ont-ils tenu les engagements qu'ils avaient pris avec lui par l'entremise de Veysset, et ce dernier lui-même comment se serait-il conduit à la fin, aurait-il remis les traites sur Rothschild et les saufs-conduits s'il n'avait pas été arrêté?

Telles sont les nombreuses questions qui nous restent à élucider, afin de bien faire comprendre quel est le rôle que chacun de ces personnages a joué dans cet abominable complot.

Il est certain que Dombrowski n'a pas tenu et qu'il n'a jamais eu l'intention de tenir la promesse qu'il avait faite, dit-on, aux membres des Comités de salut public et de sûreté générale, de faire prisonniers les dix milles hommes de cavalerie, que le chef de l'armée de Versailles devait faire entrer en premier lieu dans Paris, par les portes du Point-du-Jour, de Saint-Cloud, etc.

D'abord cette convention était trop absurde pour être prise au sérieux, et Dombrowski était trop bon général pour croire une seule minute à la réalisation d'un pareil stupide projet.

Dombrowski et son confident Hutzinger, ainsi que quelques autres officiers leurs complices, ne se préoccupaient que d'une chose, livrer les portes, toucher l'argent, les traites et les saufs-conduits et se sauver de l'autre côté des lignes prussiennes, en abandonnant à leur malheureux sort, sans leur donner un centime, leurs complices des Comités de salut public et de sûreté générale.

En un mot, Dombrowski et ses complices de son entourage trahissaient carrément la *Commune* et tous les fédérés afin de les livrer sans aucun scrupule à la vengeance et à la rage des Versaillais, moyennant 1,500,000 francs et la vie sauve.

Quant aux membres des deux principaux Comités de la *Commune* qui étaient tombés d'accord avec le général polonais et ses complices pour livrer les portes à l'armée de Versailles, ils ne croyaient pas plus que celui-ci et ses compagnons à la fable des dix mille cavaliers qui devaient être capturés, elle n'était pour eux tous qu'un grossier prétexte, bon tout au plus pour sauver les apparences s'ils étaient découverts.

Comme Dombrowski, ils n'avaient qu'un but, s'emparer des 1,500,000 francs et des saufs-conduits et se sauver avec sans rien lui donner, et le laisser s'en tirer comme il pourrait, avec les fédérés et les Versaillais aux prises.

C'était pour cela qu'ils avaient fait arrêter par Dupont, Veysset et Hutzinger, ils croyaient qu'ils avaient sur eux les valeurs et les saufs-conduits dont ils voulaient s'emparer. Dupont nous a avoué tout cela, et il a ajouté qu'il avait été bien désagréablement surpris lorsqu'il n'avait trouvé que 22,000 francs sur Veysset, M. Planat s'étant sauvé probablement avec le reste.

Ainsi les membres des Comités de salut public et de sûreté générale, dont nous parlons, trahissaient non seulement la *Commune*, mais encore Dombrowski, Hutzinger et leurs complices, absolument comme ces derniers les trahissaient.

Tous ces misérables se valaient et se trahissaient réciproquement.

Quand à M. Thiers et à son gouvernement, il est certain qu'ils n'ont jamais eu l'intention de tenir les conditions du traité qu'ils avaient fait avec Dombrowski et Hutzinger, par l'intermédiaire de Veysset.

Du reste, M. Barthélemy Saint-Hilaire ne se gênait pas pour le dire, ainsi que l'a assuré l'amiral Saisset, dans sa déposition devant la commission d'enquête, dans laquelle il a déclaré: « que M. Barthélemy Saint-Hilaire lui avait toujours répété qu'il ne prenait pas tout cela (le traité passé entre Veysset et Dombrowski) au sérieux et que l'amiral avait tort d'y ajouter foi, qu'il ne devait plus y penser », en un mot que c'était un piège qu'il tendait à la *Commune* et à Dombrowski, et avec lequel il espérait les prendre et se faire livrer Paris, ainsi que cela a parfaitement et malheureusement réussi.

Eh bien, malgré cette déclaration, l'amiral Saisset prenait ce traquenard très au sérieux, il persistait à croire que M. Thiers et son gouvernement étaient de bonne foi, et il s'offrait pour aller à Paris se constituer prisonnier dans les mains de Dombrowski, en qualité d'otage, en garantie de l'exécution des clauses du traité dont nous parlons, tandis que Hutzinger viendrait à Versailles en la même qualité et dans le même but. Mais M. Barthélemy Saint-Hilaire cherchait à le dissuader de son projet et à lui faire comprendre que M. Thiers ne l'entendait pas ainsi, qu'il n'avait pas l'intention de tenir ses engagements envers Dombrowski, et qu'en conséquence, « il ne consentirait jamais » à ce qu'il se constituât par corps garant de ces derniers. Ainsi il est certain que M. Thiers, en même temps qu'il traitait avec Dombrowski pour lui faire trahir la *Commune*, n'avait jamais eu l'intention de tenir ses engagements avec lui et qu'il se préparait à les trahir.

Ainsi tout ce ramassis de coquins, ces gens de rien se trahissaient mutuellement : Dombrowski trahissait la *Commune* et les Comités de salut public et de sûreté générale; ces deux derniers trahissaient Dombrowski, et M. Thiers trahissait tout le monde, jusqu'à son malheureux agent Veysset, qu'il faisait dénoncer à la *Commune* par la femme Muller qui le faisait arrêter, condamner et fusiller. M. Thiers se trouvait ainsi débarrassé de ce complice gênant, qu'il aurait été obligé de payer fort cher, et dont les réclamations ou les indiscrétions auraient pu le gêner; car il aurait pu révéler son complot ayant pour objet l'achat des portes et prouver ainsi que ce n'étaient ni son génie ni l'héroïsme de sa brave armée; mais une vulgaire trahison, qui lui avait reconquis Paris.

M. Thiers avait donc, comme on le voit un grand intérêt à la mort de Veysset; mais ce que l'on comprendrait moins bien, si on ne connaissait la sordide avarice et la cruauté féroce de ce petit homme d'État, c'est qu'après avoir poussé l'infamie jusqu'à faire fusiller son complice, qui lui avait rendu un si inappréciable service, il ait été assez ladre pour refuser de rembourser à la veuve de sa victime les quelques milliers de francs que son mari avait avancés et déboursés pour sa conjuration.

Maintenant que nous avons prouvé d'une manière irréfutable la trahison de Dombrowski et de ses complices, nous allons les suivre dans Paris et voir ce qu'ils sont devenus une fois qu'ils ont été pris dans leur propre piège.

Nous avons vu que Dombrowski avait été envoyé à Montmartre pour y simuler un semblant de défense, afin de dissimuler sa trahison. Mais il ne resta pas longtemps à son nouveau poste, car, dès le lendemain de son installation, il fut blessé mortellement à l'angle de la rue Myrrha en faisant une inspection des barricades.

Il a été publié plusieurs versions sur la mort de ce général, les uns l'ont attribuée à une vengeance de femme, mais celle-ci nous semble purement fantaisiste, du reste, le fameux académicien Maxime Du Camp, qui l'a racontée, a eu le soin de dire : qu'il la rapportait sans la garantir, et en ajoutant qu'elle avait cours parmi les fédérés qui assistaient à l'enterrement du général.

Une note publiée au mois de juin 1877 dans un journal,

dit au contraire que Dombrowski a été tué par un homme, le nommé Casanova, sergent de la 6ᵐᵉ compagnie, du 2ᵐᵉ bataillon, du 45ᵐᵉ régiment de marche. Nous ignorons ce qu'il y a de vrai dans cette seconde version et quel aurait été le mobile du meurtrier que nous ne connaissons pas, et nous ne publions cette assertion qu'à titre de renseignement et pour faciliter plus tard les recherches. Mais il est très probable, ainsi que le prétend l'amiral Saisset, que ce sont les complices de Dombrowski qui l'ont tué, croyant qu'il leur avait volé leur part du prix de la trahison, ignorant que M. Thiers ne l'avait pas payé; à moins que ce ne soit ce dernier qui s'en soit ainsi débarrassé pour qu'il ne puisse pas dire que la trahison avait livré les portes, ainsi que Mᵐᵉ Veysset l'a raconté dans sa brochure.

Mais personne ne soupçonnait, ce qui est cependant bien plus vraisemblable, que ce sont ses complices des Comités de salut public et de sûreté générale qui l'ont fait tuer afin d'ensevelir avec lui le secret de leur infâme trahison dans sa tombe.

Il est certain en effet que si Dombrowski eut vécu, il eut tôt ou tard demandé compte à ses complices des deux Comités, dont nous venons de parler, de l'arrestation de son aide-de-camp de confiance, Hutzinger, du vol de 20,000 francs qu'ils lui avaient fait, et qu'il les eut aussi certainement accusés de lui avoir fait perdre, ainsi qu'à ses lieutenants, l'énorme bénéfice qu'ils espéraient retirer de leur entreprise criminelle, sans compter les saufs-conduits qu'on leur avait promis afin qu'ils puissent s'échapper et aller vivre à l'étranger du produit de leur trahison; car il est certain qu'en faisant arrêter Veysset et Hutzinger, ils avaient donné l'éveil à M. Planat, qui s'était alors sauvé dans sa voiture emportant avec lui tous les traités et les saufs-conduits.

On comprend facilement tout ce que ces explications et ces discussions auraient eu de dangereux et de déshonorant pour les membres des deux Comités, dont elles auraient dévoilé la trahison. On voit donc que la mort de Dombrowski était indispensable à leur sécurité.

Nous n'avions pas compris d'abord quelle était la raison qui avait fait écrire à MM. Ranvier, Gérardin et Dupont, les trois lettres si compromettantes pour eux, qu'ils ont publiées pour démentir l'amiral Saisset, qui avait accusé Dombrowski de trahison dans sa déposition faite, devant la Commission d'enquête.

Mais aujourd'hui nous savons parfaitement pourquoi ces lettres ont été écrites : C'est le frère de Dombrowski, qui les a exigées pour réhabiliter la mémoire de ce dernier, gravement compromise par la déposition de l'amiral Saisset, et il a forcé la main aux trois membres des Comités auteurs de ces lettres, en les menaçant s'ils refusaient de les écrire de révéler tous les mystères de la trahison auxquels il avait été aussi initié.

Voici un récit très exact de la mort de Dombrowski fait par un témoin oculaire :

« Le général Dombrowski blessé mortellement à la barricade de la rue Myrrha et des Poissonniers, à Montmartre, le mardi 23 mai à midi, est mort le même jour, à trois heures après midi, au lit n° 5, salle Henri-Honoré, hôpital Lariboisière. Son cadavre a été immédiatement transporté à l'Hôtel-de-Ville, par son état-major; afin qu'il ne tombât pas entre les mains des troupes régulières qui, maîtresses des Buttes Montmartre, attaquaient la barricade Ornano et la gare du Nord, et allaient par conséquent occuper l'hôpital Lariboisière.

« Les différentes versions de la mort de Dombrowski sont plus ou moins apocryphes,

« Apporté à l'hôpital quelques instants après avoir reçu sa blessure, il n'y est resté que quelques heures et n'a prononcé que quelques rares paroles pour demander de la glace et dire qu'il ne s'abusait pas et se sentait blessé à mort. Après un moment de silence, il a ajouté :

— « Et ces hommes m'accusaient de les trahir ! »
« Puis il s'est éteint en parlant de sa femme et de son enfant...
« Ses aides-de-camp et son état-major ont emporté son cadavre dans une voiture de louage à deux chevaux, après l'avoir embrassé et après avoir juré de le venger. »

Cependant après la mort de ce général les membres des deux Comités et leurs complices n'étaient pas complétement rassurés ; il y avait encore deux hommes, dont ils avaient tout à redouter, car ceux-ci avaient été leurs associés dans leur trahison, et ils s'en étaient ensuite fait des ennemis en les arrêtant et en leur volant une partie du butin, nous voulons parler de Veyssel et de Hutzinger ; le premier était prisonnier au dépôt de la Préfecture de police, et le second avait été enfermé à la prison militaire du Cherche-Midi, où il n'est pas resté longtemps, heureusement pour lui, car il eut payé de sa vie, comme Veyssel, la possession du secret de la trahison.

Il fut bientôt transféré à la Préfecture de police, ainsi que l'a raconté Mme Veysset, d'où il ne tarda pas à s'échapper grâce au désordre qui y régnait ce jour-là, et il parvint ensuite à aller se réfugier, rue Cadet, n° 10, chez Mlle Jeanne, une obligeante amie de cœur, qui lui accorda la plus intime, et la plus large hospitalité.

Nous laisserons pour le moment l'aide-de-camp de Dombrowski auprès de sa tendre hôtesse, pour rechercher les raisons qui ont inspiré la conduite des Comités de salut public et de sûreté générale dans leur manière d'agir envers Veyssel, et pour dévoiler la cause qui leur a fait hâter son exécution, au lieu de le fusiller avec les autres otages ?

Ces deux Comités redoutaient surtout beaucoup les révélations que Veysset, le principal et le plus dangereux agent du gouvernement de Versailles dans Paris, pouvait faire, s'il était traduit publiquement devant la cour martiale, où, si comme son complice Hutzinger il parvenait à s'échapper. Car si l'une de ces deux éventualités s'était produite, il est certain que Veysset n'aurait pas manqué de révéler la trahison de Dombrowski et celle des membres des deux Comités de la *Commune* dont nous avons parlé.

Ainsi tant que Veysset était vivant il n'y avait aucune sécurité pour ces derniers et pour tous leurs complices, car si leur forfait eut été dévoilé, il est certain que les fédérés les auraient aussitôt fusillés comme des traîtres ; il fallait donc absolument et sans délai que Veysset soit à tout jamais réduit au silence le plus absolu, et comme sa mort seule pouvait assurer ce dernier ; il fut décidé qu'il irait au plus tôt rejoindre son complice Dombrowski dans la tombe, celui-ci était mort le 23 mai, Veysset, fut fusillé le lendemain 24.

Nous avons déjà décrit cette exécution d'après la relation de la veuve de cet agent corrupteur du gouvernement de Versailles.

Nous avons dit aussi, comment A. Dupont, membre du Comité de sûreté générale, qui a arrêté Veysset, et qui l'a envoyé à la mort, nous a raconté son exécution. Il ne nous reste donc plus qu'à constater cette dernière d'une manière certaine à l'aide d'un document authentique.

Voici une lettre du citoyen Wurth, juge d'instruction du procureur général de la *Commune de Paris*, publiée dans le *Vermersch-Journal*, du 16 mars 1872, qui donne des détails sur l'exécution de Veysset, lesquels confirment ceux que nous venons de mentionner :

« Londres, le 13 mars 1872.

« Au rédacteur en chef du *Wermersch-Journal.*

« Citoyen,

« Veuillez je vous prie, insérer dans votre journal la lettre suivante, qui éclaircira définitivement les faits qui se rattachent à l'exécution du traître Veysset.

« Le mercredi, 24 mai 1871, vers dix heures du matin, le citoyen Ferré, délégué à l'ex-Préfecture de police, vint me trouver au dépôt où je siégeais en permanence, afin de procéder à l'exécution de tous les traîtres et mouchards qui étaient entre nos mains.

« L'un d'eux, le sieur Veysset, arrêté depuis quelques jours, avait remis la veille sur mon invitation, au directeur du dépôt, une déposition écrite ne laissant aucun doute sur sa complicité avec Versailles.

« En présence de cette affirmation, il n'y avait plus à hésiter.

« Justice fut faite sur le Pont-Neuf.

« Quelques instants avant l'exécution il s'approcha de moi et me dit : « Vous rendrez compte de ma mort au comte Fabrice. » — (qui à cette époque était chargé des intérêts de la Prusse auprès des capitulards de Versailles.)

« J'attends encore les effets de cette menace.

« Comme tous les traîtres il mourût lâchement. Son corps fut jeté dans la Seine.

« Citoyen, j'ai l'honneur de vous saluer.

« Gustave Wurth, ex-juge d'instruction du procureur général de la Commune de Paris. »

Ainsi Dombrowski et Veysset, les deux principaux complices de la trahison qui a livré les portes du Point-du-Jour, de Saint-Cloud, de Passy, de Wagram, etc., à Versailles, étaient morts, le 23 et le 24 mai ; le troisième Hutzinger, on le sait, était parvenu à s'échapper des mains de ses anciens complices, qui s'étaient fait ses geôliers, et s'était réfugié le 22 mai, rue Cadet n° 10, où, le 26 du même mois, ainsi que l'a raconté Mme Veysset dans sa brochure, M. Adrien Gullin, un actif complice de son mari, avait été le retrouver. Ils ignoraient tous les deux la mort de Veysset. Le dernier rappela à son visiteur les services qu'il avait rendus au gouvernement de Versailles et les promesses qui lui avaient été faites de le laisser partir librement et de ne pas le poursuivre, et il le pria de lui faire obtenir un sauf-conduit qui lui permit de quitter Paris, car il avait une grande peur d'être découvert et fusillé. M. Gullin lui promit de s'occuper immédiatement de sa demande ce qu'il fit en effet, en écrivant à Versailles pour cela, mais comme la réponse à sa réclamation se faisait un peu attendre, Hutzinger de plus en plus effrayé, n'eut pas le courage d'attendre plus longtemps, et il écrivit directement à M. Cadart, commandant du 8me bataillon de la garde nationale, un actif défenseur de l'ordre, un des plus dévoués organisateurs de trahison, complice de Dombrowski et de Hutzinger, qui avait enrôlé ce dernier dans la conjuration ourdie contre la *Commune*, qui avait pris des engagements avec lui, et qui lui avait promis de lui faire obtenir en outre du prix de sa trahison, la vie et la liberté sauves et un laissez-passer pour traverser les lignes prussiennes et versaillaises. Dans sa lettre Hutzinger informait en même temps M. Cadart de son intention de se constituer prisonnier à Versailles, ce dernier lui offrit de lui servir d'intermédiaire ; à cet effet il le conduisit dans cette ville, où il le recommanda au général Borel ; mais ce dernier ne connaissait pas Hutzinger, il le fit écrouer avec les autres prisonniers fédérés, en lui promettant de s'occuper de lui, ce qui ne l'empêcha pas de lui faire faire quatorze mois de prévention, après lesquels il fut relâché en vertu d'une ordonnance de non-lieu, qui fut rendue en sa faveur, à la suite de sa confrontation avec Mme Veysset et M. Guttin, qui témoignèrent en sa faveur, en racontant les services qu'il avait rendus au gouvernement de Versailles, en facilitant la livraison des portes et l'entrée de ses troupes dans Paris [1].

Quelques jours après la mort de Dombrowski et de Veysset, Ranvier, Gérardin, A. Arnaud, Léo Meillet, Eudes, A. Dupont, etc.., membres des Comités de salut public et de sûreté générale, étaient tous parvenus à s'échapper de Paris et à se réfugier en Angleterre, et ils espéraient que jamais leur trahison ne serait découverte, un seul membre du Comité de salut public, Billoray, avait été arrêté et transporté en Nouvelle-Calédonie, et il n'était pas probable qu'il trahirait leur secret qu'il avait autant d'intérêt qu'eux à garder. Seul Hutzinger aurait pu raconter leur trahison, mais ils n'avaient plus entendu parler de lui et ils le croyaient mort. Ils savaient que M. Thiers, le maréchal Mac-Mahon et les autres chefs de l'armée de Versailles ne tenaient pas non plus à ce que leurs machinations soient connues, et que l'on sache que c'était la trahison et « la clef d'or », qui leur avaient ouvert les portes de Paris, et non pas leur courage, leur talent, leurs glorieuses épées, pas plus que les canons et les fusils « de la plus belle armée que la France ait jamais eue. »

Ainsi tout le monde était d'accord parmi les traîtres des deux camps, de Paris comme de Versailles, pour garder le plus profond secret sur la trahison de Dombrowski et des membres des Comités de salut public et de sûreté générale.

[1] Voir pour preuve authentique de ces faits la lettre du 29 mai 1871, adressée par M. Adrien Guttin à M. Barthélemy Saint-Hilaire, dans laquelle il les raconte, et la réponse officielle de ce dernier, en date du 31 mai 1871. On trouvera ces deux lettres dans la seconde partie de la brochure de Mme Veysset, que nous avons publiée, ainsi que la copie du laissez-passer accordé à M. Guttin pour qu'il puisse se rendre à Versailles le 2 juin.

Eh bien, malgré tous les désirs des nombreux personnages intéressés à cacher la vérité, cette dernière n'a pas pu être scellée dans la nuit et le silence de la tombe, ni ensevelie dans les cachots ; elle a soulevé, comme on l'a vu, la pierre de son sépulcre, brisé les portes de sa prison, rompu ses chaînes et son baillon, et elle est apparue, nue, sans fard et inexorable, tenant à la main son miroir et, armée d'un glaive et, menaçante et courroucée, elle est venue dénoncer les coupables.

Des témoins échappés à la mort et à leurs geôliers ont fait des révélations et ont raconté dans tous les détails l'affreuse conjuration qui avait été ourdie contre la *Commune;* les coupables eux-mêmes, Ranvier, Gérardin, Dupont, aveuglés par leur crime, sous prétexte de disculper Dombrowski, leur complice, se sont dénoncés sans le savoir ; tous ont déposé devant l'histoire impartiale qui a précieusement recueilli leurs témoignages, les a inscrits en caractères lumineux et indélébiles sur ses pages inexorables et vengeresses, et les misérables qui se croyaient sûrs de l'impunité, qui ont échappé au châtiment matériel de leur forfait, n'éviteront pas l'indélébile flétrissure morale que nous leur infligeons en les clouant au pilori et en les marquant au front comme des TRAITRES !

Voyons donc quels sont les plus coupables parmi les auteurs de cette infâme trahison : ce sont d'abord les membres des Comités de salut public et de sûreté générale, Ranvier, Gérardin, Antoine Arnaud, Léo-Meillet, Eudes, Billoray, Dupont et Cournet ; ensuite Dombrowski, Hutzinger, le colonel Mathieu, chef d'état-major du 6me secteur et enfin Veysset, Le Flô, Planat, Saisset, Barthélemy Saint-Hilaire, jusqu'à Thiers lui-même.

Il y en a certainement encore beaucoup d'autres dont nous ne sommes pas assez certain de la culpabilité pour les stigmatiser, et d'autres encore dont nous ignorons la participation à ce crime, sans compter les comparses que nous passons sous silence.

Mais nous flétrissons et nous condamnons au pilori infamant les noms des quinze misérables, que nous venons de citer, car ils sont les perpétrateurs et les auteurs de cette trahison abominable. Dombrowski, Hutzinger, le colonel Mathieu et les autres officiers de la *Commune* complices de la trahison, qui a livré les portes de Saint-Cloud, du Point-du-Jour, etc., au gouvernement et à l'armée de Versailles, sont sans doute de grands coupables, puisqu'ils ont trahi la *Commune* au service de laquelle ils étaient, qui les payait, et à laquelle ils avaient promis obéissance et fidélité. Mais il y en avait de plus coupables qu'eux, ce sont les premiers : Ranvier, Gérardin, Antoine Arnaud, Léo-Meillet, Eudes et Billoray, membres du Comité de salut public, et A. Dupont et Cournet, membres du Comité de sûreté générale car, tous faisaient partie de l'Assemblée de la *Commune* de Paris ; ils étaient les élus du Peuple, ce dernier leur avait délégué sa souveraineté, il les avait élevé aux plus hautes fonctions, il leur avait donné le pouvoir absolu, illimité, il les avait faits dictateurs, il leur avait confié toutes les forces, toutes les richesses de la *Commune de Paris* : 300,000 gardes nationaux équipés et armés, tous les biens, toutes les ressources de la grande Cité parisienne, les remparts, le matériel de guerre, toutes les armes, les fusils, les canons, les munitions, des millions et des millions de cartouches, de bombes, d'obus, 500,000 fusils, plus de 2,000 canons, trois milliards à la Banque de France, sans compter les autres richesses innombrables des établissements financiers et des caisses publiques, et toutes les autres immenses ressources de la capitale, les casernes, les palais et tous les établissements appartenant à la ville et à l'État.

Le peuple leur avait remis tout cela et donné le pouvoir

afin qu'ils affranchissent complètement les travailleurs, qu'ils émancipent la classe ouvrière, qu'ils abolissent le salariat et le prolétariat, qu'ils assurent le triomphe complet de la Révolution et le règne de la République universelle, démocratique et sociale.

Eh bien, ces misérables aussi idiots que scélérats, n'ont pas su se servir de leur puissance, de toutes ces ressources et de ces forces dans l'intérêt de la Révolution, ils n'ont rien su faire pendant deux longs mois, avec tous ces moyens d'action et le pouvoir qu'on leur avait confié. Ils ont laissé tout péricliter, s'user et se gaspiller dans leurs mains. Ils ont commencé par trahir la cause du peuple en laissant tranquillement sortir de Paris le 18 mars 1871, le gouvernement et son chef M. Thiers, avec la police, l'administration, les gendarmes, les gardes de Paris, les soldats avec armes, bagages, etc., et ils leur ont permis d'aller s'installer à Versailles pour organiser une nouvelle armée afin de faire la guerre à la *Commune*; ensuite ils ont négligé d'aller occuper le Mont-Valérien, que M. Thiers avait eu l'imprudence de faire évacuer et de leur abandonner du 18 au 20 mars.

Puis encore ils se sont rendus coupables d'une plus énorme faute et d'un plus grand crime en laissant envoyer au gouvernement de Versailles du 23 mars au 23 mai 1871, pendant que le Comité central et la *Commune* étaient au pouvoir l'énorme somme de deux cent cinquante-sept millions six cent trente mille francs (257,630,000 francs) prise à Paris à la Banque de France [1].

Puis enfin, consommant jusqu'au bout leur infâme trahison ces criminels éhontés ont négocié secrètement la vente et la livraison de plusieurs portes de Paris au gou-

---

[1] Voir le compte rendu de la Banque de France après la chute de la *Commune*, et la déposition de M. de Ploeuc, sous-gouverneur de la Banque, devant la Commission d'enquête.

vernement de Versailles, moyennant un million et demi ainsi que nous l'avons prouvé, et ils ont ainsi fait introduire dans Paris toute l'armée de Versailles; 40,000 infortunés prisonniers désarmés, hommes, vieillards, femmes et enfants ont été fusillés dans une semaine « *la Semaine Sanglante* »; 60,000 autres ont été traînés dans les geôles, les camps, les pontons et les bagnes; le sang a coulé comme de l'eau dans les rues de Paris; il a rougi la Seine et tous les ruisseaux; un grand nombre de maisons, les places, les squares, les parcs, les casernes, les mairies, les églises et les palais ont été transformés en abattoirs; pendant plusieurs jours les cadavres des victimes sont restés exposés aux regards du public pour le terroriser, jusqu'à ce que tombant en putréfaction, dévorés, sous un soleil ardent par des dangereux essaims d'affreuses grosses mouches velues, noires et bleues, ils sont devenus dangereux par les miasmes infects et putrides qui s'en dégageaient et qui auraient fini par engendrer le choléra ou la peste.

Alors on les a transportés dans des tranchées ou dans de grandes fosses creusées dans les cimetières, dans les lieux isolés, près des fortifications ou dans les casemates. On amenait aux mêmes endroits sinistres les infortunés qui venaient de tomber fauchés par les mitrailleuses et les chassepots dans les casernes et les prisons transformées en abattoirs humains, puis on entassait toutes ces victimes : les cadavres en putréfaction, ceux qui étaient encore chauds, les blessés sanglants, les vivants avec les morts; on les ensevelissait tous ensemble dans une couche de chaux vive, puis on les recouvrait d'une légère couche de terre, la nuit on voyait les bras, les jambes et quelquefois des corps, des enterrés vivants, sortir du milieu des morts et s'agiter vers le ciel, à la lueur des étoiles; puis on entendait sortir de ces charniers humains des plaintes lugubres, des cris affreux, des râles terribles, jusqu'à ce que la mort eut complètement saisi sa proie, et que le dernier souffle de vie se fut éteint dans les monceaux de cadavres.

D'autres fois, quand il y avait trop de massacrés, qu'on ne savait qu'en faire, où enfouir tous leurs corps, qui pullulaient et grouillaient, et quand il y avait beaucoup de cadavres récalcitrants, qui persistaient à vouloir se rattacher à la vie, leurs bourreaux, terribles boucaniers, les arrosaient de pétrole et les brûlaient tous, les vivants avec les morts.

La responsabilité de tous ces massacres, doit retomber non seulement sur les êtres féroces qui les ont accomplis, mais surtout sur les traîtres qui les ont rendus possibles par leur incapacité et leurs trahisons, en vendant et en livrant les portes de Paris pour une somme énorme dans l'espoir d'aller vivre somptueusement à l'étranger du prix du sang.

Mais plus habile qu'eux, sinon plus canaille, M. Thiers, comme nous l'avons expliqué, a eu le talent de s'emparer des portes, qu'ils lui ont livrées et de faire entrer son armée dans Paris sans leur payer le prix de leur trahison, en faisant escamoter adroitement par Planat les traites et les saufs-conduits promis. Les traîtres des Comités de salut public et de sûreté générale ne sont parvenus à toucher, que 20,000 francs, que Veysset avait sur lui, quand ils l'ont arrêté, et dont ils se sont emparés.

Ainsi les 40,000 gardes nationaux massacrés par l'armée du gouvernement dont M. Thiers était le chef, n'ont coûté à ce dernier que la faible somme de 20,000 francs, soit la bagatelle de 50 centimes pour chaque fédéré massacré. Judas avait vendu le Christ plus cher et s'était pendu de désespoir[1]. Les membres des Comités dont nous venons

---

[1] Le Christ avait été vendu 30 deniers par Judas ; or, un denier

de parler, bien plus coupables et plus endurcis dans le crime que Judas, n'ont pas été saisis par le remords après leur forfait et au lieu de se tuer de désespoir, ils se sont livrés à d'autres crimes, ils ont volé les caisses publiques des ministères et des administrations qui leur avaient été confiées, ils ont pillé les palais et les bâtiments de la ville et de l'État, et fait mains basses sur les objets précieux d'art et de prix qu'ils contenaient ; certains d'entre eux, comme le prétendu général Eudes et ses amis les blanquistes, ont volé jusqu'au mobilier, au linge des palais et des bâtiments publics dont on leur avait confié la garde.

Puis ce brigandage accompli, ils ont incendié les monuments qu'ils avaient mis à sac pour effacer les traces de leurs vols et se sont sauvés à l'étranger où ils ont vécu dans l'aisance avec le fruit de leurs pillages, sans témoigner le moindre regret ou le moindre remords et ils se sont posés en héros et en chefs de parti.

Plus tard, lorsqu'ils furent amnistiés et qu'ils purent rentrer en France, ils ne parurent pas se souvenir de leur infâme trahison, qu'ils ont toujours niée après l'avoir eux-mêmes constatée par les lettres de trois d'entre eux que nous avons reproduites, et nous en avons vu un, M. Eudes, qui a poussé le cynisme jusqu'à venir régulièrement et religieusement au cimetière du Père-Lachaise, chaque année, à la fin du mois de mai, lors de l'anniversaire de la *Semaine Sanglante* et de sa trahison, et là, dans cet asile des morts, auprès du mur des fédérés, contre lequel environ deux mille des victimes, qu'il avait vendues et livrées, ont été fusillées, debout, les pieds sur la terre encore

---

valait 81 centimes, les 30 deniers valaient donc 24 fr. 30. Ainsi le Christ avait été vendu près de quarante-neuf fois plus cher qu'un garde national. Mais les Juifs qui avaient acheté Judas étaient moins canailles que Thiers, ils avaient payé les 30 deniers ; tandis que Thiers a escamoté les 1,500,000 francs promis et n'a payé que 20,000 francs, et encore parce qu'on s'en est emparé par force.

molle de la grande tombe dans laquelle gisent les cadavres des fédérés, il suspendait avec recueillement, à la fatale muraille, une grande couronne de belles immortelles rouges en versant des larmes de crocodile: puis prenant une grande pose dramatique, il prononçait un émouvant discours dans lequel il s'apitoyait sur le sort funeste des malheureux, ses victimes, dont il foulait les restes et il appelait les plus terribles représailles et les plus inéxorables vengeances sur les bourreaux de Versailles, qui avaient massacré les infortunés qu'il leur avait lui-même livrés.

CHAPITRE X

PILLAGES ET VOLS DU CHEF DE LA BANDE DES TRENTE-TROIS
DE SON ÉPOUSE, DE SES AIMABLES COMPAGNES
ET DE LEURS HONORABLES AMIS

Nous allons naturellement commencer par dépeindre le chef de la *Bande*, dont nous avons déjà parlé dans les précédents chapitres, auquel l'infortuné Vermersch a fait allusion lorsqu'il a dit si spirituellement : « Ils sont trente-trois, c'est fâcheux, s'ils étaient quarante on chercherait parmi eux Ali-Baba. »

Nous n'avons pas eu besoin de chercher beaucoup pour découvrir ce nouveau Vieux de la Montagne, car il s'était signalé par de nombreux exploits.

Le chef de cette bande, le célèbre général Eudes, aujourd'hui décédé, était en 1871, un assez joli garçon de 27 ou 28 ans; qui avait été tour à tour étudiant, élève en pharmacie, commis de nouveautés, gérant du journal la *Libre-Pensée*, blanquiste, insurgé, condamné à mort pour l'affaire des pompiers de la Villette, membre du Comité central et de la *Commune*, général, délégué à la guerre, membre de la Commission exécutive, puis du Comité de salut public et enfin réfugié à Londres, aspirant dictateur et chef suprême de la bande des Trente-Trois, qui, nous le verrons bientôt, a surpassé celle des Quarante Voleurs, car si son Ali-Baba était jeune il a su être digne de son modèle, et prouver que :

« Chez les âmes bien nées
« La vertu n'attend pas le nombre des années. »

Le plus bel exploit de notre jeune héros ou du moins celui qui l'a mis le plus en lumière, qui lui a valu la plus grande renommée, et son élévation aux diverses hautes positions qu'il a occupées, est certainement son échauffourée du 17 août 1870, à la Villette, dans laquelle un agent de police a été tué.

Cette affaire de la Villette avait été organisée par Blanqui ; nous n'avons jamais pu nous expliquer dans quel but le vieux conspirateur a pu exécuter une pareille entreprise, ni quel bon résultat il pouvait en espérer. Nous aurions compris qu'on fît une tentative d'insurrection avant la guerre, pour l'empêcher et détourner l'opinion publique et le gouvernement de cette dernière, afin d'éviter les désastres terribles qui en sont résultés ; c'est ce que nous avons essayé de faire avec d'autres républicains le 19 juillet 1870, en cherchant à envahir le Corps législatif pour empêcher le vote des crédits demandés pour faire la la guerre, malheureusement en infime minorité, nous n'avons pas réussi. Mais, après les premiers désastres, après ceux de Forbach, de Wissembourg, de Reichshoffen, etc..., il n'était pas difficile de voir que l'Empire vaincu, battu complètement par l'étranger, allait bientôt succomber et être renversé, il ne s'agissait donc plus que d'attendre quelques jours pour lui donner le coup de grâce et proclamer la république le 4 septembre.

Aussi comme nous venons de le dire, nous n'avons jamais compris, comment Blanqui, un homme politique, qui avait la réputation d'être très intelligent, pouvait avoir eu l'idée de faire une échauffourée aussi ridicule, que cruelle.

C'est à cette entreprise sanglante et idiote que M. Eudes doit sa réputation et sa renommée révolutionnaire.

C'est pour avoir attaqué de paisibles pompiers, tué un agent, et en avoir blessé d'autres, que l'élève en pharmacie Eudes est devenu un héros, a été général et membre du Comité de salut public, etc.

Quand nous songeons à cela nous sommes tenté de nous demander si nous vivons bien aujourd'hui, chez une nation intelligente et révolutionnaire ou si, au contraire, nous sommes chez un peuple peu raisonnable, fantaisiste, vain et frivole, sans principe, aimant le bruit, la renommée, les galons, les grandes bottes, les écharpes, les décorations, le clinquant et les oripeaux; toujours prêt à acclamer un charlatan et à porter sur le pavois, le premier ou le dernier venu, qu'il se nomme Louis Napoléon, Mac-Mahon, Bazaine, Boulanger ou Eudes! pourvu qu'il soit ou se dise général, qu'il ait un beau costume, sache monter à cheval et ait des cadavres derrière lui et du sang sur les mains ou sur le front, qui s'harmonise avec la pourpre.

Une fois bien posé mis en vue par l'affaire de la Villette et sacré par une condamnation à mort, M. Eudes devint un personnage. Lorsqu'il sortit de prison après le 4 septembre, il pouvait prétendre à tout. Il ne tarda pas à être élu commandant d'un des bataillons de la garde nationale de Paris, pendant le siège de cette ville par les Allemands, c'était pour lui un titre purement honorifique, qui lui donnait le droit aux galons, aux grandes bottes, au long sabre et lui permettait d'avoir une attitude militaire sinon les capacités nécessaires à son grade. Nous devons dire du reste qu'il n'abusa jamais de sa position, ni de son héroïque réputation contre l'ennemi de la France. Les

Allemands n'ont jamais eu à redouter sa valeur, à trembler devant lui, il ne leur a jamais fait l'honneur de leur montrer son beau visage, son brillant uniforme, sa martiale attitude et son terrible sabre. Il est toujours resté un guerrier *intra muros*, pendant le premier siège de Paris.

Depuis qu'il avait conquis un nom, une réputation, un grade et une grande renommée de conspirateur, il avait été très prudent, il n'avait pas exposé sa précieuse personne aux balles de l'ennemi de la France, et il avait évité avec soin les coups des sergents de ville, les dangers des conspirations et de nouvelles condamnations.

Le 31 octobre pendant que le peuple s'emparait de l'Hôtel de Ville, les bataillons blanquistes le 204°, sous les ordres de Levrault et le 138° dont Eudes était le commandant, se réunissaient boulevard Voltaire, où ils restaient pendant toute l'après-midi dans l'inaction, ce sont les citoyens Tridon et Caria qui nous l'ont raconté; puis quand le gouvernement de la Défense nationale était prisonnier depuis plusieurs heures, ils se décidaient enfin à venir sur la place de l'Hôtel de Ville; mais l'héroïque Eudes ayant entendu dire que le général Trochu s'était échappé avec plusieurs membres de son gouvernement et craignant un retour de fortune en leur faveur, abandonna son bataillon en disant qu'il était malade, et laissa son chef Blanqui presque seul. Nous avons rencontré ce dernier entre six et sept heures du soir, lorsqu'il arrivait à l'Hôtel de Ville, suivi d'un seul de ses disciples, Jaclard, lequel était plus mort que vif, très effrayé du très mauvais accueil qui leur était fait par le 106° bataillon de la garde nationale de l'ordre, par leur commandant Ibos, qui les insultaient et les menaçaient; et ce n'est pas sans peine que nous les arrachâmes des mains de ces forcenés, nous dûmes les conduire, le revolver au poing jusque dans la salle où les membres du gouvernement de la Défense nationale étaient prisonniers. On sait qu'un peu plus tard, Blanqui tomba de nouveau dans les mains des bataillons réactionnaires, qui l'ont fort malmené. C'est Léopold Caria qui l'a délivré et qui l'a fait sortir avec Flourens, l'un à droite, l'autre à gauche, au bras du général Tamisier. Le brave commandant Eudes avait, comme nous l'avons vu, lâchement abandonné « son maître », Blanqui, et s'était prudemment sauvé à temps. Aussi quand il fut arrêté, à la suite de cette journée du 31 octobre, et qu'il fut enfermé avec nous, à la prison de la Conciergerie, il n'eut pas de peine à prouver qu'il n'avait pris aucune part à la journée du 31 octobre et il fut mis en liberté à la suite d'une ordonnance de non-lieu, tandis que nous avons été poursuivi et condamné à mort par un conseil de guerre.

La conduite de l'illustre général Eudes fut tout aussi héroïque le 22 janvier, qu'elle l'avait été précédemment. Dans cette dernière journée, il avait eu grand soin de ne pas s'exposer aux balles des mobiles bretons du général Trochu et malgré cela, comme il craignait d'être arrêté, il s'est ensuite prudemment réfugié en Belgique, d'où il n'est revenu qu'après le triomphe du peuple, le 18 mars.

A l'époque dont nous parlons le futur ministre de la guerre et membre du Comité central n'était pas riche.

Voici du reste ce que dit à ce propos un de ses anciens camarades, Léopold Caria, qui l'a beaucoup connu et fréquenté sous l'Empire, lorsqu'il faisait partie du groupe blanquiste, et ensuite pendant la guerre et les deux sièges de Paris, puis en exil à Bruxelles et à Londres ; il nous a appris que « le général Eudes n'avait conservé aucune relation avec sa famille, qui du reste n'avait pas de fortune ; qu'il a vécu sous l'Empire en faisant de la politique avec les fonds de son ami Tridon, qui lui donnait 300 francs par mois, et aussi sur les fonds du fameux Granger, qui, on le sait, avait engagé dans la conspiration des Blanquistes 33,000 francs [1], et qui depuis a renié ses opinions et s'est fait boulangiste.

« Pendant le siège, Eudes fut commandant du 138e bataillon et il toucha les 30 sous comme tout le monde. D'autres même plus fortunés, lui abandonnèrent leur solde, et de cette façon il vécut encore un peu mieux que le commun des mortels. Quelques jours avant le 18 mars, ajoute Léopold Caria, nous étions revenus de Belgique ensemble et nous avions pour toute fortune à deux, une somme de 6 francs [2]. »

Mais bientôt la roue de la fortune tourna en faveur de notre héros. Dès son arrivée à Paris, il alla offrir ses services au Comité central de la garde nationale qui l'admit au nombre de ses membres et le nomma chef de la 20e légion, et comme il avait dépensé sa part des 6 francs qu'il avait alors pour toute fortune de compte à demi avec le citoyen Caria, il profita de sa haute situation et du pouvoir qu'elle lui conférait pour se faire remettre 3,000 francs par la mairie du XIe arrondissement.

Nous avons déjà raconté comment le général Eudes nous avait empêché d'aller occuper le Mont-Valérien, dans la soirée du 19 mars, lorsqu'il était abandonné par l'ordre de M. Thiers et qu'il n'avait plus pour gardiens que 21 chasseurs indisciplinés, qui nous avaient offert de nous le céder. C'est donc à ce célèbre général qu'est due la perte définitive du Mont-Valérien.

Mais si M. Eudes était peu soucieux des intérêts de la Révolution, il ne négligeait pas les siens, et dès le

---

[1] Voir le procès de l'affaire de la Villette, en juillet 1870, devant le conseil de guerre.
[2] Voir dans *La Fédération* de Londres, du 25 juillet 1873, journal socialiste révolutionnaire franco-anglais, l'article signé Léopold Caria.

22 mars, il occupait le ministère de la guerre complètement abandonné et dont il se fit nommer titulaire par le Comité central.

Une fois qu'il fut en possession de son nouveau poste et de son titre de ministre de la guerre, la première chose qu'il fit fut de passer à la caisse et de se faire remettre 6,000 francs. Le caissier habitué à la manière de faire des ministres du *Bas-Empire*, qui venait de s'écrouler dans le sang, la boue et la honte de Sedan, le trouva bien modeste et lui en fit même l'observation en lui disant :

— « Palikao ne se contentait pas de si peu, il prenait 100,000 francs. »

Le général Eudes regretta sans doute de ne pas avoir su cela plus tôt, car il aurait certainement suivi ce bel exemple ; mais il se promit en attendant de faire mieux une autre fois, et de piller un palais comme le conquérant du palais d'Été de l'empereur de Chine l'avait fait, et l'on sait qu'il a tenu parole, lorsqu'il occupa le palais de la Légion d'Honneur, lequel non seulement fut pillé par lui, mais encore incendié. Il a fait « plus grand » que son modèle Palikao.

Mais à l'époque dont nous parlons, M. Eudes n'en était encore qu'à ses débuts dans les grandeurs et dans l'art du pillage, il manquait d'audace et il était même très effrayé, il ne se considérait pas comme très solide dans sa nouvelle position, au milieu d'un quartier réactionnaire, entouré de tous les côtés par des gardes nationaux hostiles, aussi dans la crainte d'être attaqué et surpris par l'ennemi, il résolut de mettre en sûreté une partie de son butin, et il fit porter 3,000 francs par son chef d'état-major Gois, chez Pitois un de ses amis, qui les cacha.

Mais il paraît qu'il se rassura bientôt, il travailla à s'enrichir et à faire d'autres économies; car un de ses aides-de-camp, le même citoyen Léopold Caria, dont nous venons de parler, nous apprend qu'il fit d'autres réquisitions d'argent et sut se faire payer les traitements des hautes fonctions qu'il occupait.

« Pendant la *Commune*, dit le citoyen Caria, outre les 6,000 francs volés au Ministère de la guerre, Eudes se fit délivrer par l'intendant général May, une somme de douze mille francs, (12,000 fr.), sur des bons signés de lui. Cette somme était pour lui personnellement. En outre malgré le décret de la *Commune* qui interdisait le cumul, il toucha constamment 16 francs par jour pour sa solde de général d'une part, et de l'autre 16 francs alloués aux membres de la *Commune*. Les lois violées par ceux qui les font, tel est le tableau de la *Commune* en général; à l'exception de Ferret, de Trinquet et de quelques autres. A Londres, le général Eudes arriva avec 25,000 francs, après avoir passé par la Suisse, la Belgique, et s'être largement récréé, il a donné 5,000 francs au peintre belge Léonard, qui fit une exposition de ses toiles à Oxford-Street, à Londres. Le reste fut dépensé par sa digne femme, d'octobre à janvier. Depuis ce temps le général Eudes vit d'une manière problématique [1]. »

Mais lorsque le général Eudes, après avoir occupé les éminentes fonctions de ministre de la guerre, fut installé au joli palais de la Légion d'Honneur, il voulut aussi, à l'exemple du héros néfaste de Strasbourg, de Boulogne, de Décembre et de Sedan, avoir sa « *Maison Militaire* », car lui aussi ressentait le besoin d'en posséder une.

Napoléon III avait eu Saint-Arnaud, Magnan, Canrobert, Fleury, Lespinasse, etc... Le général Eudes voulut avoir auprès de lui les illustres personnages dont les noms suivent : Émile Gois, dit Grille-d'Égout, qu'il fit colonel et chef de son grand état-major, c'était son De Moltke ; puis le célèbre commandant Bouilly, trésorier général et superin-

[1] Voir *La Fédération*, journal révolutionnaire franco-anglais, du 25 juillet 1873, publié à Londres.

tendant; le fameux commandant Goullé, juge rapporteur à la cour martiale et grand timbalier ; le colonel Ledrux, juge à la haute cour martiale; le terrible Granger, un des plus fameux héros de la Villette, le bras droit du général, un ambitieux féroce, dont nous raconterons plus loin les accointances policières et cléricales et la conversion au boulangisme; l'illustre Armand Moreau, colonel du 138e de ligne, qui fut dégradé et chassé par son bataillon pour sa lâcheté au feu; le commandant Carnet, élevé à cette haute faveur parce qu'il se pavanait dans le manteau qu'il avait volé à un général de l'armée régulière; les capitaines Cœuille et Oldrini, deux protégés de Madame la générale Eudes, avec laquelle ils faisaient de secrètes et aimables perquisitions sur les sofas du ministère et de la Légion d'Honneur; le gentil et noble vicomte de Beaufort, colonel d'état-major, qui devait aussi sa haute position à la galante Mme Eudes, qui avait su le distinguer parmi ses nombreux adorateurs et qui lui avait accordé la plus large part de ses faveurs.

On remarquait encore autour de « Son Excellence », le ministre de la guerre, un grand nombre de hauts dignitaires, tels que le commandant des écuries, le premier et le second écuyer, les ordonnances, les aides-de-camp, etc... Nous n'en finirions pas, s'il nous fallait tous les nommer; nous ne nous étendrons pas davantage pour le moment à leur sujet, nous réservant de faire plus loin une esquisse biographique des principaux d'entre eux.

Lorsque le général Eudes était venu prendre possession du Ministère de la guerre, il avait amené avec lui sa chaste compagne, la fille Victorine Louvet, jeune femme, châtain blond, de 25 à 26 ans, très ordinaire, à la figure insignifiante, n'ayant de remarquable qu'une affreuse tache de rousseur sur le front; elle était sans éducation et très vulgaire, c'était une véritable fille de brasserie du quartier des étudiants de dixième année et des *potards* expérimentés.

Madame la générale n'était pas seule avec son illustre époux quand elle vint au ministère, elle avait amené avec elle tout un escadron volant de beautés un peu mûres et dont les appas rassis eussent eu la plus grande valeur si on les eut estimés aux kilogrammes; car il y avait plus d'une de ces honorables mégères qui pesait plus de 200 livres, d'autres au contraire étaient très maigres, déjà sur le retour et passablement ridées. Toutes ces beautés surannées auraient bien mieux figuré dans un sabbat shakespearien en qualité de sorcières, que dans une cour d'amour ou au milieu des houris à la suite d'un pacha. Il y avait parmi elles la fille Lalourcey qui s'était illustrée dès son jeune âge par un attentat grave à la propriété, qui lui avait valu six mois de prison, elle avait eu le bonheur de plaire au chef du *grand état-major*, dont elle était devenue la femme. On l'appelait Madame la colonelle Gois; cette respectable matrone, malgré son haut grade, n'avait pu résister à l'influence de ses penchants naturels, et elle s'était laissée séduire par l'occasion qui lui était offerte de s'approprier les dépouilles des palais de la capitale, dont la générale Eudes lui donna une bonne part. Mais plus tard elle tomba, avec son butin, entre les mains des agents de la police du gouvernement de Versailles; nous verrons plus loin comment elle s'en est tirée, grâce à la haute influence de son complice le commandant Granger, qui avait des amis et des parents jouissant de la plus grande autorité parmi les assassins de la Semaine Sanglante et du plateau de Satory.

On voyait aussi au milieu de ces beautés respectables, Mme Pitois, une vénérable et véritable personne de poids, pesant au moins 150 kilos; elle était la femme de confiance du général, qui déposait volontiers entre ses mains les fruits de ses économies, afin qu'elle les mît en sûreté.

M*** Pitois a été condamnée à 6 mois de prison, après avoir déjà fait 13 mois de prévention, pour ses complaisances compromettantes, à la suite des vols que nous avons racontés. Lors de son arrestation la police avait trouvé chez elle 5,000 francs, fruit des économies du général Eudes, son protecteur ; et des objets provenant des pillages de la Légion d'Honneur et du Ministère de la guerre, que M*** Eudes avait, dit-elle, déposés entre ses mains en lui disant qu'elle les avait achetés. Une autre non moins aimable et vertueuse personne, M*** Collet, l'épouse d'un colonel, était une fleur de modestie, elle avait choisi la supérintendance des cuisines de Son Excellence, Monsieur le ministre de la guerre ; cette humble personne préférait le fumet des ragoûts à l'éclat et aux parfums du Grand Salon. Mais malgré cela elle ne dédaignait pas les petits profits que pouvaient lui procurer sa haute position et l'amitié de Madame la générale ; aussi elle avait accepté de la libéralité de cette dernière une bonne part des objets mobiliers pillés au Ministère de la guerre et à la Légion d'Honneur, et comme elle craignait qu'on ne les découvrît chez elle, elle les avait fait mettre plus tard au mont-de-piété, par une blanchisseuse, qui fut découverte et qui dénonça la femme Collet. Pour ce vol, cette dernière a été condamnée à 2 ans de prison. Le linge a été saisi, le fait est authentique et les coupables ne peuvent le nier. M*** Goullé, la femme du commandant du même nom était moins timide, elle ne craignait pas d'exposer ses charmes à l'éclat des lustres et à l'admiration de Son Excellence, le général ministre, qui les prisait beaucoup ; il y avait encore plusieurs autres beautés captivantes dans l'entourage de Madame la générale, nous reviendrons sur elles en temps et lieux, nous devons avant nous occuper de Madame *la générale*, la plus brillante étoile de cette constellation de déesses peu olympiennes.

Léopold Caria a raconté dans le journal la *Fédération*, que lorsque cette haute et puissante dame vint rejoindre au Ministère de la guerre son illustre époux, « elle y arriva en compagnie du citoyen Cœuille, lieutenant d'état-major du général Eudes, et qu'elle commença les perquisitions avec lui dans tous les bâtiments du ministère. Ces perquisitions à deux durèrent quatre jours au bout desquels la femme Eudes fit ajouter un galon au képi du lieutenant Cœuille, avec lequel elle avait cueilli les myrtes et les roses de l'amour. Ce dernier était nommé capitaine par la femme de son général.

« Aussitôt les perquisitions faites, la femme Eudes loua un appartement rue Saint-Ambroise, sous le nom de Mᵐᵉ Agard. Là, elle fit transporter : une robe en velours de soie noire avec fourrures. — Une semblable sans fourrures. — Une robe de soie marron. — Des armes de luxe et des bronzes d'art en quantité, et naturellement d'une grande valeur.

« Tous ces objets avaient été dérobés au Ministère de la guerre.

« Le 28 mars, ajoute encore Léopold Caria mon ami Tridon qui venait d'être élu membre de la *Commune*, vint au Ministère de la guerre et fut désolé du spectacle qui s'offrit à ses yeux.

« Il vit la femme Eudes qui commandait partout et Eudes qui ne commandait nulle part. Il m'en fit part et me dit que dans trois jours un état semblable n'existerait plus. En effet, cinq jours après Cluseret était nommé à *la Guerre* et Eudes se retirait sans sa femme qui, n'ayant pas encore pu emporter tout ce qu'elle avait « rangé », voulut résister à Cluseret, et fut jetée à la porte par celui-ci. » (Elle l'avait menacé de son revolver.)

« Elle se réfugia quelques jours à l'intendance, où étaient les frères May. Elle fut invitée à en sortir par Élie May, qui l'avait trouvée couchée dans son lit dans un état d'ébriété complet[1]. »

---

[1] Voir le journal *La Fédération* de Londres, du 25 janvier 1873.

Elle avait illustré de ses déjections antérieures et postérieures le lit du fameux intendant général, qui devait sa haute position à son époux.

Le général Cluseret confirme les mêmes faits dans ses *Mémoires*, en disant :

« ... Je fus obligé d'insister à plusieurs reprises pour faire évacuer les grands appartements par la femme d'Eudes, qui s'en était emparée et les détenait après le départ de son mari, malgré mes observations et les avis réitérés de Pyat et de Delescluze...

« Le Ministère de la guerre était envahi par la *Smala* d'Eudes et offrait plutôt l'aspect d'un caravansérail que d'un ministère. Je n'insisterai pas sur ce sujet [1]. »

Tels furent les débuts du fameux général Eudes, de sa digne compagne et de leur bande, dans ce qu'ils appelaient eux-mêmes leur carrière politique, dans l'espoir de tromper le public. Cette dernière n'avait qu'un but pour eux : arriver au pouvoir par tous les moyens, afin de satisfaire toutes leurs mauvaises passions, de se vautrer tout à leur aise dans l'orgie et la luxure à l'aide du vol, du pillage, de la dévastation, de l'incendie et de l'assassinat.

Dès qu'il se fut emparé du Ministère de la guerre, ce Gusman d'Alfarache affublé en général se prit au sérieux et se crut un grand capitaine, pensant sans doute qu'il suffit de porter des galons à son képi, de traîner un grand sabre, d'avoir des bottes molles à revers, des écharpes rouges frangées d'or et d'avoir tué un pompier pour être un grand général. Ce sont cet orgueil déplacé, cette présomption outrecuidante et cette inconscience irrémédiable qui ont fait entreprendre au prétendu général Eudes une

---

[1] Voir le premier volume des *Mémoires du général Cluseret*, p. 40 et 60.

expédition cent fois plus criminelle et plus sanglante que celle qu'il avait déjà faite contre le poste des pompiers de la Villette, lorsqu'il accomplit, aidé de quelques-uns de ses collègues, comme lui affublés en généraux, et malgré la défense expresse de la Commission exécutive, les funestes sorties des 2 et 3 avril 1871, si désastreuses et qui ont coûté la vie à plusieurs milliers d'infortunés gardes nationaux.

Voici comment le général Cluseret raconte d'après ce que lui a dit Eudes, lui-même, l'origine et les principaux événements des sorties des 2 et 3 avril 1871 :

« Eudes, dit-il, m'apprit qu'en compagnie de ses collègues en généralat: Bergeret et Duval, ils avaient à l'insu [1] du Comité exécutif décidé un mouvement général sur Versailles. Je restai anéanti. Tant d'ignorance, d'outrecuidance et de présomption atteignait presque à la hauteur d'un crime.

« Ces trois généraux dont un seul avait servi, et comme *sergent* aux zouaves, jouant le sort du peuple sur la carte de leur ignorance présomptueuse, me transportaient d'indignation. Je voulus m'opposer au mouvement ; mais Eudes me représenta que c'était impossible, que les ordres étaient donnés ; que les troupes avaient déjà commencé le mouvement... »

Pendant que Bergeret et Flourens se dirigeraient sur les ronds-points de Courbevoie et des Bergères, en passant sous le feu du Mont-Valérien, Duval et Eudes devaient se diriger sur Meudon.

« Eudes m'assurait qu'on ne rencontrerait personne, dit ensuite le général Cluseret. Le mouvement simultané devait commencer à 6 heures du matin. Nulle reconnaissance préalable n'avait été faite. On ne savait ni s'il y avait une route praticable,

---

[1] Ce n'était pas seulement à l'insu, mais contre la décision formelle et après délibération de la *Commission exécutive*, que cette sortie avait eu lieu.

ni quels obstacles on devait rencontrer. Aucune mesure n'ayant été prise pour camper en chemin, si on ne pouvait d'un bond atteindre Versailles. Bref, tout était livré au hasard. « Va comme je te pousse ! » était le mot d'ordre.

« Le premier élan fut bon, la garde nationale arriva à Meudon sans pertes appréciables. Le château fut même occupé.

« Naturellement, Eudes revint du château de Meudon plus vite qu'il n'y était allé. Il demandait des renforts. A qui ? Il n'y avait pas de réserve organisée. Commandant en chef, il devait le savoir mieux que personne.

« La retraite fut une débâcle comme je n'en vis jamais, si ce n'est à Bull-Run et le 20 février 1855, en Crimée...

« Duval, abandonné d'une partie de ses hommes, se défendit en héros et mourut en martyr... Quant à Bergeret, il lança cet excellent Flourens, dont la bravoure ne connaissait pas d'obstacles, dans le traquenard où il laissa sa vie avec tant d'autres pauvres diables sacrifiés à l'incapacité de leur chef... »

Voilà le récit abrégé de cette fameuse expédition fait par un témoin oculaire, le général Cluseret, très compétent et depuis délégué au Ministère de la guerre pendant la *Commune*, elle a coûté la vie aux héroïques Flourens et Duval, ainsi qu'à plusieurs milliers de gardes nationaux, sans compter trois ou quatre mille autres qui ont été faits prisonniers; un grand nombre d'entre eux sont morts de misère, de mauvais traitements ou ont été fusillés sommairement en route, et les autres ont été déportés en Nouvelle-Calédonie.

Si on eut rendu justice à Eudes, on aurait dû le fusiller le lendemain comme traître et violateur des ordres de ses supérieurs. On se contenta de le mettre à la porte du Ministère de la guerre où il fut remplacé par le général Cluseret, comme nous l'avons déjà dit.

Après cette épouvantable déroute qui prouvait d'une manière éclatante que le néfaste général Eudes était aussi incapable que criminel, ce dernier conserva néanmoins son grade et, au mépris de toute raison, de toute justice et de tout bon sens, il fut nommé commandant des forts du sud. C'est en vertu de cette décision encore plus imprudente que coupable, que le principal auteur du sang versé et de tous les malheurs arrivés dans les journées des 2 et 3 avril 1871, allait, le 5 du même mois, s'établir avec son état-major au séminaire d'Issy.

Léopold Caria a raconté, dans la pièce dont nous avons déjà cité des fragments « qu'il fut nommé commandant de place du quartier général. Les femmes des officiers de l'état-major, ajoute Caria, envahirent tout aussitôt l'établissement ; le 8 avril, il fut obligé de faire afficher un ordre du jour disant que les femmes ne devaient pas y rester davantage. Cet ordre du jour fut motivé par la conduite de la femme Eudes qui procédait exactement de la même façon au séminaire d'Issy qu'au ministère de la guerre. Elle en fut très fâchée et menaça de souffleter l'auteur de cet ordre malencontreux. Du reste, pendant que justice se faisait à cet égard, le général donnait des ordres verbaux pour qu'on laissât entrer les femmes des officiers et qu'on expulsât celles des simples gardes. Malgré ces ordres, je fis maintenir rigoureusement la consigne, qui fut exécutée.

« Vers le milieu d'avril, du 12 au 15, l'état-major se transporta au Petit-Montrouge ; pour lui procurer les objets nécessaires à son installation, on donna l'ordre au capitaine Camille de réquisitionner, dans un couvent-pensionnat, draps, serviettes, couverts, etc.

« C'est à Montrouge que la femme Eudes continua ses exploits en volant les aiguillettes en argent du capitaine Bauër, le seul dans l'état-major de Eudes qui portât cet ornement ridicule. Plus tard, ces aiguillettes trouvées dans le logement de la femme Eudes faillirent faire

fusiller le lieutenant Oldrini, un de ses bons amis. »
Voici comment Caria nous a raconté l'histoire de cette
équipée :

« Tout le monde riait de voir le vaniteux Bauër affublé de
cet étrange ornement, et pour lui jouer un tour, le capitaine
Hugo cacha ses fameuses aiguillettes dans un placard de sa
chambre ; mais la femme Eudes qui cherchait partout du butin
pour le voler, les découvrit et se les appropria. Elle en défit
une pour en faire une corde à sauter, puis, au bout de quelques
jours, elle la fit transporter avec l'autre et d'autres objets dans
son appartement de la rue Saint-Ambroise. Le frère de Ranvier,
en faisant plus tard une perquisition dans cet appartement,
trouva les fameuses aiguillettes, qu'il crut être celles d'un gen-
darme. Il arrêta aussitôt Oldrini, qui était dans l'appartement
de sa maîtresse et, le prenant pour un officier de gendarmerie,
il voulait absolument le fusiller. Il ne fallut rien moins que l'intervention de sa bien-aimée pour le sauver ; cette dernière
accourut toute éplorée à la mairie du XI° arrondissement,
réclamer en faveur de son cher et tendre ami, dont elle obtint
facilement la vie et la liberté. »

Pendant que cette belle dame sauvait son amant, continuant ainsi à soigner ses intérêts et à pourvoir à ses
amours, son illustre et peu jaloux conjoint, le général
Eudes, faisait preuve d'une telle insuffisance ou plutôt
d'une telle incapacité dans la défense des forts du sud,
dont il était chargé, que Cluseret fut obligé de lui adjoindre La Cécilia en qualité de chef d'état-major ; mais
ce dernier, très méthodique, n'avait pas réussi à améliorer beaucoup la situation, et Cluseret résolut de remplacer Eudes par Wœtzel d'abord, et ensuite par La Cécilia. Il ne savait trop que faire de *Son Incapacité* le
général Eudes, qu'il appelait : « son épine dans le pied »,
et il en fit provisoirement un inspecteur général des
forts de la rive gauche de la Seine. Ce poste fut pour

cet illustre guerrier une véritable sinécure, car n'ayant pas su défendre ces forteresses, il sut encore bien moins les inspecter.

Du reste il n'était pas content de cette mise en disponibilité déguisée, et comme l'a dit le délégué à *la guerre:* « Aussitôt qu'Eudes eut quitté son commandement il fallut le pourvoir d'un palais. L'Élysée avait ses préférences, dit le général Cluseret, mais je le forçai de se contenter de celui de la Légion d'Honneur. Le peuple se contentait bien de la tranchée ou d'une mansarde. »

Nous allons maintenant le voir à l'œuvre avec son honnête compagne dans l'ancienne résidence de Lacépède, de Macdonald, de Mortier, etc... Là il y avait matière à faire un fructueux butin, la fille Louvet pouvait y exercer son talent de collectionneuse de meubles, de lingerie, d'objets d'art et de toilette.

C'est encore Léopold Caria, un témoin oculaire, qui va nous initier aux mystères du pillage et de l'incendie du palais de la Légion d'Honneur pendant son occupation par l'honorable couple Eudes:

« Le 22 avril, l'état-major du général Eudes venait à la Légion d'Honneur, dit-il, et le jour même on découvrait, comme disent les auteurs de la note insérée dans *la Liberté* de Bruxelles, sept ou huit cents kilogrammes d'argenterie. Le citoyen Camélinat pourrait encore certifier, s'il est de bonne foi, qu'il n'a reçu que 500 kilogrammes : déficit 200 ou 300 kilogrammes d'argent. Quel est le voleur? »

Nous le verrons plus loin, d'après l'aveu même de ce dernier. Contentons-nous de dire pour le moment que l'argenterie de cet élégant petit palais avait de la valeur, car non seulement elle se composait de celle servant aux réceptions, mais aussi de vases sacrés, de services en vaisselle plate, de cinq cents couverts, de cinq cents timbales appartenant à la maison d'éducation de Saint-Denis. Tous ces trésors avaient été cachés avec soin, mais le général Eudes interrogea lui-même le conservateur du mobilier et le somma, sous peine d'être fusillé, d'avoir à lui révéler les cachettes où l'argenterie avait été placée. Il n'en indiqua cependant que deux qui étaient dissimulées sous les marches d'un escalier, et il réussit ainsi à soustraire à l'avidité d'Eudes un grand nombre d'objets de prix.

Le père Caria fut institué le gardien de l'argenterie qui avait été découverte et ensuite déposée dans les caves du palais. Il s'est alors passé une scène qui donnera une idée de la probité du père Caria, qui a été si injustement accusé du vol d'un certain nombre de médailles et de croix, et qui a été condamné pour ce crime, quoique en étant complètement innocent, à vingt ans de travaux forcés.

Dès que cet honnête citoyen eut pris la garde de ce trésor, il demanda qu'on le fasse immédiatement transporter à la *Monnaie*, en déclarant que tant qu'il serait en sa possession, il ne permettrait à personne d'y toucher et même d'en approcher, et son fils cadet étant descendu près de lui pour lui parler, il lui ordonna de se retirer immédiatement en lui disant :

« Va-t-en, ou je fais feu sur toi ! »

Grâce à lui, ces cinq cents kilogrammes d'argenterie ont échappé au pillard Eudes et à sa bande. Mais il y en avait encore trois cents autres kilogrammes sur lesquels le général Eudes était parvenu à mettre la main, et qu'il avait fait transporter chez le père Caria, en secret, en son absence, où il les fit cacher ; a-t-il fait cela pour se venger du brave homme qui avait soustrait cinq cents kilogrammes d'argenterie à sa rapace convoitise et pour le compromettre si on les découvrait? Nous l'ignorons ; mais, ce qui est certain, c'est qu'une partie de cette argenterie consistant en environ dix-huit cents médailles a été trouvée cachée dans la cave de l'honnête père Caria, qui a été accusé de l'avoir volée et condamné à vingt ans de travaux forcés en récompense de sa belle conduite.

Mais continuons le récit de Léopold Caria :

« Le lendemain, 23, le général Eudes réunit tous les officiers de son état-major et leur donna l'ordre formel et verbal, — qu'à l'avenir toutes nouvelles découvertes devaient être tenues secrètes et être communiquées à lui seul. Quelles pouvaient être ses intentions ? Nous ne le verrons que trop.

« A ce moment, le commandant Bouilly fut nommé intendant du mobilier. Vers le 1er mai la femme Eudes prit la direction de la lingerie. »

On voit que cette dernière était tombée entre bonnes mains.

« Vers la fin d'avril, un officier de l'état-major s'étant rendu coupable du vol de différents objets appartenant à la Légion d'Honneur, fut arrêté par un commissaire de police, et le colonel Collet, qui venait de succéder à La Cécilia, comme chef d'état-major, fit afficher sur la porte un avis annonçant que tout paquet devait être visité. Le général Eudes déchira cet avis en traitant d'imbécile celui qui l'avait signé.

« Nous venons de dire que la femme Eudes avait pris la direction de la lingerie et que son mari déchirait les ordres ordonnant la visite des paquets, voyons ce qui en est résulté :

« D'abord un autre logement, sans préjudice du premier, fut loué, 41, avenue Parmentier. Il y avait dans ce logement un mobilier complet appartenant à un individu qui partait pour Versailles ; ce mobilier fut acheté par la femme Eudes moyennant la somme de 800 francs, de laquelle on lui avait rabattu 50 francs à condition qu'elle ferait délivrer un passeport au vendeur, un Versaillais. Ce qui fut fait. Elle alla elle-même chercher ce dernier à la préfecture de police au nom du Versaillais en question. Mme Eudes, vu ses *rapports intimes* avec les employés de cette étrange préfecture, n'eut pas besoin de demander deux fois.

« En possession de l'appartement ci-dessus, elle y fit transporter de la Légion d'Honneur les objets suivants : quatre glaces de Venise, — enrviron six douzaines d'assiettes à filets dorés sans croix d'honneur, — trois douzaines de verres à pied en mousseline, à filets dorés sans croix, — une grande quantités de rideaux, — 2 nappes de cent couverts, — six douzaines de serviettes, — un édredon de soie bleu de ciel, — quatre bouillottes en cuivre bronzé, — une grande quantité de serviettes, de torchons et de tabliers de cuisine, — divers objets composant les nécessaires de voyage, papeterie et articles de bureau, — un magnifique album d'autographes des illustrations du *Siècle* et une foule d'objets d'art et des pendules en bronze. — Et enfin des croix de commandeur en or et des médailles diverses en argent [1]. »

On voit qu'à la Légion d'Honneur M. et Mme Eudes suivaient exactement le système de vol et de pillage qu'ils avaient inauguré avec tant de succès au Ministère de la guerre et au séminaire d'Issy.

Lorsqu'en sa qualité de directrice de la lingerie de la Légion d'Honneur, Mme la générale Eudes procéda au partage du linge volé, elle en fit trois paquets : un pour elle, naturellement le plus gros et le plus beau, puis deux autres pour Mmes les colonelles Gois et Collet, auxquelles elle les donna.

Le général Eudes avait en outre chargé son utile compagne d'une mission très importante, celle de démarquer le linge sur lequel elle avait fait main basse, afin qu'on ne puisse pas facilement découvrir son origine, si jamais il tombait entre les mains de l'ennemi. Il lui avait même

---

[1] Voir le journal *la Fédération* de Londres, du 25 janvier 1873.

adjoint des aides pour ce travail important, et il l'avait par précaution mise sous clef dans son nouvel appartement de la rue Saint-Ambroise, afin qu'elle ne puisse pas abandonner le travail peu agréable auquel il la condamnait ; mais la volage générale avait fait la conquête, pendant ses campagnes amoureuses, d'un charmant officier d'état-major, M. le comte de Beaufort, avec lequel, elle avait ce jour-là un rendez-vous d'amour, et afin de ne pas manquer à ce dernier, elle arracha la serrure de l'appartement où elle était prisonnière et se sauva. Elle alla aussitôt retrouver le comte de Beaufort avec lequel elle se livra à un travail beaucoup plus attrayant que celui que le général, son mari, lui avait commandé.

Disons ici quel était ce comte de Beaufort et comment Mme Eudes avait fait connaissance de ce gentilhomme. Cluseret a raconté dans ses *Mémoires* « que lorsqu'il a été délégué à la guerre, il est arrivé au ministère, le 3 avril, à six heures du soir, escorté du comte de Beaufort, un jeune homme charmant, qu'il n'avait jamais vu, et qui s'était offert spontanément pour l'accompagner.

« Ce jeune homme charmant », qui était venu ainsi offrir si « spontanément » et si adroitement ses services au général Cluseret, qui les avait acceptés si facilement, quoiqu'il « ne l'eût jamais vu », était tout simplement un espion du gouvernement de Versailles, qui avait été envoyé par ce dernier pour jouer auprès du général Eudes, délégué à la guerre de la *Commune*, absolument le même rôle que Monteau jouait auprès d'Urbain. Il avait été chargé d'espionner le mari et de séduire la femme, ce qui n'était pas très difficile dans une pareille bande où, comme nous l'avons déjà raconté, les hommes et les femmes se valaient. Le jeune comte de Beaufort était arrivé à Paris pour remplir ses délicates fonctions, précisément le jour où le général Cluseret était nommé à la guerre ; il s'empressa de s'atteler à son char, espérant ainsi faciliter l'accomplissement de sa double mission. En arrivant au ministère, il aperçut Mme Eudes, alors furieuse de la révocation de son mari, il se promit aussitôt de chercher à consoler la jeune générale, pensant avec raison que le meilleur moyen de ne pas être soupçonné par son époux et même de gagner sa confiance, c'était de se mettre dans les bonnes grâces de sa chaste moitié, et, comme celle-ci était de mœurs aussi légères que faciles, il ne lui fut pas bien difficile de faire sa conquête, car il était très joli garçon, aimable, spirituel, bien élevé et noble, il ne fallait pas tant de qualités pour séduire la générale ; malgré sa haute position, elle n'avait jusqu'alors pas encore eu l'occasion de rencontrer un jeune homme aussi accompli que le comte. Dès qu'elle l'aperçut il lui plut beaucoup, et ce fut elle qui lui fit les premières avances, et depuis lors on rencontrait toujours auprès de Mme Eudes son nouveau chevalier servant ; il n'est donc pas étonnant qu'elle n'eût pas voulu travailler au démarquage des draps de la Légion d'Honneur sans son aimable collaboration ; elle ne choisissait pas une chemise, une paire de bas ou un caleçon sans que M. le Comte ne soit là pour l'aider à les essayer.

Mais hélas ! le Buridan de la nouvelle Marguerite de Bourgogne, qui était loin cependant d'être une très grande dame, paya très cher sa bonne fortune, car il a été fusillé, le 24 mars, derrière la mairie du XIe arrondissement ; le général Eudes, jaloux de lui, et pour de bonnes raisons, afin de s'en venger et de s'en débarrasser, l'avait accusé de trahison.

Ce n'était certainement pas pour que lui vivant, un autre homme ne pût se vanter d'avoir possédé la volage générale, qu'Eudes a fait fusiller son rival ; car on raconte que le nombre des heureux qu'a faits Mme la Générale est innombrable, et que si son Othello avait voulu les faire tous fusiller, les pelotons d'exécution de la *Commune* n'eussent pas suffi.

Pendant la résidence de M. et de Mme Eudes à la Légion d'Honneur, il y avait chaque soir fêtes et galas ; on dansait, on jouait, on mangeait et on buvait beaucoup dans ce charmant palais. Le général était un aimable et joyeux convive. Il trônait en grand costume, orné des insignes de son haut grade et de ses décorations ; c'était M. Dusautoy, le tailleur de Sa Majesté l'empereur Napoléon III, qui avait eu l'honneur, sinon le profit, de l'habiller, car l'illustre général, ayant été obligé par l'ennemi d'abandonner un peu rapidement son impériale résidence, n'avait pas eu le temps nécessaire pour payer tous ses fournisseurs, et il avait dû quitter Paris sans régler la facture de l'impérial tailleur, et depuis ce fut inutilement que ce dernier lui en a fait réclamer le montant, qui lui est encore dû aujourd'hui, et qui s'élève à 683 francs, sans compter les robes de chambre de 1,000 francs la pièce que la maison Godillot a aussi eu l'honneur de fournir au coquet général. Nous devons dire cependant pour être juste, que les grands fournisseurs impériaux, Dusautoy et Godillot, ne faisaient pas crédit au général Eudes sur sa bonne mine seulement, mais aussi un peu dans la crainte salutaire du peloton d'exécution.

Mais le général Eudes n'était pas le seul officier supérieur à cette époque, qui se faisait costumer par M. Dusautoy, un grand nombre d'autres officiers de hauts grades avaient suivi son noble exemple, en honorant de leur clientèle l'impérial et renommé tailleur.

Ainsi le fameux colonel Gois, chef du grand état-major du général Eudes et président de la haute cour martiale, s'était aussi fait costumer chez le même tailleur auquel il doit encore aujourd'hui la petite note suivante :

1° Une tunique de.	140 fr.
2° Un pantalon de.	55 »
3° Un gilet de	30 »
4° Un képi de	30 »
Total.	255 fr.

Voici d'autres illustres grands capitaines et hauts dignitaires qui ont aussi eu recours au talent et au crédit de l'impérial costumier, et qui, comme leurs fameux collègues déjà cités ont oublié de le payer, les vieux comptes faisaient alors les bons amis.

Le général La Cécilia doit à M. Dusautoy.	333 fr.
Le colonel Collet, idem	320 »
L'intendant général, idem.	455 »
Le sous-lieutenant Massey, idem	280 »
Le capitaine Hugo, idem	305 »

On voit que MM. les généraux Eudes et La Cécilia, ainsi que les trop célèbres intendants généraux, bien dignes de figurer à côté d'eux et leurs officiers d'état-major, imitèrent les officiers de l'Empire ; leurs mœurs, leur amour du luxe, des galons, des dorures, du clinquant, était le même ; tous officiers de parade et de cirque, tout au plus bons à traîner leurs bottes molles et leurs grands sabres vierges du sang de l'ennemi, dans les antichambres des ministères et des palais.

Mme la Générale rivalisait de somptuosité et de brillante tenue avec son illustre époux et ses beaux officiers galonnés sur toutes les coutures. Elle se pavanait dans les élégants salons de son joli hôtel du quai d'Orsay et de la rue de Lille, portant avec autant de sans-gêne que de vanité les plus belles défroques de Mme Le Flô, la femme du ministre de la guerre de M. Thiers, qu'elle avait empruntées gratuitement à fonds perdus à sa garde-robe, cette dame n'ayant pu les emporter avec elle lors de son départ, un peu hâtif, de Paris pour Versailles.

Nous serions curieux de savoir si Mme Eudes et ses illustres compagnes, qui faisaient l'ornement et les délices des soirées galantes de la Légion d'Honneur, de l'intendance, des Tuileries, etc., avaient imité le bel exemple de leurs nobles époux et avaient daigné honorer de leur précieuse clientèle les tailleuses, couturières, corsetières, modistes, etc., de S. M. l'impératrice Eugénie. Nous nous plaisons à croire qu'elles ont donné cette preuve de bon goût, et qu'elles ne se sont pas contentées des défroques par trop bourgeoises des femmes des ministres et des généraux du gouvernement de la Défense Nationale, qu'elles s'étaient appropriées de la façon expéditive que l'on connaît, et dont la plus renommée d'entre elles s'était tout d'abord affublée. Ces dames n'auraient jamais su être trop régence, et d'ailleurs l'exemple de leurs nobles époux n'était-il pas là pour les guider et les encourager.

Nous avions aperçu Mme Eudes une fois ou deux à travers les grilles de la Conciergerie, où nous étions détenu avec son mari ; c'était une jeune femme, qui était loin d'être jolie ni distinguée ; sa mise dénotait la gêne, et nous n'avions jamais soupçonné qu'elle deviendrait quelque temps plus tard, par sa conduite scandaleuse, ses mœurs dépravées et ses crimes, la plus célèbre des héroïnes éhontées, qui ont compromis la cause du peuple. Mais Blanqui, qui la connaissait mieux que nous, l'avait bien jugée, lorsqu'il disait en parlant d'elle à ses amis politiques : « Surtout défiez-vous de cette femme, elle vous perdra. » Tridon la connaissait bien aussi et il l'estimait à sa juste valeur. Un autre ami intime de son mari nous en a parlé dans des termes qu'il nous est bien difficile de rapporter. « Cette femme, nous a-t-il dit, se prostituait dans sa propre maison. Elle faisait des propositions obscènes aux hommes qui venaient chez elle, et quand ils les repoussaient, ne voulant pas abuser de la confiance que son mari avait en eux elle, les traitait de Joseph, d'imbéciles, en leur disant : « qu'on ne devait « jamais refuser une occasion de s'amuser. »

Enfin ce n'est pas exagérer que de dire que M. et Mme Eudes avaient transformé le palais de la Légion d'Honneur en un véritable lupanar, dans lequel l'orgie et la débauche allaient de front et régnaient en souveraines avec le vol et le pillage.

Et dire que c'est pour entretenir les vices de ces coquins et leur permettre de commettre leurs crimes, qu'un si grand nombre de malheureux fédérés se sont exposés aux coups des troupes de Versailles et que quarante mille d'entre eux ont été massacrés par elles ; qu'un nombre plus considérable encore, au moins soixante mille de ces infortunés ont été arrêtés, emprisonnés, déportés et exilés, sont morts de mauvais traitements, de misère, ou sont revenus malheureux et malades, après huit ou neuf ans de souffrances et de tortures tellement horribles, qu'il faut les avoir endurées pour s'en faire une idée.

Oui, c'est pour entretenir pendant quelques mois le luxe, les débauches et tous les vices, pour satisfaire la vanité, l'amour du lucre et toutes les mauvaises passions de la bande des misérables dont nous parlons, que cent mille infortunés ont été arrêtés, emprisonnés ou massacrés, et que cent mille veuves et leurs orphelins ont été plongés dans un enfer de misères, de souffrances et de désespoir, et qu'un grand nombre de ces malheureux sont morts de besoin.

Mais continuons le récit de l'occupation du palais de la Légion d'Honneur, par l'aimable couple Eudes.

Leurs Excellences, M. le général et son illustre épouse, recevaient et donnaient des soirées et même des bals au palais de la Légion d'Honneur, auxquels prenaient part les hauts dignitaires, tels que Leurs Excellences MM. Viard, délégué au Commerce; Jourde, aux Finances; Vaillant, à l'Instruction publique; Andrieux, à l'Assistance, etc..., ainsi que tout le personnel de l'état-major qui était aussi invité.

Nous n'avons jamais eu l'honneur d'assister à ces réjouissances, mais on nous a assuré qu'il y en avait de fort brillantes.

Son Excellence le général, ex-ministre de la guerre, faisait, dit-on ses réceptions avec une grâce parfaite, dans son brillant costume de général, orné de tous les insignes de son grade, ayant deux écharpes, celle de membre de la *Commune*, frangée d'or, et celle de membre du Comité central, frangée d'argent, et portant de beaux revers rouges à sa tunique, de nombreux galons à son képi, de superbes bottes molles et un magnifique grand sabre vierge, à la brillante poignée ornée de glands d'or. Mme la générale était aussi éblouissante que son mari, drapée dans la grande robe de velours rouge de Mme Le Flô; elle était splendide, rayonnante de grâce et de beauté, entourée d'un essaim de jeunes officiers d'état-major, qui papillonnaient autour d'elle, et parmi lesquel on remarquait le beau vicomte de Beaufort, les capitaines Cœuille et Oldrini; les commandants Grollé et Granger; les colonels Gois et Collet, etc...

Cette aimable dame faisait avec beaucoup de grâce les honneurs de ses salons, elle avait un coup d'œil, un sourire gracieux, une parole bienveillante pour chacun.

On soupait et buvait bien, la table et le buffet étaient somptueusement garnis et bien servis, et quand le matin, après avoir dansé toute la nuit, les convives abandonnaient le palais hospitalier de la Légion d'Honneur, plus d'un chancelait légèrement et marchait avec difficulté en traînant son grand sabre, qui s'embarrassait dans ses jambes ou dans les plis des robes des dames, lesquelles n'étaient guère moins émues que leurs cavaliers.

Mmes Gois, Collet, Goullé, Pitois, etc..., si elles n'avaient pas trop dansé, avaient bien mangé et surtout bien bu. Elles s'en allaient fort émues et très satisfaites de leur généreuse amie la générale. Elles étaient persuadées que du temps de l'Empire et du comte de Flahaut, ce n'était pas mieux à la Légion d'Honneur, et qu'aux Tuileries l'*Impératrice* n'était ni plus gracieuse, ni plus généreuse, ni plus belle, ni plus facile que Mme la Générale.

On nous a même raconté beaucoup d'autres choses que nous ne disons pas ici par respect pour les mœurs, quoique nous les tenions de bonne source et des témoins oculaires qui nous les ont affirmées vraies.

CHAPITRE XI

LE VOL DES MÉDAILLES ET DES CROIX
DE LA LÉGION D'HONNEUR

Nous allons raconter maintenant le vol le plus important accompli pendant la *Commune*, celui des médailles et des croix de la Légion d'honneur ; mais avant de le faire, il est absolument nécessaire que nous rappelions le procès du père Caria et de sa femme, qui ont été condamnés aux travaux forcés pour ce vol, quoiqu'ils en fussent complètement innocents, et nous allons dire quels étaient les véritables coupables de ce dernier.

L'inique condamnation dont le père et la mère Caria avaient été les victimes avait soulevé la plus vive émotion parmi les proscrits de la *Commune* réfugiés à Londres, dont la mère et les deux fils Caria faisaient partie. Ils apprirent avec stupéfaction la découverte qui avait été faite à Paris dans la cave de leur père, de deux caisses de médailles et de croix de la Légion d'honneur.

A la suite de cette découverte, le père Caria avait été accusé d'avoir volé ces médailles et ces croix, et sa femme était aussi comprise dans la même instance et poursuivie comme sa complice. Le père Caria protesta avec véhémence de son innocence et de celle de sa femme, en disant qu'il n'était pas chez lui quand les caisses, dont il est question, y avaient été conduites ; il raconta qu'il ignorait alors complètement leur envoi, et que ce ne fut que plus tard, après la défaite de la *Commune*, quand il retourna dans son domicile, que sa femme lui dit que le général Eudes lui avait envoyé deux caisses contenant des armes et des munitions, en ajoutant qu'elle les avait elle-mêmes cachées dans sa cave sans en vérifier le contenu, lorsque les troupes de Versailles étaient entrées dans Paris, pour qu'elles ne tombassent pas entre leurs mains, et pour ne pas être compromise si on les découvrait chez elle ; le père Caria fit ensuite remarquer qu'il avait toujours cru que la déclaration faite à sa femme par les porteurs de ces médailles était exacte et que ces caisses contenaient des armes et des munitions ; qu'il avait été arrêté plus tard comme insurgé, et qu'il y avait longtemps qu'il était en prison à Versailles, lorsque les caisses avaient été découvertes par son propriétaire, qui les avait remises à la police, et que c'est alors seulement qu'il avait été informé par cette dernière de leur contenu véritable et accusé de leur vol ; mais qu'il était complètement innocent de ce dernier.

Les deux fils Caria n'eurent qu'une pensée, c'est d'aider leur père à prouver son innocence, et, pour cela, ils s'adressèrent au général Eudes, et ils lui demandèrent de déclarer hautement que c'était par son ordre et à l'insu de leur père qu'il avait envoyé chez lui les caisses contenant les médailles et les croix de la Légion d'honneur.

Mais le général Eudes refusa de faire la déclaration qu'ils lui demandaient ; ce fut inutilement qu'ils insistèrent en lui faisant observer combien il serait odieux de laisser condamner leur père innocent, sans employer tous les moyens pour le sauver sinon d'une condamnation, au moins de la honte et du déshonneur qui retomberaient non seulement sur lui, mais encore sur eux et sur leur mère, s'il n'était pas établi d'une manière certaine par sa déclaration, qu'ils n'étaient tous pour rien dans la soustraction et dans l'envoi de ces caisses de décorations.

Le coupable général Eudes malgré tout ce qu'ils lui dirent persista dans son refus, et nia avoir expédié les caisses.

Léopold Caria lui rappela alors qu'il lui avait lui-même avoué, le 22 mai à dix heures du soir, à la Légion d'Honneur, qu'il avait envoyé ces caisses de médailles au domicile de son père, et que lorsqu'il lui avait fait cette confidence lui, Léopold Caria, avait fortement désapprouvé sa conduite, en lui faisant observer tout ce que cette dernière avait de blâmable et de coupable, et combien il avait abusé de la confiance qu'il avait eu en lui ainsi que toute sa famille.

Eudes nia cette conversation comme il avait nié l'envoi des caisses.

Léopold Caria lui dit alors que, puisqu'il en était ainsi, il allait le confondre et lui prouver qu'il mentait effrontément ; car, heureusement, il avait un témoin, le colonel Gois, qui était présent quand il lui avait fait les révélations dont il s'agit, et il fit aussitôt appel au témoignage de celui-ci qui était présent à cette conversation.

Alors ce dernier avec le cynisme qui le caractérisait, imitant le bel exemple de son maître Eudes, nia tout et déclara n'avoir rien entendu dire de semblable par le général Eudes.

Léopold Caria indigné, resta un moment effrayé de tant de cynisme, puis reprenant courage malgré l'audacieuse effronterie de ses deux interlocuteurs, il demanda encore à Gois s'il oserait aussi nier l'envoi d'un plat en argent et de sept ou huit cents médailles et croix qu'il avait fait adresser à son ami Pitois, le même jour 22 mai, en le priant de les cacher précieusement.

Mais le fameux colonel Gois, qui ne s'intimidait pas pour si peu, déclara que tout ce que Caria disait était faux, et que ni Eudes ni lui n'avaient jamais envoyé de médailles et de croix, ni aucun autre objet, ni chez son père, ni chez Pitois.

En présence de ces dénégations épouvantables, Caria se fâcha tout rouge en menaçant leurs auteurs de réunir des faits, des preuves et des témoins qui prouveront l'innocence de son père, de sa mère, de son frère et la sienne, la culpabilité d'Eudes et de Gois et d'autres encore, il ajouta, qu'il était décidé, ainsi que son frère, à provoquer une réunion des réfugiés de la *Commune* à Londres, et à réclamer une enquête sur les vols et les pillages accomplis pendant la dernière semaine de mai 1871, et surtout sur ceux qui ont eu lieu à la Légion d'Honneur, car il était persuadé qu'il ne lui serait pas bien difficile de prouver ainsi quels étaient les véritables voleurs des médailles et des croix.

Le général Eudes, quoique très contrarié, ne parut pas redouter beaucoup les menaces de Léopold Caria, ni celles de son frère, qui s'était joint à lui, il leur répondit que, s'ils mettaient leur projet à exécution, il accuserait Léopold Caria du vol et de l'envoi des médailles trouvées chez son père, qu'il dirait qu'il l'avait chargé de la garde de ces dernières, et, qu'abusant de sa confiance, il s'était approprié une partie de ces objets précieux et les avait envoyés chez lui pour les faire cacher dans l'espoir de les retrouver plus tard.

Le malheureux Caria de plus en plus étonné, de plus en plus effrayé de tant d'infamie, ne se laissa cependant pas complètement décourager, il répondit à la menace du général Eudes, qu'il saurait bien prouver la fausseté de ses accusations, son innocence, celle de son père et de toute sa famille, et la culpabilité d'Eudes, le voleur des médailles et des croix de la Légion d'honneur, et pour atteindre ce but, les deux frères Caria convoquèrent une réunion des réfugiés de la *Commune*, à Londres, afin de réclamer une enquête sur les pillages et les vols dont il s'agit.

Cette réunion eut lieu à Londres, le 18 août 1872. Voici des extraits de son procès-verbal, publiés par LA FÉDÉRATION, *journal révolutionnaire-socialiste français-anglais*, du 24 août 1872.

La parole ayant été donnée, dans cette réunion, à Octave, le plus jeune des fils Caria. Voici en quels termes il s'est exprimé :

« Le 10 mars dernier, une demande d'enquête sur les faits qui se sont passés à la Légion d'Honneur, pendant le dernier mois de la *Commune*, fut adressée à un certain groupe de refugiés à Londres. Il n'y fut pas fait droit.

« Des citoyens se trouvaient encore à cette époque sous le coup des Conseils de guerre et l'enquête eut peut-être fourni des arguments ou du moins des éclaircissements aux réquisitoires versaillais. Nous n'insistâmes pas.

« La situation n'est plus la même aujourd'hui. Les jugements ont été rendus, les intéressés condamnés, et nous nous trouvons, notre père et nous, sous le coup d'un arrêt qui, en ne nous touchant point pour les faits insurrectionnels, nous frappe uniquement comme pillards ou pour mieux dire comme voleurs.

« Les termes de cette condamnation motivent à eux seuls ma demande d'enquête sur ce qu'il faut appeler par son vrai nom : LE PILLAGE DE LA LÉGION D'HONNEUR.

« Mais d'autres motifs me déterminent encore :

« Il s'est trouvé parmi les réfugiés de la *Commune* des hommes qui ont exprimé la pensée que la lumière ne devait point se faire sur des tripotages de cette sorte, on ne s'en est pas caché dans la séance du 21 juillet dernier.

« Je ne suis point de cet avis et je désire au contraire que tout s'éclaircisse. On verra alors ce qu'il faut croire des insinuations qu'on fait courir sur nous des hommes à qui, en vérité, on n'eut point supposé autant d'audace.

« Il est bon de rappeler en effet que le sieur Ledrux, répondant à une accusation portée contre lui, dit que, n'ayant pas pillé, il avait eu besoin d'argent à Londres.

« Je ne suis pas disposé à subir plus longtemps les calomnies de ce personnage, ainsi que celles d'autres encore.

« Je veux le jour sur tout cela et il se fera...

« Il faut que ces accusations lancées par des consciences puériles ou scélérates aient une fin.

« Nous sommes ici huit de l'état-major de la Légion d'Honneur, les témoignages peuvent se produire à Londres, puisque les jugements de Versailles sont rendus.

« En conséquence, je demande que vous vouliez bien nommer une commission d'enquête de cinq ou sept membres, qui recevra les dépositions signées de chacun des témoins qu'elle entendra, afin qu'il puisse en être donné ensuite connaissance à la Société des réfugiés en assemblée générale.

« La proposition que je fais est pour moi une question de conscience, qui intéresse non seulement ma famille et surtout mon père injustement condamné, mais encore l'honneur de trente à trente-cinq citoyens.

« *De toutes parts* : Il faut une accusation formelle ?

« CARIA : — VOUS, GÉNÉRAL EUDES, JE VOUS ACCUSE DE VOL ET DE PILLAGE *à la Légion d'Honneur* !

« Après cette communication, le citoyen Eudes se lève et dit :

— « Je demande au citoyen Caria, si l'accusation qu'il porte contre moi est comme responsabilité ou comme pillage personnel ?

— « CARIA. Comme l'une et l'autre[1]. »

Alors le cauteleux Vaillant, vint en aide à son ami

---

[1] Extrait de *La Fédération*, journal révolutionnaire-socialiste, français-anglais, publié à Londres, du 24 août 1872.

Eudes, qui était resté coi, devant l'accusation si positive et si énergique d'Octave Caria, à laquelle il n'avait rien eu à répondre; et comme M. Vaillant était lui-même alors fort embarrassé pour disculper et innocenter son ami Eudes qu'il savait parfaitement être coupable, il n'osa pas accuser l'innocente famille Caria d'être l'auteur du vol des médailles et des croix de la Légion d'honneur, surtout devant le plus jeune de ses membres Octave Caria, qu'il savait capable de lui répondre; aussi en rhéteur habile, M. Vaillant commença par un exorde insinuant et il dit, dans l'espoir de désarmer ou d'apaiser le jeune Caria :

« L'honneur des citoyens Caria n'a jamais été mis en doute et la condamnation qui les frappe ne les a nullement déshonorés à nos yeux. »

Ainsi, comme on le voit, M. Vaillant a publiquement rendu justice à la famille Caria et reconnu que son honneur ne pouvait être atteint par l'injuste condamnation qui l'avaient frappée; c'est-à-dire qu'il a reconnu que ses membres n'était pas coupables du vol des médailles de la Légion d'Honneur, pour lequel le père Caria avait été iniquement condamné.

Puis après cette déclaration si précise et si catégorique, l'hypocrite Vaillant cherche adroitement à l'atténuer par des considérations perfides.

« Je ne comprends pas, ajoute-t-il, que les citoyens Caria se soient arrêtés aux racontars des journaux versaillais sur le pillage de la Légion d'Honneur ». Les fils Caria n'avaient pas besoin de ces « racontars » pour être fixés sur les auteurs de ce pillage puisqu'ils avaient vu ces derniers à l'œuvre enlevant le produit de leurs vols, sur des voitures qu'accompagnaient Mmes Eudes, Collet, Gois et le mari de cette dernière. Les frères Caria aussi bien que leur père et que leur mère, savaient donc très bien que c'étaient Eudes et ses intimes, qui avaient commis ces vols, et il y avait longtemps qu'ils étaient fixés à ce sujet et sur la moralité du fameux général, et sur celle de ses amis les plus intimes, dont ils étaient forcés de tolérer les méfaits, qu'ils feignaient d'ignorer pour ne pas être accusés d'en être les complices, quoi qu'ils les désapprouvassent secrètement.

Aussi M. Vaillant, qui n'ignorait pas tout cela, en profita adroitement pour dire à Octave Caria :

« En plus, ce n'est pas après un an de silence, après avoir vécu dans l'intimité avec Eudes que les Caria devraient porter une semblable accusation. Nous sommes ici une société de secours mutuels non pas une société politique. Je considère donc cette société comme incompétente sur la demande d'enquête de Caria jeune. »

— Une réunion de réfugiés était très compétente pour se prononcer sur le fait en discussion et il ne s'agissait nullement de secours mutuels dans cette réunion.

« OCTAVE CARIA. — Le citoyen Vaillant n'a jamais mis en doute notre honorabilité, je veux bien le croire, mais il n'en est pas de même de tous les personnages composant un cercle révolutionnaire qui existe à Londres. » (C'était la Bande des *Trente-Trois*, à laquelle Octave Caria faisait allusion.) « En voici la preuve : Le jour où on apprit la condamnation de mon père, on dansait de joie chez Ledrux en disant : « Tiens, tiens ! Voilà ceux qui nous accusent d'être « des voleurs, et ils ont pillé les médailles. »

« VIARD. — La question qui est agitée devant nous est excessivement grave. De l'aveu de Caria, il paraît qu'il commence par un et qu'il ne sait pas jusqu'où il ira. Faites bien attention à ses paroles. Le citoyen Caria met une question sur le tapis, un an après la *Commune*. Pourquoi ne l'a-t-il pas lancée avant[1] ? Il

[1] Le citoyen Caria ne l'a pas fait avant, et il a attendu un an

y a une question personnelle qui est cause de tout cela ; car vous savez tous que Caria aîné principalement était très intime avec Eudes et que toute la famille était de ses amis. Ils ont marché ensemble avant et pendant la *Commune*. C'est pourquoi je ne comprends pas cette accusation aussi tardivement faite. Personne n'a jamais connu toutes ces affaires et Caria jeune eut dû tout au moins soumettre sa proposition à la commission. Nous connaissons tous aussi bien les Caria qu'Eudes, qui se sont tous sacrifiés pour la révolution, et j'espère qu'il ne sera pas donné suite à cette demande d'enquête. »

On voit que M. Viard, n'était pas partisan de l'enquête, et il avait de bonnes raisons pour cela, car il était plusieurs fois banqueroutier et il avait volé la caisse de son ministère montant à 200,000 ou 300,000 francs, après la chute de la *Commune*, et s'était sauvé avec, ainsi que nous le prouverons plus loin, et c'était pour cela qu'il désirait que Caria ne donnât pas de suites à sa demande. Mais malheureusement Octave Caria n'était pas de son avis, et il lui répondit :

— « Je trouve très étonnant que le citoyen Viard vienne dire dans cette assemblée que tout le monde ignorait cette affaire. Le 10 mars dernier une demande d'enquête sur ces faits fut adressée à un cercle ayant pour titre « *La Commune révolutionnaire.* » La demande fut repoussée, je possède le double des lettres adressées à ce club, et lorsque le besoin se fera sentir de les produire, je les mettrai à jour. J'ai donc le droit d'être très surpris de cet argumentation de mauvaise foi.

parce que plus tôt son père n'était pas accusé de ce vol, les médailles n'ayant été découvertes que longtemps après son arrestation, et parce qu'il craignait, en le faisant plus tôt, de compromettre les véritables coupables et de fournir des renseignements qui auraient pu nuire aux accusés de la *Commune* qui n'étaient pas encore jugés, tandis que plus d'un an plus tard ce danger n'existait plus.

« Martin et Viard. — C'est comme cela que vous gardez le secret.

« Caria. — Je n'ai pas de secret à garder par la raison que je n'ai jamais fait partie de ce cercle, puis ensuite voyant la mauvaise foi de mes adversaires, je me sers de tous les moyens et documents qui sont à ma disposition.

« Martin prononce des paroles de menaces qui ne sont pas entendues.

« Caria. — Je demande le rappel à l'ordre du président et je ne comprends nullement sa partialité dans le débat. Si le président qui vient de me menacer par gestes a des questions personnelles à vider après la séance, je suis à sa disposition.

« De toute part on crie c'est infâme; c'est ignoble, il faut être mouchard pour faire de telles choses.

« Caria répond à Armand Moreau et à Mallet qui se sont distingués parmi les vociférateurs : — *Mouchard ?* Cette accusation a déjà été lancée, mais vous n'avez pas eu le courage de la lancer vous-mêmes; c'est une femme qui a été chargée de la commission. Quant à vous qui m'accusez d'être mouchard, vous avez parmi vous des personnages qui se sont mis à genoux devant Versailles pour obtenir une grâce et qui l'ont obtenue, je ne sais à quel prix l'enquête les désignera. »

Ces personnes ont été désignées ou plutôt dévoilées depuis; il a été prouvé que M. Granger, le blanquiste qui a fourni l'argent pour solder les conspirateurs de l'affaire des pompiers de la Villette en 1870, aujourd'hui député, avait été arrêté avec sa complice la femme Gois, en 1871, au milieu du linge et des autres objets mobiliers volés à la Légion d'Honneur, par Eudes, Gois et Cie, dans une maison portant les n°s 7 et 9 de la rue des Couronnes, où ils les avaient cachés, et que Granger ayant imploré sa grâce et celle de sa complice, auprès de M. Voisin, son cousin, ancien préfet de police et secrétaire de la commission des grâces, a obtenu les faveurs très importantes qu'il sollicitait, qu'il a été mis en liberté avec la femme

Gois et qu'ils ont pu retourner à Londres. M. Granger ne peut nier ce fait car les procès-verbaux de son arrestation, son inscription sur le livre d'écrou, ses lettres à son parent Voisin et sa grâce sont mentionnées à son dossier. Ceci dit revenons au compte rendu de la séance des réfugiés de la *Commune* à Londres que nous analysons.

« Goullé prononce quelques paroles pour défendre Eudes, mais il est interrompu par Caria qui lui dit :
— « Quant à vous, Goullé, je vous accuse. Souvenez-vous du pillage de l'hôtel de Broglie. »

Goullé reste silencieux sous le coup de cette accusation si positive et si bien formulée, craignant sans doute que Caria ne précise les faits et n'en donne les détails !

« MALLET, prend alors la parole et dit : — La question qui est agitée est amenée par une haine personnelle. Nous connaissons tous les Caria. Cette affaire vient de l'accusation Ledrux. Caria aîné est un entêté, il n'a pas voulu retirer l'accusation lancée contre Ledrux ; on a fait des démarches auprès de lui, il a refusé de se rétracter. Il est malheureux que des accusations de cette importance soient lancées pour des questions personnelles. »

M. Mallet est bien extraordinaire ; pour lui le vol, le pillage, l'incendie, etc., sont des questions personnelles.

« CARIA. — Oui, je l'avoue, pour moi, c'est une haine personnelle, vous avez déshonoré ma famille. Je serai implacable. C'est une question de vie ou de mort. Ceux qui sont cause de ce déshonneur auront ma vie ou j'aurai la leur. Je serai sans pitié.

« VIARD. — Les citoyens Caria se sont sacrifiés pour la révolution, et lorsqu'on a eu besoin d'hommes pour se battre, on les a toujours trouvés présents. Ils ont sacrifié leur vie, nous le savons et certainement si des hommes ont fait leur devoir, ce sont eux. Mais Eudes n'a-t-il pas fait son devoir ? »

Les fils Caria et leur père d'après l'aveu de leurs adversaires Vaillant et Viard, sont, comme ceux-ci l'avouent, d'honnêtes et braves combattants, qui n'ont rien volé, mais il n'en est pas de même d'Eudes, de Granger et de Gois, qui ont été pris la main dans le sac et qui ne se sont jamais battus.

Viard, qui est lui-même un voleur et qui a une grande peur qu'on ne dévoile ses méfaits, ajoute encore :

« Citoyens, ne donnons pas à nos adversaires un spectacle aussi navrant, car ils ne manqueront pas de se réjouir de ces scissions qui sont la mort de la révolution, aujourd'hui c'est celui-ci, demain ce sera un autre.

« Caria. — Devant la mauvaise foi apportée dans ce débat je fais appel à la bonne foi d'un citoyen qui a appris cette affaire, il y a 7 ou 8 mois. Que Mortier réponde ?

« Mortier avoue qu'il connaissait cette affaire et que Caria a raison.

« Longuet. — Il suffit que l'enquête fut demandée par MM. Caria pour qu'on n'y fît pas droit.

« Caria. — Les Messieurs Caria valent certainement le sieur Longuet ; car ils sont persuadés qu'on ne pourra pas les accuser de lâcheté. Que le sieur Longuet en dise autant...

« Moreau, Émile. — Je ne suis pas partisan de l'enquête, mais lorsque j'entends critiquer des hommes qui ont fait leur devoir, par des individus comme les Longuet et d'autres, je ne puis m'empêcher de répondre : si lorsque le 25 mai j'ai rencontré les Caria, ils m'avaient conté tout cela, j'aurais fusillé Eudes et les coupables de son état-major.

« Eudes. — Et moi, je t'aurais fait fusiller.

« Moreau. — J'avais le 101e derrière moi. Vous Longuet, à quelle barricade vous êtes-vous battu ? Et vous Vaillant ? et *tutti quanti* ?

« Tanguy. — Tous ceux qui ne sont pas partisans de l'enquête sont des intéressés.

« Moreau, Armand, et Mallet. — Oui nous y sommes intéressés.

« EUDES. — Après avoir nourri les Caria, et leur avoir fourni des fonds pour se sauver ?

« CARIA. — Vous en avez menti. (Tumulte prolongé.)

« Le président met aux voix la demande d'enquête qui est repoussée par 28 ou 30 voix et acceptée par 16 [1]. »

Ce vote n'a rien d'étonnant pour ceux qui savent que les 28 ou 30 votants qui ont repoussé l'enquête étaient membres de la fameuse bande des *Trente-Trois-Voleurs*, dont Eudes était le grand chef, l'Ali-Baba, comme a dit Vermersch.

La lecture de cette séance des réfugiés de la *Commune* à Londres pourrait suffire pour prouver la culpabilité du général Eudes et l'innocence de la famile Caria, surtout quand on sait déjà, comme nous venons de le raconter, de quelle façon étrange les caisses contenant les médailles et les croix volées avaient été envoyées chez le père Caria en son absence, reçues par sa femme, qui croyait, comme on le lui avait dit alors, que ces caisses renfermaient des armes et des munitions. Mais quand on aura achevé la lecture de ce chapitre et qu'on connaîtra à fond le trop fameux général Eudes et la bande de malfaiteurs dont il était le chef, on ne doutera plus de la culpabilité de celui-ci, surtout quand on aura lu la lettre de Ranvier, à La Cécilia, du 17 septembre 1875, dans laquelle il dit en parlant d'un jeune proscrit de la *Commune* réfugié à Londres :

« De plus ici se trouve Ferdinand Camille, qui était bien jeune, qui n'a pas cru devoir désobéir, et qui a été chargé de traîner dans des voitures en retraite l'argent volé par Eudes. (Ce garçon était un officier d'Eudes.) Il sait même que les médailles trouvées chez Caria, ajoute Ranvier, étaient envoyées

---

[1] Voir le journal socialiste *La Fédération*, du 21 août 1872, publié à Londres.

chez ce dernier, sans même qu'il eut été consulté par Eudes et Gois[1]. »

Il est en effet bien difficile, après avoir pris connaissance de cette déclaration de Ranvier, et quand on est au courant de tous les forfaits accomplis par Eudes et par sa bande, de ne pas en conclure que ce dernier était certainement le voleur des médailles et des croix de la Légion d'Honneur, du reste, le traître qui avait participé à la livraison des portes de Paris au gouvernement de M. Thiers, pouvait bien, après avoir commis ce crime et vendu ainsi ses compagnons de combat, se rendre coupable du pillage de la Légion d'Honneur et de tous les autres vols dont on l'accuse.

Maintenant que nos lecteurs sont au courant des incidents graves, qui ont amené la découverte et la divulgation des vols et des pillages de la Légion d'Honneur accomplis par le général Eudes, sa digne compagne et leurs complices, nous allons continuer le récit de ces derniers à l'aide de documents certains et des déclarations des témoins oculaires des crimes qu'ils ont racontés. Voici en premier lieu ce que Léopold Caria a révélé au sujet des médailles et des croix déposées chez son père en l'absence de celui-ci.

Il rappelle d'abord « que le journal l'*Émancipateur de Toulouse*, lançait un article dans lequel on lançait vertement Léopold Caria, et où l'on commençait à insinuer que les médailles emportées de la Légion d'Honneur, pendant la *Commune*, l'avaient été par lui, qui avait été institué soi-disant gardien de ces médailles par le général Eudes. »

---

[1] Voir cette lettre de Ranvier, dans l'enquête faite par Cluseret, La Cécilia et d'autres, à Genève et à Londres, que nous citons plus loin.

Lorsque cet article de l'*Émancipateur* parut, Caria nous a dit : « Comment pouvais-je garder des médailles à la Légion d'Honneur, le 22 mai et avant, puisque je combattais aux avant-postes dans les tranchées avant l'entrée des troupes et depuis, derrière les barricades : rue de Lille, rue de l'Université, rue Saint-Dominique, quai d'Orsay, etc..., et que je ne suis jamais resté à la Légion d'Honneur? »

L. Caria, dans sa déclaration, publiée par la *Fédération* du 25 janvier 1873, a ensuite raconté lui-même de la manière suivante, l'incident relatif à la confidence que lui fit le général Eudes au sujet de l'expédition des caisses de croix et de médailles de la Légion d'Honneur, qu'il avait faite chez son père :

« Le 22 mai, le lendemain de l'entrée des troupes de Versailles sur le territoire de la commune de Paris, le général Eudes qui prétend si bien m'avoir confié la garde de 1,600 ou 1,700 médailles et croix d'honneur, me disait dans un conciliabule tenu entre nous et le colonel Gois, *qu'il avait donné l'ordre de transporter ces médailles chez moi parce qu'il était temps de les mettre en sûreté*. Ces médailles furent trouvées plus tard par la police et motivèrent la condamnation de mon père, qui ignorait le fait, à vingt ans de travaux forcés, par le 20ᵐᵉ conseil de guerre de Versailles, dans sa séance du 6 juillet dernier. C'est dans ce conciliabule que le général Eudes dit lui-même avoir envoyé une partie des médailles dans le vingtième arrondissement, avec un plat en argent. Ces médailles et ce plat se trouvaient, en novembre 1871, déposés par les soins du sieur Gois, rue du Paradis-Poissonnière, n° 10, chez Mᵐᵉ Delpêche. »

« Ces médailles, au nombre de 700 ou 800, et ce plat avaient d'abord été portés chez la veuve Marion, par Pitois[1] qui s'était caché chez elle; cette dame, afin de bien dissimuler ces objets

---

[1] Chez qui Gois les avait envoyées, ainsi qu'il l'a dit, lui-même, à Léopold Caria, qui nous l'a déclaré.

les avait mis dans deux pots, et elle avait fondu de la graisse dessus de manière à les recouvrir complètement ; plus tard ils ont été transportés rue Paradis-Poissonnière comme nous l'avons dit, depuis ils ont dû être fondus et vendus par les voleurs et leurs complices, et il est probable que M. le général Malandrin ou Mandrin Eudes, en aura fait réclamer et en aura touché le prix plus tard.

Mais en attendant, dès le 22 mai, « dans la matinée, dit Léopold Caria, dans son article publié par la *Fédération* en janvier 1872, on fit transporter par ordre du général Eudes et de sa femme, avenue Daumesnil, chez un citoyen résidant à Londres, et qui habitait encore dernièrement à Middlesborough (en 1872): 50 paires de draps, — 400 serviettes damassées, — 4 grands matelas, — 6 couvertures d'oreillers-traversins. Ceci formait le chargement d'un fourgon, trois autres fourgons furent chargés ensuite ; et, de la lingerie, ainsi que de l'argenterie du palais et des croix, il ne resta plus rien que les meubles vides.

« Ne pouvant emporter le palais, on y mit le feu !!!! »[1]

Voilà d'après un témoin oculaire et auriculaire comment fut accompli le pillage et l'incendie de la Légion d'Honneur par les ordres et au bénéfice de l'illustre général Eudes. Il procédait partout de même, il mettait le feu pour effacer la trace de ses pillages et de ses vols ; c'était toute sa tactique et sa science militaire Le colonel Rossel avait dit que sa compétence ne s'étendait pas au delà de la cuisine, il avait eu tort, le grand capitaine Eudes avait beaucoup d'autres spécialités que le successeur de Cluseret à la Guerre pendant la *Commune* n'avait pas soupçonnées.

Léopold Caria nous a donné des détails très circonstanciés, sur les vols des objets mobiliers accomplis par Eudes le 22 mai 1871, au palais de la Légion d'Honneur.

---

[1] Voir *La Fédération*, journal socialiste, publié à Londres, du 25 janvier 1873.

Il nous a dit que trois fourgons avaient été remplis de linge, d'objets d'art, de vaisselle et d'argenterie; l'un d'eux avait été conduit rue de Charonne dans un des nombreux domiciles clandestins de l'illustre et prévoyant général par le cocher Weber; le second, on ne sait où, et le troisième, comme nous l'avons déjà dit, avenue Daumesnil, n° 24, par Ducamp. Le logement où a été cachée la cargaison de cette troisième voiture, appartenait à Joannin, cuisinier, le Watel ou le Trompette du général Eudes. Caria a vu amener, dans le logement en question, par le cocher Ducamp, qui a été fusillé à Satory, le fourgon plein de ce linge; il y avait, couché sur ce dernier, un jeune capitaine d'artillerie, grièvement blessé, nommé Gaspard Guillot[1], c'était un étudiant. On le cacha dans ce logement pour le soustraire aux Versaillais qui l'auraient fusillé, il fut soigné par le citoyen Annoy, mais malheureusement il fut découvert, pendant une perquisition, au milieu du linge, ce dernier fut saisi et l'infortuné blessé arrêté et conduit à Mazas, où il a échappé par miracle à la fusillade qui l'attendait pendant les épouvantables massacres des prisons, qui ensanglantèrent celle où il était enfermé. Le père de Guillot, un médecin avantageusement connu, ayant été informé de la terrible position dans laquelle son fils se trouvait, parvint à force de démarches, à le faire relâcher provisoirement sous caution, et dès qu'il fut libre, ce dernier en profita pour se sauver à Genève, où il se réfugia afin d'éviter les conseils de guerre qui l'attendaient. Il est depuis resté dans cette ville hospitalière où il exerce la médecine.

Joannin est ainsi parvenu à échapper aux recherches des soldats et de la police du gouvernement de Versailles, il s'est d'abord réfugié à Londres, où il a monté un restau-

---

[1] Il est actuellement encore docteur en médecine, à Genève.

rant dans Charlotte street ; il s'était associé avec la belle-mère de Dacosta. Tout naturellement les honorables membres de la société des Trente-Trois-Voleurs l'honorèrent de leur pratique; ces aimables concitoyens et collègues vinrent boire son vin, son pale-ale, son stout, son brandy et goûter ses sauces, ses potages, ses beefsteacks, ses roats-beefs, etc... Ils les trouvèrent délicieux, leur firent grand honneur, en burent et en mangèrent beaucoup.

Mais, selon leur louable habitude, ils oublièrent de les payer, et quand Joannin eut l'inconvenance de leur présenter la note, ces Messieurs se récrièrent beaucoup, contre son manque d'usage, son inconvenance et son insolence, et ils lui firent observer qu'il s'exposait à perdre leur pratique; car il n'était pas d'usage dans leur honorable Société de réclamer de l'argent aux collègues et amis, qu'au contraire on devait en prêter à ceux qui avaient le malheur d'en manquer, parce qu'ils avaient été trop honnêtes quand ils étaient à Paris avec le général, et qu'ils n'avaient pas assez pillé, et comme le malencontreux Joannin persistait dans sa réclamation, en leur disant qu'il n'avait plus d'argent et que, s'ils ne le payaient pas, il ne pourrait pas aller au prochain marché faire ses provisions et continuer de les nourrir, ils le quittèrent tous, et l'expulsèrent de leur respectable Société, conformément à son règlement qui défend expressément de réclamer de l'argent aux membres et amis.

L'infortuné Joannin fut ainsi ruiné et forcé de fermer son restaurant, il quitta Londres et s'en fut à Middlesbourg; mais il n'y resta pas longtemps, et il partit bientôt pour l'Amérique. Un de ses amis, Brignolas, un habile ouvrier du grand fabricant de tapis Aubusson, avait établi une fabrique de tapis à Windsor, pour le compte de la reine d'Angleterre, et il gagnait 14 livres sterling par semaine

(350 francs); mais il se conduisit si bien qu'il se fit mettre à la porte, avec ceux de ses camarades qu'il avait fait venir pour travailler avec lui. Lorsqu'il fut renvoyé, Brignolas avait plusieurs très beaux tapis, provenant sans doute des fruits de ses économies, quand Joannin partit pour l'Amérique, il les confia à ce dernier pour qu'il les vendît pour lui ; le cuisinier émigrant se chargea volontiers de cette commission, et quand il eut vendu les tapis et que son ami lui en réclama le montant, il lui répondit en lui rappelant le fameux article du règlement de la Société des Trente-Trois, qu'on lui avait appliqué, qui défend de demander de l'argent à ses membres, et dans lequel il est statué, comme l'a rappelé avec menaces de mort à Varlet, M. Vaillant, en lui disant : « Qu'on doit réclamer des comptes à ses ennemis, mais jamais à ses amis et en ajoutant qu'à Londres, les membres de la Société des Trente-Trois, se contentaient de l'expulser ; mais qu'à Paris on l'aurait fusillé [1]. »

Et Brignolas, bien entendu, dut se contenter de ce règlement à l'œil et il ne reçut jamais un misérable farding de son ancien collègue. Telles sont les mœurs des aimables disciples du successeur du Vieux-de-la-Montagne.

Mais revenons à la Légion d'Honneur ; le lendemain de l'entrée des troupes de Versailles dans Paris, L. Caria avait quitté ce palais à quatre heures du matin pour aller se battre aux barricades les plus avancées, il n'y est revenu qu'à dix heures du soir, il lui aurait donc été bien difficile de garder les médailles et les croix d'honneur qu'il n'a jamais vues. C'est dans cette nuit du 22 au 23 mai, qu'Eudes et Gois lui ont fait la confidence de l'envoi des médailles volées, chez son père alors absent, ainsi que nous l'avons déjà dit. Caria n'a pas non plus assisté à

---

[1] Voir la lettre de Ranvier, que nous avons reproduite plus loin.

l'incendie de la Légion d'Honneur, c'est Eudes qui a ordonné le pillage et l'incendie, et Gois, l'ancien incendiaire de la maison de sa sœur, ainsi que nous le raconterons bientôt, présidait à l'exécution.

Caria n'est pas le seul témoin qui nous ait raconté les pillages, les vols et l'incendie de la *Légion d'Honneur*, Oudet, membre de la *Commune*, qui en a été aussi témoin oculaire, nous les a également narrés. Il nous a dit qu'il s'était battu aux barricades des rues environnant ce palais dans les journées des 22 et 23 mai 1871, avec le bataillon des francs-tireurs du XIX⁰ arrondissement, appelés *Les Enfants perdus*, placés sous les ordres du commandant Lambert, que ces courageux volontaires avaient non seulement tenu en échec les soldats de l'armée de Versailles, qui s'avançaient par les rues de Lille, de l'Université, Saint-Dominique, etc... ; mais encore qu'ils les avaient souvent repoussés en s'emparant de leurs positions, entre autre de leur barricade de la rue du Bac. Le commandant Lambert, des Enfants Perdus, avait fortifié la Légion d'Honneur et les barricades environnantes, et il avait mis en batterie trois mitrailleuses et quatre canons pour les défendre.

Le 23 mai, dans la matinée, Oudet avait été obligé de quitter son poste de combat pour aller chercher des munitions à l'Hôtel de Ville. Là, il avait rencontré Eudes au Comité de salut public. Il lui avait paru bien sombre et bien lugubre, il était très pâle, il lui avait à peine répondu d'un air distrait lorsqu'il lui avait annoncé les combats de la veille et de la matinée en lui demandant les munitions dont il avait besoin pour continuer la lutte, et il avait dû lui-même aller faire charger un fourgon des projectiles dont il avait besoin et qu'il était venu chercher ; puis il était aussitôt reparti avec son précieux approvisionnement ; mais tout à coup, il fut bien péniblement

21.

étonné lorsqu'en approchant de la Légion d'Honneur il s'aperçut que cette dernière était tout en flammes, et lorsqu'il apprit que ses défenseurs avaient reçu l'ordre du général Eudes, membre du Comité de salut public, de l'incendier et de l'abandonner, lequel était déjà en partie exécuté. Il fut arrêté par les flammes qui s'échappaient de tous les côtés, et qui menaçaient de mettre le feu à son fourgon de munitions et de le faire sauter s'il continuait d'avancer. Les francs-tireurs avaient été obligés d'enlever leurs canons que les flammes léchaient, et dont les culasses s'échauffaient et se noircissaient; ils étaient furieux de voir ainsi leur principal poste de défense livré volontairement aux flammes, et les gardes nationaux qui, le matin, s'étaient battus avec courage, étaient indignés à la vue de l'incendie qu'ils réprouvaient, et ils abandonnèrent avec désespoir leurs barricades, en déclarant qu'ils ne voulaient pas partager la responsabilité de cette « infamie »; car c'est ainsi qu'ils qualifiaient l'incendie de la *Légion d'Honneur*.

Oudet nous a assuré que deux malheureux blessés abandonnés par les pillards, furent surpris par les flammes et brûlés vivants. Les francs-tireurs continuèrent de se battre courageusement derrière les barricades, mais le principal poste de leur résistance était détruit et l'ennemi s'avançait de tous les côtés.

Lorsque Oudet était arrivé auprès du palais en flammes, il avait vu trois fourgons chargés de butin, qui partaient de Mmes Eudes, Gois, Collet, etc... C'étaient les produits des pillages et des vols de la Légion d'Honneur que ces horribles mégères emportaient pour les mettre en sécurité dans leurs nombreux repaires.

Telle était la tactique des misérables que nous avons vus à l'œuvre et dont nous racontons les infâmes exploits. Elle consistait à mettre au pillage les positions qu'ils occupaient, à les incendier pour effacer les traces de leurs vols, et à se sauver ensuite lâchement en les abandonnant à l'ennemi.

Cette abominable tactique n'a pas été suivie seulement à la Légion d'Honneur, mais partout par les bandits idiots, les Gois, les Granger, les Cournet, etc., de la bande des Trente-Trois. Le fameux général Eudes l'a successivement fait mettre en pratique sur toutes les positions qu'il occupait sur la rive gauche de la Seine, puis il en a fait autant sur la rive droite. Il a même poussé la stupidité et l'inconscience jusqu'à vouloir nous en faire publier la preuve authentique, en nous donnant l'ordre d'insérer, dans le journal officiel de la *Commune*, une lettre signée de lui et de ses collègues du Comité de salut public, adressée à M. Thiers, dans laquelle ils déclaraient à ce dernier que si, dans les vingt-quatre heures, il n'avait pas évacué Paris avec toutes ses troupes, ils feraient sauter et brûleraient complètement cette ville, et n'en laisseraient pas pierre sur pierre.

Malgré la menace qu'il nous fit de nous faire fusiller si nous désobéissions à son ordre, nous avons refusé de l'exécuter et nous n'avons pas inséré sa lettre à *l'Officiel*.

C'est en vertu de sa tactique atroce et insensée qu'il a fait incendier l'Hôtel de Ville, le berceau des vieilles communes d'Etienne Marcel, des Maillotins et de la grande Commune révolutionnaire de 1792.

L'amour du lucre du général Eudes était si grand, qu'il se faisait remettre 25,000 francs le 24 mai, avant de donner l'ordre d'incendier les Tuileries et d'écrire la lettre à M. Thiers, dont nous avons parlé, et le lendemain, 25 mai, il touchait encore 50,000 francs à la caisse de la *Commune*. Les deux reçus qu'il a donnés de ces 75,000 francs existent encore.

Cet illustre guerrier-pillard ne se contentait pas du

butin considérable qu'il avait fait au Ministère de la Guerre, à la Légion d'Honneur et partout où il avait passé. Ce coûteux personnage, à côté de ses vols et de ses pillages en objets mobiliers, qui étaient d'une valeur considérable, s'était fait remettre en espèces, en outre de ses traitements de membre du Comité central, de la *Commune*, de général, etc. :

1° Trois mille francs à la mairie du XI° arrondisssement	3,000 fr.
2° Six mille francs au Ministère de la Guerre	6,000 »
3° Douze mille francs à l'Intendance.	12,000 »
4° Vingt-cinq mille francs une première fois à la caisse de la Commune	25,000 »
5° Cinquante mille francs une seconde fois	50,000 »
Total des sommes connues volées par le général Eudes pour son usage personnel.	96,000 fr.

Ainsi du 20 mars au 24 mai 1871, en deux mois et quatre jours, ce général incapable, ce voleur, ce traître et ce couard, qui a empêché d'occuper le Mont-Valérien le 19 mars, qui a fait massacrer le peuple les 2 et 3 avril, qui a vendu les portes du Point-du-Jour, d'Auteuil, de Saint-Cloud, etc., s'est fait donner la somme énorme de 96,000 francs, ou de 48,000 francs par mois, soit, par an, cinq cent soixante-seize mille francs 576,000

Hoche, après avoir fait la campagne du Rhin, après avoir vaincu les ennemis de la République et pacifié la Vendée, recevait en récompense un sabre d'honneur et demandait l'autorisation d'acheter un cheval pour remplacer le sien blessé sur les champs de bataille. Mais du temps de Hoche on n'était pas en plein *Bas-Empire*, comme aujourd'hui. Autre temps, autre mœurs !

Lorsque le brave, soigneux, prévoyant et fort peu désintéressé général Eudes eut ainsi réalisé de nombreux capitaux et accumulé une quantité considérable d'objets mobiliers en tous genres, dont nous avons donné la longue nomenclature, quand il eut vendu et livré quatre ou cinq portes de Paris à l'armée de Versailles dans l'espoir de toucher sa part du prix de la trahison, qu'on lui avait promise et montant à 1 million et demi ; quand il eut commis tous ces crimes et bien d'autres encore qu'il serait trop long de rappeler ici, il cacha soigneusement son précieux butin et une partie de son argent dans ses nombreux domiciles clandestins et chez ses amis, et quand la cause de la *Commune* fut complétement perdue, grâce à lui et aux autres misérables de son espèce, cet illustre guerrier de grand chemin prit celui de l'Étranger, afin d'éviter la récompense que sa belle conduite méritait, encore plus de la part de ses compagnons de lutte que de celle de ses ennemis ; car s'il avait pillé avec la même ardeur les uns et les autres, il avait en outre indignement trahi ses amis.

M. Eudes fit alors un voyage d'agrément en Suisse, en Allemagne, sur les bords du Rhin et en Belgique ; comme il avait grâce à ses vols, ses poches pleines d'or et bien garnies de billets de banques, il mena joyeuse vie, et il visita le long de sa route les villes d'eaux et de jeux, Baden-Baden et Spa. Et quand il eut dépensé en divertissements et perdu au jeu une partie de ses honnêtes économies, pendant que tant d'infortunés fédérés gémissaient dans les prisons et les camps de Versailles, il vint se fixer à Londres ayant encore 25,000 francs dans sa poche ainsi qu'il l'a lui-même déclaré, sans parler d'autres sommes mises en réserve à Paris et ailleurs.

La chaste compagne de cet honnête personnage avait comme lui quitté la France, et elle était allé demander à l'étranger la sécurité que son ingrate patrie semblait vouloir lui refuser ; elle n'avait pas pris la même route que son illustre époux, dont les événements politiques et les intrigues galantes l'avaient séparée, elle avait traversé la Bretagne alors en fleur, et elle s'était réfugiée à Jersey ; mais elle n'avait pas voyagé seule, malgré la perte irréparable qu'elle avait faite de son plus aimable chevalier servant, le séduisant comte de Beaufort, que son Othello avait sacrifié à sa jalousie, et quoiqu'un autre de ses tendres amis, le capitaine Cœuille, eut aussi été empêché de l'accompagner pour pourvoir à sa sécurité personnelle, il lui était heureusement resté son fidèle Oldrini, aussi un bon ami de cœur, qui avait bravé tous les dangers pour suivre la femme de son général, et, protégé par le dieu des amants, qui veillait depuis quelque temps sur leurs amours, ils avaient pu atteindre sans encombre la jolie île anglaise de Jersey, qui avait déjà abrité tant de proscrits depuis Jean Cavalier, jusqu'à Victor Hugo.

Lors de sa fuite un peu précipitée de Paris, la tendre épouse du général Eudes, n'avait pris avec elle qu'une faible somme d'argent dans la crainte qu'on la lui saisît, et aussi parce qu'elle redoutait les questions indiscrètes qu'on aurait pu lui adresser sur son origine, dans le cas où elle aurait eu le malheur de tomber entre les mains de la police. Elle avait eu le soin, avant son départ, en femme prévoyante, de cacher soigneusement dans ses nombreux domiciles le fruit des économies qu'elle avait faites pendant qu'elle et son mari étaient au pouvoir, afin d'avoir plus tard, comme elle le disait : « une poire pour la soif. » Mais comme elle avait dépensé beaucoup d'argent pendant sa route, elle se trouva bientôt sans le sou dans un hôtel de Jersey, avec son galant compagnon de voyage, ce dernier n'était pas riche lui-même et il eut bientôt épuisé les 100 francs, qu'il avait empruntés à un ami avant son départ, pour suivre la femme de son cher général.

Heureusement que cette dernière avait appris, par la voie des journaux, que son digne époux avait gagné Londres où il s'était réfugié. Elle lui écrivit aussitôt une lettre touchante, bien faite pour l'émouvoir, et elle le pria de lui envoyer immédiatement de l'argent, afin qu'elle puisse aller le rejoindre ; car, lui disait-elle, elle était sans ressources et bien malheureuse avec Oldrini ; « ils n'avaient qu'une chambre et qu'un lit pour deux » et ils étaient bien obligés de coucher ensemble. « Honni soit qui mal y pense. » Mais elle espérait que son généreux et confiant époux comprendrait combien sa situation était délicate et compromettante, aussi elle était certaine qu'il se conformerait de suite à sa demande pour faire cesser cet état de choses insolite et dangereux pour son honneur.

Le faible et croyant général profondément touché par la missive de sa femme, et par la position fort scabreuse dans laquelle elle se trouvait réduite avec ce cher Oldrini, s'empressa d'envoyer un chèque à sa tendre moitié, afin qu'elle puisse venir au plus vite le rejoindre dans son nouveau domicile conjugal, bien entendu toujours avec le fidèle Oldrini, qui continuerait d'être l'ami de la maison, car depuis la mort du comte de Beaufort, Madame la générale était inconsolable et, sans les soins empressés du galant Oldrini, elle aurait certainement succombé à sa douleur.

Enfin, elle vint heureusement à Londres, où elle fut reçue à bras ouverts par son sensible époux, qui fut trop heureux de témoigner à sa séduisante et volage moitié, tout son amour, que leur séparation forcée avait encore beaucoup augmenté.

La belle dame trouva aussi auprès de son époux les colonels Gois, Goullé, Collé, etc..., et un grand nombre d'autres anciens amis, parmi lesquels les plus importants étaient : MM. Cournet, Vaillant, Breuillé, Viard, Granger, etc..., tous ces vieux compagnons de plaisir et de pillage, qui avaient heureusement pu échapper miraculeusement au massacre de la Semaine Sanglante, s'empressèrent autour de leur gentille générale et formèrent depuis le jour fortuné de son arrivée une brillante cour de gentlemen aussi distingués que dévoués.

Une fois, son Excellence, M. le général Eudes, — c'est en ces termes que l'ancien hôte du ministère de la guerre et du palais de la Légion d'honneur se faisait appeler à Londres où nous l'avons nous-même entendu désigner ainsi, — fut installé dans sa nouvelle résidence, il s'occupa aussitôt de faire venir auprès de lui une partie de l'argent et des objets mobiliers, produits des fructueuses perquisitions et des productives réquisitions qu'il avait faites de la manière que nous avons déjà racontée.

Le prévoyant et précautionneux général avait, comme nous l'avons déjà dit, déposé à Paris en lieux et en mains sûrs, chez des amis dévoués, des sommes assez fortes. Il en avait confié une, de 25,000 francs, à Sourd, de laquelle nous allons raconter les curieuses aventures que nous garantissons très véridiques ; elles nous ont été narrées souvent par un ancien intime ami du général, qui les tient lui-même des acteurs de cette histoire extraordinaire, laquelle donnera une idée très exacte de la moralité et de la manière de procéder des personnages qui ont joué un rôle direct dans cette affaire.

Eudes avait confié avant de partir, à son camarade Sourd, les 25,000 francs dont nous venons de parler et il lui avait en outre remis en même temps un paquet de galons en or et en argent, en le priant aussi de les cacher. Le citoyen Sourd était alors employé chez un négociant nommé Clairet ; quand les Versaillais pénétrèrent dans Paris, il fut naturellement très effrayé et craignit beaucoup d'être compromis et arrêté, si le dépôt qu'il avait chez lui était découvert, et pour s'en débarrasser il eut l'idée de le cacher chez son patron Clairet. Il se rendit chez lui en son absence, et il plaça les billets, qui étaient tous de 1,000 francs, dans les volumes de la bibliothèque, en ayant le soin de prendre note des volumes et des pages de ces derniers où il avait placé les billets, puis il cacha les galons au grenier.

Une nuit en son absence, Clairet, lui-même poursuivi par la police, vint clandestinement chez lui et s'amusa à lire pour passer le temps et, par hasard, en feuilletant un volume, il trouva un billet de 1,000 francs, puis en cherchant successivement dans tous les volumes, il découvrit tout le trésor, 25,000 francs ; il laissa le tout en place afin de découvrir la personne qui avait caché les billets, et comme il avait été volé il y avait déjà quelque temps d'une forte somme, il pensa que ces billets pourraient bien provenir au moins en partie du vol dont il avait été la victime, et il soupçonna son commis Sourd d'être l'auteur du larcin. Il resta chez lui pour l'attendre, quand le lendemain ce dernier arriva pour faire son service, il l'accusa aussitôt de l'avoir volé en lui montrant les billets toujours cachés dans les livres.

Sourd alors lui raconta tout, il alla chercher les galons qui étaient cachés au grenier, comme une preuve de la vérité de ses dires, et il emporta le tout, billets et galons, qui furent cachés autre part.

Depuis, Eudes en avait reçu une partie, mais il était resté une somme de 15,000 francs entre les mains de Sourd. Le général Eudes, lors de son passage à Bruxelles, après la chute de la *Commune*, était allé voir Léonard, un peintre belge de ses amis, l'auteur des célèbres tableaux *l'Assassinat et le Viol de la République Mexicaine* et *la Folie de l'Impératrice Charlotte*, etc. Le peintre belge lui dit qu'il avait l'intention d'aller à Londres pour faire une exposition de tous ses tableaux ; Eudes l'encouragea beaucoup dans son projet, il lui fit ses offres de services, et lui offrit de lui prêter de l'argent pour son entreprise. Bref, il fut convenu entre lui et Léonard que ce dernier irait à Paris chercher l'argent que le général Eudes avait caché chez des amis. Ce qui fut définitivement fait et Léonard revint bientôt à Londres avec les 15,000 francs que Sourd avait encore chez lui, restant du dépôt qu'Eudes lui avait confié. Ce dernier prêta au peintre Léonard 5,000 francs sur cet argent pour l'aider à faire son exposition de tableaux, qui eut en effet lieu à Londres. MM. Gois et Goullé, les complices de M. Eudes dans les nombreux pillages et vols que ce fameux général avait accomplis à Paris, eurent un emploi dans cette exposition de tableaux. Nous sommes allé la voir, elle était très belle, mais elle n'a pas eu un résultat avantageux, et le peintre Léonard loin d'avoir fait une bonne spéculation, a perdu beaucoup d'argent ayant eu de grands frais.

M. Eudes a successivement fait recouvrer et apporter à Londres tout l'argent et tous les objets mobiliers qu'il avait volés pendant le second siège de Paris, fait par l'armée de Versailles, à l'exception de ceux qui ont été découverts et saisis par la police. Ces nombreuses et riches ressources ont permis à ce général incendiaire et voleur, et à ses nombreux collègues et clients de faire bombance, et de mener joyeuse vie pendant longtemps en Angleterre, tandis que les malheureux proscrits, qui n'avaient rien volé, et qui n'avaient pas de travail mouraient littéralement de faim ; tel que l'infortuné Streloff, ex-employé à la Bourse de Paris, qui est mort d'inanition, à côté des bandits dont nous parlons, qui suffoquaient et étaient malades d'indigestion ou tombaient ivres sous leurs tables, regorgeant de victuailles, à moitié asphixiés par le pale-ale, le brindi, le wiski, le porto, etc., absorbés avec tant d'excès dans leurs soulographies pyramidales.

CHAPITRE XII

LES VOLS ET LES CRIMES DES HAUTS DIGNITAIRES
DE LA BANDE DES TRENTE-TROIS

Maintenant que nous avons esquissé rapidement la physionomie et les crimes du chef de la bande des Trente-Trois, nous allons peindre quelques-uns de ses principaux complices, en commençant par le plus célèbre de tous, le trop fameux colonel Gois, chef du grand état-major du général Eudes et président de la cour martiale.

Il était bien connu sous le pseudonyme élégant de *Grille-d'Égout*, déjà illustré par un célèbre bandit, et dont se pare aujourd'hui une des coryphées des bals du Moulin-Rouge ; les blanquistes camarades de M. Gois le désignaient sous ce nom parce que son gosier et son estomac corrodés par l'usage des vins frelatés et des liqueurs fortes, étaient capables d'absorber et de digérer les liquides les plus falsifiés et les liqueurs les plus corrosives, absolument comme une grille d'égout engloutit les eaux les plus boueuses, les plus sales et les plus infectes.

Lorsqu'il était encore jeune, à vingt ou vingt-deux ans, Émile Gois débuta dans la vie par un mauvais coup qui aurait suffi pour satisfaire l'ambition d'un criminel moins audacieux et moins pervers que lui.

Il habitait alors chez ses parents, à Châtillon-sur-Seine, et se livrait déjà à l'intempérance et à la débauche, comme sa sœur lui avait refusé l'argent qu'il lui demandait pour satisfaire ses mauvaises passions, il mit le feu à sa maison. A la suite de ce crime, il fut arrêté et poursuivi. Afin d'éviter une condamnation aux galères qui l'attendait, il imagina un alibi fort ingénieux, qui fait honneur à son audace précoce, qui prouve son manque absolu de scrupules et son mépris de la foi jurée.

A l'époque dont nous parlons, il faisait la cour à une jeune personne appartenant à une famille honorable, et il avait promis de l'épouser. Lorsqu'il fut arrêté sous l'accusation du crime d'incendie, il fit prier instamment sa fiancée de lui sauver l'honneur et la liberté, en venant témoigner sous serment devant la justice, qu'il avait passé auprès d'elle, dans sa chambre, toute la nuit pendant laquelle l'incendie, dont on l'accusait d'être l'auteur, avait eu lieu. La jeune demoiselle, qui devait être sa femme, à laquelle on avait facilement persuadé qu'elle ferait une très bonne action en sauvant son fiancé du sort affreux qui l'attendait, fit ce qu'on lui demandait, et Émile Gois ayant ainsi prouvé son alibi d'une manière éclatante fut acquitté et mis en liberté.

Après le service que sa fiancée lui avait rendu en faisant un faux serment, en se compromettant pour lui afin de le sauver, en avouant une faute qu'elle n'avait pas commise, en s'exposant même à être poursuivie et condamnée pour parjure, tout le monde croira certainement que la première chose que fit le reconnaissant criminel, ce fut d'épouser sa trop dévouée fiancée.

Qu'on se détrompe, le jeune Gois, dès cette époque, était déjà incapable d'avoir un bon sentiment et de se conduire honnêtement. Au lieu d'épouser la brave jeune fille qui l'avait sauvé aux dépens de sa réputation, et à laquelle il avait juré d'être son mari, il l'abandonna et s'enfuit en compagnie d'une fille de mauvaises mœurs, nommée Lalourcey, qui avait déjà fait six mois de prison pour vol ; il vint avec elle habiter Paris, il en fit, comme l'a dit Caria, sa digne compagne, et nous avons déjà vu à l'œuvre ces deux dangereux associés en brigandage, mais nous n'avons malheureusement pas fini de raconter leurs exploits abominables.

Émile Gois était, comme on le voit, parfaitement digne de faire partie de la bande des *Trente-Trois*, aussi, lorsqu'il vint à Paris, après le crime et la trahison dont il s'était rendu coupable dans sa ville natale, il ne tarda pas à se faire affilier à cette association secrète, qui devait acquérir plus tard une si affreuse célébrité.

Voici en quels termes le citoyen L. Caria a peint ce dangereux bandit qu'il connaissait beaucoup :

« Le colonel Gois était, dit-il, avant sa fuite en Belgique à l'occasion du procès de Blois, employé chez le sieur Joret à Paris, c'est dire qu'il n'avait pas d'autres ressources. Pendant le Siège, il gagna pas mal d'argent en faisant de la spéculation sur l'ail. Il profita de sa position d'employé du XIe arrondissement[1] pour réquisitionner tout l'ail qu'on lui dénonçait et le revendre à la Halle à des prix exagérés. Il spéculait sur la misère publique comme tant d'autres coquins. » — Il avait pour associé dans cet honnête commerce son ami et collègue Pitois, qui devint plus tard son recéleur.

« Le général Eudes ne pouvait se passer d'un si utile auxiliaire. Sous la *Commune*, il le nomma colonel ; à ce titre, ce dernier ne fit jamais de service actif. Il faut dire que le sieur Gois a

---

[1] Gois et Pitois étaient agents de la police municipale du onzième arrondissement et placés sous les ordres du fameux Jau qui la commandait.

horreur des coups de fusils ; aussi ceux des Versaillais n'ont jamais pu l'atteindre. Pendant que nous nous battions, il se grisait, et je dois déclarer, à son honneur, qu'il ne passa pas un jour sans être ivre. Lorsqu'il fut nommé président de la cour martiale, Delescluze fut indigné, il disait qu'il lui serait impossible de rendre un jugement de sang-froid. A Londres, le colonel Gois fit partie du ménage d'Eudes et n'eut pas lieu d'en être satisfait. Il se plaignait surtout de la femme Eudes, qu'il qualifiait en termes qu'il faut chercher dans le dictionnaire de Vadé.

« Le citoyen Gois ne fait absolument rien à Londres ; nous nous trompons, il se grise ; c'est là sa seule occupation, à laquelle il apporte beaucoup de régularité, et si vous allez chez lui, vous pouvez voir des vestiges du palais de la Légion d'Honneur, entre autres des draps que le citoyen Bouilly nous a déclaré avoir reconnus et sur lesquels les *pawnbrokers* [1] prêtent jusqu'à 12 shillings par paire. Vous verrez également les meubles et literies du citoyen C..., dont la garde lui avait été confiée par son général, et qu'il a délicatement fait transporter à Londres. On voit que cet estimable individu pratiqua une politique sérieuse ; après avoir été mouchard du gouvernement du Quatre-Septembre, je pense que le sieur Gois pourra devenir mouchard de Gambetta, c'est la seule fin qui lui soit réservée. »

Ce parfait malandrin, comme nous l'avons dit, avait une compagne digne de lui, dans l'ancienne voleuse, la fille Lalourcey, aussi cette dernière, depuis que son mari était parvenu au sommet des grandeurs, grâce à la protection de son général, avait aussi facilement conquis l'amitié et la confiance de M. et Mme Eudes, qui l'associèrent dans leurs pillages et en partagèrent avec elle les produits, ainsi que Léopold Caria l'a raconté dans le si intéressant mémoire qu'il a publié sur les vols et

---

[1] Prêteurs sur gages.

les pillages du couple Eudes, dans lequel on lit ce qui suit :

« En arrivant au ministère de la guerre, la femme Eudes donna en legs à la femme Gois son mobilier de la rue des Charbonniers, 10 (il n'était sans doute plus assez beau pour elle depuis qu'elle logeait dans des palais dont elle s'appropriait les meubles), et de plus elle lui donna la clef d'un logement situé dans un passage, près de la gare de Lyon. C'était dans ce dernier passage qu'Eudes s'était soustrait aux poursuites de Trochu, après le 31 octobre. Les meubles qui étaient dans ce logement appartenaient au sieur C..., médecin-pharmacien à Choisy-le-Roi. »

Nous avons déjà vu que l'honnête couple Gois n'avait pas voulu se séparer des meubles dont la garde lui avait été confiée et qu'il les avait honnêtement fait transporter auprès de lui à Londres.

« Au partage du linge et de toutes sortes d'objets qui eut lieu à la Légion d'Honneur, la femme Gois transporta sa part rue de Charonne, boulevard de Bercy et rue de la Goutte-d'Or. De là, tout revint rue des Couronnes, 7 et 9, dernier logement de Gois[1]. »

On voit que l'illustre colonel suivait l'exemple de son prudent général Eudes, et qu'il avait, comme lui un grand nombre de domiciles dans lesquels il cachait les produits de sa fructueuse industrie.

Dans le premier de ces domiciles il est arrivé une bien fâcheuse aventure aux deux frères Caria ; le plus jeune, Octave, l'a racontée devant la Société des réfugiés de la *Commune* à Londres, le 18 août 1872, lors de sa demande d'enquête. Nous reproduisons ici son récit :

[1] Gois avait cinq domiciles : 1° Rue de Charonne ; 2° Rue de la Goutte-d'Or; 3° Boulevard de Bercy ; 4° Dans le passage près la gare de Lyon, et 5° Rue des Couronnes, n°° 7 et 9.

« Le 24 mai 1871, quelques heures après l'exécution de Beaufort, nous fûmes arrêtés rue de Charonne, au domicile de Gois, comme agents versaillais. Vous connaissez tous l'exaspération des gardes nationaux dans les derniers moments, si le malheur avait voulu que nous fussions emmenés à la légion du XI° arrondissement avec une semblable accusation nous étions perdus. Mais grâce à un ordre de Ferré, nous fûmes mis en liberté, et si comme je n'en doute pas vous décidez de faire une enquête, je suis convaincu que le citoyen Gois se fera un plaisir d'expliquer les motifs qui déterminèrent cette arrestation. »

Ainsi qu'on l'a vu précédemment l'enquête a été refusée et le sieur Gois s'est bien gardé de révéler les motifs des arrestations dont il est question, car il lui était fort peu agréable qu'ils soient connus; mais comme nous n'avons pas les mêmes raisons que lui pour que le secret soit gardé à ce sujet, nous avons demandé des renseignements à cet égard à Léopold Caria et voici ce qu'il nous a dit :

« Le 24 mai 1871, mon frère Octave et moi étions très fatigués et nous avions un grand besoin de manger, nous tombions de faim, d'épuisement et de faiblesse, nous sommes montés chez Gois, dans son logement rue de Charonne, pour lui demander un verre de vin, un morceau de pain et de fromage, il nous a fait préparer des œufs, et pendant que nous étions en train de manger des gardes nationaux armés et commandés par le colonel Chouteau survinrent, et nous arrêtèrent en compagnie du capitaine Cœuille, le bien-aimé de M™° la générale Eudes, de Guillot, de Douchet et du fameux colonel Gois, lui-même. Voici ce qui avait motivé l'arrestation de tous ces officiers de la garde nationale trouvés chez Gois ainsi que celle de ce dernier et la nôtre.

« Chouteau et ses hommes avaient été informés que l'on conduisait une voiture chargée d'une malle très lourde contenant probablement des armes et des munitions, les gardes nationaux alors étaient très soupçonneux, ils arrêtèrent la voiture, saisirent et ouvrirent la malle et trouvèrent dedans des armes de luxe, des épaulettes, des galons, un habillement de général, 18,000 fr. en argent et quantité d'autres objets de prix. On cria à la trahison, et on demanda aux conducteurs de la malle, Cœuille et C¹ᵉ, d'où elle sortait, et ils dirent qu'elle venait de chez Gois, et elle en sortait en effet, c'était ce dernier, qui pendant que ses hôtes mangeaient un morceau, continuait son petit commerce, et faisait transporter une partie du produit de ses pillages, dans sa maison de recel, située boulevard de Bercy, 42, et habitée par un nommé Bordier, qui vivait là avec une cousine de la respectable femme de l'honnête colonel Gois, on voit que toute cette honorable famille se valait ; les uns étaient voleurs et pillards, les autres recéleurs, etc.

« A la vue des objets contenus dans la malle les gardes nationaux fédérés ne doutèrent pas qu'ils avaient entre les mains des traîtres ou des voleurs, et ils allaient les conduire à la cour martiale de la 11ᵉ légion, qui en aurait fait prompte justice, heureusement que l'on permit à Léopold Caria et à son frère, — complètement étrangers à ces vols, et qui étaient connus comme des bons et honnêtes citoyens, — d'écrire à Ferré l'étrange aventure qui venait de leur arriver ainsi qu'à leurs compagnons ; le délégué à la sûreté générale ordonna de les mettre tous en liberté ce qui fut fait.

Le brave et intéressé colonel Gois, qui ne perdait pas la tête quand il s'agissait de son trésor, fit immédiatement conduire ce dernier en lieu sûr boulevard de Bercy, l'entrepôt central de ses vols ; ce fut son homme de confiance, le fidèle Cœuille, l'amant de madame la générale qui s'acquitta de cette besogne avec son zèle et son habileté habituels. »

Nous avons vu que plus tard le colonel Gois avait fait transporter toutes les richesses qui garnissaient ses divers domiciles rue des Couronnes, nᵒˢ 7 et 9, où il avait établi non pas son quartier général militaire, mais celui du fructueux butin qu'il avait fait pendant la *Commune*, dans l'exercice de son haut commandement. Ce fameux stratégiste à mesure que l'ennemi s'approchait opérait une habile, retraite et prenait de grandes précautions pour que ses magasins contenant le fruit de ses rapines ne soient pas entourés par les troupes de Versailles et qu'ils ne tombassent pas en leur pouvoir, et il les reculait, à mesure que ces dernières approchaient, jusqu'à la rue des Couronnes près du boulevard de Belleville, où il avait à la fin, non pas concentré son artillerie, ses combattants, ses armes et ses munitions, mais ses meubles, sa literie, sa vaisselle, ses porcelaines, ses cristaux, ses tableaux, tous ses objets d'art, ses médailles, ses croix, ses épaulettes, ses galons, ses armes de luxe, ses timbales, ses couverts, toute son argenterie, et tout l'or, l'argent et les billets de banque qu'il avait pillés et volés au ministère de la guerre, à la Légion d'Honneur, et l'hôtel de Broglie, et dans tous les palais, les établissements publics et privés où il avait pu pénétrer. Il avait tout emmagasiné, depuis les meubles du docteur Coudreau du passage de la gare de Lyon, jusqu'au butin qu'il avait fait quai d'Orsay, rue de Lille, etc... Il avait ainsi transporté sa proie sur son Mont-Aventin, où il espérait bien sinon la défendre, dans tous les cas la cacher prudemment dans son repaire mystérieux, qui lui servirait au besoin de refuge, et dans lequel il se cacherait lui-même au milieu des nappes, des serviettes, des draps, des matelas, des édredons qu'il avait volés, comme un blaireau dans son terrier, si jamais le quartier était pris par l'ennemi, et c'est ce qu'il a fait, ainsi que sa femme et son ami Granger.

Voici du reste la liste d'une partie des objets mobiliers volés qui garnissaient les domiciles rue des Couronnes, nos 7 et 9, dans lesquels le citoyen Léopold Caria les a vus, la dernière nuit qu'il a passée à Paris avant son départ pour Londres.

C'est lui-même qui a publié cette note du pillage, lors

de la déclaration qu'il a faite au sujet des vols accomplis par le fameux colonel Gois et le célèbre général Eudes.

« Il y avait, dit-il, dans ce domicile (celui de Gois, rue des Couronnes, n°° 7 et 9), les objets suivants : 24 paires de draps. — Ces draps sont ceux qui ont été plus tard engagés à Londres par Bouilly, qui les a reconnus et qui me l'a déclaré, pour être des draps de la Légion d'Honneur, — une garniture de lit de mousseline brodée, — une couverture piquée en soie bleu ciel, — 5 paires de rideaux en mousseline blanche grande largeur, — 10 paires de rideaux de fenêtres ordinaires, — un dessus de lit au crochet de 4 mètres carrés, — une nappe de 100 couverts, coupée en trois, dont une partie fut donnée à la couturière qui travaillait à démarquer le linge, — 2 nappes de cinquante couverts, — 2 douzaines de couteaux à manches en ivoire, — 4 douzaines de serviettes ordinaires, — 4 douzaines de serviettes damassées, — 2 dessus d'édredons en mousseline brodée, — 12 douzaines de serviettes à thé, — 1 douzaine de tabliers en toile cretonne, — 2 douzaines de taies d'oreillers, — des fournitures de bureaux et de papeterie.

« J'affirme que le citoyen Granger s'est prêté à l'enlèvement d'une partie de ce linge, le lendemain de son retour à Paris, en sortant à huit heures du matin, en voiture découverte, avec la femme Gois, par le pont de Solférino. »

On voit que M. Granger était complice de ces vols et de ces pillages, et que le colonel Gois était digne de servir ainsi que lui sous un aussi honorable chef que le général Eudes, et qu'ils suivaient tous les deux ses grands exemples. Mais revenons aux hauts faits du colonel.

Léopold Caria nous a déjà appris que le colonel Gois avait « horreur des coups de fusils. » Mais cela n'est vrai que quand ces coups de fusils pouvaient atteindre sa précieuse personne; car quand il s'agissait de faire tirer sur des gens désarmés et prisonniers, le brave colonel n'en avait plus peur, c'est lui qui a conduit et fait massacrer rue Haxo, les prétendus otages, qui y ont été fusillés. Il était monté sur un beau cheval, il portait son grand costume d'apparat, que lui avait confectionné l'impérial tailleur Dusautoy et qu'il devait encore, et il tenait en main son beau sabre vierge du sang des ennemis versé sur le champ de bataille, et taché seulement de celui des malheureux qu'il allait chercher dans les prisons pour les faire égorger; ce misérable conduisit fièrement ses captifs au supplice, excitant du geste et de la voix la foule sur son passage, en lui disant en désignant ses victimes : « Ces canailles sont des Versaillais qui ont massacré nos frères, ne les épargnez pas, venez les fusiller aux fortifications. » C'est lui qui a commandé le feu.

Quand la tuerie fut achevée, le brave colonel Gois qui l'avait présidée, craignant que quelques-unes de ses victimes aient échappé à ses coups fit compter deux fois les cadavres un par un; on les prenait par son ordre par les pieds et on les jetait de côté de manière à en former un tas. Les nombres des corps des prêtres, des espions, des gendarmes et gardes de Paris furent trouvés exacts. Il y avait onze des premiers, quatre des seconds, ceux-ci étaient : 1° Ruault, qui étant proscrit à Bruxelles dénonçait ses camarades à la Préfecture de police; 2° Largillière, qui avait servi d'espion au gouvernement impérial dans l'affaire dite de la Renaissance; 3° Greff un autre mouchard et 4° Dereste, un ex-officier de paix, espion du commissaire de police Lagrange, plus trente-six gardes de Paris et gendarmes, en tout cinquante-un cadavres, juste le nombre porté sur la liste du colonel Gois. Ce dernier ayant trouvé son compte se déclara satisfait :

A côté du fameux colonel Gois, nous allons citer maintenant un autre des plus illustres lieutenants du général Eudes, le non moins célèbre commandant Granger, le bailleur des fonds à l'aide desquels Blanqui a organisé l'échauffourée qu'il a faite contre le poste des pompiers de la Villette.

Ce monsieur est un ex-étudiant en droit, fils d'un riche avoué de Mortagne, et cousin de Félix Voisin, ancien préfet de police, inspecteur des prisons et membre de la néfaste *Commission des assassins* de Versailles, surnommée par euphémisme : *Commission des grâces*. Ce sont là une curieuse origine et une parentée bien singulière pour un disciple de Blanqui. Mais, quoi qu'il en soit, nous verrons bientôt que sa parenté avec un des plus féroces ennemis de la *Commune* lui fut de la plus grande utilité.

M. Granger, fut de toutes les expéditions de Blanqui dont il a été un des disciples les plus dévoués, il a figuré au complot de Blois, au 4 septembre, au 31 octobre, au 22 janvier, mais sans trop s'exposer ou se compromettre; c'est un homme prudent comme son ami Gois ; il a le soin de se tenir à l'abri des projectiles, de la police et de l'ennemi. Il était cependant au massacre de la rue Haxo, — là il n'y avait qu'à tuer et rien à risquer, — a côté de son chef, le colonel; comme lui, il n'est pas tendre et ne recule pas devant les grands moyens, quand il espère échapper au châtiment ou au danger. Il s'est ensuite sauvé et s'est refugié à Londres auprès du général, dont il devint un des séides les plus dévoués. Mais au bout de quelque temps, en octobre 1871, environ cinq mois après la chute de la *Commune*, le colonel Gois et le général Eudes, avaient besoin de quelqu'un pour aller à Paris chercher la fille Latourcey, complice et femme du fameux colonel Gois; ainsi qu'une partie du produit de leurs rapines, qui était restée en souffrance dans cette ville. Ils s'adressèrent pour cette mission aussi délicate que dangereuse à leur digne collègue et associé Granger ; ils savaient que mieux que tout autre il pourrait s'en acquitter, et que s'il était arrêté, il courrait de moins grands risques que d'autres, étant le cousin germain de l'ex-préfet de police Voisin, auquel il n'aurait qu'à écrire pour se faire mettre en liberté. M. Granger fut donc envoyé à Paris, avec l'honnête Mme Gois, pour faire emballer et expédier à Londres, le butin caché rue des Couronnes.

Granger se dévoua et partit pour sa scabreuse expédition ; lorsqu'il fut arrivé à Paris et qu'il eut rencontré la femme Gois, cette dernière alla voir sa cousine, qui vivait avec Bordier, boulevard de Bercy, n° 42, chez laquelle elle avait caché pendant la *Commune* beaucoup du butin.

Lorsque Bordier eut appris par Mme Gois l'objet de la venue de Granger à Paris, il dit à cette dame que Gois avait promis, en récompense du service qu'il lui avait rendu en cachant des objets mobiliers chez lui, de lui donner une table qui était alors dans le logement de la rue des Couronnes, et il pria Mme Gois de tenir la promesse de son mari et de lui remettre la table en question. Mais il paraît que Mme Gois, qui ignorait cette promesse, refusa de consentir à la demande qui lui était faite par Bordier, et qu'elle ne voulût pas lui donner la table qu'il réclamait. Alors, n'écoutant que sa colère et son dépit, ce dernier dénonça Granger et la femme Gois à la police, il donna leur adresse dans la maison de la rue des Couronnes où ils se cachaient, en indiquant l'objet de leur séjour à Paris. Munie de ces renseignements, la police se rendit aussitôt rue des Couronnes, fit cerner le refuge de Granger et de la femme Gois, arrêta les deux dénoncés au milieu du mobilier volé et caché rue des Couronnes, n°{s} 7 et 9, et elle saisit ce dernier ainsi que les habillements du plus jeune des fils Pitois, qui s'était aussi réfugié et qui couchait dans le même logement. Nous avons déjà donné la curieuse nomenclature des nombreux objets de lingerie, de literie, de vaisselle, de papeterie, d'articles de bureaux et de salons, etc..., qui étaient accumulés en si grand nombre dans l'appartement où on avait arrêté M. Granger et Mme Gois, qui avaient ainsi été pris en flagrant délit au milieu de leur butin. Malgré cela, malgré les preuves et les charges accablantes qui pesaient sur eux, ils furent tous les deux relâchés après quelques jours de détention dans la prison de Mazas où on les avait enfermés, et ils ont pu retourner librement à Londres, quoique la police et le ministère public n'ignorassent aucun des faits politiques et des crimes de droit commun accomplis par M. Granger, un des lieutenants les plus compromis du général Eudes.

Devant un phénomène aussi extraordinaire que celui de la mise en liberté de M. Granger et de sa complice dans de telles circonstances, on se demande quel talisman possédait ce Monsieur, pour faire ainsi tomber ses chaînes et celles de sa compagne, pour faire tirer leurs verrous et ouvrir, tout au large, les portes de leur prison et les grilles de Mazas ?

Voici la réponse bien simple à cette question : le terrible commandant Granger, s'il était lieutenant du général Eudes, était en même temps, comme nous l'avons dit, le cousin du sinistre Voisin, ancien préfet de police, membre de la *Commission dite des grâces*, l'un des assassins de Ferré, de Rossel, de Cerisier, de Ducamp, de Bourgeois et de tant d'autres compagnons de luttes ou camarades de M. Granger. Dès qu'il eut été arrêté, le farouche Granger, exécuteur des otages de la rue Haxo, s'adressa à son cher cousin Voisin, il le pria et le supplia de le faire mettre en liberté, lui et sa complice, celui-ci lui répondit comme toujours en pareil cas, que s'il voulait payer par un service égal à la faveur qu'il sollicitait (sa mise en liberté), cette dernière lui serait accordée.

C'est à ce prix qu'il a été relâché avec sa respectable compagne et qu'il a pu retourner avec elle à Londres ; et

Octave Caria a pu dire tout haut dans une assemblée de proscrits, en faisant allusion à M. Granger, « qu'il y avait parmi eux des personnages qui se sont mis à genoux devant Versailles, pour obtenir une grâce et qui l'ont obtenue. »

Il y avait encore à Londres, dans la fameuse Société des *Trente-Trois-Voleurs*, un autre illustre officier de l'état-major d'Ali-Baba, c'était le célèbre commandant Goullé, commissaire rapporteur à la Haute-Cour martiale, dont le colonel Grille-d'Egout était le président sinistre.

Cet intègre magistrat militaire, investi d'aussi hautes fonctions, avait, lui aussi, su se mettre au niveau de son honorable président et de ses illustres collègues.

Pendant que le général Mandrin Eudes était grand chancelier de la Légion d'Honneur, et qu'il s'était exclusivement réservé pour lui et pour les hauts dignitaires de son grand état-major, les droits régalines de pillage et de vol dans tout le ressort de son commandement et de ses domaines, deux infimes sous-lieutenants de son état-major, nommés Dellès et Marcel, s'étaient permis insolemment d'imiter le bel exemple de leurs seigneurs et maîtres, de chasser sur leurs terres. Ces deux marauds avaient volé douze superbes timbales en argent à l'hôtel de Broglie, que leurs supérieurs, le général Eudes et le colonel Gois, s'étaient réservées. A cette nouvelle de la violation de leurs privilèges, ces deux officiers supérieurs entrèrent dans une grande colère, ordonnèrent l'arrestation des coupables qui avaient osé porter leurs mains sacrilèges sur le butin qu'ils voulaient s'approprier. Un commissaire de police procéda à l'arrestation des coupables qui furent emprisonnés à Mazas, pendant que les timbales étaient saisies et placées sous la garde de l'intègre commandant Goullé, juge rapporteur à la Haute-Cour martiale, chargé d'instruire l'affaire et de faire punir sévèrement les coupables ; il était en effet impossible de tolérer un pareil abus de la part d'aussi petits personnages que des sous-lieutenants, car alors que seraient devenus les privilèges des officiers supérieurs qui n'auraient plus rien trouvé à piller et à voler ? On frémit d'horreur rien qu'en y songeant.

Une fois les timbales dans les mains du juge-rapporteur Goullé, MM. Eudes et Gois furent tranquilles, ils connaissaient la haute probité et l'incorruptibilité de cet intègre juge militaire. Mais tout en faisant son instruction et en examinant les timbales, ce magistrat sévère, se souvint que lui aussi était officier d'état-major et, qu'en cette qualité, il avait les mêmes droits sur le butin que ses collègues, et comme il trouva les timbales très belles et fort de son goût, il les mit précieusement en lieu sûr et secret, à l'abri des regards des profanes, et il les a si bien cachées et gardées si discrètement, que depuis on ne les a jamais revues et qu'on n'a pas pu en avoir de nouvelles. Chaque fois qu'on a interrogé l'intègre juge militaire instructeur à leur sujet, il s'est toujours drapé dans le secret professionnel, dans une austérité impénétrable, et dans un silence magistral que rien n'a pu lui faire rompre, pas même l'entrée des troupes de Versailles dans Paris, qui ont mis fin à l'exercice de ses hautes fonctions. Avant d'abandonner son ministère auprès de la Haute-Cour martiale, il a bien fait mettre en liberté les deux coupables afin qu'ils ne tombassent pas dans les mains de l'ennemi, mais il a gardé soigneusement les timbales dans les siennes, persuadé qu'elles ne pouvaient être en de meilleures et de plus sûres.

Dans la réunion des proscrits qui a eu lieu à Londres, en 1872, et dont nous avons parlé, Octave Caria s'était écrié en s'adressant à Goullé :

« Quant à vous, je vous accuse ! — Souvenez-vous du pillage de l'hôtel de Broglie ? »

Et l'interpellé était resté interdit sous cette accusation.
Léopold Caria, de son coté, était venu un peu plus tard joindre ses accusations à celles de son frère ; il avait écrit ce qui suit en le signant :

« Le commandant Goullé, juge rapporteur à la Cour martiale, fait partie de cette bande d'honnêtes gens. (Celle des Trente-Trois-Voleurs).

« Il s'est fâché dernièrement de ce qu'on lui avait dérobé douze timbales en argent qui avaient été déposées dans son appartement pour servir de pièces à conviction dans un procès à la Cour martiale (pillage de l'hôtel de Broglie). Je suis certain cependant que ces timbales n'ont pas servi à l'instruction de l'affaire et que l'on en a jamais plus entendu parler depuis, vu que la chute de la *Commune* est arrivée avant.

« Depuis sa grande colère, il n'a absolument rien pu prouver. Quelques proscrits le désignent sous le nom de : *Grand Timbalier de la Haute-Cour.* »

L'auteur de cette déclaration nous l'a confirmée en tous les points, et comme M. Goullé s'est toujours refusé à donner des explications au sujet des timbales, dont il était le dépositaire et le gardien, on peut en conclure, que lorsqu'à son grand regret, il avait été forcé d'abandonner la Cour-martiale, il n'avait certainement pas voulu se séparer des précieuses timbales, qu'il les avait déposées dans son appartement, comme Caria l'a dit, et qu'il les avait emportées avec lui comme un souvenir, qui lui rappellerait les hautes fonctions qu'il avait exercées dans la magistrature militaire avec autant de désintéressement que d'honnêteté.

L'honorable colonel Goullé, dont la susceptibilité est

beaucoup plus grande que la probité, lorsqu'il se fut réfugié à Londres après avoir renoncé à l'exercice de ses fonctions magistrales auprès de la Haute-Cour martiale, dont le colonel Gois était le plus bel ornement, se mit un beau jour dans une grande colère contre nous, parce que nous nous étions permis quelques questions indiscrètes et quelques plaisanteries au sujet de l'étrange destinée de ses fameuses timbales, dans un article que nous avons publié dans le journal la *Fédération*, en 1872, et dans lequel nous l'avons désigné sous le nom, qui lui est resté, de *Grand Timbalier* de la Haute-Cour martiale.

Ce monsieur, dans sa fureur, est même venu nous trouver dans notre domicile, à Islington (Londres), accompagné d'un grand escogriffe, son acolyte, orné d'une figure patibulaire et armé d'un énorme gourdin. Quand ces deux visiteurs, à l'aspect fort peu rassurant, nous eurent décliné leurs noms, en ajoutant qu'ils venaient nous demander des explications au sujet de notre article adressé au *Grand Timbalier*, il nous menacèrent en frappant le plancher avec le bout de leurs grosses cannes, si nous avions été plus timide, nous n'aurions pas été très rassuré et nous aurions pu nous croire déjà un homme mort. Mais heureusement il n'en a rien été, et nous le leur avons prouvé; alors ces messieurs se sont contentés de nous menacer lorsque nous avons persisté à demander à M. Goullé des nouvelles des timbales, dont il a refusé de nous révéler les mystérieuses destinées. Après quoi, pour mettre fin à un entretien aussi vif que peu agréable, nous avons prié ces messieurs de vouloir bien nous faire le plaisir de s'en aller, et nous les avons mis à la porte en les accompagnant, armé d'un manche à balai, jusqu'à la rue, avec les honneurs qui leur étaient dûs, et depuis nous ne les avons plus revus.

A l'époque dont nous parlons, M. Goullé habitait avec

sa femme chez le général Eudes, à Londres, avec lequel il faisait ménage en commun. Ces estimables personnages vivaient alors des dépouilles opimes de la Légion d'Honneur, de l'hôtel de Broglie, etc. ; mais cette vie en commun ne dura pas longtemps, M™ la Générale était jalouse de M™ la Colonelle, elle trouvait son mari et cette dame beaucoup trop aimables l'un avec l'autre, et pour mettre un terme à leurs gentillesses réciproques, qui lui déplaisaient fort, elle mit à la porte de son domicile conjugal le couple Goullé, qui, à cette époque, n'était pas riche, car il ne possédait que 8 shillings (10 francs) pour toute fortune. Les timbales du duc de Broglie avaient été négociées depuis longtemps.

Il paraît que les soupçons de M™ la Générale au sujet de la tendre liaison qui existait entre M™ Goullé et son mari n'étaient pas sans fondements, puisqu'après sa mort, cette dernière lui a succédé auprès du général Eudes, dont elle était devenue la femme. Dans cette bande, la *communauté des femmes* est encore bien mieux pratiquée que celle des biens, on prend la femme de son ami comme on change de chemise, la permutation du beau sexe fait partie de la morale des Trente-Trois, de la bande du sultan Ali-Baba, nous en citerons d'autres exemples.

Voici un autre collègue des colonels Gois et Goullé, aussi un membre de la Cour martiale; c'est le colonel Ledrux, qui mérite certainement une mention très honorable parmi les membres de l'illustre société dont nous parlons.

« Quant à Ledrux, dit Carla, qui l'a peint de main de maître, ce colonel de la Cour martiale, dont la vie est un problème pour ceux qui ne connaissent pas les bas-fonds de la société, je ne puis en dire autre chose que constater ses accointances avec les gens les plus tarés de Londres, servant toutes les polices : je le signale comme suspect et vendu. Il y a longtemps qu'il était à acheter.

« Je ferai observer que le sieur Ledrux, ayant fait partie de la *Commission des réfugiés* comme trésorier, n'a jamais rendu de comptes. Après avoir traité de voleurs les membres de la commission précédente, qui était composée des citoyens Wurtz, Maze, Richard, Cruchon et Daniel, il est assez étonnant qu'il ne se soit pas justifié lui-même; ce serait difficile, à ce que je crois ; car à partir du jour où la commission fut installée, chez Ledrux, on vit ce personnage faire bombance journellement.

« Le citoyen Viard a déclaré que Ledrux était un misérable qui avait essayé de le voler. »

Voici dans quelles circonstances et à propos de quoi le citoyen Viard avait fait cette déclaration, selon les notes que nous a fourni le citoyen Léopold Caria :

Lors de son arrivée à Londres Ledrux se plaignit que n'ayant rien volé à Paris, contrairement à ce qu'avaient fait ses collègues, il était arrivé à Londres sans le sou et se trouvait en conséquence dans un état très misérable. Le délégué au commerce et à l'industrie, l'industriel Viard, qui était venu à Londres en emportant, avec lui et pour lui, la caisse de son ministère, contenant 250 à 300,000 fr. avait au contraire ses poches bien garnies, et il se laissa attendrir par les lamentations de l'infortuné Ledrux. Il lui loua une boutique, lui acheta un petit matériel d'imprimerie et lui prêta un peu d'argent, afin que Ledrux, qui était typographe, put exercer sa profession et gagner sa vie. Cependant Viard, qui est un rusé compère et qui connaissait son Ledrux, eut la précaution de faire faire le bail et de mettre le matériel à son nom, pour que son obligé ne puisse pas les négocier sans son autorisation. Mais Ledrux qui ne se souciait pas beaucoup de travailler, et qui préférait se procurer de l'argent avec le matériel que Viard lui avait acheté, alla trouver Élie May que le général Eudes avait placé la tête de l'Intendance moyennant une subvention de 12,000 fr., il lui demanda 500 fr. à emprunter, en lui offrant en garantie son matériel d'imprimerie et sa boutique dont le loyer était payé pour un certain temps. Elie May, qui avait fait de fort bonnes affaires à l'Intendance et qui se gardait bien de dire qu'il avait de l'argent craignant que ses collègues en proscription ne lui en demandassent à emprunter répondit à Ledrux qu'il n'avait pas le sou ; mais qu'il connaissait un de ses amis, un juif comme lui et qui prêterait la somme demandée contre les garanties offertes. Le marché allait être conclu lorsque Léopold Caria en fut informé ; il eut la naïveté de prévenir Viard, que son débiteur Ledrux allait céder le matériel et le logement qu'il lui avait confiés en se donnant comme le propriétaire de ces deux valeurs, qui ne lui appartenaient pas, et en se rendant ainsi coupable d'une escroquerie. Viard devint furieux à cette révélation, il fit d'amers reproches à son obligé au sujet de sa déloyauté, et le menaça de le poursuivre pour escroquerie s'il persistait dans son projet. Ledrux y renonça à la condition que Viard n'en parlerait à personne, et que dans le cas où il serait appelé pour témoigner de ce fait condamnable il le nierait et déclarerait qu'il considérait Ledrux comme un homme très probe et très honorable. Caria avait parlé à plusieurs de ses collègues de la tentative d'escroquerie dont Ledrux avait voulu se rendre coupable, ce dernier pour se blanchir accusa Caria de calomnie devant la société des Trente-Trois, et demanda son expulsion quoiqu'il n'en fit pas partie. Caria ne prit pas beaucoup de souci de la plainte dont il était l'objet, il se contenta pour sa défense d'en appeler au témoignage de Viard. Ce dernier au lieu de dire la vérité appliqua le grand principe de la protection mutuelle et de la solidarité des membres de la *Bande des Trente-Trois*, il nia effrontément que Ledrux ait voulu lui faire du tort et il assura que Caria avait menti quand il avait accusé l'innocent Ledrux; et le pauvre Caria qui n'avait pourtant dit que la vérité fut flétri comme calomniateur. Dans l'honnête association des *Trente-Trois-Voleurs*, il est de règle entre les membres de tenir secrets tous les méfaits des derniers, et leur révélation est rigoureusement punie. Le naïf et trop honnête Caria en fit l'expérience, qui ne lui parut pas bien cruelle, il s'en consola facilement, et fut très heureux d'être mis à l'index par cette bande de malfaiteurs, c'était un grand honneur pour lui.

Un autre colonel d'état-major, qui faisait aussi partie de cette hnorable bande, c'était un ex-marchand de légumes et brocanteur nommé Collé, dont la femme a continué le premier métier sous les auspices de M™ la générale Eudes, avec l'aide de laquelle et celui de la femme Gois, elle a dévalisé le palais de la Légion d'Honneur; la générale lui donna pour sa part du butin un énorme monceau du mobilier volé. M™ Collé après avoir fait démarquer par une femme le linge qui lui était ainsi échu en partage, le fit mettre en gage au Mont-de-Piété par sa blanchisseuse, plus tard cette dernière fut arrêtée, elle dénonça alors la colonnelle Collé qui fut découverte et emprisonnée à son tour, puis condamnée pour les vols qu'elle avait commis à deux ans de prison.

Son mari, plus heureux qu'elle, étant allé porter la paye aux gardes nationaux du fort de Vincennes, le 24 mai, avec le fils Pitois, garda la solde dans sa poche et se sauva avec son compagnon.

Tous les officiers supérieurs du grand état-major du général Eudes étaient comme on le voit, aussi honnêtes les uns que les autres et bien dignes de faire partie de la bande des *Trente-Trois*.

En voici un autre, le commandant Bouilly, qui aurait certes bien mérité d'être colonel si on eût rendu justice à son mérite. C'est encore le citoyen Léopold Caria, qui l'a vu à l'œuvre, qui va nous narrer ses hauts faits :

« Vers le milieu d'avril, du 12 au 15, dit-il, l'état-major se transporta au Petit-Montrouge et pour lui procurer les objets nécessaires à son installation on donna l'ordre au capitaine Cœuille de réquisitionner dans un couvent pensionnat, draps, serviettes, couverts, etc... Lorsque l'état-major quitta Montrouge pour venir s'établir au palais de la *Légion d'Honneur*, le commandant Bouilly fit transporter tous ces objets chez lui à Paris, ainsi qu'une pendule venant de la maison réquisitionnée pour l'état-major; rien n'a été rendu. Le commandant Wœtzel, qui nous remplaça à Montrouge, vint à la Légion d'Honneur demander ce qu'était devenu la pendule ; mais le voleur se tint coi pour de bonnes raisons...

« Le commandant Bouilly avait été nommé trésorier de l'état-major du général Eudes et intendant du palais de la Légion d'Honneur. (C'était là, on en conviendra, un choix bien intelligent.)

« Nous avons indiqué plus haut la façon dont il s'était approprié les objets mobiliers réquisitionnés à Montrouge. Nous avons connu l'intérieur du citoyen Bouilly sous l'Empire, ajoute Caria ; comme Gois il était employé chez le sieur Joret, et ce n'étaient pas les bijoux, ni l'ameublement qu'il possédait à cette époque, qui ont pu faire qu'il ait pour 3,000 fr. de dépôts au Mont-de-Piété à Paris, ainsi qu'il l'a dit depuis son arrivée à Londres. Celui-là ne brille pas non plus par la bravoure ; vous allez le voir.

« Le 22 mai le commandant Bouilly quittait l'état-major de la Légion d'Honneur avec un autre officier qu'il est inutile de désigner, et ils allaient dans le centre de Paris avec des prostituées se livrer à des débauches ignobles. Le 25 mai le commandant Bouilly apparaît à la mairie du XI° arrondissement en costume civil, touche la solde entière de l'état-major, fait la dernière solde aux quelques officiers présents et disparaît jusqu'au samedi, 27 mai, ou on le voit venir de nouveau rue Haxo et toucher la nouvelle solde de l'état-major et disparaître cette fois sans payer personne.

« Après la bataille, il arrive aux Batignolles chez le citoyen O... Il est en compagnie d'une fille publique et veut se faire donner un lit pour deux. Le citoyen O... indigné le fait coucher seul et le met à la porte à cinq heures du matin. Voilà l'honnête et brave citoyen qui se plaint d'avoir été calomnié, pendant que le sieur Bouilly se conduisait ainsi si vaillamment, nous nous battions de barricade en barricade. Quel est celui qui osera le démentir? »

Ce filou émérite a été forcé de reconnaître à Londres qu'il avait aussi reçu dans les dernières semaines de la *Commune*, la solde des officiers de l'état-major du général Eudes, se montant à plusieurs milliers de francs et qu'il ne les avait pas payés, qu'il avait gardé tout cet argent pour lui et pour le colonel Gois, chef de cet état-major avec lequel il l'avait partagé.

A côté de ce voleur nous allons placer l'esquisse d'un autre membre de la société des *Trente-Trois*, bien digne de lui être comparé ; c'est toujours au même honnête citoyen témoin oculaire des exploits de tous ces bandits que nous l'empruntons !

« Le sieur Lapie, c'est le nom du lâche coquin dont parle Caria, se sauva de l'armée du Rhin pendant la dernière guerre et revint à Paris, en passant par le camp de Châlons, il vola huit paires de draps au campement, et les mit au Mont-de-Piété pour la somme de 40 fr. ; après quoi il se cacha jusqu'au jour où les Allemands ayant complété l'investissement de Paris, il s'incorpora dans la garde nationale sédentaire; élu capitaine du 152º bataillon, il volait régulièrement 80 à 90 fr. par jour en signant des états de solde sur lesquels il portait une quantité de noms inconnus. Il a avoué ce vol au *Cercle des prolétaires*, dans une séance ordinaire, devant les citoyens Joffrin, Barrois, Dardelle, Clavier, Delahaye, Maujean, etc... Dans une lettre lue audit cercle adressée par lui à son propriétaire à Paris, il dit qu'il n'a servi la *Commune* que pour l'enrayer. Voilà donc un traître, un lâche et un voleur archirécidiviste que l'on nomme trésorier d'une commission de réfugiés. On ne pouvait mieux choisir pour le placement des fonds de cette société. Cet être dégradé et criminel était digne de prendre la suite du trésorier Ledrux. »

Voici en quels termes le citoyen Clavier a flétri ce misérable dans une lettre, qui a été publiée, à Londres dans le journal socialiste la *Fédération*, du 31 août 1873. Clavier le connaissait bien ayant été associé avec lui pour son travail :

« Au citoyen rédacteur de la *Fédération* :

« Hier soir, à l'assemblée de la société des Réfugiés, à laquelle par hasard je n'assistais pas, il a été dit par le sieur Lapie, que j'étais un mouchard et que depuis six mois environ je m'étais fait l'agent de Caria aîné. Cette accusation de la part d'un être privé de raison ne m'étonne pas le moins du monde, cet idiot que son frère qualifiait de lâche et de canaille, devrait au moins venir expliquer pourquoi il est déjà venu se réfugier à Londres, il y a quelques années, sans aucun motif politique bien entendu.

« Il devrait aussi justifier ses dilapidations pendant le siège, lorsqu'étant capitaine d'une compagnie du 109e bataillon, il portait un effectif du double des hommes présents et qu'il empochait la différence.

« Il devrait de plus justifier ses relations avec un certain individu qui est venu lui proposer de son aveu même, d'entrer dans la conspiration bonapartiste dont le premier acte se joue maintenant en Angleterre. J'ai toujours cru qu'un homme qui pouvait être jugé digne de recevoir de pareilles confidences était largement connu de nos ennemis pour être capable de se vendre, et que ces derniers ne s'aventuraient pas sans être sûrs d'avance que leurs offres pouvaient être acceptées, on ne fait de pareilles propositions qu'à des hommes déjà vendus.

« Aussi est-ce à ces derniers que je m'adresserai maintenant:

« Eh bien ! messieurs les vendus et les voleurs, vous nous

avez déclaré la guerre ; nous l'acceptons et nous ne craignons pas de vous combattre, seulement il y a cette différence entre nous et vous, c'est que nous sommes honnêtes, que nous avons les mains nettes, que nous travaillons pour manger, que souvent nous souffrons pour procurer à notre famille le strict nécessaire, tandis que vous êtes des voleurs venus ici les poches pleines, que vous ne voulez rien faire, et que l'on ignore de quelle façon vous vivez.

« Nous aurons donc à examiner votre conduite, et nous viendrons un jour de la Révolution prochaine dire au peuple que vous avez trompé, que pour la plupart vous l'avez vendu ; nous viendrons lui dire que vous êtes des voleurs, que vous êtes des traîtres, et si vous avez sa confiance alors vous pourrez dire que ce ne sera pas de notre faute, car à partir d'aujourd'hui nous commencerons vos dossiers et nous les publierons.

« Il importe au peuple de Paris qui a payé vos infamies par le sang de quarante mille cadavres de prolétaires, il importe à ce peuple de savoir que vous êtes une bande de chevaliers d'industrie, incapables d'autre chose que de piller avec profit pour vous-mêmes et de trahir, lorsque vous êtes arrivés au dernier moment.

« Je n'irai pas à votre assemblée me disculper car je sais que maintenant vous tenez des réunions dans lesquelles vous nommez les présidents et faites voter ce que vous voulez puisque vous êtes en majorité. Vous entraînez même des votes de citoyens honnêtes, et vous ne comptez parmi vous absolument que des gens tarés, triés, apanagés (sic) par votre bande qui s'érige en gouvernement.

Vous pouvez donc m'expulser je serai fier de ne plus sentir vos sales coudes, je serai fier de rester proscrit et pauvre et de ne plus être en contact avec des bandits qui ont déshonoré la Révolution.

« Désormais, d'un côté les révolutionnaires honnêtes, de l'autre le monde des voleurs et des proxénètes.

« Salut et égalité : »

« A. CLAVIER, commissaire central du XIIe arrondissement.

Londres, le 26 août 1872. »

Nous avons reproduit complètement cette lettre de Clavier, qui lui fait le plus grand honneur, car c'est la lettre d'un homme de cœur.

« Après le traître-voleur Lapie, dit encore Caria il sera fort à propos de citer un nommé Berton mouchard-ivrogne des mieux réussi et intime ami sous l'empire du sieur Sapia[1], mouchard de Bonaparte, ainsi qu'il résulte des rapports signés de lui trouvés à la préfecture de police. Il ne faut pas le confondre avec notre pauvre ami Sapia[2], qui mourut héroïquement le 22 janvier à l'assaut de l'Hôtel de Ville, assassiné par les Bretons de Trochu. Berton qui, dans son quartier fut toujours honorablement noté par les sergents de ville, et qui passait ses jours à boire avec eux chez tous les marchands de vins du voisinage. A la fin de la *Commune* Berton était dans son quartier. Il vous dira qu'il a fait des barricades. Eh bien ! vous pouvez lui affirmer qu'il n'en a pas fait d'autres que sur les comptoirs d'étains avec les petits verres de marc ; c'était là toute sa besogne. »

On voit par ce qui précède que dans l'honorable société des *Trente-Trois*, dont nous parlons, il y avait toutes les variétés de coquins que l'on puisse imaginer. En voici un autre échantillon d'une nuance différente ; c'est du sieur Maujean qu'il s'agit :

« Quelques jours après son arrivée, nous dit Léopold Caria, ce monsieur fut élu secrétaire de la commission de la société des réfugiés, et offrit de livrer les procès-verbaux de cette société sans qu'on lui demande, par pure platitude. Puis le

---

[1] Le Sapia dont il est question, était un mouchard d'origine italienne qui avait été chargé de faire assassiner Garibaldi en Sicile, lors de son expédition de Mentana.

[2] Le second Sapia était un brave commandant de la garde nationale, qui s'était distingué en se battant contre les Prussiens, pendant le siège de Paris, et un ex-insurgé polonais qui s'était héroïquement illustré dans le corps des Volontaires-de-la-Mort.

sieur Armand Moreau, que le général Eudes, son protecteur, fit élire chef du 138ᵉ bataillon, et que ses hommes furent obligés de chasser à cause de sa poltronnerie au feu. Depuis les premiers jours de la *Commune révolutionnaire* fondée à Londres, Moreau, qui avait voué une guerre à outrance à l'*Internationale*, traitait le sieur Vaillant de jésuite, de coquin et autres aménités. Les temps sont bien changés depuis, et ces messieurs sont aujourd'hui unis par la plus étroite amitié. L'enquête demandée par nous au groupe politique fut repoussée. Cela donne une idée des gens qui le composent. Pour ma part, ajoute Caria, je n'hésite pas à le dire, je n'y vois que des voleurs et leurs complices. Nous prévenons ces messieurs qui, sans doute, vont vouloir répondre à cette accusation, que nous tenons sur plusieurs d'entre eux des renseignements qui permettront d'apprécier leur mérite. »

Voici encore quelques lignes du même citoyen qui peignent admirablement un de ces obscurs bandits.

« Le commandant Carnet, qui a servi d'espion à tous ces vils et sales personnages, et qui se promène dans les rues de Londres, drapé dans le manteau d'un général, qui occupait avant lui l'école d'application d'état-major, aurait pu ne rien dire et il aurait mieux fait. De tels idiots ne valent pas la peine qu'on s'en occupe. Cependant je dois dire qu'il est aussi courageux que ses maîtres et, qu'à la rentrée des Versaillais, il prit soin de se sauver avec plus de précipitation qu'il n'était venu [1].

Le citoyen Viard, illustre par ses nombreuses banqueroutes et dont nous avons déjà parlé, avait trouvé dans la *Commune* et surtout dans la caisse du ministère du commerce et des subsistances le moyen de rétablir ses affaires, il était devenu un des gros bonnets de la bande de l'Ali-Baba de la Légion d'Honneur. Voici en quels

[1] Tous ces renseignements sont extraits de la publication faite par Léopold Caria, dans le journal *La Fédération* de Londres, de 1873, et qu'il est prêt à confirmer à l'aide de témoins et de documents.

termes le *Paris-Journal* du 27 mai 1884 parle de lui :

« Le sieur Viard, dit-il, ex-marchand de *siccatif* et ministre du commerce sous la *Commune*, est arrivé à Londres avec deux cent mille francs disent les uns, trois cent mille selon les autres.

« Peu de temps après, l'épouse du susdit citoyen levait le pied en compagnie d'un séducteur, emportant le magot confié à sa garde.

« Désolation de Viard qui va trouver un avocat consultant et lui demande par quels moyens un mari volé et trompé peut rentrer en possession de son argent et de sa femme.

« — Rien de plus simple, répond avec candeur le jurisconsulte, vous n'avez qu'à faire votre déclaration à la police en prouvant que cette femme est la vôtre et que l'argent est votre propriété.

« — Hum! fit Viard, un peu penaud, je réfléchirai.

« Et il se tint coi.

« Repentante bientôt de son escapade, la dame Viard finit cependant par rentrer au bercail avec la plus grande partie de la somme, elle fut reçue comme l'enfant prodigue et c'est maintenant le modèle des ménages.

« Par malheur, l'affaire s'était ébruitée, les frères et amis surent que l'ancien ministre avait « un sac » et que son origine était plus que suspecte. Il eut beau dire qu'il avait vendu son fonds de siccatif, on n'en crut pas un mot, et ce fut dès lors chez lui une procession de quémandeurs parfaitement au fait de ses marchés honteux et de ses déprédations, qui vinrent lui soutirer quelques bribes du gâteau. Viard avait beau se faire tirer l'oreille, il n'en devint pas moins bientôt une véritable vache à lait. Regimbait-il, à la première assemblée générale une voix s'élevait :

« — Citoyens, j'ai une accusation fort grave à porter...

« — Tais-toi, murmurait Viard, je vais te donner ce que tu veux

« Et l'accusation s'en allait en fumée.

« Mais tant va la cruche à l'eau!... Le trésor diminuait de jour en jour, et s'il n'avait eu l'espérance d'une haute position dans le gouvernement de la future *Commune*, il y a longtemps que Viard aurait fui les bords de la Tamise pour quelque contrée moins hospitalière à ses collègues. »

Le même *Paris-Journal*, que nous venons de citer, a encore, dans son numéro du 27 mai 1884, complètement confirmé la plupart des faits racontés avec tant de vérité et d'originalité par Léopold Caria, l'ex-officicier d'état-major d'Eudes, nous publions encore l'extrait suivant de cet organe réactionnaire, afin de prouver l'exactitude des documents que nous avons déjà reproduits.

« Ce qui me reste à vous raconter, dit le rédacteur du journal que nous citons, serait du plus haut comique, si ce n'était au fond ignoble et écœurant. Mais le récit de ces turpitudes n'est pas sans utilité, s'il peut convertir les naïfs imbéciles (en existe-t-il encore?) qui seraient encore dupes des gredins dont je veux parler : je veux dire les membres et surtout les chefs de la *Nouvelle Commune révolutionnaire* ou de la *Société des Trente-Trois-Voleurs*.

« Parlons d'abord de son organisation. Le chef, le dictateur, est Eudes, comme je l'ai dit plus haut ; qui a conservé son titre de « général », dont il s'est peu servi sur les champs de bataille, mais auquel il tient beaucoup. Eudes n'a pas hérité de Tridon, comme on le croit généralement, l'argent laissé par ce dernier à un fidéi-commissaire, lui a été carrément refusé ; cette somme léguée dans le but de favoriser une action politique ne devant pas, lui dit le dépositaire, servir à payer ses crapuleuses débauches.

« Eudes n'en arriva pas moins à Londres, après avoir passé par la Suisse, l'Allemagne et la Belgique, où il avait mené joyeuse vie, lesté encore d'une trentaine de mille francs, pendant que son aimable jeune femme, experte en l'art de la piperie, et qui l'avait fort habilement aidé à dévaliser le palais de la Légion d'Honneur, se dirigeait sur Jersey avec un tendre ami de cœur qui l'accompagnait.

« Eudes loua, dès son arrivée à Londres, une jolie maison à

Camden-Town, où il tint table ouverte pendant environ trois mois, pendant lesquels son domicile fut le théâtre des plus sales orgies.

« Puis, ce temps écoulé, comme l'argent s'en allait à grand train, le « général » vint à penser que charité bien ordonnée commençant par soi-même, il était sage de se réserver une poire pour la soif, et tout à coup la marmite fut renversée.

« Cela ne faisait pas l'affaire des frères et amis, qui avaient pris la douce habitude de sabler le claret sous les ombrages de Camden et de tirer de temps à autre une carotte au général. L'un d'eux ayant demandé de l'argent pour faire venir sa mère à Londres, essuya un refus fort sec, à la suite duquel il accusa publiquement le « général » Eudes d'avoir volé à son profit l'argent de la *Commune*. Si cela avait été l'argent de la *Commune* encore ! Mais cet argent provenait des sommes volées au ministère de la Guerre, à la Légion d'Honneur, et de la vente des objets précieux dérobés.

« Naturellement l'accusation fit un bruit épouvantable dans le camp des réfugiés et tous ceux, il y en a un certain nombre, qui étaient dans le même cas que le « général », se groupèrent autour de lui et renvoyèrent au délateur l'accusation de mouchard de la police de Versailles.

« Sur ces entrefaites, réunion des Communards, séance orageuse, articles de dénonciation publiés dans la *Fédération*, et scandale qui ne tourna pas précisément au profit du héros de la Villette et de ses dignes acolytes.

« Depuis ce temps Eudes continue à mener la même vie, sans qu'on lui connaisse d'autres moyens d'existence que la facile morale du chevalier des Grieux.

« Les seconds du dictateur Eudes sont : Gois, Granger et Viard.

« Le premier est un citoyen de Châtillon-sur-Seine, où il jouit de la plus affreuse réputation. Voici quel en est le motif. Cet honorable personnage ayant mis le feu à la maison d'un de ses concitoyens [1] dont il croyait avoir à se plaindre, fut pour-

---

[1] C'est une erreur, c'est à la maison de sa sœur que M. Gois a mis le feu, ainsi que nous l'avons déjà raconté.

suivi pour ce fait et allait certainement être condamné, lorsqu'il eut l'idée d'invoquer un alibi. Pour ce fait, il lui fallait la complicité d'une jeune fille parfaitement sage, appartenant à une famille honorable et qu'il recherchait en mariage.

« Celle-ci consentit, par dévouement à celui dont elle croyait être bientôt la femme, à déclarer devant le juge d'instruction, que la nuit même où l'incendie avait été allumé, elle avait ouvert sa fenêtre à son fiancé pour qu'il pénétrât dans sa chambre, où il avait passé la nuit.

« La fermeté de la jeune fille, son honorabilité connue firent impression sur le juge qui relâcha le citoyen Gois.

« Naturellement, une fois en liberté, celui-ci s'empressa d'abandonner la courageuse enfant qui lui avait si généreusement sacrifié sa réputation pour vivre avec une femme déjà condamnée pour vol.

« Jamais couple ne fut mieux assorti, et lorsqu'après le 31 octobre, il eut trouvé asile chez un médecin de Choisy-le-Roy, il en profita pour dévaliser, aidé de sa compagne, le logement de son bienfaiteur. Il avait, paraît-il, auparavant réquisitionné, comme agent de police du XIe arrondissement, des légumes qu'il faisait revendre à la Halle à des prix exorbitants.

« Durant la *Commune*, il devint un des plus actifs auxiliaires du « général » Eudes, qui le nomma colonel, grade purement honorifique et dont Gois se contenta de toucher les appointements, sans s'exposer aux coups de fusil dont il a horreur.

« Après l'entrée des troupes, il avait à sa disposition une somme de dix-huit mille francs destinée à solder les combattants. Cet argent, caché dans une caisse avec des objets précieux et du linge de la Légion d'Honneur, lui servit à fuir et à se défrayer de ses frais d'installation à Londres. Depuis son arrivée dans cette ville, Gois ne se livre à d'autre occupation qu'à celle de s'enivrer, il est vrai qu'il y apporte une régularité exemplaire.

« Au reste, on s'est déjà partagé les ministères et comme il faut toujours qu'il y ait une aristocratie quelque part, les citoyens qui savent lire et écrire — on les compte — se sont adjugés des portefeuilles *in partibus infidelium*.

« Cournet avait des vues sur la dictature, mais il a été obligé de se contenter du ministère de l'intérieur, avec le titre de vice-président du Conseil.

« Vaillant dont la nullité besogneuse est proverbiale devint ministre de l'instruction publique; Granger un *alter ego* du « général » Eudes qui garde le portefeuille de la guerre, sera l'avocat du pouvoir, une sorte de ministre sans portefeuille; les finances sont vivement disputées, et pourraient bien échoir à Dérouillade, l'ancien concierge. Gois, déjà nommé, sera le président du tribunal révolutionnaire.

« J'oubliais le jeune Breuillé qui succédera aux regrettés Ferré et Raoult Rigault, comme préfet de police.

« On le voit, c'est une administration toute montée. En attendant, on confectionne *inter populo* des listes de proscription, en tête desquelles figurent les noms de ceux des anciens membres de la *Commune* qui vivent éloignés de la coterie des purs.

« Parmi ces derniers, il faut citer Constant Martin, qui vient d'être condamné à trente shillings d'amende par le tribunal de Bow-Street pour avoir calotté Vermersch devant le Bristish-Museum, et qui exerce la profession de book-keeper. Puis, Goullé, Aberlen, Dodot, Berton, Brignolas, Clément, Denempont, Huguenot, Jouanin, Latappy, l'ex-amiral de la *Commune*, le baron De Marguerittes, Léonce, Lhuillier, A. Martin, A. Moreau, H. Mortier, Picavet, E. Planquette, Rysto, B. Sachs, Varlet, Villers, etc...; la plupart ouvriers illettrés, abrutis, dignes soldats de pareils chefs.

« Ils sont quarante, dit Vermersch, dans un récent opuscule, on cherche au milieu d'eux Ali-Baba ! »

On voit, comme nous l'avons dit, que cet article, qui contient cependant quelques inexactitudes, au milieu d'un grand nombre de vérités, corrobore ce que nous avons raconté au sujet de quelques-uns des personnages de la bande d'Eudes, ainsi qu'une partie des hauts faits de ce dernier et de sa vertueuse compagne.

CHAPITRE XIII

LES VOLS ET LES CRIMES DE LA BANDE DES TRENTE-TROIS
PROUVÉS PAR L'ENQUÊTE DES GÉNÉRAUX CLUSERET ET LA CÉCILIA

En 1874, comme nous l'avons dit dans le chapitre qui précède, les citoyens Cluseret et La Cécilia, et d'autres proscrits de la *Commune de Paris*, firent et publièrent une enquête sur quelques-uns des membres de la *Bande des Trente-Trois*. Elle renferme de précieux et intéressants documents sur ces derniers, lesquels nous seront de la plus grande utilité; car les noms des auteurs de cette enquête et ceux des témoins qui leur ont fourni des renseignements donneront une grande notoriété et une sérieuse valeur à nos récits, et ils nous fourniront des preuves accablantes contre les individus dont nous racontons les tristes et criminels exploits.

Parmi ces derniers, il y avait un ex-membre de l'Assemblée dite nationale de Versailles qui, avant le triomphe de la *Commune*, n'était pas, comme la plupart de ceux dont nous venons de parler, disciple du vieux conspirateur Blanqui, au contraire, il était ami intime de Delescluze et un adversaire acharné de Blanqui.

Le citoyen Cournet, car c'est de lui qu'il s'agit, n'était

pas non plus révolutionnaire-socialiste, ni membre de l'*Internationale*, il était simplement comme Delescluze et comme son père, un républicain formaliste de la nuance de Ledru-Rollin.

Cournet avait été sous l'empire rédacteur du *Réveil* avec son patron Delescluze, dont il était l'humble serviteur et sur lequel il se modelait en tout. Lors des élections de la fameuse assemblée de Bordeaux, il avait été nommé député, grâce à l'influence de son patron. Quelques jours plus tard, quand ce dernier donna sa démission de député et vint à Paris, ne voulant pas être solidaire des actes réactionnaires de la néfaste chambre rurale, Cournet en fit autant, et, emboîtant le pas à son patron, il le suivit à Paris, et fut comme lui et avec lui nommé membre de la *Commune*. Tant que Delescluze vécut, Cournet l'imita en serviteur servile. Mais quand il fut mort, il abandonna le parti radical pour se faire blanquiste, internationaliste, etc. Cette transformation subite nous étonna beaucoup de la part d'un homme que nous avions toujours connu comme très hostile aux doctrines préconisées par la grande association internationale des travailleurs et aussi à celles du groupe dont Blanqui était le chef.

Aussi quand nous avons vu à Londres Cournet siéger dans le conseil central de l'International et dans la bande blanquiste, nous nous sommes souvent demandé quel pouvait bien être le genre de grâce qui avait touché le citoyen Cournet, nous ne pouvions pas croire qu'il eut agi par conviction.

Mais la vérité, que nous étions loin de soupçonner, nous fut révélée plus tard, par l'enquête faite à Genève et à Londres sur la conduite du citoyen Cournet, par les citoyens Cluseret, La Cécilia, Ranvier, etc.

C'est à propos du manifeste publié à Londres en 1874, et adressé aux *Communeux*, par les blanquistes qui s'intitulent eux-mêmes : « Le groupe *La Commune révolutionnaire* que l'enquête dont nous avons parlé eut lieu.

Voici d'abord la réponse du citoyen Cluseret aux membres de la Commission d'enquête[1], qui va nous édifier sur le citoyen Cournet dont quelques-uns des hauts faits avaient déjà été révélés par la déposition de M. l'amiral Saisset et par la brochure de Mme Veysset :

« Citoyens membres de la Commission d'enquête, vous m'interrogez au sujet de Cournet, je vous réponds :

« Quand le citoyen Cournet vint à Genève, il fut accueilli par le citoyen Fresneau et par moi comme un vieil ami. Nous avions été ceux de son père qui, avec Koels, ne m'avait pas quitté au Deux-Décembre. De plus, j'avais vu Cournet enfant au collège. Ce n'était pas un proscrit ordinaire, je le répète c'était un ami et je l'accueillis comme tel.

« J'avoue que j'ignorai complètement que celui qui acceptait mon hospitalité m'avait en compagnie des *Trente-Trois*, dont j'aurai à m'occuper plus loin, condamné à mort. Je l'aurai su que je me serai probablement contenté de hausser les épaules, considérant comme de simples gamineries, toutes ces démonstrations où le ridicule le dispute à l'odieux.

« Cournet en arrivant nous avait mis au courant de la situation. C'était Rochefort, disait-il, qui l'avait fait venir de Londres, pour l'employer à la *Lanterne*.

« Les jours se passèrent et Cournet se plaignit amèrement de sa détresse, l'attribuant à la mauvaise foi de Rochefort, qui ne tenait aucun de ses engagements.

« Mon indignation fut grande, j'aurais pu me l'épargner, car il résulte d'une conversation entre Fresneau et Rochefort que les faits étaient tout autres que ceux représentés par Cournet. Celui-ci, en compagnie des *Trente-Trois* dont il revendique hautement la solidarité, avait traité Rochefort comme il m'avait

---

[1] Voir la pièce n° 1 du compte rendu sténographié de la Commission de l'Enquête faite à Genève et à Londres, en 1874, sur la conduite et la moralité du citoyen Cournet.

traité, ce qui ne l'empêcha pas d'aller dès son arrivée à Londres chez lui, comme il vint chez moi, dès son arrivée à Genève.

« Après avoir emprunté de l'argent à Rochefort, celui-ci consentit encore à lui payer son voyage (la somme totale montait à 400 francs). C'était un nouveau service basé sur le désir manifesté par Cournet, d'échapper aux misères de Londres, parmi lesquelles figurait m'assure-t-on la tyrannie des *Trente-Trois*.

« Ce dire semblerait corroboré par le passage de la lettre de Ranvier, où il représente Cournet comme dominé par cette bande plutôt que la dominant. (Pièce n° 2.)

« Nous reviendrons plus tard sur les faits qui se sont passés à Londres, continuons le récit de ce qui s'est passé à Genève, dit ensuite Cluseret.

« Dans la situation où se trouvait Cournet, c'était d'abord à ses amis à s'occuper de lui.

« Fresneau lui ouvrit sa bourse, sa table et sa cave. X... répondit chez le boulanger, Z... l'habilla ; un autre fit de la chaussure : Je ne cite ces faits que pour mémoire puisque les citoyens X..., Z... et Y..., sont enchantés de perdre leurs avances.

« De plus, Fresneau lui procura un emploi chez Sirdeg, mais il ne put y rester, au dire de Sirdeg, pour cause d'incapacité, il ajouta même que Cournet est parti lui redevant 70 francs, dont 50 empruntés le jour de sa fête pour la célébrer.

« De mon côté, je fus assez heureux pour lui procurer quelque ouvrage chez un officier supérieur anglais de mes amis. Je dois à la vérité de dire qu'il s'en acquitta parfaitement.

« Comme on le voit, nous n'avons eu au début, le citoyen Fresneau et moi, que de bons procédés pour Cournet, et je ne puis comprendre qu'il vienne nous représenter comme ses ennemis et ses accusateurs.

« Sur ces entrefaites, une étrange révélation vint jeter le trouble dans mon esprit.

« Lorence avait reçu de mon ami La Cécilia une lettre dans laquelle il le prévenait de l'arrivée à Genève de Cournet, et lui disait de s'en méfier comme d'un exploiteur. Fortement ébranlé dans mon estime pour le député de Paris, j'écrivis à La Cécilia, qui me répondit le 13 août :

« Mon cher ami, vous me demandez ce que je sais de Cournet.
« C'est une question à laquelle il est désagréable de répondre,
« néanmoins je le ferai en toute sincérité : Politiquement je n'ai
« rien à dire sur son compte, si ce n'est qu'à Londres il faisait
« partie d'un groupe qui s'intitule blanquiste ou de la *Com-*
« *mune.*

« Ce groupe est composé d'une grande majorité d'imbéciles et
« de quelques *gredins.* Cournet emboîtait le pas d'Eudes, qu'il
« reconnaissait comme le grand pontife du groupe.

« Ceci d'ailleurs ne serait rien : mais ce qui m'a conduit à
« avoir une fort triste idée de Cournet, que j'avais commencé
« par estimer beaucoup, c'est sa vie privée. En arrivant à
« Londres, cet ancien représentant du peuple, fils d'un homme
« qui avait laissé ici d'excellents souvenirs, a été chaleureuse-
« ment accueilli par les Anglais. Un autre que lui aurait profité
« de cet accueil pour essayer de se créer une position qui lui
« permît de gagner honorablement son pain. Au lieu de cela, il
« ne s'est servi de la bienveillance qu'on lui témoignait que pour
« *emprunter à droite et à gauche de l'argent qu'il savait ne*
« *pouvoir jamais rendre, signer des billets qui ont été protes-*
« *tés, avoir recours à toutes sortes d'expédients pour se pro-*
« *curer les moyens de mener joyeuse vie sans travailler...*

« Au moment où Rochefort lui a fourni les moyens de se
« rendre en Suisse, il avait épuisé la patience de ses amis les
« plus dévoués. Il avait tellement perdu le sentiment de sa di-
« gnité qu'après avoir, en ma présence, dit pire que pendre de
« Rochefort, dont je pris la défense aussitôt après son arrivée
« il courut se planter chez lui, et Dieu sait ce qu'il lui a soutiré
« d'argent. Je pourrai vous citer le nom de deux personnes avec
« lesquelles il s'est fâché pour avoir un prétexte de ne pas leur
« rendre l'argent qu'il leur avait emprunté. (Voir la pièce n° 1.)

« Tout ceci est fort grave et je suis sûr que vous pensez comme
« moi, que quand un homme refuse de gagner son existence
« par le travail, il n'est guère fait pour inspirer de la confiance
« au parti socialiste républicain ? »

« J'ai la plus grande confiance dans la droiture de cœur et
d'esprit de La Cécilia. Après cette lettre, ma conviction mo-

rale et personnelle était faite; mais un grand déchirement s'était produit en moi; mon devoir était de rompre, tout en évitant le scandale, dont nos ennemis sont si friands. Avant de m'être arrêté à un parti, de nouveaux faits vinrent à ma connaissance dans les circonstances suivantes.

« Guillot vint un jour à mon bureau me prier d'approuver une demande de secours pour un réfugié espagnol. Il était excité et nous reprochait de secourir des indignes faisant partie de la Commission. Fort étonné je le priai de s'expliquer, il me nomma Cournet. Je lui dis qu'il se trompait. Effectivement Cournet n'a point reçu d'argent de la Commission, si ce n'est indirectement. Cent francs envoyés d'Alexandrie par Berton, à la demande spéciale de Fresneau, ont été pour éviter à Cournet un désagrément, adressés à son nom, au lieu de les envoyer à la Commission, et 75 francs environ ont aussi été envoyés, dans les mêmes circonstances, par le Conseil municipal de Paris sur ma demande. Cette dernière somme fut remise par Révillon, d'après ce que m'a dit Fresneau. C'est du moins ce que j'ai compris. Il ajouta que Levrault m'en dirait plus long.

« En effet, Levrault me raconta en présence de témoins, une fois en celle de Josserand, à mon bureau, et une autre fois en celle de Wuillaume, au café de la Banque, la multitude de turpitudes, dont je vais essayer de donner un aperçu sommaire.

« 1º Cournet avait fait faillite sous un nom supposé, celui de Reid et Cie, ainsi que l'indique et l'atteste M. Guihery. (Pièce nº 3).

« 2º Il se serait approprié des fonds provenant de souscriptions faites tant en France qu'en Angleterre. Ici les preuves ne sont pas suffisantes, Ranvier sur ce sujet s'exprime ainsi :

« J'ai su de source certaine que Cournet avait reçu plusieurs
« souscriptions faites par la gauche versaillaise. Ignorait-il la
« provenance exacte; il ne tenait qu'à lui de me le dire, ce
« qu'il n'a pas fait. (Pièces 4 et 5.) »

« L'affaire des souscriptions anglaises ne me paraît pas non plus être prouvée, mais voici un fait qui dénote un étrange laisser-aller; il se rattache aux souscriptions françaises.

« 3º Le citoyen X.... que je ne puis nommer, puisqu'il réside en France, mais dont la lettre a été mise sous les yeux de la Commission, nous apprend que Cournet reçut par l'entremise du *Rappel* une somme de 900 à 1,000 francs. Cette somme provenait de la souscription des députés faite par un *ancien collègue*, et si j'en crois d'autres informations, cette souscription fut spécialement faite par Germain Casse, *fonctionnaire de la Commune*, aujourd'hui député de la Guadeloupe, qui n'a pas honte de pousser la lâcheté jusqu'à se traîner dans la boue devant les assassins de la *Commune* de Paris dont il avait mangé le pain.

« X..., qui avait avancé les fonds à Londres, offrit à Cournet de lui avancer 250 francs qu'il lui compta en présence de Ranvier et de trois autres proscrits, chez M. Plantade. Non seulement il ne les lui a jamais rendus, mais l'ayant rencontré, il fit semblant de ne pas le connaître, puis s'excusa de sa myopie.

« 4° Cournet avait été lié à Londres avec le correspondant du *Figaro*, qui lui avait rendu des services, c'est Vermesh qui le dit, Cournet répondra que Vermersch est un agent, mais rien ne l'établit. Calomnier n'est pas répondre et Vermersch vit de son travail, ce qui constitue une forte présomption en sa faveur.

« 5° Des dupes nombreuses dont la lettre de La Cécilia nous donne un spécimen et qui, comme celles de Genève fondent leurs espérances sur un remboursement prochain qu'elles attendent toujours.

« 6° Enfin il faisait partie des *Trente-Trois*, plus connus parmi les proscrits de Londres sous le titre de la *Société du doigt dans l'œil*.

« Cournet ayant hautement et à plusieurs reprises revendiqué toute solidarité avec cette bande, il est juste de la faire connaître rapidement.

« Les pièces jointes à ce dossier émanant des proscrits les plus respectables et les plus respectés de la proscription, s'accordent à représenter les membres de cette Société des *Trente-Trois*, comme une bande d'imbéciles conduits par quelques gredins.

« Je n'apprécie pas, je rapporte. (Voir les pièces au dossier.)

« Ces disciples d'Ali-Baba se sont partagé le gouvernement de la manière suivante :

« Eudes, dictateur.

« Cournet, ministre de l'intérieur.

« Vaillant, de l'instruction publique.

« Breuillé, de la police.

« Viard, du commerce.

« Granger, Gois et Goullé, ministres sans portefeuille.

« Ces huit personnages constituent le *Comité de salut public*, présidé par le dictateur Eudes. (Pièce n° 4, lettre de Levrault à Guillot.)

« Quant aux vingt-cinq autres, dont beaucoup ne savent ni lire ni écrire, ils approuvent, exécutent quand on peut le faire sans danger, et reçoivent un os quand leurs maîtres sont repus.

« Le programme des *Trente-Trois* est la fusillade et l'incendie en paroles, leur but : faire peur aux bonnes d'enfants ; le résultat, le seul du moins appréciable, le ridicule et l'odieux jetés sur toute la proscription de 1871. Ce résultat leur est-il payé ou n'est-il dû qu'à leur outrecuidante sottise ; c'est ce que l'avenir nous apprendra.

« Voici deux spécimens des voies et moyens employés par les Trente-Trois :

« Rochefort, je l'ai dit, avant son évasion de Nouméa, avait été l'objet des invectives, des condamnations, des excommunications, etc., etc., de la *Société du doigt dans l'œil*.

« Dès que son évasion fut connue et son arrivée probable, les choses changèrent complètement de face. La *Lanterne* allait reparaître, il y avait un coup à faire.

« On dépêcha auprès de Rochefort celui des membres du futur gouvernement qui avait le plus de chance de s'en faire écouter. C'était un ancien employé de la *Marseillaise*. Pendant douze jours le malheureux l'attendit depuis quatre heures du matin dans la gare. Enfin ses efforts et sa patience furent couronnés de succès, Rochefort lui accorda la direction de la partie administrative de la *Lanterne*.

« Les abonnements se firent. De malheureux ouvriers se groupèrent dans les ateliers de Paris pour envoyer leurs souscriptions. Ce fut tout : Rochefort ne vit pas plus leur argent qu'ils ne reçurent sa prose.

« La sœur de notre cher et regretté Ferré était parmi ces malheureux souscripteurs ; ne recevant rien elle écrivit à Rochefort, qui la mit au courant de ce qui se passait.

« Et voilà de quel bois se chauffe la marmite des continuateurs d'Ali-Baba. J'ai appris ces faits de Levrault et de Fresneau, auxquels Rochefort lui-même les a confirmés.

« Voici un autre exemple de revendication sociale. C'est le pavillon dont ils couvrent leur marchandise. L'idée vint à plusieurs proscrits de fonder une école pour soustraire leurs enfants à l'influence religieuse de l'enseignement anglais, tout en utilisant le talent de quelques proscrits.

« Il fallait de l'argent, beaucoup d'argent pour fonder une semblable institution, et le crédit des *Trente-Trois* était depuis longtemps une chose du passé. On s'adressa à La Cécilia. Par son honorabilité, par ses qualités professionnelles, il commandait le respect et inspirait la confiance. La Cécilia approuva l'entreprise et consentit à en accepter la présidence. Il fit souscrire 400 livres, environ 10,000 francs, loua un local et installa l'école, où les *Trente-Trois* faufilèrent quelques-uns des leurs comme directeurs, professeurs, etc. Malheureusement La Cécilia eut l'imprudence extrême de remettre l'argent aux promoteurs de l'entreprise, et comme ses occupations ne lui permettaient pas de surveiller, si ce n'est de loin en loin, l'établissement, il arriva ce qui devait arriver, l'argent disparut dans le gouffre de la revendication sociale. (Lire la lettre de La Cécilia à ce sujet.)

« Levrault n'avait pas terminé son récit qu'arrivait de Londres un de ses amis genevois des plus honorables. Il avait vu La Cécilia, et à brûle-pourpoint, en présence de Jasserand, il me dit : A propos, j'ai une commission à vous faire de la part de La Cécilia, c'est de vous méfier de Cournet, qui est un dangereux exploiteur.

« En présence de tant d'affirmations, il me semble qu'un homme, même réservé, eut pu se croire suffisamment informé. Je poussai plus loin la prudence et requis de Levrault les moyens de constater son dire. Il me remit trois adresses de proscrits à Londres auxquels j'écrivis le 9 septembre ; sur ces trois, Ranvier est le seul qui m'ait répondu jusqu'à ce jour ; mais je reçois de Londres des avis que non seulement ceux indiqués par Levrault vont m'envoyer ou à la Commission des renseignements sur ce que j'ai demandé, mais que d'autres offrent d'en envoyer également. Le trop court espace de temps accordé par l'Assemblée pour faire une enquête complète me laisse dans l'indécision sur l'usage à faire de ces informations futures. D'un autre côté, je comprends parfaitement que plus tôt on ferme l'orifice de semblables égouts, plus tôt l'air est purifié.

« Je vais maintenant répondre, je ne sais pourquoi, à une insinuation malveillante et bête dont les citoyens O... et W... se sont fait l'écho. Ce serait moi qui aurais divulgué les faits regrettables attribués à Cournet, j'aurais même, d'après le citoyen O..., menacé de faire une brochure sur certains membres de la proscription. Si telle eut été mon intention, je l'aurais mise à exécution, d'abord on l'eut appris en lisant la brochure. Les enfants et les oiseaux babillent. Les hommes agissent. Quant à dissimuler, je ne crois personne capable de me prêter cette qualité ou ce défaut. Je ne me suis jamais inquiété de savoir si mes actions plaisent ou déplaisent. Ne voulant rien de personne, je n'ai de compte à rendre à qui que ce soit ; à cet égard je crois l'opinion fixée.

« Loin de provoquer la publicité, laissant de côté l'amertume de l'illusion perdue, je ne songeais qu'à priver nos ennemis de la joie du scandale.

« Aujourd'hui il est trop tard, tant pis pour ceux qui l'ont provoqué. M. O... est donc complètement à côté de la vérité quand il me prête les intentions citées plus haut. Je ne l'ai vu qu'une seule et unique fois au café de la Banque, où j'étais avec Josserand. C'est lui qui est venu me trouver et m'interroger sur ce que je savais, et voici ce que je lui ai répondu : « J'ai écrit pour « avoir les preuves, aussitôt que je les aurai je les mettrai sous les « yeux de la Commission et de Cournet. De cette façon nous « éviterons le scandale. »

« Le citoyen Thoulier m'en a également parlé, mais il savait tout par Levrault, je n'ai pas eu la peine de lui en ouvrir la bouche. A Brunerau, qui me demandait ce que tout cela signifiait, mais alors plus tard, la veille de l'assemblée, j'ai alors répondu dans les mêmes termes qu'à O...

« Et maintenant d'où vient le scandale, sinon de celui qui, ajoutant une dernière faute à toutes les autres, a cru manipuler la proscription à Genève, comme celle de Londres, et par un coup d'audace imposer silence à la vérité ?

« La vérité est que Levrault a raconté à qui a voulu l'entendre l'histoire de Cournet et des *Trente-Trois*. En ma présence et en celle de de Lévis et de Wuillaume. il l'a dite toute au long chez Spuller. Cournet le savait parfaitement et a attendu que Levrault fut parti pour s'adresser à Fresneau dans des termes qui frisent le chantage, et cela juste au lendemain du jour où cet honorable citoyen lui signifiait qu'il ne pouvait continuer à lui fournir gratuitement son vin et à lui ouvrir sa bourse.

« Je n'ai pas plus à accuser Cournet qu'à l'absoudre ; cette tâche n'est pas la mienne, mais j'ai une simple question à poser et une conclusion à tirer.

« Y a-t-il deux manières de gagner sa vie? Non, on vit de son travail ou l'ont vit du travail d'autrui, car le travail seul produit. Où est le travail de Cournet pendant ces quatre ans, où est celui des *Trente-Trois*?

« En suivant pas à pas cette existence rebelle au travail, type de la génération impériale qui cherche dans la politique aussi bien révolutionnaire que réactionnaire les moyens de vivre et de jouir sans travailler, j'ai voulu en tirer un enseignement utile à tous. Mon expérience est plus vieille que la vôtre en fait de proscription. J'ai vu les proscriptions : hongroise, polonaise, allemande, italienne, espagnole et française. Je les ai vues dans les deux mondes, partout la même cause a produit les mêmes résultats. L'oisiveté a engendré tous les maux des proscriptions. Ce sont les oisifs qui les déconsidèrent et les dissolvent tantôt par leurs actes honteux et tantôt par leur esprit inquiet, lequel faute de trouver un aliment dans le travail le cherche dans l'intrigue.

« A Genève comme à Londres, vous avez été à même d'apprécier les mêmes phénomènes. Les fondations les plus utiles ont échoué par suite de l'esprit de discorde manifesté par les oisifs, tantôt agents payés, — je n'ai pas besoin de rappeler les noms de ceux qui ont été pris les mains dans le sac par la police, la proscription ne les a jamais oubliés, — et tantôt avides de s'emparer d'une direction que leur profonde incapacité les empêchait de mener à bonne fin. C'est ainsi qu'ont sombré la *Marmite* et l'*Internationale*. Les paresseux ont éloigné les travailleurs. Il en a été de même pour nos réunions. Vous ne vous êtes pas réunis une seule fois, sans que des invectives, des accusations grossières, quelquefois même des voies de fait n'aient été échangées, comblant de joie nos ennemis et remplissant de consternation les hommes sincères et dévoués.

« Quels étaient les auteurs de ces scandales ? Des travailleurs, des hommes à occupations régulières ? Non. Sauf une ou deux exceptions que je préférerais passer sous silence, c'étaient les oisifs mécontents d'eux et des autres, les oisifs qui commencent à demander leur pain à la carotte, passez-moi l'expression, et finissent par l'accepter dans de pires conditions encore.

« Citoyens, nous sommes le parti du travail ou nous ne sommes rien. Ou notre révolution sera le triomphe du travailleur sur le fainéant ou elle ne sera pas. Le parti du travail peut-il se recruter parmi les oisifs ? Non ! Il ne doit compter que des travailleurs. C'est pourquoi je vous soumets la proposition suivante que je vous prie de prendre en considération et de soumettre à l'assemblée pour l'approuver.

« Nul ne fera partie d'une réunion de proscrits de la *Commune* s'il ne justifie « d'un *travail régulier et non intermittent*, lui permettant d'équilibrer ses dépenses et ses recettes. »

« J'ai dit un travail régulier et non intermittent, parce qu'il ne faut pas confondre avec un travail régulier et honnête, courbant l'esprit sous la discipline de sa fonction, ces occupations fantastiques qui consistent à écumer ceci, puis cela, sans jamais se fixer et qui échappent à tout contrôle.

« Et qu'on ne vienne pas nous dire : J'ai cherché et je n'ai pas trouvé. Un homme peut rester un mois, six mois sans ouvrage, mais quatre ans c'est impossible, ou alors il est tellement inepte, tellement inférieur aux autres hommes, qu'au lieu de marcher à leur tête, ce qu'il a de mieux à faire c'est d'accepter la seule place qui lui convient de droit, la dernière entre toutes. On peut emprunter 100, 200, 300 francs, croyant pouvoir les rendre et se tromper ; mais vivre quatre ans d'emprunts, sans rien faire, porte un nom tout spécial.

« Si demain ma plume cessait de me nourrir, demain j'irai trouver Bonnet, pour le prier de me donner une place à côté d'Ostyn. Il ne me refuserait pas et la tête haute je pourrai continuer fièrement la vie, ne devant rien à personne.

« Si vous adoptez la mesure que je vous soumets, nous verrons l'esprit public changer à notre égard. Commençons par nous respecter nous-mêmes, nous serons bientôt respectés de tous. Nos réunions deviendront des réunions de famille où l'on sera heureux de se rencontrer, sûrs de pouvoir s'estimer. Nous sommes plus de trois cents proscrits à Genève. Combien en avez-vous vu prendre part à une assemblée de proscrits ? Cinquante au plus, pas même le sixième de la totalité.

« Les cinq autres sixièmes se tiennent à l'écart systématiquement. Beaucoup d'entre eux sont gens de bon sens, sérieux et soucieux de leur dignité, qui redoutent de s'asseoir entre un Blanc Pignon et un Lavalette, ou de voir échanger des injures et des horions à la place de raisons. Dans notre dernière réunion que s'est-il passé ? Un honorable citoyen n'a-t-il pas été obligé de se retirer devant une *engueulade* dont le président s'est fait le complice en la tolérant. Ici se termine ce que j'ai à vous dire, mais non ce qu'il me reste à apprendre.

« CLUSERET. »

Cluseret a encore joint à son rapport plusieurs pièces fort importantes, qui sont autant de témoignages accablants formulés contre la *Bande des Trente-Trois-Voleurs;* nous reproduisons ici celles que nous n'avons pas publiées dans ce chapitre. Voici d'abord l'extrait d'une lettre adressée par Levrault à son ami Guillot[1].

---

[1] Guillot est le jeune étudiant blessé arrêté par les Versaillais dans le linge volé par Eudes et Gois ; enfermé à Mazas, il parvint à se sauver à Genève, où il est encore médecin aujourd'hui.

« Figure-toi, mon cher Guillot, que la bande d'Eudes, car c'est une *Bande*, et bien qu'ils ne soient que vingt-huit, on peut dire avec Vermersch : « S'ils étaient quarante on chercherait des yeux Ali-Baba !!! »

« Eh bien cette *Bande* a fait un manifeste, si toutefois cela peut se nommer ainsi.

« Ce manifeste est le comble de l'imbécillité et de l'infâmie. La police aurait voulu nous jouer un mauvais tour, qu'elle n'aurait pas agi autrement. Ces *misérables* mettent comme programme l'incendie !!! On n'est pas plus idiot. Que l'on dise que l'on accepte les conséquences des incendies, très bien, car ils étaient les conséquences fatales de la bataille. Mais qu'on vienne mettre comme le but politique, comme le programme, comme le rêve du gouvernement révolutionnaire : *l'incendie!* C'est non seulement idiot mais criminel.

« Tout ceci est fort « embêtant » et toute la proscription de Londres est furieuse contre le manifeste de ces messieurs.

« Maintenant tu dis la *Bande Eudes !!* Malheureux, fais donc attention, ou bien tu seras fusillé à la prochaine, car Eudes n'est plus général de brigade, mais bien *Dictateur* de la prochaine République. Tous les signataires du groupe sont les futurs membres du gouvernement et quand ils s'abordent, ils se nomment par leur titre de général, de ministre, etc...

« Eudes est dictateur.
« Cournet, ministre de l'intérieur.
« Vaillant, ministre de l'instruction publique.
« Breuillé, ministre de la police.
« Viard, ministre du commerce.
« Granger, Gois et Goullé, ministres sans portefeuille.

« Sous la présidence d'Eudes, ils forment le Comité de salut public.

« Quant aux autres, dont tous ne savent pas lire, ils se partagent les autres places du gouvernement.

« Pour l'affaire des députés de Versailles, ajoute encore le même citoyen, c'est parfaitement certain que le citoyen Cournet a reçu de l'argent des députés de la gauche ; c'est un bruit public à Paris ; cela m'est revenu ainsi qu'à plusieurs autres proscrits de différents côtés.

« En faire la preuve matérielle est très difficile dans l'état actuel des affaires. Mais voici cependant quelque chose de précis. A mon dernier passage à Bruxelles j'ai interrogé à ce sujet le citoyen Ranc, qui m'a répondu ceci ; je rapporte ses paroles à peu près textuellement : « Quant à ce qui est d'une « souscription faite dans les bureaux même de la Chambre à « Versailles, le fait est possible, mais n'étant pas présent, je ne « puis rien affirmer. Ce que je sais et ce que j'affirme, c'est que « des députés de la gauche ont souscrit pour Cournet, et que des « journaux républicains de Paris, notamment la *République fran-* « *çaise* ont plusieurs fois donné pour lui, et il est impossible qu'il « n'ait pas eu connaissance de la provenance desdites souscrip- « tions. »

« Certes il n'y a rien là qui puisse faire condamner un homme absolument ; mais je me demande ce que l'on peut penser de celui qui d'une main reçoit les souscriptions, tandis que de l'autre, il signe des manifestes, où les mêmes hommes qu'il vient de solliciter sont traités d'infâmes et de misérables bons à fusiller. Ce dernier fait est peut-être le plus déplorable en ce qu'il touche du même coup la moralité privée et la moralité politique de l'homme qui s'en est rendu coupable.

« Le cas du citoyen Cournet n'est pas d'ailleurs une de ces anomalies, de ces exceptions à la loi générale, telle qu'on pourrait le supposer au premier abord. Tous ces faits s'accordent bien avec la conduite de l'homme, qui lors des élections de la Chambre de 1871, étant membre, du Comité de l'alliance républicaine, combattit avec acharnement la candidature de Blanqui. Cette candidature ayant été adoptée le citoyen Cournet et ses amis quittèrent la salle déclarant qu'ils n'acceptaient pas le vote, et le nom de Blanqui ne fut pas porté sur la liste du Comité.

« Rien de trop extraordinaire, bien que ce ne soit pas très loyal, mais ce qui est plus choquant, c'est de voir le même citoyen, aussitôt Delescluze mort, se rallier à ceux que lui et son maître avaient toujours combattu. Franchement il était un peu tard pour que l'on pût croire à la sincérité de ces convictions changeantes. »

Un extrait d'une lettre de Longuet, datée du 27 septembre 1875, et reçue à Genève le 29, constate d'autres faits d'immoralité du fameux Cournet et de ses collègues.

« ...Il est parfaitement vrai dit le citoyen Longuet que
« M. Lionel Robinson, membre du Comité de secours anglais,
« s'est plaint devant moi et d'autres personnes de ma connais-
« sance, que Cournet n'eut pas rendu du tout une somme d'argent
« qu'il s'était engagé à rendre dans un bref délai. Je dois même
« ajouter qu'une des personnes présentes, à qui Cournet devait
« et doit encore une bien plus forte somme, blâma vivement
« l'insistance de M. Robinson et de son comité et leur rigueur à
« l'égard d'un homme incapable de payer, mais dont on ne pou-
« vait mettre en doute la bonne foi. C'était alors l'opinion géné-
« rale et je ne doute pas que cette réputation de haute loyauté
« aussi bien que ses airs de dignité et de franchise n'aient valu
« à Cournet de différents côtés *des prêts plus forts* que bien
« d'autres proscrits n'avaient pu obtenir ? »[1].

« Quant au groupe dont faisait partie Cournet, je n'ai qu'un
« regret, c'est de n'avoir pas en ce moment le temps de vous dire
« tout le mal que j'en pense ! »

« Longuet n'achève pas sa lettre et me demande vingt-quatre heures de sursis pour compléter l'historique des *Trente-Trois* et la part qui incombe à Cournet. »

Une lettre de Theisz, datée de Londres, le 26 septembre 1875, a été ainsi résumée dans le rapport de Cluseret :

« Ainsi donc, vous me demandez mon opinion sur Cournet ;
« je ne connais rien qui puisse porter atteinte à son honora-
« bilité[2] ; sur le groupe des *Trente-Trois*, j'ai la conviction et j'en

---

[1] On dirait que M. Longuet est jaloux du grand crédit de son cher collègue Cournet.

[2] Il paraît que le citoyen Theisz, qui habitait Londres en même

« ai eu quelques preuves, que parmi ce groupe, qui se prétend
« appelé à avoir la dictature dans une prochaine révolution, il
« y a beaucoup d'ambitieux sans valeur et quelques individus
« que nous devons répudier pour l'honneur de la cause révolu-
« tionnaire.

« Ce sont de pareilles recrues qui ont altéré complètement le
« caractère du parti appelé autrefois blanquiste, si bien que
« ceux qui s'en disent aujourd'hui les représentants, n'ont plus
« rien de commun que le titre avec le nom *Vénéré* qu'ils ne
« rougissent pas de traîner dans la boue. »

Voici une autre lettre du général La Cécilia, constatant les mêmes faits :

« Newman street, Oxford Street, W. Londres, le 13 septem-
« bre 1875.

« Mon cher Cluseret, je viens de recevoir une lettre du citoyen
Cournet, qui tout en me disant mon nom mêlé aux bruits
qui courent sur son compte m'adjure de les démentir. J'ignore
comment j'ai pu me trouver impliqué dans une affaire à
laquelle j'aurais désiré rester complètement étranger. Toutefois, avec la franchise d'un républicain et d'un soldat, je dois
dire, qu'il est parfaitement vrai, que j'ai eu pour le citoyen
Cournet, non seulement une estime, mais une amitié sincère.
Néanmoins après son départ de Londres mes sentiments à son
égard ont dû changer : Le citoyen Karl Marx, 41, Maitland Park-
Road, Shalk farm, (NW), m'a dit que le citoyen Cournet lui
avait emprunté 10 livres sterling (250 fr.) puis avait rompu
toutes relations avec lui en se gardant bien de lui rendre son
argent.

« Le citoyen Levy, 54, Gray's Inn Road, et le citoyen Guihery, son ex-associé, 24, Castle Street, Finsbury, E. C., m'ont

temps que Cournet, était aveugle et sourd, puisqu'il n'avait rien
vu et rien entendu au sujet des faits d'improbité du sieur Cournet.
Nous croyons plutôt qu'il ne voulait rien dire « en ayant bien vu
d'autres », et ne s'émouvant pas pour si peu.

raconté comment au moment de l'échéance d'une traite de 8 livres (200 fr.) qu'ils avaient mise en circulation pour le compte dudit Cournet, non seulement la traite n'a pas été payée, mais encore ledit Cournet ne s'est pas même donné la peine de les prévenir de l'impossibilité où il était de faire honneur à sa signature, il leur a causé un surcroît de perte en les obligeant à payer les frais de protêt et n'a plus depuis donné de ses nouvelles. Beaucoup de faits de cette nature m'ont été cités, mais les personnes qui me les ont articulés ne m'inspirent pas une entière confiance, je crois devoir n'en faire aucun cas.

« Cependant on admettra que les deux actes mentionnés ci-dessus sont un motif suffisant pour que j'aie dû modifier la haute opinion que j'avais conçue dudit Cournet.

« Vous ferez, mon cher Cluseret, de la présente l'usage que vous jugerez être le plus convenable.

« Tout à vous.

« Le général LA CÉCILIA. »

Puis vient la copie d'*une attestation* de M. D. E. Guihery, négociant en Angleterre, 18, Barkley road London, W, *constatant la banqueroute* de Cournet sous un faux nom :

« Je soussigné certifie que M. Cournet, réfugié de la *Commune de Paris* a, sous le nom de Reid et C*ᵉ*, qui était alors sa raison sociale dans le commerce des denrées, souscrit un effet de livres 8 (environ 200 fr.), dont M. A. Lévy, 80, Gray's Inn Road, à Londres, *lui a remis les fonds sur la promesse formelle que M. Cournet payerait l'effet à l'échéance.*

« Cette opération qui a été faite à la demande très pressante de M. Cournet, pour sauver disait-il son honneur commercial, a été consommée devant moi, qui était alors intéressé dans les affaires de A. Lévy, lequel A. Lévy m'avisa quelques mois plus tard, que non seulement M. Cournet n'avait pas fait honneur à sa signature, mais encore qu'il l'avait *laissé protester*, augmentant ainsi de 25 fr. environ la somme à rembourser par A. Lévy. J'atteste en outre que jamais M. Cournet n'a pris la peine de nous prévenir de son impossibilité de faire honneur à sa signature et que jamais aussi nous *n'avons plus entendu parler de lui.*

« Londres, le 16 septembre 1875.

« GUIHERY.

« *N. B.* — Cette affaire se passait dans l'été de 1873. »

Il résulte de tout cela que Cournet était comme nous l'avons déjà dit un vulgaire escroc, nous n'en aurions certainement pas parlé, s'il n'avait été que cela, car un simple filou est presque un honnête homme, si on le compare aux voleurs-incendiaires de la *Bande des Trente-Trois*, mais nous avons déjà prouvé qu'il était un traitre, et comme il faisait partie de cette dernière, et qu'il en était un des chefs les plus importants, nous ne pouvions pas le passer sous silence; car, ainsi qu'on l'a déjà vu, il était destiné par elle à devenir ministre de l'intérieur à la prochaine révolution, et Cluseret assure que ce futur ministre a revendiqué hautement et à plusieurs reprises toute solidarité avec cette *Bande;* il est donc juste de le faire connaitre.

Voici maintenant encore une lettre du général La Cécilia et du citoyen B. Bocquet, un proscrit de 1851, professeur depuis cette époque au collège de l'université de Londres (*University-Collége*), qui va nous montrer de quoi étaient capables tous les misérables membres de la société des *Trente-Trois;* nous citons textuellement cette pièce qui donne des détails très clairs et très précis sur une bien pernicieuse infamie dont plusieurs de ces coquins se sont rendus coupables : Voici ce que contient cette curieuse missive :

« Vers le mois de septembre 1874, dit le général La Cécilia, un groupe de réfugiés, appartenant presque en totalité à la coterie qui s'intitule : *Groupe des Trente-Trois ou de la Commune-Révolutionnaire*, me demanda si je voulais prêter mon concours dans le but de fonder une École spécialement destinée aux enfants des proscrits de la *Commune*.

« Comme dès la première séance, il fut bien établi que l'école ne serait l'œuvre exclusive d'aucun parti, mais qu'elle serait fondée avec l'appui non seulement de tous les réfugiés sans distinction, mais encore de tous les républicains partisans de l'instruction laïque, je considérai l'entreprise comme éminemment utile et pratique. Je me mis aussitôt à l'œuvre avec ardeur.

« La création d'une école laïque répondait à un besoin sérieux. Les adhérents et les souscriptions affluèrent, grâce surtout à l'influence de mon nom, qui, j'ose le dire était très respecté[1].

« Cette influence me permit de *nous* assurer bientôt la coopération de plusieurs citoyens connus autant par leur parfaite honorabilité que par leur compétence en matière d'instruction et d'éducation.

« Parmi eux, je citerai en première ligne le citoyen Poncero, délégué par la *Commune* à l'instruction du IIIe arrondissement.

L'école s'ouvrit; les membres du groupe des *Trente-Trois* proposèrent pour maître le citoyen Huguenot, prétendu bachelier ès lettres et prétendu professeur à Bourges.

« L'entreprise marchait, le nombre des élèves s'accroissait, lorsque le citoyen Bocquet, qui concourait à notre œuvre avec un dévouement inépuisable me fit observer qu'il s'était convaincu que le maître d'école n'était nullement à la hauteur de sa mission.

« Comme membre de la commission d'enseignement, nous avions le droit et le devoir d'examiner les élèves tous les trois mois et puisqu'une période de cinq mois s'était déjà écoulée nous résolûmes de profiter des vacances de Pâques pour procéder à une inspection et à un examen des plus consciencieux de l'École.

« L'opération dura trois jours consécutifs, chaque élève fut interrogé par nous minutieusement, mais ponctuellement pendant trois quarts d'heure. Les résultats furent déplorables.

---

[1] On voit que si le général La Cécilia était très obligeant, la modestie n'était pas sa vertu principale.

« L'école était tenue avec une malpropreté révoltante, le maître jurait et sacrait après les élèves et ne leur apprenait rien, absolument rien !

« Il dictait des morceaux de La Rochefoucauld à de pauvres enfants qui ne savaient pas distinguer un *verbe* d'un *substantif*, (ce n'était pas la faute de l'honorable professeur qui enseignait entre autres merveilles, que *plusieurs* faisait *plusieurEs* au *féminin!*), qui exécutaient mécaniquement quelques opérations d'arithmétique sans se rendre compte du pourquoi et qui, en géographie, ignoraient l'existence des points cardinaux, ne savaient pas distinguer sur une carte un fleuve d'une chaîne de montagnes, et dont les élèves ignoraient dans quel département se trouve Paris où ils étaient nés.

« Je ne m'arrête pas à l'administration le maître comptait chaque semaine 2 shillings 9 pences pour le chauffage, alors que la dépense en réalité n'était que de 1 shilling, etc...

« Naturellement notre rapport fut on ne peut plus défavorable et concluait à des réformes radicales dont la première était la destitution du citoyen Huguenot.

« Mais cela ne faisait pas le compte du groupe qui, en dépit de ses perturbations *continuEs* (sic), voulait que l'école existât pour le maître et non pour les élèves. Profitant de la majorité qu'il y avait dans le conseil, il *vota* un *vote* de confiance pour Huguenot [1].

« Aussitôt mes amis et moi nous donnâmes notre démission ; le groupe espéra continuer à soutenir l'école à lui tout seul, mais il s'était trompé, une semaine après l'école était fermée.

« Entre temps le citoyen Mortier, nommé caissier à la place du citoyen Varlet, démissionnaire, avait découvert qu'il fallait payer le maître d'école (son intime), avant le propriétaire du local, ainsi et quoique avant de nous retirer, nous eussions remis les fonds nécessaires au paiement du loyer aussi bien que du maître, jusqu'au moment de notre retraite, les membres du groupe restaient-ils débiteurs de vingt et une semaines de loyer envers le propriétaire.

[1] Nous copions textuellement, avec les fautes de français des Inspecteurs de l'Ecole.

« Par un sentiment que l'on comprendra, le citoyen Bocquet et moi nous payâmes cette dette. Et que (*sic*) le citoyen Varlet, indigné de la malhonnêteté de ces procédés, avait pris fait et cause pour nous, il fut chassé du *groupe* pour avoir osé blâmer un de ses *frères* en présence des *bourgeois*.

« (Les bourgeois étaient Bocquet et moi, s'il vous plaît !)

« Londres, le 26 septembre 1875.

« Général LA CÉCILIA. — B. BOCQUET. »

Voici maintenant, au sujet de la bande des Trente-Trois, l'opinion de Ranvier, un ex-membre du Comité central et du Comité de salut public, qui ne reculait pas devant les moyens violents et les mesures extrêmes, qui a été longtemps leur ami et leur collègue à Paris et à l'étranger, qui les a beaucoup fréquentés et qui les connaissait à fond. Voici ce qu'il a écrit à leur sujet, dans une lettre qu'il a adressée au général Cluseret ; nous la transcrivons tout entière à cause de son importance et parce qu'elle fera connaître très exactement ces misérables en général, et quelques-uns d'entre eux plus particulièrement.

« Saint-John, Street Road, E. C. Dondon.
« 16 septembre 1875.

« Mon cher Cluseret,

« Je réponds aujourd'hui à votre lettre du 9 du présent mois avec toute la sincérité possible, sur ce que vous me demandez au sujet des héros du manifeste des TRENTE-TROIS, et sur leurs agissements à Londres.

« Dire toutes leurs turpitudes et leur manière de faire, ce serait entrer dans des détails trop oiseux ; il faudrait pour cela se donner la peine de parler de la constitution de leur futur gouvernement, dont ils sont tous les ministres, et où il faudrait au moins rétablir la *conétablie* pour l'illustre général Eudes, que vous avez comme moi vu à l'œuvre. Le ridicule est si grand que le discuter serait paraître y croire.

« Aussi écœurants sont les jugements prononcés d'une façon sentencieuse contre tous ceux qui ne sont pas des leurs ; on condamne les gens à la peine de mort et on règle l'ordre de leur exécution. La plupart d'entre les membres de la société des *Trente-Trois*, n'entendent en fait de révolution que de se substituer au gouvernement qu'ils veulent démolir, c'est-à-dire la conquête du pouvoir, afin de puiser un peu dans toutes les poches, en négligeant la *Révolution* dans ses principes pour parader dans les vêtements des anciens valets de l'Empire, comme vous en avez été témoin vous-même à la Guerre, où Mme la générale Eudes se vautrait dans les robes de Mme Le Flô, et le général lui-même dans les fourrures de son chef d'état-major et dans l'uniforme de Gallifet. De plus ici se trouve Ferdinand Camille qui, jeune encore, n'a pas cru devoir désobéir, lorsqu'on l'a chargé de traîner dans les voitures en retraite l'argent volé par Eudes. Il sait même que les médailles trouvées chez CARIA *ont été envoyées chez ce dernier sans même qu'il eût été consulté* par Eudes et Gois [1].

« Tous ces gens après avoir mené ici une vie d'orgie en commençant, voudraient s'excuser en affichant un peu de misère ; après avoir insulté celle des malheureux qui, plus infortunés qu'eux, arrivaient en Angleterre. Ils affectaient le plus grand mépris pour ceux-là qui n'avaient d'autre titre que celui de soldat ayant accompli son devoir.

« Une société fondée dès l'arrivée des premiers proscrits, avait fonctionné jusqu'à leur entrée dans ladite société (dans laquelle ils s'incorporèrent pour la détruire) ; et quand on demande des comptes à la commission qu'ils avaient trouvé moyen de faire choisir parmi les leurs, il fut répondu par la phrase suivante : « On demande des comptes à ses ennemis et non à ses amis. » Et pourtant il a été prouvé que la gestion avait été à son profit, que Ledrux s'était accordé trop pour que sa gestion

---

[1] On voit par ce que déclare Ransier que ce n'était pas le père Caria qui avait volé et fait transporter les médailles de la Légion d'honneur chez lui, puisqu'il ignorait tout cela, le vol et le transport des médailles, et que c'étaient Eudes et Gois qui les avaient envoyées chez lui.

ne fut pas taxée d'escroquerie; pour ma part, j'ai vu les livres; des sommes remises par moi, en faveur des proscrits, n'y ont jamais été inscrites; il a d'ailleurs vécu depuis de moyens aussi honorables.

« Un autre voleur, dont toutes les preuves peuvent être produites, le sieur Viard, accusé de vol pendant sa gestion au *Commerce*, a été défendu de cette façon : « Ne laissons attaquer personne de notre groupe; il faut que chaque fois que l'un de nous sera l'objet d'une attaque quelconque, nous soyons tous comme un seul homme, tous, pour le défendre. »

« Un autre chargé de remettre le produit d'une collecte à un ami malheureux, n'en a donné qu'une partie et a gardé le reste. Un autre, le sieur Mortier, a été forcé de se sauver de Londres à cause d'une accusation d'*escroquerie* faite contre lui. Richard, Maréchal et moi sommes aussi de ses victimes. Ces gens vivaient dans l'orgie, aux dépens de ceux qu'ils trompaient, fréquentant les maquereaux qu'ils pouvaient rencontrer.

« Un autre encore, porteur de pain, pour un réfugié de 1871, homme honnête et bon s'il en fût, touchait les factures disant que les clients n'avaient pas payé; et il a fini par se sauver en Belgique, où il est en ce moment.

« Ils ont voulu, à l'aide de souscriptions, monter une école, La Cécilia pourrait vous en dire long là-dessus. Un fanatique des leurs, mais plus honnête, a voulu accuser des membres du groupe, il fut chassé par eux, et un homme auquel je supposais plus d'intelligence a osé prononcer ces paroles : « Ici nous nous contentons de vous chasser de parmi nous, mais souvenez-vous que si au lieu d'être en Angleterre nous étions en France, ce n'est point votre expulsion qui aurait lieu, mais bien votre exécution immédiate. » Celui qui a prononcé cela, c'est *Vaillant*.

« On pourrait les passer tous en revue à peu de chose près; du reste, ils sont bien connus, peu cherchent à travailler, il serait difficile de dire comment ils vivent; la plupart à coup sûr de faisage.

« Pour Gournet, qui était de ceux que j'ai toujours considéré comme un dévoyé parmi eux, et que j'estimais plus aussi, j'ai su de source certaine qu'il avait reçu plusieurs souscriptions faites par la gauche versaillaise, ignorait-il la provenance exacte, il ne tenait qu'à lui de me le dire, ce qu'il n'a pas fait, et pourtant, je le crois un des meilleurs de cette *bande*, que je considère, par son impuissance, comme négative ; mais jetant sur la proscription en général une grande déconsidération.

« Je n'ai pas parlé de Gois, il est des choses si malpropres qu'il vaut mieux les taire.

« Si parmi eux se trouvaient quelques honnêtes garçons, ce sont des imbéciles, auxquels les autres promettent de fortes récompenses s'ils parviennent à tuer quelques individus à qui ils en veulent de ne point vouloir marcher avec eux.

« Beaucoup vous en diront plus, et n'importe tous ici les méprisent, sauf quelques rares individus qui en connaissaient précédemment quelques-uns et qui n'osent pas faire autrement que de leur parler.

« Croyez que je n'exagère pas un fait et que je passe le plus grand nombre.

« Fraternellement à vous.

« RANVIER. »

Nous avons reproduit cette lettre curieuse, si explicative et si positive, avec toutes ses fautes de français, afin de lui laisser toute sa saveur et sa valeur.

Elle prouve d'une manière incontestable que cette société des *Trente-Trois*, dont MM. Eudes, Vaillant, Cournet, Granger et Gois, étaient les principaux chefs, était une véritable bande de brigands dressés de longue main par eux au vol, au pillage et à l'assassinat, avec toutes les conditions aggravantes de préméditation, de persistance et de récidive.

Elle nous affirme avec des preuves et des faits à l'appui, que M. et Mme Eudes et leurs complices n'étaient que de vulgaires voleurs, décrochant les montres, les pendules, les galons, le linge, la vaisselle, forçant les meubles, faisant main-basse sur les caisses publiques et privées, et que les deux premiers poussaient le cynisme et la vanité jusqu'à se costumer avec les défroques de leurs victimes, dans lesquelles ils se drapaient et se pavanaient orgueilleusement, passant leur existence de malfaiteurs de la pire espèce dans l'orgie et la débauche, pendant que les honnêtes proscrits, qui n'avaient rien volé étaient l'objet de leur mépris, plongés dans la plus affreuse misère et mouraient de faim.

Ranvier nous apprend encore que cette société infâme professait les doctrines les plus abominables, que tous les membres se déclaraient solidaires dans le crime, et qu'ils étaient prêts à punir des châtiments les plus terribles tous ceux qui oseraient les attaquer ou divulguer leurs forfaits.

Le plus instruit de tous, le mieux élevé, Vaillant, un lettré, docteur en droit, en médecine, ingénieur, etc., et qui, dévoré d'une ambition inextinguible, élève les plus hautes prétentions au pouvoir, non seulement ne permet pas les attaques, mais encore ne tolère pas que la moindre critique soit adressée aux membres de la société des *Trente-Trois*.

L'un d'eux, le citoyen Varlet, s'étant permis une observation à propos de la dilapidation et du vol d'un fonds de 400 livres sterling, environ 10,000 francs, qui avait servi à fonder une école laïque pour les enfants des proscrits à Londres, M. Vaillant le fit chasser en lui disant que s'ils étaient en France il le ferait *fusiller* sommairement. Ne pouvant mettre leurs menaces à exécution en Angleterre, ces bandits passaient leur temps dans des conciliabules secrets, aussi odieux que ridicules, dans lesquels ils rendaient des sentences de mort contre tous les proscrits honnêtes, lesquels étaient par ce seul fait pour eux des gens dangereux, et ces scélérats ont encore aujourd'hui, conservé l'espoir d'exécuter leurs sentences draconiennes lors du premier mouvement populaire qui se produira à

Paris, et si jamais ils triomphaient, ceux qu'ils ont ainsi condamnés secrètement seraient sûrs d'être massacrés, s'ils ne se sauvaient pas à temps.

M. Florimond Vaillant est bien le plus étrange et le plus extraordinairement déclassé des membres de la société des *Trente-Trois* voleurs. Il a fait écrire lui-même dans la *Liberté* de Bruxelles, qu'il était un fils de famille, un savant, un docteur, un ingénieur distingué, qu'il cherchait sa voie, et qu'il s'était fourvoyé en entrant à la *Commune;* le malheureux s'est bien encore fourvoyé davantage quand il est entré dans les *Trente-Trois*, car il n'avait pas besoin comme ses nobles amis Eudes, Gois, Goullé, Cournet, etc., de faire partie d'une bande de voleurs et d'assassins pour vivre, puisqu'il avait des rentes. Mais il est dévoré par une ambition féroce et il n'a pas trouvé d'autre moyen de la satisfaire, que de se jeter dans la conspiration blanquiste et de devenir le collègue des bons sujets qui en font partie. Mais M. Vaillant qui affecte un très grand dévouement à la cause du peuple et de la Révolution sociale la plus avancée, la plus radicale, n'a pas toujours professé de pareilles idées et, dans tous les cas, il est bien loin de les avoir mises en pratique.

M. Vaillant ne vient certainement pas de naître. Eh bien, qu'a-t-il donc fait pour la République et pour la Révolution, depuis trente ou quarante ans qu'il a l'âge d'homme? Sous l'Empire, pendant les dix dernières années de sa durée, il était prudemment allé habiter l'Allemagne, à Heidelberg, à Tubingen et à Vienne. Au lieu de rester en France, pour combattre avec les républicains contre l'Empire, il est allé bien tranquillement de l'autre côté du Rhin, et il s'est fait recevoir DOCTEUR ALLEMAND. Avant, pendant et après la bataille de Sadova, il a résidé bien tranquillement chez nos ennemis, il n'a pas même compris ce bon Français, cet excellent patriote, ce qui se passait pourtant sous ses yeux, il n'a pas vu que l'Allemagne se préparait à nous combattre, qu'elle s'organisait et s'armait contre nous, pour nous ruiner et nous démembrer. Il ne lui était pourtant pas difficile de s'en apercevoir, il lui eut suffit pour cela de lire les journaux allemands puisqu'il connaissait la langue de *sa nouvelle patrie d'adoption;* s'il eut le moindre amour pour la France, le moindre souci de sa sécurité, il se serait empressé de la prévenir, en envoyant des correspondances aux journaux de Paris ou de la province, pour l'avertir de l'orage qui s'amoncelait contre elle. Mais M. le *Docteur allemand* n'en a rien fait. Voilà comment il a fait preuve de patriotisme.

Voyons maintenant comment s'est conduit le fameux pretendu républicain socialiste-révolutionnaire.

Il y avait alors comme aujourd'hui, en Allemagne, beaucoup de citoyens professant cette opinion, il pouvait se lier avec eux, les fréquenter et lorsqu'il a appris la formation, en France, de l'*Association Internationale des Travailleurs*, il pouvait fonder avec leur concours des branches de cette association en Allemagne.

Eh bien, il n'en a rien fait, il était alors uniquement occupé de l'étude de la rêveuse et nébuleuse philosophie de Hégel. Ce n'est que plus tard, après la déclaration de guerre, quand il fut forcé de quitter l'Allemagne, après nos premiers revers, qu'il se réveilla de sa léthargie germanique, et qu'il commença à comprendre les dangers terribles auxquels la France se trouvait exposée ; pendant le siège de Paris fait, par ses bons amis les Allemands, il ne se fit remarquer ni par son patriotisme, ni par son républicanisme, il ne se distingua ni dans les rangs de la garde nationale, ni dans les clubs, ni sur la place publique. On ne le voit pas au 4 septembre combattre pour le renversement de l'Empire, ni au 31 octobre pour la continuation de la guerre et pour la *Commune*, ni le 22 janvier pour s'opposer à une capitulation honteuse et ruineuse, ni le 18 mars pour défendre et sauver la France et la République de la conspiration monarchique, qui se disposait à restaurer la royauté, si elle eût réussi dans son entreprise faite à Montmartre, pour reprendre les canons à la garde nationale et pour désarmer celle-ci. Non, tant qu'il y a le moindre danger on ne voit M. Vaillant nulle part. Ce n'est que quand celui-ci est passé, quand le peuple est victorieux et qu'il n'y a plus rien à craindre, que ce monsieur sort de sa prudente retraite et vient prendre part à la curée.

Dès le 19 mars il intrigue et sollicite auprès du Comité central de la garde nationale, et il parvient à se faire nommer délégué au ministère de l'intérieur le 25 mars 1871, et à se faire élire membre de la *Commune de Paris* le 28 du même mois ; puis membre de la première commission exécutive le 30 mars, et de la seconde le 27 avril suivant ; il avait en outre été délégué à l'enseignement depuis le 21 du même mois de mars ; eh bien, pendant toute la longue période de plus d'un mois, pendant laquelle il a été au pouvoir, il n'a absolument rien fait, ainsi que nous le prouverons bientôt ; mais aussitôt qu'il n'a plus rien été, qu'il n'a plus rien pu faire et qu'il n'eut rien à craindre, quand il a été impuissant et en sécurité à Londres, après la destruction de la *Commune*, il a préconisé les mesures les plus violentes et affiché les opinions les plus extrêmes, afin de se populariser et de préparer plus tard sa venue une seconde fois au pouvoir et satisfaire sa monomanie. M. Vaillant est un fils de *bourgeois* et *bourgeois* lui-même, et de la pire espèce ; il a encore à l'heure qu'il est une fabrique de poterie à Vierzon, dans laquelle il exploite à outrance de malheureux ouvriers. Ce singulier révolutionnaire par son éducation, par sa position et par sa naissance fait partie de la classe des exploiteurs réactionnaires, et nous ne comprenons pas pourquoi il s'est jeté dans les partis extrêmes, pourquoi il s'est enrôlé dans la bande des *Trente-Trois,* nous ne pouvons nous l'expliquer que par son ambition démesurée, qu'il cherche à satisfaire, sinon par la réalité, au moins par l'apparence et par l'espoir qu'il a d'arriver un jour à la possession du pouvoir, et, en attendant la réalisation de son espérance, il se contente d'être en perspective ministre de l'instruction publique *in partibus infidelium* de la prochaine révolution.

Mais il doit être bien mal à l'aise ce faux-révolutionnaire, quand il lui faut hurler avec les loups enragés, sous peine d'être dévoré par eux, comme il l'a fait lors de la publication du fameux manifeste des *Trente-Trois.*

Et cela a dû lui paraître un peu dur de s'écrier pour la première fois :

« Nous sommes *athées,* parce que l'homme ne sera jamais libre tant qu'il n'aura pas *chassé Dieu de son intelligence et de sa raison.*

« *Expulser Dieu du domaine de la conscience, l'expulser de la société,* est la loi pour l'homme s'il veut arriver à la science, s'il veut réaliser le but de la Révolution.

« *Il faut nier Dieu, cette erreur génératrice de toutes les autres,* car c'est par elle que depuis des siècles l'homme est courbé, enchaîné, spolié, martyrisé.

« Que la *Commune* débarrasse à jamais l'humanité de *Dieu, ce spectre de ses misères passées ; cette cause de ses misères présentes.*

« Dans la *Commune* il n'y a pas de place pour le prêtre ; toute manifestation, toute organisation religieuse doit être proscrite.

« Nous sommes *Communistes* parce que nous voulons que la terre, que les richesses naturelles ne soient plus appropriées par quelques-uns, mais qu'elles *appartiennent à la commu-*

nauté; parce que nous voulons que, libres de toute oppression, maîtres enfin de tous les instruments de production : terre, fabriques, etc., les travailleurs fassent du monde un lieu de bien-être et non plus de misère...

« Nous sommes *Communistes*, parce que nous voulons arriver à ce but sans nous arrêter aux moyens termes qui, ajournant la victoire, sont un prolongement de l'esclavage.

« Nous sommes *Communistes*, parce que le Communisme est la négation la plus radicale de la *société que nous voulons renverser*, l'affirmation la plus nette de la société que nous voulons fonder...

« Nous sommes *révolutionnaires*, parce que pour réaliser le but de la Révolution nous voulons *renverser par la force la société*, qui ne se maintient que par la force.

« Nous sommes *révolutionnaires*, parce que nous voulons établir la *dictature du prolétariat* et la maintenir jusqu'à ce que le monde soit affranchi.

« Nous sommes *révolutionnaires*, parce que nous avons reçu *la charge de la mémoire et de la vengeance de nos frères assassinés par la bourgeoisie*. La Révolution pour nous c'est aussi la Revanche.

« Nous sommes révolutionnaires parce que nous sommes pour le monde nouveau contre l'ancien, pour le monde de la *République, de la Commune, du socialisme le plus radical, le plus avancé*, contre le monde réactionnaire, bourgeois, des royalistes des légitimistes, des orléanistes, des bonapartistes, des conservateurs prétendus républicains ou radicaux, et même des *communalistes*.

« Nous sommes *révolutionnaires*, et à ce titre nous revendiquons notre part de responsabilité dans *l'exécution des otages*, depuis celle de Clément Thomas et de Lecomte, jusqu'à celle des dominicains d'Arcueil, de Chaudey, de Bonjean, de Darboy, des gendarmes, des prêtres et des agents secrets de la rue Haxo.

« Nous sommes *révolutionnaires et nous revendiquons notre part de responsabilité dans ces incendies* qui détruisaient des instruments d'oppression monarchique ou bourgeoise. »

Voilà le résumé du manifeste politique des *Trente-Trois,* au bas duquel M. Vaillant a mis sa signature et dont il a juré de faire triompher les idées par la force, ce *farouche révolutionnaire, ce communiste implacable, cet athée endurci,* ce matérialiste convaincu, qui veut tout mettre à sac, à feu et à sang, qui veut à la fois *supprimer Dieu, détruire la propriété et la société,* a été comme nous l'avons dit, pendant plus d'un mois au pouvoir sous la *Commune,* il a eu dans les mains, à sa disposition, tout ce qu'il lui fallait pour réaliser son rêve : 300,000 gardes nationaux armés ; 2,000 canons, les forts, l'enceinte fortifiée, tous les établissements publics, tout le matériel, toutes les richesses de Paris, la Banque de France, les Crédits fonciers, mobiliers, etc..., toutes les banques, tous les établissements de crédit de la capitale de la France.

Il a eu comme on le voit tous le temps, tous les moyens, toutes les forces nécessaires pour réaliser ses projets révolutionnaires, ses doctrines athées, ses principes communistes et matérialistes, qu'il a depuis proclamés si haut dans le manifeste des *Trente-Trois* qu'il a signé.

Pourquoi ne les a-t-il donc pas appliqués quand il était au pouvoir? Pourquoi lorsqu'il était délégué au ministère de l'intérieur du 25 mars au 1ᵉʳ avril 1871, n'a-t-il donc rien fait? Pourquoi lui, qui veut « détruire la propriété individuelle, chasser le riche de sa maison et des institutions où il tient garnison, » n'a-t-il rien fait de cela? Pourquoi non seulement ne s'est-il pas emparé des maisons des riches, des banques, des institutions de crédit, mais encore pourquoi n'a-t-il pas même empêché la Banque de France d'envoyer de l'argent au gouvernement de Versailles, pendant qu'il était ministre de l'intérieur, et ensuite quand il était membre des deux commissions exécutives?

Ce fameux révolutionnaire est aussi responsable, étant alors membre de la première commission exécutive, des massacres des 2 et 3 avril de plus d'un millier de fédérés, qui ont eu lieu pendant ces deux jours, à la suite des sorties faites sur les ordres de son ami Eudes, malgré la défense expresse de la Commission exécutive, dont M. Vaillant faisait partie. Lorsqu'il était ministre de l'instruction publique ce farouche athée, qui voulait extirper l'idée de Dieu de la conscience, ne sut même pas abolir dans tout Paris l'enseignement primaire congréganiste et religieux qui était donné par les sœurs. En un mot il ne sut mettre en pratique aucunes des terribles menaces dont il faisait un étalage effrayant dans ses programmes et ses manifestes. Il ne sut que faire danser les rats de l'Opéra ; les beaux-arts étant dans ses attributions, il en profita pour organiser des ballets, et passer en revue les jambes, les maillots et les dessous des danseuses et des figurantes ; voilà à peu près à quoi s'est réduite son œuvre d'athée, de communiste et de révolutionnaire. Il ne s'est jamais battu, on ne l'a vu derrière aucune barricade, il n'a été d'aucune utilité pendant la terrible lutte de la dernière semaine de mai, et il a assisté impassible, caché dans une chambre de la rue Haxo, au massacre des prétendus otages, tremblant dans sa peau et la main aux oreilles. Une fois en sûreté à Londres toute son ardeur révolutionnaire lui est revenue. Ce monsieur qui pendant la *Commune* nous disait qu'il cherchait sa voie, qu'il n'était ni pour la majorité ni pour la minorité ; cet intrigant, qui nageait comme l'on dit vulgairement entre deux eaux, a complètement remonté à leur surface depuis qu'il a traversé la Manche, et lorsqu'il a été à Londres, il a comme saint Paul trouvé son chemin de Damas, et il est allé tout droit s'enrôler dans la société des *Trente-Trois-Voleurs*, il s'est jeté dans les bras de son cher

Ali-Baba, et ils se sont mis à travailler ensemble à ce qu'ils appellent, dans leur style *défiguré, l'œuvre de l'expropriation* sociale et qui serait bien mieux nommée celle de *l'appropriation particulière* du bien d'autrui et du domaine *social*. Mais, comme à Londres, il n'y avait pas le moindre palais, ni un seul hôtel privé sur lesquels ils eussent pu impunément mettre la main, ils se contentèrent d'envoyer chercher à Paris le butin et l'argent qu'ils avaient cachés et laissé dans leurs nombreux dépôts, et ils déléguèrent MM. Granger et Léonard à Paris dans cette louable intention.

A la société des *Trente-Trois* on se préoccupa surtout de l'organisation du futur gouvernement de la prochaine révolution, dans lequel le nouveau néophyte Vaillant, devait avoir, comme nous l'avons vu, le portefeuille de l'instruction publique en récompense de son dévouement.

Aussi depuis cette époque, il a travaillé avec le plus grand zèle au succès de son entreprise d'*appropriation sociale*. Il a été comme nous l'avons dit, un des pères du fameux manifeste qui a soulevé de si vives récriminations de la part des citoyens Levrault, Ranvier, La Cécilia, Theisz, Longuet, etc., qui l'accusent de préconiser le vol, le pillage, l'incendie et l'assassinat comme moyens et but de la révolution. C'est encore lui Vaillant qui a inventé ces belles doctrines : « Nous sommes tous solidaires de nos crimes. « — Si on attaque l'un de nous, « on nous attaque tous. — Nous devons tous nous y « opposer comme un seul homme et protester avec force. « — Un pour tous et tous pour un. — On ne doit pas « demander des comptes à ses amis, mais à ses ennemis. « — Nous devons tous crier au voleur afin de cacher « notre jeu et de pouvoir nous sauver, et à la trahison afin « de dissimuler la nôtre, etc., etc... »

Depuis l'amnistie de 1880, qui lui a permis de rentrer

en France, il a continué d'être un des membres les plus zélés de la respectable société dont Ali-Baba Eudes était le grand chef, il est devenu le premier lieutenant de ce dernier et il était même parvenu, pendant un certain temps, à supplanter le fameux Granger, qui avait fait de si grands sacrifices pour leur société, et qui avait souvent exposé sa liberté, sa fortune et sa vie pour le succès de cette dernière.

Le dévouement absolu de M. Vaillant aux *Trente-Trois* lui a valu d'être choisi en 1886, en qualité de candidat aux élections municipales du quartier du Père-Lachaise, dans le XXe arrondissement et d'être élu, grâce à l'appui des frères et amis. Comme ces derniers n'ont pas tardé à tourner au Boulangisme dans l'espoir de pouvoir pêcher dans ses eaux troubles et de récolter un nouveau butin dans le naufrage de la République ; M. Vaillant a suivi le courant. Pour le récompenser, Rochefort lui a acheté le *Cri du Peuple*, puis après il l'a aidé a fonder *L'Homme Libre*, en collaboration avec ses collègues des *Trente-Trois*, Granger, Place, Goullé, Breuillé, etc. Mais nous devons dire que M. Vaillant, très habile et très retord, a seulement dans ses articles attaqué la République sous le nom de parlementarisme, il l'a minée sourdement au profit du général Boulanger, il s'est bien gardé de lui faire directement la guerre ; mais il s'est contenté de se faire l'allié secret ou indirect du général, tout en le servant fidèlement, quoiqu'il sut parfaitement que ce dernier était un des plus sinistres héros de la Semaine Sanglante et l'un des assassins de ses amis Rigault, Duval, Toni Moilin, etc., et de milliers d'autres défenseurs de la *Commune*, dont lui Vaillant était un des chefs les plus en évidence. M. Vaillant était ce que l'on nomme un Boulangiste honteux, à la solde de M. Rochefort. Mais il s'est toujours tenu sur une certaine réserve, cherchant sa voie boulangiste comme il avait cherché sa voie blanquiste et celle de la *Commune*. L'insuccès du Boulangisme, aux dernières élections, lui a seul empêché de passer ouvertement à ce dernier, lui a fait faire scission avec certains des membres de la société des *Trente-Trois* et l'a obligé à se séparer d'eux, du moins en apparence, et aujourd'hui ses anciens complices, Rochefort, Granger, Place, Breuillé, etc., sont très mal avec lui, mais tous ces tristes personnages sont trop bien faits pour s'entendre comme larrons en foire, tôt ou tard ils redeviendront bons amis.

Ainsi, M. Vaillant mérite à plus d'un titre les déshonorantes et vertes flétrissures que ses anciens collègues, Ranvier, Cluseret, La Cécilia, Theisz et Longuet, membres comme lui de la *Commune* lui ont infligées ainsi qu'à la bande de scélérats, à juste titre surnommée la société des *Trente-Trois-Voleurs*, dont il faisait partie. Mais afin de faire encore mieux connaître ce jésuitique et dangereux personnage, dont l'audace côteleuse égale la perfidie, nous allons encore citer le résumé d'une séance du Conseil municipal de Paris, du 13 décembre 1888, dans laquelle il s'est montré tel qu'il est en réalité.

M. Paulard, conseiller municipal, avait fait ce jour-là, en son nom et au nom de ses collègues : Faillet, Simon, Soëns, Paul Brousse, Chabert, Dumay, Joffrin, Réties, Lavy, une proposition ayant pour objet la demande d'une concession perpétuelle dans le cimetière de l'Est, en faveur du citoyen Henry Fortuné, ancien membre de la *Commune de Paris*.

En déposant cette demande, M. Paulard dit :

« Qu'une proposition analogue avait été l'année dernière soumise au Conseil et que, pour des raisons qu'il ne connaissait pas, elle ne fut pas accueillie.

« Qu'il venait insister aujourd'hui en faveur d'un homme, qui a été un modeste, mais également un républicain sincère, digne en tous les points de l'hommage qu'on nous demande de lui rendre. »

Lors du dépôt de cette demande, M. Chassaing, aussi conseiller municipal, sans qu'un seul mot de son collègue Paulard l'ait provoqué, jugea à propos de soulever l'incident suivant, en disant :

« La proposition de M. Paulard ne me paraît pas complète, il eut dû ajouter : « La concession précédemment accordée au « citoyen Eudes est retirée. »

« M. PAULARD. — Je n'ai pas parlé d'Eudes.

« M. CHASSAING. — C'est précisément parce que vous n'en avez pas parlé que j'en parle.

« M. PAULARD. — Dites ce que vous pensez ; mais ne me faites pas dire ce que je ne dis pas.

« M. CHASSAING. — Le sentiment qui a inspiré la proposition soumise au Conseil est facile à déterminer. On ne tient pas autant à faire accorder une concession à Mme Henry, qu'à faire retirer celle qui fut donnée à Eudes. Voilà à quoi veulent arriver les possibilistes.

« M. PAULARD. — Où avez-vous vu cela ? Je vous défends de parler ainsi.

« M. CHASSAING. — Je vais vous le dire... Au début de cette séance, mon collègue M. Joffrin, m'a dit : « Vous avez fait voter « une concession à Eudes, qui ne la méritait pas, et vous avez « fait refuser une concession à Mme veuve Henry ; je vais vous « questionner à ce sujet. »

« Vous voyez donc, Messieurs, qu'il s'agit parfaitement d'amener le rapporteur de ces deux affaires à la tribune et de revenir ainsi indirectement sur l'affaire de la concession Eudes.

« M. LAVY. — Nous avons l'habitude d'agir toujours franchement.

« M. CHASSAING. — C'est justement parce que je veux que l'affaire se présente franchement que j'ai parlé de la concession Eudes.

« Le 30 décembre 1887, sur mon rapport présenté au nom de la 2ᵐᵉ commission, le Conseil municipal votait l'ordre du jour sur la pétition de Mᵐᵉ veuve Fortuné-Henry, réclamant une concession, pour la sépulture de son mari, mort en 1882. Depuis le conseil municipal s'est prononcé en faveur d'une demande analogue faite pour la sépulture de l'ex-général Eudes.

« On me dit : pourquoi donc deux poids et deux mesures?

« Messieurs, c'est que votre 2ᵐᵉ commission a jugé que les circonstances n'étaient pas les mêmes. Si votre 2ᵐᵉ commission a cru devoir accorder la première et refuser la seconde, c'est je le répète, qu'elle estimait que les circonstances ou les faits n'étaient pas identiquement les mêmes. (*Bruit prolongé.*)

« M. HERVIEUX. — Tous deux ont rendu les mêmes services.

« M. CHASSAING. — Dans tous les cas, le général Eudes venait de mourir. Se basant sur ce fait indéniable qu'Eudes avait été le représentant de Paris et que, quelles que soient les *défaillances* que lui reprochent les possibilistes, défaillances qui sont loin d'être prouvées...

« M. VAILLANT. — Il n'y a qu'un agent de police qui puisse accuser Eudes. (*Bruit*).

« M. JOFFRIN. — Je ne pense pas que vous me considériez comme étant de la police...

« M. CHASSAING. — Je vais indiquer au conseil pour quelles raisons la concession demandée par Mᵐᵉ Henry a été refusée.

« S'il ne s'agissait que d'une concession à accorder à Henry, le groupe possibiliste n'aurait pas attendu jusqu'à aujourd'hui pour déposer sa proposition, alors qu'on ne sait même pas où son corps se trouve...

« Il y avait cinq ans que Henry était inhumé... La 2ᵐᵉ commission a considéré qu'il n'y avait pas lieu après un si long temps de rendre un hommage qui doit toujours être actuel.

« M. HERVIEUX. — M. Chassaing ne nous donne pas le vrai motif de la décision de la commission.

« M. CHASSAING. — Si cet argument n'a que peu de valeur à l'égard des possibilistes il en a beaucoup pour nous.

. . . .

M. JOFFRIN. — Le Conseil comprendra parfaitement que nous

laissions ici de côté tout ce qui est personnel à Eudes. Je ne répondrai pas non plus à MM. Vaillant et Chauvière, nous accusant d'être des policiers. Ceux qui nous connaissent savent que nous avons rapporté d'exil des certificats de présence dans les ateliers étrangers, pendant huit ans et trois mois. Ils savent que nous sommes rentrés dans les ateliers parisiens avant et après avoir fait partie de ce Conseil. Ils ne nous feront donc pas l'injure de nous forcer à soulever un débat que nous acceptons de voir porter devant un jury d'honneur.

« Je défie nos accusateurs de prouver devant ce jury que nous sommes des calomniateurs.

« M. VAILLANT. — Vous êtes des colomniateurs. (*Tumulte.*) »

M. Joffrin répond en faisant allusion à l'affaire du vol des médailles de la Légion d'Honneur que nous avons racontée.

Lors de cette discussion du Conseil municipal, les amis de M. Eudes trouvant sans doute que le crime infâme de ce dernier, qui avait fait condamner deux innocents, le père et la mère Caria à sa place, n'était pas encore assez grand, sont encore venus les calomnier lâchement en leur absence devant le Conseil municipal, sachant bien qu'ils ne pouvaient pas leur répondre, et MM. Alphonse Humbert et Chauvière n'ont pas craint de venir en aide à M. Vaillant pour l'aider dans sa honteuse besogne d'infâme et lâche calomniateur.

M. Joffrin a répondu à ce dernier :

« Je vous appelle devant un jury d'honneur, venez si vous l'osez. Enfin nous n'avons pas à parler de cela ici et je réponds à M. Chassaing...

« Comment se fait-il que vous ayez accordé une concession à Eudes parce que, dites-vous, il y avait un précédent et que vous l'ayez refusée à Henry pour ne pas créer de précédent ? Vous avouerez que cette attitude est étrange.

« Certes, vous aviez le droit de repousser les deux demandes de concession, mais le droit que vous n'aviez pas, c'est de refuser l'une de ces concessions sous prétexte que l'on ne veut pas créer de précédent quand il y en avait un, et d'accorder l'autre en prétextant de l'existence d'un précédent qui, vérification faite, n'existait pas?

« Nous le répétons, nous ne voulons pas créer ici de débat sur la personnalité d'Eudes, nous nous bornerons à déclarer encore que, s'il le faut, nous sommes prêts à nous expliquer devant un jury d'honneur, et alors nous verrons.

« M. VAILLANT. — Messieurs, les calomnies contre Eudes ne trouvent, je le constate ici formellement, personne qui ose en prendre la responsabilité [1]. Et je pouvais, avec raison, dire il y a un instant, quand M. Chassaing, en les repoussant y faisait allusion, qu'il fallait être un agent de police pour s'en rendre coupable. »

M. Vaillant savait cependant bien que M. Joffrin et ses collègues du parti ouvrier, et plus particulièrement M. Paulard, avaient pris la responsabilité de prouver devant un jury d'honneur les vols et les pillages commis par M. Eudes, pourquoi, si ces accusations étaient fausses, M. Vaillant et tous les amis de M. Eudes n'acceptaient-ils pas la juridiction convenable qui leur était proposée?

Ce n'est certainement pas parce que leur camarade Eudes était innocent, mais bien parce qu'ils le savaient coupable et parce qu'ils redoutaient la production des pièces et des témoins prouvant sa culpabilité. Dans tous les cas, l'accusation qu'il lance indirectement contre M. Joffrin et ses collègues du parti ouvrier et conseillers municipaux, d'être des agents de police, est trop absurde pour qu'on s'y arrête. Mais M. Vaillant est coutumier du

---

[1] Cette déclaration est fausse puisque M. Joffrin vient de dire que lui et ses amis ne sont pas des calomniateurs en accusant Eudes, et qu'ils demandent à fournir les preuves de leurs accusations devant un jury d'honneur.

fait, dès qu'on l'attaque, lui ou les siens, il répond en accusant ses adversaires d'appartenir à la police.

C'est chez lui une vieille tactique de calomniateur invétéré qui lui a souvent réussi, qu'il a apprise dans la bande des *Trente-Trois* dont il était un des chefs, et dont il ne se départira jamais. Aussi revenant sans cesse sur ses accusations relatives à la police, il dit encore :

« Ces calomnies odieuses nous les avons flétries et nous les flétrirons chaque fois qu'une critique ou qu'une manœuvre de police les reproduiront...

« Et ceux qui après tant d'années viennent les ramasser dans les bas-fonds de la police méritent, quels qu'ils soient, l'appellation de policiers.

« Il n'y a donc dans notre attitude à l'égard de nos collègues possibilistes aucune ambiguïté. »

Il espère en agissant ainsi effrayer les accusateurs d'Eudes et les réduire au silence.

Puis revenant un peu plus loin sur le même sujet, qui constitue chez lui une véritable monomanie, il s'écrie encore en haussant le ton :

« Oui, messieurs, je le répète bien haut... oui, ceux qui attaquent la mémoire d'Eudes font acte de police et de calomnie. (Exclamations.)

« Je suis prêt à défendre contre tous la grande mémoire de mon ami, comme je défends celle de tous les *communeux*, celle de la *Commune*.

« M. ALPHONSE HUMBERT. — De ceux qui ne l'ont pas renié eux.

« M. JOFFRIN. — L'avons-nous reniée ?

« M. ALPHONSE HUMBERT. — Oui, vous la reniez par votre alliance avec Ferry. Vous êtes des fumistes! (Exclamations.)

M. Vaillant ajoute encore :

« Je suis prêt à défendre de même jusqu'à la mort, tous les actes de ma vie publique et privée, car je défie qui que ce soit de prouver que j'aie jamais menti.

« Je suivrai toujours les idées et les opinions de la *Commune* contre tous les partis de réaction ou de dictature, contre tous les partis bourgeois, sans un écart dans la voie...

« Voilà les déclarations que j'avais à faire à la mémoire de mon ami Eudes... Voilà ce que j'avais à dire contre les policiers qui l'attaquent [1].

« M. Joffrin. — Nous sommes aussi *communeux* que vous et pas plus policiers que vous. »

Nous allons maintenant citer la déclaration faite à la tribune du conseil municipal, toujours dans la même séance que nous analysons, par M. Longuet, l'homme qui le 25 mai 1871, au lieu de se battre pour défendre la *Commune*, dont il était un des membres, était assis devant la mairie du onzième arrondissement à côté de Vallès, sur le piédestal de la statue de Voltaire, tremblant de peur, comme un lâche, les bras pendant et branlant et complètement affalé. Ce jour-là M. Longuet s'était débarrassé de son écharpe qu'il trouvait trop compromettante; il l'avait jetée dans une fosse d'aisance. Il n'osait plus la porter, il avait peur, s'il tombait entre les mains des Versaillais, qu'elle ne le fasse reconnaître comme étant un membre de la *Commune*, et alors d'être fusillé, l'individu qui a fait tout cela, a poussé le cynisme jusqu'à oser accuser un de ses collègues, le citoyen Henry Fortuné, de ne pas avoir fait son devoir pendant les derniers jours de la *Commune*, d'avoir abandonné son poste de combat-

---

[1] Extrait du discours de M. Vaillant, publié par lui dans le *Cri du Peuple*, du 14 décembre 1888, dont il était alors directeur politique.

tant dès le 22 mai 1871, le lendemain de l'entrée des troupes de Versailles dans Paris. Voici ce qu'il a osé déclarer du haut de la tribune du conseil municipal, lors de la discussion dont nous parlons :

« Je dois dire pourquoi je n'ai pas signé la proposition relative à la concession réclamée en faveur de Henry Fortuné. Je le dirai avec la discrétion que m'impose le devoir de piété à l'égard des morts.

« L'hommage rendu à Eudes était fondé, car Eudes a gardé jusqu'au bout un rôle militant et dévoué à la cause populaire.

« Il en fut autrement de M. Fortuné Henry. Son rôle à lui a cessé non pas après la défaite, mais avant la bataille. C'est le 22 mai 1871, je précise, qu'il a disparu. Mes souvenirs sont certains à cet égard, et je pourrai donner des détails qui fixeraient la conviction, j'en suis persuadé, et qui éclairciraient même M. Joffrin.

« M. JOFFRIN. — Pourquoi ne les avez-vous pas dits ?

« Le citoyen LONGUET. — Parce que je n'ai été informé de la demande de Mme Henry que par le rejet qui en a été annoncé au *Bulletin Municipal*[1].

« Non, je ne recule pas devant des détails, devant un historique précis, si on veut nommer une commission pour l'entendre.

« Eudes fut un militant... Quant à M. Fortuné Henry, je le répète, c'est le 22 mai 1871, qu'il est rentré dans la vie privée, et c'est par la pétition de sa veuve que nous avons entendu parler de lui. Voilà ce que j'avais à dire à cette tribune, et je suis prêt à compléter mes paroles devant la Commission. »

Lorsque l'on connaît la conduite indigne, lâche de M. Longuet pendant la Semaine Sanglante, on est stupéfié de le voir oser accuser un de ses collègues mort de ne pas

[1] Mais s'il n'a été informé de la demande de concession de Mme Henry que par le *Bulletin municipal*, qui a enregistré et publié son rejet, il n'avait donc pas été appelé à signer la demande de cette dame, et par conséquent il n'avait pas pu lui refuser sa signature ?

avoir fait son devoir à la même époque. Mais ce qu'il y a encore de plus coupable dans la manière de faire de M. Longuet au sujet de son collègue Henry Fortuné, c'est que sa déclaration est un affreux mensonge, car le citoyen Henry Fortuné est resté à son poste de combat jusqu'à la fin de la bataille; nous l'avons encore vu le 27 mai, rue Haxo, à Belleville, où certes M. Longuet n'était pas.

Il est aussi très extraordinaire de voir M. Longuet décerner un brevet d'héroïsme au général Eudes en 1888, après l'avoir flétri dès 1875, en disant dans la lettre qu'il a écrite au général Cluseret au sujet de l'enquête faite sur Eudes et sa bande, qu'il regrettait de n'avoir pas le temps d'en dire tout le mal qu'il en pensait.

Quand on connaît MM. Longuet, Vaillant et compagnie, quand on les a vus à l'œuvre, on n'en fait pas deux catégories, on les met tous dans le même sac; car ils se valent, et nous n'avons cité la discussion qui a eu lieu au conseil municipal au sujet de la concession de terrain au cimetière de l'Est, demandée par Mme veuve Henry Fortuné pour la tombe de son mari, que pour prouver quel abominable calomniateur M. Vaillant était. Heureusement que ses odieuses accusations ne feront croire à personne que MM. Joffrin, Paulard, Lavy, Dumay, Chabert, etc., sont des policiers; pas plus que les éloges aussi coupables que mensongers, qu'il a débités pour glorifier la grande mémoire de son illustre ami Eudes, ne réussiront à tromper un seul de ceux qui ont connu ce néfaste personnage.

Mais nous devons cependant constater pour être juste, que dans cette bande de Blanquistes, traîtres et apostats, aujourd'hui Boulangistes, il s'est trouvé un honnête homme, qui les a publiquement reniés lorsqu'il les a connus et qu'il a pu les apprécier à leur juste valeur;

c'est le citoyen Dérouilla, auquel cependant ils avaient promis une haute situation, voici comment il les traite dans son testament que nous transcrivons ici :

« Je soussigné Anatole Dérouilla, en pleine lucidité d'esprit, déclare par le présent testament politique vouloir être enterré sans aucune cérémonie religieuse et par les soins d'une des sociétés de libres-penseurs de Bruxelles.

« Je déclare en outre m'opposer à toute intervention des hommes composant le petit groupe d'exilés français connus sous le nom de *Commune révolutionnaire*, groupe dont j'ai fait partie à une certaine époque et dont j'ai signé le manifeste dit de Londres (aux Communeux), parce que dans son essence il affirmait la Révolution. Je me suis retiré de ce parti devant une majorité qui voulait et veut toujours la dictature pour les siens et se substituer au pouvoir souverain du peuple, ce qui, — par parenthèse, — ne se réalisera jamais.

« Prolétaire, j'ai toujours combattu pour la cause du prolétariat, c'est-à-dire pour *la justice, le droit et la liberté*. Reconnaissant dans cette secte un piège grossier tendu à la naïveté du peuple, j'ai donné ma démission et je me suis engagé à la dévoiler, afin que si une révolution survenait, les travailleurs soient édifiés sur ces hommes dont le but unique est d'assurer la dictature d'un des trois membres composant le triumvirat de Londres.

« Ceux qui voudraient me faire l'honneur de m'accompagner jusqu'à ma dernière demeure doivent pouvoir suivre ma dépouille en toute sécurité. Or, ils ne s'y trouveraient pas, si les hommes du groupe dont je parle plus haut se dissimulaient dans leurs rangs. On ne sait que trop, je puis l'affirmer, que ces gens forment une espèce de police au service du groupe central de Londres.

« Pourquoi cette police ?

« Pour constituer des dossiers sur les hommes politiques de l'Europe, petits ou grands, obscurs comme illustres. C'est pour ce motif qu'ils écoutent tout ce que l'on dit, que tout est transmis à Londres, même les lettres qu'ils peuvent glaner de côté et d'autre. Il ne faut pas que des hommes semblables se mêlent avec mes amis et connaissances. D'ailleurs, suivre le cercueil d'un obscur citoyen, dont on a osé dire, le sachant malade : — « Il n'est donc pas encore crevé », serait le comble de l'audace.

« Je charge donc les citoyens proscrits, mes amis, de s'opposer à leur présence outrageante.

« Je meurs comme j'ai vécu, en combattant le despotisme et la dictature; mourir en exil, c'est mourir sur une barricade.

« Tel est mon testament politique, que ma femme bien-aimée est chargée d'exécuter ponctuellement et que je place sous la sauvegarde du Code civil.

« Ainsi fait à Bruxelles, etc.

« Signé : A. Dérouilla. »

Voici maintenant l'opinion du *Mirabeau*, journal belge, sur l'honnête citoyen Anatole Dérouilla[1].

« La proscription française, dont les rangs s'éclaircissent de jour en jour, vient d'éprouver une nouvelle perte : celle du citoyen Anatole Dérouilla. Les prisons de l'Empire, les balles prussiennes et versaillaises l'avaient épargné, l'exil fut impitoyable. La mort se fait l'infâme complice des réactionnaires; elle poursuit et fauche sans pitié sur le sol étranger ceux qui jadis échappèrent aux conseils de guerre, exécutant aveuglément les sentences odieuses des soudards ivres de sang !

« Né en 1830, Dérouilla était un ardent et infatigable pionnier, travaillant sans relâche et sans découragement à préparer le grand mouvement duquel doit sortir un jour victorieuse la Révolution. Généreux et modeste, il avait une audace peu commune; sous le règne du bandit de décembre, c'est lui qui passait en France *la Lanterne*, d'Henri Rochefort, et qui se chargeait de la tâche dangereuse de faire parvenir sur la table des vils et plats courtisans du tyran des Tuileries, les numéros dans lesquels il était fouaillé d'importance par le spirituel pamphlétaire.

« Dans l'accomplissement de cette mission, Dérouilla fut un jour arrêté près des frontières et jeté en prison. Pendant huit mois on n'entendit plus parler de lui, on le crut mort. Raoul

---

[1] Extrait du *Mirabeau* de Verviers, du 19 mai 1878.

Rigault qui le connaissait particulièrement s'émut cependant de cette disparition subite et fit de nombreuses démarches pour savoir ce qu'il était devenu. On finit par découvrir Dérouilla au fond d'une petite prison de province, du côté de Sedan, toujours en prévention et réclamant philosophiquement depuis bien longtemps sa comparution devant un tribunal quelconque. La police peu confiante dans la magistrature servile tarée de Napoléon III, aimait mieux prolonger indéfiniment sa détention arbitraire que de s'exposer à le voir après quelques malheureux mois de prison recommencer de nouveau la guerre implacable qu'il livrait à l'Empire.

« Lieutenant d'une compagnie de marche du 161e bataillon pendant le siège, puis commandant du même bataillon sous la *Commune*. Dérouilla remplit ces diverses fonctions avec autant d'ardeur qu'il en avait déployée aux sombres journées de juin 1848. Son bataillon fut du reste un des plus éprouvés. Du 21 au 25 mai, il perdit tant tués que blessés 850 hommes.

« Bravoure, loyauté, intelligence, voilà les qualités de ce hardi défenseur de la *Commune* qui succomba presque à l'anniversaire du massacre de mai 1871.

« L'enterrement a eu lieu le dimanche 5 mai, au cimetière de Saint-Gilles, par les soins de l'association « *les Solidaires* ».

« La foule qui se pressait derrière le cercueil recouvert du drap rouge et sur lequel étaient attachés les insignes de la franc-maçonnerie, prouvait l'estime et la sympathie acquises à notre ami.

« Deux discours ont été prononcés : le premier par le citoyen Patterson, au nom des rationalistes belges, le deuxième par un Français.

« Voici l'adieu prononcé d'une voix émue par le citoyen P. P.

« Citoyennes et Citoyens,

« La mort vient de frapper une fois de plus la proscription, déjà si cruellement éprouvée depuis sept années.

« Anatole Dérouilla, que nous accompagnons ici pour la dernière fois, était un de ces soldats de la liberté que l'on voit toujours surgir lorsqu'un orage révolutionnaire éclate.

« En juin 1848, sous l'Empire, pendant la *Commune*, il rendit de grands services à la cause du prolétariat avec une abnégation et un courage bien rares. Commandant du 161ᵉ bataillon, il sut par son caractère affable et ferme acquérir la sympathie des gardes de son bataillon, lesquels se souviennent encore aujourd'hui de leur ancien chef et ami.....

« D'ailleurs que dire encore de ce grand citoyen ?.....

« Il a fait son devoir, rien que son devoir, un pareil éloge suffit.

« Au moment où le monde est convié à l'Exposition de Paris, alors que la France est en liesse, il est triste de constater que les portes de la patrie sont ouvertes à grands battants aux étrangers et qu'elles sont fermées impitoyablement à ses enfants, coupables d'avoir contribué par l'acte du 18 mars à la fondation définitive de la République.

« A Paris on est en joie ; ici nous sommes en pleurs. C'est le contraste, citoyens, aux riches tous les plaisirs ; aux malheureux toutes les douleurs.

« Citoyens, Compagnons, Frères,

« Mes moyens intellectuels ne me permettent pas de continuer ce discours, seulement je vais profiter de ce moment, véritablement mal choisi, pour inviter les frères francs-maçons à ne pas se cacher derrière un rideau qui, pour un grand nombre de citoyens, est une barrière infranchissable.

« On peut être maçon sans avoir fait partie de la *Commune*, on peut être communeux sans être franc-maçon.

« Je dis que nous ne devons avoir qu'un seul principe : L'amour de nos semblables et l'affranchissement de nos libertés. Aussi je dis en jetant une pelletée de terre sur notre cher ami et frère Dérouilla : « Que cette terre te soit légère ! » Je dirai plus, compagnons :

« C'est la cendre du pauvre et ne la foulez pas,
« Sa tombe est à vos pieds, la vôtre est à deux pas,
« Profitez de l'instant, que le destin vous donne
« Le présent est à vous, l'avenir à personne,
« La douce égalité que repousse l'orgueil
« Devient réalité en face du cercueil. »

Nous n'en finirions pas si nous voulions raconter en détail tous les crimes et tous les méfaits de ces bandits reniés et flétris par Dérouilla, nous nous contenterons de citer ici ce que le Vermersch a dit d'eux dans la préface de son magnifique poème : *Les Partageux*, dans laquelle il se plaint, d'une façon très violente, d'un pamphlet publié contre lui par les membres de la fameuse société des Blanquistes, dont le général Eudes était l'Ali-Baba.

Voici en quels termes il s'exprime :

« Un torche C..., plein de mensonges et d'infamies, a paru il y a quelques semaines à Londres ; on le distribue sous le manteau, et on l'expédie sous enveloppe de côté et d'autre avec toutes sortes de précautions jésuitiques. Je ne daignerai pas relever une seule des immondes accusations impudemment formulées dans le torche C... en question ; il suffit, pour édifier le public sur leur valeur de rapporter les vingt-huit signatures suivantes :

« Aberlen, Berton, Brignolas, Jean Clément, F. Cournet, C. Denempont, J.-E. Dodot, E. Gois, Goullé, Granger, A. Huguenot, E. Jouanin, R.-E. Latappy, Léonce, Lhuillier, Margueriltes, P. Mallet, A. Martin, Armand Moreau, H. Mortier, A. Oldrini, Picavet, E. Planquette, Rysto, B. Sachs, Varlet, Viard, Villers. »

Il continue en les stimagtisant de la façon la plus naturaliste et la plus énergique, puis il ajoute que tous ces individus « faisaient partie du groupe dit la *Commune Révolutionnaire*, et avaient dans leur passé d'excellentes raisons pour ne point faire parler d'eux ; car ils ont, dit-il, des « *cadavres* » à toutes les étapes de leur vie et ils auraient dû se souvenir que lorsqu'on demeure dans un cimetière, il ne faut point tirer des coups de pistolets. Ces vingt-huit sous M..., ajoute-t-il, cherchent à me faire passer pour un coquin et un lâche, qualifications qui, sorties de ces bouches, me constitueraient toute une réhabilitation, si j'en avais besoin.

« Je ne pensais point à eux, certes, et je ne me souciais guère des faits et gestes de personnages qui admettent dans leurs rangs d'anciens agents de la sûreté de l'Empire, quand ils sont venus me provoquer, m'attaquer et m'injurier. Ils ont voulu la guerre. Soit ! Ils cherchent, disent-ils, à me faire connaître. Ils ne craignent donc pas d'être connus eux-mêmes. Je vais les aider à l'être.

« Gens de la « *Commune révolutionnaire,* » qui vous targuez de donner des brevets de bravoure aux uns et de scélératesse aux autres, vous n'avez que le droit d'être modestes et silencieux, car vous êtes véreux jusqu'au cœur et tarés jusqu'à la moelle ! »

Comme nos lecteurs, qui ne sont pas initiés aux bas-fonds du monde de coquins dont se composait cette prétendue *Commune Révolutionnaire,* ne comprendraient pas tout ce que Vermersch dit d'eux et qu'ils ne sauraient pas distinguer les individus auxquels doivent être appliquées les épithètes qu'il leur prodigue ; afin de les renseigner exactement, nous allons placer entre parenthèses quelques explications indispensables après chaque accusation formulée par Vermersch.

« Toi (dit-il à Cournet), tu es l'un des chefs de cette bande et l'ami intime du correspondant du *Figaro* à Londres, à qui « *tu rends des services* », et depuis ta faillite sous un faux nom (celui de Reid et C⁰), Danmark Lane, tu vis des souscriptions que font pour toi les députés fusilleurs du peuple.

« Toi (Granger), arrêté après la *Commune,* tu es sorti de prison par l'entremise de ton cousin (Voisin, ancien préfet de police), membre de la commission des grâces.

« Toi (Huguenot), le prévaricateur, maître de l'école fondée à Londres par La Cécilia) en quittant la Préfecture de police, tu as filouté les montres des sergents de ville !

« Toi (Armand Moreau), commandant du 138ᵉ bataillon, sous la *Commune,* tu as été chassé pour lâcheté !

« Toi (Picavet), quand tu étais emprisonné à Mazas sous l'Empire, tu as écrit à l'empereur pour lui offrir de faire son buste en ivoire, en échange de la liberté : on te relâcha, mais ce ne fut point pour faire le buste, ce fut un autre service qu'on te demanda et que tu rendis! (On venait te chercher la nuit pour procéder à l'arrestation de tes anciens camarades que tu avais dénoncés à la police).

« Toi (Berton), ex-marchand de chaussures rue de Charonne, tu étais l'*alter ego* de Sapia, le mouchard du procès de Blois !

« Toi (Goullé), ex-commandant, sous la *Commune*, tu allais faire des perquisitions dans les hôtels, sans autre but que de remplir tes poches, c'est toi qui a décroché les timbales !

« Toi (Viard), ex-marchand de sécatif, zébré de banqueroutes par tout le corps au 18 mars, mais « jeune et pratique, » tu t'es refait en volant (350,000 fr.) dans la caisse qui t'était confiée ! (celle du ministère du commerce).

« Toi (Dodo), tu as élevé la souscription à la hauteur d'un principe, et tu passes la moitié de ta vie à te pendre aux sonnettes des gens et l'autre moitié à ne rien faire.

« Toi (Gois), tu as mis le feu la nuit à la maison de ta sœur, parce qu'elle ne voulait pas subvenir à tes orgies, et, pour te créer un alibi, tu persuadas à une jeune fille à qui tu avais promis le mariage, de venir déclarer, en faisant un faux serment, que tu avais passé cette nuit-là chez elle ; quinze jours après, tu quittais le pays en la laissant déshonorée.

« Vous tous, vous vous êtes gobergés à Londres avec l'argent soustrait des caisses du peuple de Paris, et la proscription tout entière est là pour l'affirmer !

« Et c'est vous qui osez élever la voix ! Quelle audace et quelle imbécillité !

« Gens de la *Commune Révolutionnaire*, vous vous êtes mis à vingt-huit pour tâcher de persuader au monde que j'étais un lâche et un coquin, et vous ne sauriez prouver un seul des faits allégués dans votre torche-c... !

« Eh bien ! moi, sans avoir besoin d'aller chercher aucun renfort, aucun aide, aucune signature, voici ce que je vous dis à vous, les braves et les honnêtes :

« Je vous accuse tous collectivement et individuellement de vol et je vous défie de m'accuser en diffamation devant les tribunaux anglais,, car le procès que l'on n'a pas pu vous faire à

Paris, où vous avez laissé condamner, déporter, fusiller à votre place des hommes du peuple, je vous le ferai, moi, à Londres.

« Nous verrons alors de quel côté sont les traîtres, les mouchards, les voleurs et les lâches.

« Inutile de dire que si vous ne relevez pas ce défi, c'est que vous passez condamnation sur ce je viens d'affirmer, et que personne dans le parti révolutionnaire n'aura plus à répondre à vos provocations que par l'exercice du droit de légitime défense. Je vous donne jusqu'au 31 mai pour me traduire en justice.

« Eug. VERMERSCH. »

Il est bien entendu que les individus accusés d'une façon aussi publique, aussi explicite et aussi directe, n'ont rien répondu, n'ont pas poursuivi leur accusateur, qu'ils sont restés sous le coup de la flétrissure qu'il leur a infligée, et qu'ils se sont ainsi reconnus coupables.

Aujourd'hui, en clouant ces misérables au pilori, nous ne sommes que le greffier qui, après avoir recueilli les témoignages de *l'histoire*, publie la sentence des condamnés et les marque au front.

Et en le faisant nous achevons dignement notre tâche, car de même que nous avons condamné les crimes commis par les gens de Versailles contre la *Commune de Paris*, de même nous devions flétrir les misérables vulgaires malfaiteurs qui, pendant la durée de cette dernière, sous le masque révolutionnaire, l'ont trahie, vendue, livrée à ses ennemis, ont fait massacrer les défenseurs et se sont déshonorés par les plus épouvantables forfaits.

FIN

INDEX

A

Aberlen, 411, 460.
Adrini (A), 460.
Affaires Étrangères (Ministère), 8.
Agar (Mme), pseudonyme de Mme Eudes, 332.
Allix, 155.
Allemane, 60.
Amouroux, 96, 97.
Andrieux, 348.
Anthelme, 62.
Antonnier (Mme), 200, 215, 249.
Arnaud (Antoine), 97, 155, 165, 195, 276, 279, 301, 313, 314, 315.
Arnold, 155.
Assistance Publique, 65.
Avrial, 97.

B

Bacon (brigadier), 216, 249.
Banque de France, vi-xvi, 16, 19, 25, 44, 45, 64-94, 95-134, 135, 136, 137, 140, 146, 149, 152, 162, 205, 315, 316.
Bapst (Alf.), 100.
Barail (Général Du), 23-239.
Baring (banquier ang.), 65.
Barre (de la Monnaie), 113.
Barrois, 402.
Bauër, 336, 337.
Bayard (commandant), 34.
Beauford (vicomte de), 320, 342, 348, 374, 375, 385.

Bécon (château), 195.
Bergeret, 38, 98, 170, 334, 335.
Bernard (commandant), 92.
Berton, 405, 411, 417, 460, 462.
Beslay, xvi, 64 à 94, 95 à 134, 140, 142, 143, 145.
Beslay (fils), 132.
Billoray, 72, 197, 279, 300, 301, 313, 314, 315.
Blandin, 41.
Blanqui, 322, 324, 325, 346, 380, 390, 412, 426.
Bocher (Charles), 200, 226, 227, 228, 229, 233, 240, 243.
Bohème, 167.
Bonjean (le président), 442
Bonnet, 424.
Boquet (A.), 430, 431, 433.
Bordier, 386, 391.
Borel (général), 206, 218.
Bougiral, 29.
Boullty, 328, 340, 383, 389, 401, 402.
Bourg-la-Reine, 40, 31.
Boulanger (colonel), 28, 29, 30, 31.
— (général), 446.
Bourgeois, 303.
Brest (arsenal), 105, 106, 107, 108.
Breuillé, 129, 376, 411, 419, 425, 446, 447.
Bridault, 175, 180.
Brignolas, 367, 368, 411, 460.
Broglie (de), 360, 393, 395, 397.
Brousse (Paul), 447.
Bruneau (A.), 155, 421.
Brunel, 235.
Budin, 235.
Buffet, 35.

C

Cadart, 188, 189, 190, 204, 230, 231, 232, 241, 312.
Cail et Tessier (maison), 176, 178.
Caillet (commandant), 188.
Caisse de Dépôts et Consignations, 65.
Caisse d'Epargne, 65.
Camélinat, 112, 113, 114, 115, 148, 338.
Camille (Ferdinand), 336, 362, 434.
Camp (Maxime du), 66, 69, 70, 76, 96, 99, 100, 101, 102, 105, 106, 107, 108, 109, 110, 111, 125, 133, 140, 145, 158, 159, 306.
Camus (ingénieur), 44, 45, 46, 47, 48, 51, 52, 60.
Caraby (M⁰), 141, 142, 143.
Caria (Léopold et Octave, leur père et leur mère), 301, 302, 324, 325-349, 50-379, 389, 397, 400, 401, 402, 408, 450.
Carnet, 326, 406.
Casanova (sergent), 307.
Cassagnac (Paul de), 2, 3.
Casse (Germain), député, 418
Cerisier, 51, 392.
Chabert, 417, 435
Chanzy (général), 50
Chartres, 31
Chassaing (cons. mun.), 448, 449, 450, 451.
Chaudey, 91, 442.
Chauvet (comm. de police), 201.
Chauvet (Ch.), 232.
Chauvrier, 450.
Chazal, 104.
Châtillon-sur-Seine, 381.
Chemins de fer, 65.
Chervet, 188.
Choleton (colonel), 12, 37.
Chouteau, 333.
Chrétien (Mᵐᵉ), 206.
Cissey (général de), 239.
Clavier, 402, 403, 404, 405.
Clément (J. B.), 155, 411, 460.
Clément (V.), 86.
Clinchant (général), 23, 188.
Cluseret, 48, 49, 70, 86, 88, 89, 617, 170, 171, 180, 182, 332, 333,
334, 335, 337, 312, 343, 363, 365, 412-415, 424, 427, 428, 429, 431, 433, 447.
Cochin, 56, 57.
Cœuille, 328-349, 350-379, 385, 386.
Collé, 400.
Collet, 340, 345, 349.
Collet (M**), 331, 346.
Combaz, (Direct. Télég.), 19.
Constantin (grand duc), 168.
Coudreau (Dʳ), 387
Coulon (député), 250.
Courbevoie, 28, 29.
Cournet, 97, 164, 175, 180, 181, 230, 314, 315, 371, 376, 411-419, 421, 425-429, 433-438, 460, 461.
Crédit Foncier, 65.
CRI DU PEUPLE (LE), 446, 453.
Cruchon, 398.

D

Dacosta, 61, 62, 367.
Daniel, 398.
Darboy (Mgr), 93, 422.
Dardel, 160, 402.
Daru (comte), 242.
Davillier, 93.
Daudel (général), 12, 28, 30, 31, 33, 34.
Delahaye, 402.
Delaval (colonel), 38.
Delescluze, 97, 98, 127, 155, 158, 159, 333, 383, 412, 418, 426.
Dellon, 168.
Dellès, 393.
Delpoche (Dʳ), 384.
Denempont, 411, 460.
Deroste, 389.
Dereure, 177.
Dérouillade, 411, 456, 460.
Desmarais (de la Monnaie), 113
Desmaret (général), 83.
Diamants de la Couronne, 93 à 134.
Dodat, 411, 460, 462.
Dombrowski (Jaroslas), VI, XVII, 163-183, 184-218, 219-255, 256-293, 294.
Dombrowski (Mᵐᵉ Pelagie), 170.
Dombrowski (Théophile), 216, 258.

Dominicains d'Arcueil, 442.
Douchet, 383.
Dubisson, 44, 52, 53.
Dubois, 144, 147.
Ducamp, 54, 306, 392.
Ducatel, 276, 212, 241..
Ducrot (général), 35.
Dumay, 447,453.
Dupont, VI, 179, 180, 200, 211, 257, 261-263, 266, 269-276, 281, 285, 286, 288-291, 295, 304, 308, 310, 313-315.
Durand, 72, 120, 146, 160.
Dusautoy, 344 345.
Duthil de la Tuque (baron), 44, 47, 51, 52.
Duval, 8, 85, 97, 117, 334, 335, 446.
Duvilliers, 79.

E

Eaux (Cie des), 65.
Élysée (palais de l'), 338.
ÉMANCIPATEUR DE TOULOUSE (L'), 363.
Enger. *Voir* Hutzinger.
Eudes, 19, 21-24, 27, 31-33, 49, 61, 97, 129, 155, 159, 165, 197, 279, 300, 301, 313, 313, 315, 319, 321-349, 350-379, 399, 400, 402, 406, 408-411, 419, 425, 433, 434, 436, 438, 441, 445, 448, 449, 450-455, 460.
Eudes (Mme), *voir* Eudes.
États-Unis (Ambassade), 46, 84.
Évreux, 34.

F

Favre (Jules), 3, 7, 230, 232.
Faillet, 447.
FÉDÉRATION (LA), journal, 332, 403, 406.
Ferré, 54, 211, 214, 215, 289, 311, 328, 386, 392, 420.
Ferrent, 113.
FIGARO (LE), 418, 461.
Finances (Ministère des), 65, 68, 72, 74, 75, 78, 79, 100, 146, 148, 149, 153, 154. *Voir* Jourde.
Flourens, 84, 325, 334, 335.

Fontainebleau, 21.
Forsans-Veysset (Mme). *Voir* Veysset.
Fortuné *Voir* Henry.
Fould, 65.
Fournier, 113, 226.
Frankel, 97, 289.
Fresneau, 414, 415, 420, 422.
Fribourg, 113.

G

Galifet (général de), 434.
Gambetta, 66, 169.
Gambon, 155, 165, 197, 279, 280, 300 301.
Ganier d'Abin, 44, 52, 53.
Garibaldi, 167, 169.
Garnier, 115.
Gaveau (commandant rapporteur), 136, 147.
Gaz (Cie), 65.
Gérardin, VI, 97, 180, 257, 259, 260, 261, 263, 266-270, 276, 279, 283-286, 290, 398, 313, 314, 315.
Godillot (maison), 190, 344.
Gois (Emile), dit *Grille d'Égout*, 129, 155, 327, 328, 349, 350, 370, 380, 397, 400, 401, 402, 409, 410, 411, 419, 425, 434, 436, 460.
Gois (Mme). *Voir* Gois.
Goullé, 328, 349, 350, 379, 394, 395, 396, 411, 419, 425, 436, 446, 447, 460, 462.
Graff, 389.
Granger, 119, 155, 326, 329, 359, 360, 371, 375, 377, 388, 391, 393, 409, 411, 419, 425, 436, 445, 447, 460, 461.
Grange-Ory (la), 31.
Grégorok, 193.
Gréllier, 19, 20, 21, 25, 26.
Grille-d'Égout. *Voir* Gois.
Guerre (Ministère), 325, 400 *Voir* Eudes.
Guibery, 417, 428, 429, 439.
Guillot, père, 366.
Guillot, Gaspard, 366, 385, 419, 429.
Guttin, Adrien et Alphonse, VI, XII, 152-183, 184-218, 219-455, 256-293, 294.

H

Haro (rue), 151-156, 158, 159, 442, 444.
Henry-Fortuné, 177, 448, 449, 450, 451.
Hervieux, 449.
Holstein, banquier, 86.
HOMME LIBRE (l'), 446.
Hôtel du Lapin Blanc. Voir Lapin Blanc.
Hugo, 337, 345.
Huguenot, 411, 431, 432, 460, 491.
Humbert (Alph.), 61, 62, 450, 452.
Hutzinger, 175-183, 184-218, 219-255, 256-293, 294.

I

Ibos (commandant), 324.
Inger. Voy. Hutzinger.
Intérieur (Ministère), 18, 25, 27.
INTERNATIONALE (journal l'), 423
Issy (Séminaire), 336, 341.

J

Jaclard, 324.
Jauréguiberry (amiral), 35.
Jeanne (Mlle), 213, 309.
Joannier, 195, 367, 368, 411, 460.
Joffrin, 402, 447, 448, 449, 455.
Johanard, 197.
Josserand, 417, 420, 421.
Jourde, 11, 64-94, 96-134, 135-161, 348.

K

K*** (secrétaire de la Légation des États-Unis, 46.
Koëls, 414.

L

La Cécilia, 180, 197, 337, 340, 345, 362, 412, 413, 416, 418, 420, 422, 428 à 431, 434, 445, 447, 461.
Lacretelle, 23.
Ladmirault (général), 23, 170.
Lagrange, 389.
Lalourcey, 330, 382, 383, 390.
Lambert, 369.
Lambrecht, VI, 174, 175, 235.
Lampérière, 113.
Lamy (E.), 222.
LANTERNE (LA), 414, 419, 457.
Lapie, 402, 403, 405.
Lapin-Blanc (Hôtel), 199, 207, 208.
Largillière, 389.
Latappy (R. E., 411, 460.
Lavy, 447, 448, 455.
Lecomte (général), 45, 47, 91, 442.
Ledrux, 329, 337, 360, 397 à 400, 403, 434.
Le Flô (général), VI, XVII, 9, 10, 314.
Le Flô (Mme la générale), 346, 348, 434.
Lefrançais, 79, 87, 88, 97, 113.
Légion d'Honneur, 321 à 349, 350 à 379, 383 à 384, 397, 400, 401, 406, 408, 409, 410, 434, 451.
Léonard, 328, 377, 378, 445.
Léonce, 411, 460.
Levallois-Perret, 194.
Levrault, 180, 181, 323, 417, 419, 421, 422, 424, 445.
Levis, 422.
Lévy, 428, 429.
L'Hérillier (général), 123.
Lhuillier, 411, 460.
LIBERTÉ (le journal LA), 338.
Limousin, 113.
Lisa, 103, 104, 107.
Lissagaray, 62.
Lombard et Odier (banque), 88.
Longuet, 361, 427, 445, 447, 453, 454, 455.
Louise (X.), 203.
Louvet (Victorine), 329, 338.
Luco, 232.
Lullier (Charles), XII, XVI, 1 à 64.

M

Mac-Mahon (maréchal), 23, 46, 48, 58, 166, 170, 176, 177, 239, 290, 284, 373, 288.
Mahuyssier, 188.

Mac-Kean (ambassadeurs des États-Unis), 48.
Magne (ministre des finances), 100.
Mallet, 68, 359, 360, 460.
Marcel, 393.
Maréchal, 435.
Marguerittc (baron de), 411, 460.
Marmitte (journal La), 423.
Marotteau, 301.
Marquise M..., 43, 46.
Marseillaise (journal La), 419.
Marsand, 101.
Martin (A.), 359, 411, 460.
Martin (Constant), 411.
Martin des Pallières (général), 35, 36.
Massey, 345.
Mathieu (Colonel), 205, 206, 209, 315.
Maujean, 402, 403.
Max (Karl), 423.
May, 328.
May (les frères), 332.
May (Élie), 332, 379.
Maze, 378.
Méline, 74.
Menque (B. de), 79.
Meudon (Commune de), 334, 335.
Mignot (C. B.), 96, 140.
Moillet (Léo), 97, 197, 276, 279, 313, 314, 315.
Millières, 127.
Mirabeau (journal Le), 457.
Mirolowski, 167.
Moilin Tony, 128, 446.
Mont-de-Piété, 142.
Monnaie (La), 113, 114, 339.
Monteau, 342.
Mont-Valérien, xi, xii, 11, 12, 13, 14, 15, 16, 19, 20, 21, 23, 27, 28, 31, 32 à 39, 164, 316, 326, 334, 372.
Moreau (Armand), 329, 359, 361, 406, 411, 460, 462.
Mortagne, 390.
Mortier, 361, 411, 432, 435, 460.
Moulineaux (Les), 164.
Mouton, 214.
Muller, 190, 249 à 253, 288.
Muller (Femme), 206, 208, 209, 215, 249, 305.
Murat, 113, 115.

N

Napoléon III, 114.
Napoléon (Jérôme), 114.
Nanterre, 29.
Neuilly, 31, 170, 300.

O

Octrois, 65.
Oldrini, 318, 329, 337, 375.
Omnibus (Cie des), 65.
Ostyn, 424.
Ossude, 144, 150.
Oudet, 155, 369, 370.

P

Palikao, 327.
Parent (H.), 155 à 159.
Paris-Journal, 248, 407, 408.
Pascal Groussel, 97.
Passy, 189.
Patterson, 458.
Paul Cocher, 196, 281.
Pauland, 447 à 451.
Pereire, 65.
Perrier, 40 à 42.
Pétersbourg (Saint-), 168.
Perrachon, 113.
Picavet, 411, 460, 462.
Pitois, 321 à 349, 350 à 379, 382, 400.
Pitois (Mme) (Voir Pitois).
Place, 129, 446, 447.
Planat, vi, xvii, 73, 182, 209, 210, 215, 230, 241 à 246, 295, 304, 307, 314.
Planquette (F.), 411, 460.
Plantado, 418.
Ploeuc (de), 64 à 94, 95, 134, 316.
Pollach, 34.
Pologne, 168.
Poncerot, 431.
Pompes funèbres (Cie des), 65.
Posen (duché de), 168.
Postes (administration des), 79.
Potier (colonel), 28, 29, 34.
Préfecture de police, 181, 251.
Prinski, 174, 175.

Protot, 97.
Prud'homme, 197.
Prusse, 163.
Pyat (Félix), 79, 97, 185, 269, 277, 276, 278, 279, 280 à 282, 289, 333.

Q

Quevauvillier, 74.

R

Ranvier, vi, 97, 155, 163, 177, 180, 257, 259, 263, 264, 265, 266, 270, 276, 279, 283, 286, 300, 302, 308, 313, 314, 315, 362, 363, 368, 413, 415, 417, 419, 433, 434, 436, 437, 445, 447.
Ranvier (frère du précédent), 337.
Rappel (journal Le), 418.
Régère, 86.
Reid et Cⁱᵉ (*voir* Cournet.)
Révillon (Tony), 57, 62, 63, 417.
République Française (journal La), 426.
Retles, 447.
Richard, 398, 435.
Rigault (Raoul), 76, 93, 96, 97, 103, 117, 118, 214, 411, 446, 458.
Rink, 297.
Robinson (Lionel), 427.
Rochefort, 414, 415, 416, 420, 445, 457.
Rochetulon (de la), 13, 33.
Rond-point des Bergères, 29, 31, 38.
Roserie (de la), 66, 67.
Rothschild, 16, 65, 68, 176, 195, 205, 287, 303.
Rossel, 54, 163, 260, 267, 268, 269, 365, 392.
Rouland, 66, 67, 68, 72, 82, 83, 95, 100, 102, 103, 104, 105, 106, 107, 110, 112, 139.
Roux (Ed.), 148, 149.
Ruault, 399.
Rueil, 29.
Rysto, 411, 460.

S

Sachs (B.), 411, 460.
Saint-Denis, 178, 199, 206, 207, 208, 209, 211, 230, 281.
Saint-Hilaire (Barthélemy), vi, xvii, 133, 176, 177, 178, 182, 194, 197, 204, 206, 214, 219, 222, 224, 225, 226, 229, 230, 233, 234, 236, 237, 338, 240, 244, 246, 247, 249, 304, 305, 313, 314.
Saint-Ouen, 208, 209, 210, 211, 262, 283.
Saisset (amiral), vi, xvii, 74, 76, 174, 177, 180, 182, 184, 217, 218, 222, 223, 226, 227, 228, 233, 235, 240, 248, 253, 256, 261, 263, 264, 285, 292, 295, 302, 305, 307, 308, 314, 414.
Sapia, 405, 462.
Schœlcher, 75.
Sicard, 202.
Simon, 417.
Sirdey, 415.
Soëns, 447.
Soir (Le), journal, 232.
Sourd, 376, 377.
Spuller, 422.
Swidzinska (Mᵐᵉ), 168.

T

Tachereau, 67.
Tamisier, 325.
Tanguy, 361.
Télégraphes (Direction des), 19.
Thélin (Ch.), 100
Theisz, 140, 427, 445, 447.
Thiers, iv, vi, xi, xii, xvi, xvii, xviii, 4, 5, 6, 8, 9, 10, 15, 17, 18, 20, 24, 28, 70, 81, 85, 90, 107, 117, 132, 134, 140, 162, 172, 173, 177, 178, 182, 184, 206, 211, 217, 219, 221, 222, 223, 226, 234, 240, 242, 251, 252, 254, 261, 273, 281, 290, 297, 301, 307, 313, 314, 316, 318, 319, 326, 345, 363, 371.
Thiers (Mᵐᵉ), 32.
Thomas (Général Clément), 45, 47, 91, 442.
Thoulier, 421.
Tirard, 75, 76.
Tolain, 113.
Tourneur, 100.
Trépoff (Général), 168.
Tridon, 79, 97, 98, 324, 325, 328, 332, 347, 408.

Trinquet, 60, 140, 141, 160.
Trochu, 160, 324, 384, 405.
Tronçon-Dumersan, xvii

V

Vaillant (Le Maréchal), 99, 100.
Vaillant (Florimond), 97, 129, 348, 355, 356, 357, 361, 368, 376, 411, 419, 437 à 438, 440 à 444, 446, 447, 49, 450, 451, 453, 455.
Vallès (Jules), 155, 453
Varlin, 68, 69, 72, 73, 74, 86, 87 à 91, 96, 97, 127, 135.
Varlet, 361, 411, 432, 437, 460.
Vermersch, xv 159 à 161, 321, 362, 411, 418, 425, 460, 461, 463.
VERSMERSCH-JOURNAL, 258, 310, 311.
Vermorel, 97.
Yésinier, 21, 24, 156, 157, 158, 235.
Veysset, xvii 162, à 183, 184 à 218 219 à 255, 256 à 273, 294, 411.

Veysset (Mme Marguerite, voir Veysset.)
Viard, 97, 155, 159, 348, 358 à 361, 376, 398, 399, 406 à 409, 419, 435, 460, 462.
Victorine (X.), 202.
Villers, 411, 460.
Vinoy (Général), xii 23, 28, 31 à 36, 38, 83, 239.
Voisin (F.), préfet de police, 359, 360, 390 à 392, 461.

W

Warenghem (Georges), 199.
Washburne (Ambassadeur) 48.
Weber, 366.
Woetzel, 337, 401.
Wroblewsky, 97, 269, 270, 460
Wuillaume, 417, 422
Würth, 214, 215, 288, 310, 311, 393.

TABLE

Préface. v

PREMIÈRE PARTIE

Chapitre Ier. — Trahison de M. Charles Lullier, commandant en chef de la garde nationale de la Seine, après le 18 mars. 1

Chapitre II. — Trahison de M. Jourde, le grand financier, et de M. Beslay, doyen de la Commune. 61

Chapitre III. — La trahison de Beslay prouvée par l'affaire des Diamants de la Couronne. 95

Chapitre IV. — Le grand comptable M. Jourde, délégué aux Finances. 135

Chapitre V. — Dombrowski et la déposition de l'amiral Saisset. 162

Chapitre VI. — La trahison de Dombrowski prouvée par la première partie de la brochure de Mme veuve Veysset. . 181

Chapitre VII. — La trahison de Dombrowski prouvée par des documents officiels. 219

Chapitre VIII. — La trahison de Dombrowski avouée par ses trois complices membres des *Comités de salut public* et de *sûreté générale*. 256

Chapitre IX. — La Trahison de Dombrowski prouvée par la livraison des portes de Paris, l'entrée de l'armée de Versailles, la mort de Veysset et celle de Dombrowski lui-même. 294

DEUXIÈME PARTIE

Chapitre X. — Pillages et vols du chef de la bande des *Trente-Trois*, de son épouse, de ses aimables compagnes et de leurs honorables amis. 321

Chapitre XI. — Le vol des médailles et des croix de la Légion d'Honneur. 350

Chapitre XII. — Les vols et les crimes des hauts dignitaires de la bande des *Trente-Trois*. 380

Chapitre XIII. — Les vols et les crimes de la bande des *Trente-Trois* prouvés par l'enquête des généraux Cluseret et La Cécilia. 412

Index. 465

FIN DE LA TABLE

IMPRIMERIE DE SAINT-DENIS. — H. BOUILLANT, 20, RUE DE PARIS. — 5910.

A LA MÊME LIBRAIRIE

L'AGIOTAGE
SOUS LA TROISIÈME RÉPUBLIQUE
par Auguste CHIRAC
5ᵉ édition. — *Deux volumes in-18, 7 francs.*

L'auteur se propose de faire, à grand renfort d'anecdotes scandaleuses et de noms propres, l'histoire de tous les tripotages financiers qui ont, depuis dix-huit ans, mis à sec l'épargne publique et fait le vide dans les caisses de l'Etat ». Il suffit d'un mot pour définir le caractère de cette compilation : c'est pour la France financière le pendant de la *France juive*, de M. E. Drumont.
(*Journal des Débats.*)

Un pamphlet sanglant, mais aussi un ouvrage documentaire intéressant et instructif.
(*Indépendance Belge.*)

Deux volumes dont on peut dire qu'ils sont redoutables.
(*Gazette de France.*)

Le livre montre, dans une argumentation serrée et inflexible, jusqu'à quel cynisme imprévoyant peuvent aller des classes dirigeantes improvisées et sans éducation préalable. Il révèle la situation intolérable faite aux *petits* par la coterie juive qui draine le capital national, sans le moindre souci des intérêts des travailleurs... Je ne puis d'ailleurs ni ne veux analyser ici ces deux volumes, bondés de faits et saisissants d'actualité douloureuse.
(*Observateur Français.*)

Pamphlet en deux gros volumes, où sont impitoyablement étalés, chiffres en main, les tripotages financiers qui ont scandalisé, depuis dix-huit ans, la morale publique.
(*Nouvelle Revue.*)

La grande volerie agioteuse s'étant perpétuée et même extensifiée sous la troisième République, Toussenel et Duchêne devaient avoir des continuateurs et les ont eus en la personne d'Auguste Chirac et d'Edouard Drumont. Du moment où les agissements des monopoleurs et des accapareurs financiers constituent un véritable danger public et se traduisent en spoliations mongoliques, nous avons voulu appeler l'attention du public démocratique sur ces livres vengeurs.
(*L'Homme Libre.*)

Dans aucune œuvre contemporaine n'ont été dévoilés, analysés, catalogués, expliqués, flétris avec cette science certaine et cette maestria justicière, les tripotages financiers et les intrigues politiques de la bande rapace et malfaisante des tripoteurs.
(*Intransigeant.*)

A LA MÊME LIBRAIRIE

LA RUSSIE
POLITIQUE ET SOCIALE
par Léon Tikhomirov

2ᵉ édition. — 1 volume in-8°, broché, 7 fr. 50

LE MÊME OUVRAGE

1 volume in-18 jésus, broché, 3 fr. 50

M. Tikhomirov possède sans contredit toutes les qualités nécessaires pour décrire la situation politique et sociale de la Russie.
(Francfurter Zeitung.)

Une des meilleures descriptions de la Russie que nous connaissions.
(Contemporary Review.)

C'est la première fois que tant de renseignements et de suggestifs rapprochements sont offerts à notre public sous une forme concise et attrayante.
(Le Figaro.)

La question n'avait pas jusqu'ici été traitée avec cette compétence.
(Le Temps.)

A LA MÊME LIBRAIRIE

Jean LOMBARD

BYZANCE

Troisième Mille

Un volume in-18 jésus : 3 fr. 50

Le fait est que jamais on n'a trouvé langue plus appropriée à l'analyse de ce diadème du grand Empire d'Orient... Il y a dans ce roman historique des qualités de premier ordre, un grand savoir, une mise en scène très habile.
(*Gaulois*, 20 octobre 1890.)

Je suis certain de l'avenir de ce livre.
(*Bataille*, 15 juillet 1890.)

Byzance est une belle œuvre d'art.
(*Mercure de France*, septembre 1890.)

Sur les traces de Gustave Flaubert, mais d'une façon bien personnelle, M. Jean Lombard nous paraît avoir définitivement formulé le roman historique.
(*Revue Socialiste*, décembre 1890.)

C'est assurément une œuvre de mérite.
(*Soleil*, 16 novembre 1890.)

Bon livre où l'historien et le poète se coudoient.
(*L'Indépendance*, 15 septembre 1890.)

Il faut insister sur la science avec laquelle Jean Lombard meut les grouillantes masses populaires, science absolue au point qu'elle ne souffre auprès de ses merveilles nulle analyse psychologique, nul dessin de caractère, et nul dialogue et nulle oasis de grâce fraîche, et science où il n'a qu'un rival, d'ailleurs dépassé à mon sens, le Zola de *Germinal*.
(*L'Initiation*, septembre 1890.)

A LA MÊME LIBRAIRIE

Envoi *franco* au reçu de 3 fr. 50, timbres ou mandat.

Jean LOMBARD

L'AGONIE

Le tribunal de la Seine, si pudibond, poursuivra-t-il M. Jean Lombard, un écrivain de race qui, au moyen des procédés de documentation moderne, exhume la décadence romaine avec tout son cortège de vices honteux, traitant avec un réalisme souvent cruel, cette *agonie* d'un monde ?... C'est au public intelligent de faire une différence entre l'œuvre artistique philosophique ou littéraire et l'œuvre pornographique.

(*Indépendant littéraire*, 1er décembre 1888.)

L'*Agonie* est une évocation historique de la Rome d'Héliogabale. M. Lombard a dépensé un immense talent à décrire brutalement et sans réserve les orgies sans nom, les monstrueuses impudicités, les stupres effrénés, les vices immondes auxquels se livraient alors et le prêtre du Soleil qui gouvernait l'Empire et sa mère Sœmias, et ses favoris et ses prétoriens.

(*Polybiblion*, octobre 1889.)

Saisissante étude qui rappelle par son envergure et par son style *Salammbô*, le chef-d'œuvre de Flaubert.

(*Intransigeant*, 19 août 1891.)

Roman historique qui comptera parmi les plus beaux livres de ce temps.

(*Liberté*, 19 juillet 1891.)

Il est impossible que personne ne soit frappé par la puissance de vision humaine, d'hallucination historique avec laquelle ce cerveau de plébéien a conçu, a reproduit les civilisations pourries de Rome, sous Héliogabale, et de Byzance. C'est très grand... Comment, par des mots, donner une idée de cela, qui est formidable? C'est frénétique et morne: tout un peuple d'ombres soulevé hors du néant.

(*Écho de Paris*, 28 juillet 1891.)

A LA MÊME LIBRAIRIE

AUGUSTE CALLET

Les Origines de la troisième République
Un volume in-18 jésus : 3 fr. 50

M. Charles Callet a trouvé dans les papiers de son père le rapport que M. Auguste Callet avait préparé au nom de la Commission d'enquête sur les actes du gouvernement du 4 Septembre. Ce rapport n'a jamais été publié. Ces pages sont remplis de documents et de renseignements. Elles remettent en scène tous les hommes politiques qui ont joué un si triste rôle autrefois.
Gazette de France, 12 juin 1889.

Lisons et faisons lire l'ouvrage de M. Callet. Tout y est historique, tout y est vrai... Dans ces pages on entend parler et on voit se ruer au pouvoir tous ceux qui aujourd'hui font figure d'hommes d'Etat. Ce que dit M. Callet est pris sur le fait, est attesté par des pièces publiques.
Polybiblion, août 1889.

L'auteur de cet ouvrage est un ancien membre des Assemblées nationales, rapporteur de la Commission d'enquête sur le 4 Septembre : il était donc bien placé pour voir de près les évènements. Aussi trouve-t-on ici des révélations appuyées sur des documents peu connus ou oubliés, et nombre de détails du plus haut intérêt sur les hommes et les choses de ce temps.
Nouvelle Revue, 15 juillet 1889.

C'est le commencement du rapport que M. Callet devait soumettre à l'Assemblée nationale, réquisitoire sévère que la Commission ne crût pas devoir faire paraître, en raison des vivacités de plume du rapporteur.
Débats, 18 juin 1889.

A LA MÊME LIBRAIRIE

JOURNAL DE FIDUS

LA RÉVOLUTION DE SEPTEMBRE
Un volume in-18 jésus : 3 fr. 50

Il y a là matière à nombreux emprunts pour l'historien, non qu'il faille accepter tous les dires de l'auteur : il est, en effet, le partisan, le fidèle de l'Empire, partant son avocat, et l'on ne doit pas se fier à une plaidoirie, mais s'en servir.
Spectateur Militaire, 15 août 1890.

Voici un récit pris sur le fait de ces temps douloureux du siège et du bombardement de Paris par les Prussiens. Il peint au vif les hommes et les choses... Il ne tiendra pas à Fidus que la réalité ne soit connue. C'est le meilleur éloge de sa franchise servie par un incontestable talent.
Polybiblion, mars 1890.

On sait combien Fidus est renseigné sur tout ce qui concerne le parti bonapartiste.
Justice, 3 décembre 1888.

Ce sont des mémoires personnels, intimes même, que nous lisons... L'auteur, mêlé de près aux événements, n'a négligé aucun des détails qui formeront un jour l'acte d'accusation soumis au jugement de l'histoire. Il sera certainement l'un des premiers parmi les témoins à charge contre les hommes de Septembre. Il sera aussi l'un des plus intéressants à consulter.
Soleil, 29 juillet 1889.

La Révolution de Septembre racontée par lui est un appât inévitable pour les fureteurs, et les historiens ne pourront jamais se dispenser de consulter ces notes concises et nourries de faits.
Moniteur de la Nièvre, 28 mai 1890.